AF168316

# CHRISTA-BRIGITTE WENDEL

# Vertraue nicht dem Augenblick

novum ⬗ pro

Dieses Buch ist auch als
# e-book
erhältlich.

www.novumverlag.com

Bibliografische Information
der Deutschen Nationalbibliothek:

Die Deutsche Nationalbibliothek
verzeichnet diese Publikation in
der Deutschen Nationalbibliografie.
Detaillierte bibliografische Daten
sind im Internet über
http://www.d-nb.de abrufbar.

Gedruckt in der Europäischen Union
auf umweltfreundlichem, chlor- und
säurefrei gebleichtem Papier.

© 2022 novum Verlag

ISBN 978-3-99131-269-7
Lektorat: Laura Hiermann
Umschlagfotos: Daria Ustiugova,
Lavendertime | Dreamstime.com;
Anita Niekammer
Umschlaggestaltung, Layout & Satz:
novum Verlag

**www.novumverlag.com**

*Jochen, in Liebe.*


*Danke an Anita, Gisela*
*und Karola*

# *Prolog*

*Das Schönste aber hier auf Erden, ist lieben und geliebt zu werden*
Zitat: Wilhelm Busch

Jener verrückte, alles verändernde Spätsommertag hatte normal begonnen, ohne Vorwarnung, ohne Ahnung dessen, was geschehen würde. Hanna wollte nur ihr bestelltes Buch abholen. Herr Ritter, der Besitzer der Buchhandlung, begrüßte sie gutgelaunt.

„Frau Hanna, ich habe schon sehnsüchtig auf Sie gewartet. Darf ich Sie zu einem Cappuccino einladen? Ich will diese Zeit nutzen, um mit Ihnen etwas Wichtiges zu besprechen." Er tupfte sich die Schweißperlen von der Stirn und nach einer kurzen Pause sprach er weiter: „Ich will es kurz machen. Bisher war die Buchhandlung mein zweites Zuhause. Nun möchte ich mit meinen fast siebzig Jahren endlich meinen Ruhestand beginnen. Wollen Sie nicht mein Lebenswerk übernehmen? Ich habe viel Herzblut und Arbeit reingesteckt. Sie haben oft bei mir ausgeholfen, haben einen blitzgescheiten Verstand und ich vertraue auf meine Urteilskraft. Würden Sie das für einen alten Mann tun?"

Hanna saß einige Minuten wie versteinert da. Sie brachte vor Überraschung kein Wort heraus. Das Angebot kam wie ein Paukenschlag. Dass er allein lebte, wusste sie. Seine Frau war vor zehn Jahren an einer unheilbaren Krankheit gestorben. Kinder hatten sie keine. Natürlich war ihr die Buchhandlung vertraut, dennoch war sie überrascht. In den Schulferien hatte sie ausgeholfen und ihr Taschengeld aufgebessert. Der Kontakt brach auch nach ihrer beruflichen Ausbildung und ihrem Studium nicht ab. Sie liebte die Atmosphäre, die dichtgedrängten, mit Büchern vollgestopften Regale, den Büchergeruch und sie ging selten ohne ein Buch nach Hause. Ihr rasten die verschiedensten Gedanken durch den Kopf. Einerseits ehrte sie sein Vertrauen, andererseits war sie unschlüssig. Etwas Neuartiges würde in ihr Leben treten. Etwas das sie sich nie hätte vorstellen können. Sie hatte nie den Traum von einer eigenen Buchhandlung gehabt. Was würden ihre Kolleginnen dazu sagen. Sich die Mäuler zerreißen? Und ihre Freundin Betti? Und ihre Eltern? Sie liebte ihren Job als Medien- und Informationsberaterin. Andererseits müsste sie nicht mehr die lange Strecke zur Arbeit fahren und könnte morgens länger schlafen. Aber reicht diese eine Tatsache aus? Hanna schaute Herrn Ritter, der schweigend in seiner Tasse rührte, unsicher an. Was für ein Angebot!

„Ich? Eine Buchhändlerin? Ich weiß nicht, ob ich diesen Anforderungen, dieser Verantwortung gerecht werden kann." Ihre Worte klangen nicht zuversichtlich.

Ehe Hanna weiteren Einspruch erheben konnte, warf er rasch ein: „Frau Hanna, seien Sie nicht zu streng mit sich. Zweifellos traue ich Ihnen das zu. Aber das sagte ich ja bereits. Ich werde Sie gut auf Ihre neue Aufgabe vorbereiten. Die notwendigen fachlichen Grundlagen bringe ich Ihnen selbstverständlich bei. Immerhin kennen Sie mein Geschäft, meine Produkte und sind mit dem Kundenumgang vertraut. Das ist ein großer Vorteil. Und nicht zu vergessen, Ihr abgeschlossenes Studium. Es muss ja nicht so fort sein. Ich wollte Sie nur darauf vorbereiten."

Hanna wusste nicht, wie sie es ihm sagen sollte. „Herr Ritter, ich will ehrlich sein. Tatsächlich verfüge ich nicht über das notwendige Kapital." Sie hatte zwar Geld zusammengespart, aber das reichte beileibe nicht aus.

„Machen Sie sich deswegen keine Sorgen. Es ist nicht alles nur eine Frage des Preises. Wir werden uns schon einig werden. Ich nage nicht am Hungertuch. So eine Chance bekommen Sie kein zweites Mal im Leben. Konkurrenten müssen Sie nicht fürchten. In unserer Kleinstadt existieren keine Buchladenketten. Lückenlos reihen sich die vielen Läden rechts und links aneinander und die Buchhandlung mittendrin. Eine Top-Lage. Außer Stammkunden haben Sie dadurch auch jede Menge Laufkundschaft. Noch lebt das gedruckte Buch. Sie müssen sich um die Buchbranche keine Sorgen machen. Sie werden Geschichte schreiben, Frau Hanna.

Sie sind eine schöne, junge Frau und haben eine herzerfrischende Art. Die männliche Kundschaft wird begeistert sein und einen hervorragenden Umsatz bringen. Sicher wird es nicht ganz leicht. Aber es wird der Tag kommen, an dem Sie durch Ihre Arbeit mehr zurückbekommen, als Sie gegeben haben. Ich schlage vor, Sie lassen sich genügend Zeit, um die richtige Entscheidung zu treffen. Sie müssen nicht von heut auf morgen Ihren Job aufgeben. Gehen Sie in Ihren Gedanken diese Situation Schritt für Schritt durch. Um etwas anders zu machen, um etwas Neues zu beginnen, braucht es Mut sowie Vertrauen in sich selbst." Seine Augen blitzten amüsiert. Als er dann lächelte, leuchtete sein Gesicht auf, und an den Augen bildeten sich feine Fältchen.

Es verging kein Tag, wo Hanna nicht daran dachte. Sie wusste nicht, was richtig oder falsch war. Immer wieder stand die Frage im Raum: Ist das mein zukünftiger Arbeitsplatz? Bist du auf dem richtigen Weg? Was, wenn ich scheitere? Diese Gedanken waren ihr ständiger Begleiter. Es plagten sie tagelang Selbstzweifel: Schaffe ich das? Ist das nicht eine Nummer zu groß? Monate später fand sie ihre Gelassenheit und ihren Enthusiasmus wieder. Der Zeitpunkt war gekommen, ihren Entschluss in die Tat umsetzen. Sie teilte ihren Eltern die Neuigkeit mit.

„Ich erhielt unerwartet ein Angebot." Nachdem sie alles dargelegt hatte, spürte sie, dass ihre Eltern von ihrem Entschluss vollkommen überrascht waren. „Na, was sagt ihr dazu?" Das Herz klopfte ihr bis zum Hals.

„Hast du auch an das Risiko gedacht?", fragte ihr Vater, Max. Er sah sie nachdenklich an.

Ihre Mutter, Luise, schwieg. Auf ihrem Gesicht zeigte sich erst Erstaunen, dann Ungläubigkeit. Es hatte Luise einiges an Überwindung gekostet, den Mund zu halten.

„Risiko? Hm, ich habe eher an Erfolg gedacht. Manchmal muss man halt etwas wagen. Aber ich glaube schon, dass ich das schaffen kann", erwiderte Hanna. „Werdet ihr mir helfen?" Wichtig war ihr, dass ihre Familie hinter ihr stand.

„Natürlich", erwiderte Max. „Familie ist das Wichtigste. Haben wir dich jemals im Stich gelassen? Du musst das tun, was du für richtig hälst." Hanna fiel ein Stein vom Herzen. Leicht war es nicht. Nach Feierabend und am Wochenende verbrachte sie viele Stunden in der Buchhandlung. Herr Ritter gab sich alle Mühe und klärte sie über Unternehmens-, Produkt- und Vertriebsstrategien auf. Er war ein geduldiger Lehrmeister. Nach Monaten der Einarbeitung und dank Bank, Steuerberatung und Eigenkapital ihrer Eltern, hängte sie ihren alten Job an den Nagel. Jetzt, mit dreißig Jahren, übernahm sie die Buchhandlung. Eine Lebensentscheidung! Nach dem Abschiedsessen, vielen Umarmungen und Beteuerungen von Seiten ihrer Kolleginnen, den Kontakt zu halten, verließ sie ihre einstige Arbeitsstätte. Sie wusste von vornherein, dass das nicht passieren würde.

Hanna schloss die Buchhandlung für zwei Wochen, um einige Veränderungen vorzunehmen.

Sie dachte, an ein moderneres Image. Max, ein erstklassiger Hobbyhandwerker, nahm sich extra Urlaub. Harte Arbeit hatte ihm noch nie was ausgemacht. Mit viel Ausdauer, Holz und Farbe veränderte er das Innenleben der Buchhandlung, aber auch mit Hilfe ihrer Freundin. Betti arbeitete als Grafik Designerin und sprühte beim Umbau nur so von Ideen, sodass Max manchmal nicht mehr wusste, wo ihm der Kopf stand. Im unteren Teil des Hauses befanden sich die Buchhandlung sowie ein separater Lagerraum. Auf den über hundert Quadratmetern Verkaufsfläche hielt Hanna sechstausend Bücher vorrätig. Es war ihr Ziel, das Sortiment so zu halten, dass für jeden etwas dabei war. Der Weg ins Obergeschoss führte über eine breite helle Holztreppe. Hier befand sich ihr Büro, zwei Zimmer, die Küche, die sanitäre Einrichtung. Sie könnte, wenn sie es denn gewollt hätte, hier auch wohnen. Trotz der Modernisierung hatte Hanna das traditionelle Erscheinungsbild der Buchhandlung gewahrt. Auf überflüssigen Schnickschnack verzichtete sie bewusst. Den gesamten Bereich hatte sie heller, einladender gestaltet und eine gemütliche Kundensitzecke eingerichtet. Kunden konnten dort in Ruhe in den angebotenen Büchern schmökern. Zum Schluss hatte Max eine Glocke über der Ladentür angebracht, damit sie das Kommen und Gehen von Kunden hören konnte.

„Außerdem habe ich noch ein Geschenk für dich", sagte Max. Mit einem schelmischen Blick drückte er ihr eine Tüte in die Hand. „Pfefferspray, man weiß ja nie, wer auf dumme Gedanken kommt." Hanna musste wider ihren Willen lachen. „Danke, ich werde es griffbereit lagern."

Am Eröffnungstag erhob sich Hanna schon in aller Früh. Sie trug zum ersten Mal seit Wochen wieder ein Kleid. Der Schnitt war körperbetont, aber doch so weit, dass der Stoff sie umspielte. Ihre fraulichen Formen zeichneten sich ebenso darunter ab wie ihre schmale Taille, ihr schlanker Körper und ihre schlanken Beine. Sie war aufgeregt, konnte kaum etwas essen. Seit einer Woche wies ein Aushang an der Eingangstür der Buchhandlung auf die Neueröffnung hin. Auch die Regionalzeitung hatte einen entsprechenden Artikel verfasst. Wie viele Leute hatten es gelesen? Wie viele werden kommen? Reichen die Getränke?

Eine viertel Stunde früher schloss Hanna die Tür der Buchhandlung auf. Draußen wartete bereits eine lange Schlange. Es wurde gedrängelt und geschoben. Luise und Betti hielten sich am Eingang auf. Jeder Kunde bekam ein Glas Sekt. Kaffee, Saft, Gebäck und Süßigkeiten standen ebenfalls bereit. Max kümmerte sich um Getränke, Gläser und Tassen. Die Kunden waren vom Umbau und dem neuen Büchersortiment begeistert. Eine Welle der Sympathie schlug Hanna entgegen. Sie wurde mit Blumen und kleinen Geschenken überhäuft. Einige männliche Kunden wetteiferten um ihre Aufmerksamkeit und brachten sie öfters zum Lachen. Der Filialleiter des Supermarktes, der sich ganz in ihrer Nähe befand, kam mit einem Präsentkorb und ließ ihre Hand gar nicht mehr los. Die Röte stieg ihr ins Gesicht, so verlegen war sie, als er ihr zuflüsterte: „Sie sind was ganz Besonderes, weil sie Einzigartig sind."

Am Nachmittag war es so voll, dass man sich kaum rühren konnte. Es herrschte ein heiteres Stimmengewirr, und es wurden viele Bücher gekauft. Damit hatte Hanna nicht gerechnet. Der Tag verging wie im Fluge. Um achtzehn Uhr verabschiedete sich der letzte Kunde. Es war geschafft. Ihre Eltern, Betti und auch Hanna waren erschöpft, aber glücklich.

Betti nahm auf einem Stuhl Platz, verzog das Gesicht zu einer Grimasse und entledigte sich mit einem Schwung und Erleichterungsseufzer ihrer Schuhe.

„Entschuldigung! Ich schäme mich, aber ich musste meine High Heels ausziehen. Meine Füße tun ein bisschen weh, haben es nicht mehr ertragen und sich bereits mehrmals beschwert."

Luise verzog das Gesicht. „Wie kann man den ganzen Tag auf sowas laufen. Jeder Orthopäde würde die Hände überm Kopf zusammenschlagen. Wenn man für längere Zeit Schuhe mit Absätzen über fünf Zentimeter trägt, entsteht Hochdruck im Beinvenen-System. Das kann Entzündungen auslösen, die häufig in einer chronischen Venenschwäche enden. Das wissen die Wenigsten."

Betti schaute auf ihre Schuhe und winkte lässig ab. „Aber schick sind sie allemal und sie machen ein schönes langes Bein. Ich habe noch keine chronische Venenschwäche bemerkt."

Luise und Betti schauten sich an. Aus irgendeinem Grund begann Betti zu lachen. Luise fing ebenfalls an. Sie lachten alle beide, bis sich Betti die Augen wischte, den Kopf schüttelte und sagte:

„Meine Güte, das klang ja wie ein echter Arztbericht." Beide fingen erneut an zu lachen. Sie hörten erst auf, als Hanna fragte: „Wollen wir noch mal auf den heutigen Tag mit Sekt anstoßen?"

„Warum nicht? Es gibt nichts, das dagegenspricht. Wir sollten auf Hannas Erfolg anstoßen", sagte Betti voller Begeisterung. Ohne Schuhe lief sie los, holte Gläser und zwei Sektflaschen. Max ließ die Sektkorken knallen und füllte die Gläser auf.

„Du hast es geschafft, Hanna. Die Kunden haben dich mit offenen Armen empfangen. Es war überwältigend", sagte Luise und hatte feuchte Augen.

„Mein Mädchen, was auch immer du tust, mach das Beste daraus. So wie du es bereits unter Beweis gestellt hast. Sei einfach du selbst. Schaue nur nach vorn, nie zurück", entgegnete Max voller Stolz.

„Es ist lieb von euch, das zu sagen, aber ich bin diejenige, die sich bedanken sollte. Ich werde niemals vergessen, was ihr alle für mich getan habt. Danke, für eure finanzielle Großzügigkeit. Ihr habt mir viel Selbstvertrauen gegeben." Dann übermannte es Hanna, ihre Stimme erstickte und Tränen liefen ihr übers Gesicht. Dennoch schaffte sie es zu lächeln und erhob ihr Glas.

Es wurde noch eine feuchtfröhliche Runde und zum Schluss sprachen sie alle durcheinander und brachen in befreiendes Gelächter aus.

Hanna hatte geahnt, dass das erste Jahr nicht leicht werden würde. In den ersten Wochen gab es Tage, wo sie das Gefühl hatte, von den Kunden überrannt zu werden. Vormittags kamen meistens ältere Damen und Herren, von denen es in der Stadt eine Menge gab. Nachmittags verjüngte sich der Kundenstamm. Am Anfang waren einige Kunden ihr gegenüber misstrauisch gewesen und hatten sie kritisch beäugt. Es waren vorwiegend Stammkunden von Herrn Ritter gewesen. Einige Männer versuchten, mit ihr zu flirten. Die Hartgesottenen dagegen machten zweideutige Komplimente, bekamen aber schnell mit, dass man nicht so ohne weiteres an sie herankam. Die Beratung und der Verkauf waren eine Sache, ihr Privatleben eine andere. Sie verhielt sich stets neutral. An diesem Grundsatz hielt sie unerbittlich fest. Die Kunden, die eine persönliche Buchberatung wünschten, lagen ihr am Herzen. Wenn sie eine Neuerscheinung gelesen hatte, wusste sie hinterher, wem es gefallen könnte. Mehrere Stunden Lesezeit waren für sie keine Seltenheit und kein Problem. Hin und wieder fühlte sie sich auch wie eine Seelsorgerin. Wenn die Kunden erst einmal erzählten, vergaßen sie oft alles um sich herum. Manche Kunden erzählten so einiges, was sie eigentlich gar nicht wissen wollte. Hanna erfuhr von ihrem Schicksal und wie kompliziert das Leben war. Das zeigte ihr aber auch, dass die Kunden sich wohlfühlten, Vertrauen hatten, aber vor allem, dass sie alles richtig gemacht hatte. Sie begegnete ihrem Gegenüber stets mit Respekt, Höflichkeit und hatte immer ein offenes Ohr, auch wenn es sich nicht auf Literatur bezog. Das war nur ein Baustein ihrer Erfolgsstrategie. Ein Weiterer war, dass Max sie in dem Glauben bestärkt hatte, dass sie alles erreichen konnte, wenn sie es nur wirklich wollte. Und sie wollte es! Mit Ehrgeiz und Leidenschaft.

# Kapitel 1

**Zwei Jahre später**

Diesen ersten Montag im August würde Hanna nicht so schnell vergessen! Es war kurz vor sieben Uhr. Die Einkaufsmeile war bereits von ankommenden Autos und Fußgängern belebt und die wenigen Parktaschen besetzt. Hanna blieb nichts anderes übrig, ihren Wagen auf den großen Parkplatz abzustellen. Bevor sie die Straße zu Fuß überquerte, richtete sie ihren Blick auf das gelbfarbige, einstöckige Haus gegenüber. Der kursive weiße Schriftzug der Buchhandlung war direkt über dem großen Fenster befestigt, durch das man im Vorbeigehen einen Blick auf die Buchauslagen werfen konnte. Darunter stand: Inhaberin Hanna Mories!

Hanna schloss die Buchhandlung auf und legte anschließend ihre Jacke und Handtasche in den Schrank. Wie jeden Morgen bereitete sie die Kaffeemaschine vor, schaltete den Computer ein, checkte ihre eingegangenen E-Mails, und druckte die Bestellungen aus, die sie später bearbeiten wollte. Der Kaffee war fertig. Punkt acht Uhr öffnete sie die Tür und ließ sie weit offenstehen.

Sie begann den Neueingang von Büchern ins Regal einzuordnen. Sie ahnte nicht, dass sie durch die große Fensterscheibe bereits beobachtet wurde.

Markus war in der Stadt unterwegs und blieb zufällig an einer Buchhandlung stehen. Er musterte die Buchauslage im Schaufenster. Bisher bezog er seine Bücher aus dem Internet. Er war wie vom Donner gerührt und drückte sich fast die Nase an der Scheibe platt als als er die Frau im Innenraum sah. Noch war sie nicht auf ihn aufmerksam geworden. Er konnte sie also in Ruhe betrachten. Sie trug eine weiße enge Hose, ein schwarzes Top – und war schlank, schätzungsweise Kleidergröße vierzig und über einen Meter siebzig groß. Ihr langes, blondes Haar verdeckte das

Profil ihres Gesichts. Er betrat nicht gerade leise die Buchhandlung. Hanna war so vertieft, dass ihr vor Schreck ein Buch aus der Hand fiel. Sie hob das Buch auf, drehte sich verblüfft um. Da stand er! Anfang vierzig, dunkles Haar, das an den Schläfen leicht ergraut war, markantes Gesicht, ausdrucksvolle graublaue Augen. Sie sah so fort, dass er sehr viel Wert auf sein Äußeres legte. Der dunkle Anzug saß wie angegossen. Der Kleidung nach zu urteilen, vermutete sie, dass er bei einer Bank oder einer anderen Institution sein Geld verdiente. Einer von den Männern, denen die Welt gehörte. Eine Persönlichkeit, deren Ausstrahlung man sich nur schwer entziehen konnte. Das wusste er sicher auch. Und dann, im wahrsten Sinn, schien sich sein Blick direkt in sie hineinzubohren.

„Verzeihung! Das wollte ich nicht. Es lag wahrlich nicht in meiner Absicht. Ich hatte ja keine Ahnung, dass ich auf Frauen eine solche Wirkung habe." Seine Mundwinkel verzogen sich amüsiert, während er sie ungeniert musterte.

„Sie haben mich zu Tode erschreckt. Normalerweise bin ich nicht so ängstlich ", erwiderte sie.

Er lächelte, doch sie erwiderte sein Lächeln nicht. Interessant fand Hanna den Unbekannten schon, aber auch ein bisschen unverschämt.

„Sie waren so in Gedanken versunken, dass Sie mich nicht bemerkt haben. Ich habe kaum drei Schritte von Ihnen entfernt gestanden."

„Ich lasse mich ungern überraschen. Kann ich irgendetwas für Sie tun?" Sie zwang sich, ihre Stimme ruhig zu halten.

Er schüttelte leicht den Kopf. „Danke, ich finde mich schon zurecht."

Er verharrte einen Augenblick und wandte sich dann den Bücherregalen zu. Ab und an sah er in ihre Richtung. Damit er nicht merkte, dass sie ihn auch betrachtete wandte sie sich ab, weil sie sich bei ihrer Musterung ertappt fühlte. Ihre Blicke begegneten sich zufällig immer wieder. Er zwinkerte ihr zu, als wäre das ganz normal. Später legte er das ausgesuchte Buch, einen Psycho-Thriller, auf den Verkaufstisch. Er fuhr mit der Hand über den Einband. „Der Klappentext liest sich vielversprechend. Was meinen Sie, ist es ein spannendes Buch?"

Ihr entging nicht, dass er dabei unverhohlen auf ihre Brüste starrte. Sie fragte sich, ob es seine Gewohnheit war, Frauen so anzusehen. Er war bestimmt kein Kind von Traurigkeit. Hanna konnte es nicht leugnen, dieser Mann hatte etwas Fesselndes. Er fuhr erneut mit der Hand übers Buch. Rein zufällig streifte er dabei ihre Hand, und sie zuckte nicht vor der Berührung zurück, nicht so wie sonst, wenn ihr jemand nahekam. Noch nie hatte sie sich von einem Mann so stark angezogen gefühlt. Sie war sich nicht sicher, ob ihr dieses Gefühl gefiel und wandte ihren Blick ab, aus Angst, er könnte sonst die Gedanken lesen, die in ihrem Kopf herumgeisterten. Sie ertappte sich bei der Frage, was er wohl gerade gedacht hatte. Welche Gedanken verbargen sich hinter seiner hohen Stirn?

„Leider bin ich noch nicht dazu gekommen, es zu lesen. Aber nach den Verkaufszahlen, ja", sagte Hanna und verstummte wieder, als sei die Erklärung genug.

„Markus Richter", stellte er sich vor. „Wenn ich das Buch gelesen habe, kann ich gerne Bescheid sagen. Vorausgesetzt, Sie möchten meine Meinung hören." Er streckte ihr seine Hand hin und sein Händedruck zeugte von Stärke. Es dauerte eine Ewigkeit, bis er endlich ihre Hand losließ. Seine Augen wanderten über ihr Gesicht.

„Danke! Ich weiß das Angebot zu schätzen. Mein Name ist Hanna Mories."

„Angenehm!" Er schaute auf ihre Hände. Links trug sie einen kostbaren Ring. Er kannte sich mit Schmuck aus. Kein Ehering. Ein Schmunzeln verzog seinen Mund.

„Was war das denn bitte? Was amüsiert Sie?" Dieser Mann brachte sie tatsächlich aus der Ruhe, was ihr nicht behagte. Sie redete sich gut zu: Hanna, bewahre Haltung, egal was passiert. Du bist eine Geschäftsfrau.

„Wie soll ich es sagen? Allein das wir uns begegnet sind, ist für mich Grund genug zu Lächeln."

Hanna schaute ihn verwundert an.

„Ich würde mal sagen, das ist Ansichtssache. Dennoch freut es mich, dass Sie zufrieden sind."

Er lächelte wieder.

„Das kann man so sagen. Außerdem verläuft der Tag viel angenehmer, wenn man angelächelt wird."

Sie zögerte kurz, dann erwiderte sie: „Ich kann mich nicht erinnern, Sie angelächelt zu haben."

„Doch, genau das haben Sie gemacht. Ich habe es unverkennbar in Ihrem Gesicht gesehen."

Hanna stutzte. „Aha! Wenn Sie es glauben, dann glaube ich es auch", erwiderte sie belustigt.

Verflixt! Warum verspürte sie eine zunehmende Nervosität? Warum pochte ihr Herz? Was war mit ihr los? Sie gab sich selbst die Schuld. Es war eben lange her, dass ihr ein Mann auf Anhieb gefallen hatte und nun war es ausgerechnet ein Kunde. Ganz ehrlich war es nicht. Da waren schon einige Männer dabei gewesen, die das gewisse Etwas gehabt hatten, aber sie hatten nicht so eine Anziehungskraft besessen. Dieser Mann hier spielte in einer anderen Liga. Er war bestimmt ein Macho durch und durch, aber ein Macho mit viel Charme.

„Möchten Sie etwas trinken? Kaffee?", fragte sie mit belegter Stimme. Hanna, ermahnte sie sich, warum bietest du ihm das an? Nur weil er verführerisch und lässig ist, musst du nicht gleich deinen frischgebrühten Kaffee anpreisen. Du führst eine Buchhandlung, kein Café. Du solltest reservierter sein. Vielleicht nimmt er das Angebot gar nicht an. Einen Moment wirkte er unschlüssig. Er sah auf die Uhr und nickte.

„Sehr nett von Ihnen. Ich wäre nicht abgeneigt. Wenn ich nicht störe, gern."

„Nein, Sie stören nicht. Noch habe ich keine Kunden." Sie gab ihm mit einem Wink zu verstehen, dass er Platz nehmen sollte. Als Hanna den Kaffee brachte, erntete sie erneut ein Lächeln. Sie reichte ihm eine Tasse und setzte sich ihm gegenüber in einen Sessel. Am Anfang fühlte sie sich in seiner Gegenwart befangen. Sie plauderten über Bücher und mit einem Schlag war ihr so leicht zumute wie schon seit langem nicht mehr.

Für ihn war es ein gelungener Gesprächsauftakt. Er dachte schon an ein Date, hütete sich aber, mit der Tür ins Haus zu fallen. Als seine Tasse leer war, stand er auf.

„Wollen Sie noch einen Schluck? Die Kanne ist noch voll." Er schaute auf die Uhr.

„Sehr gerne, aber leider habe ich keine Zeit mehr. Danke für den Kaffee. Ich habe lange nicht so eine herzerfrischende Frau getroffen."

Bei der Verabschiedung gaben sie sich erneut die Hand. Diesmal hielt er ihre Hand noch länger fest. Er hatte gespürt, dass er ihr nicht unsympathisch war.

„Ich werde jetzt bestimmt öfter hereinschauen. Also, ich gehe dann mal wieder", sagte er. „Sie haben sicher viel zu tun. Ich will Sie nicht länger aufhalten. Es war mir ein Vergnügen. Auf Wiedersehen. Ich wünsche Ihnen noch einen angenehmen Tag."

„Gleichfalls", erwiderte Hanna. Oh, mein Gott, Adrenalin versetzte ihrem Herzen einen Stoß. Sie hätte es gerne gehabt, dass er noch ein wenig länger geblieben wäre. So wie er sich verhielt, schien er Interesse an ihr zu haben. Mal sehen, ob sie damit richtig lag. Wieder allein fragte sie sich, was konnte ein solcher Morgen wohl noch an Überraschungen bringen. Sie füllte das Bücherregal weiter auf, als erneut ein Kunde eintrat. Wird das heute ein reiner Männertag? Ihr Unbehagen steigerte sich. Sie war alles andere als erfreut, als sie ihn erkannte. Dennoch ließ sie sich nichts anmerken. Er nervte sie seit Wochen, weil er sich unbedingt mit ihr verabreden wollte. Jedes Mal gab sie ihm zu verstehen, dass daraus nichts wird. Er zog ein Buch aus dem Regal, kam auf sie zu und taxierte sie mit unverschämtem Blick.

„Tag, Frau Mories. Toll, Sie endlich mal alleine anzutreffen. Damit habe ich nicht gerechnet."

Das beruht leider nicht auf Gegenseitigkeit hätte sie gerne gesagt, aber das entsprach nicht ihrer Verkaufskultur. Er näherte sich bis an den Rand der Aufdringlichkeit. Sie verschwand hinter dem Verkaufstisch, um die größtmögliche Distanz zwischen sich und ihn zu bringen. Er wich kaum merklich zurück, beugte sich nach vorne und stützte sich mit den Ellbogen lässig auf ihren Tisch. Er kam so nahe an sie heran, dass sie sich zusammenreißen musste, weil sie seinen Atem auf ihrem Gesicht spürte. Und er gab sich nicht die geringste Mühe, die Lüsternheit in seinen Augen zu verbergen. Sie waren allein. Ausgerechnet jetzt kamen keine Kunden herein.

„Wie geht's denn so? Wie laufen die Geschäfte? Haben Sie über mein Angebot nachgedacht?" Hanna versuchte, nicht in Panik zu geraten und all ihre inneren Kräfte zu mobilisieren.

„Ich habe überhaupt keine Zeit. Nicht heute, nicht morgen und auch nicht übermorgen." Es war eine höfliche Ausrede. Sie registrierte es mit Erleichterung, als endlich eine Kundin eintrat.

Er gab dennoch nicht auf und verdrehte mit gespieltem Entsetzen die Augen.

„Dabei bemühe ich mich ernsthaft um Ihre Aufmerksamkeit. Sind Sie sicher, dass Sie keine Verabredung mit mir wollen?" Hanna schüttelte energisch den Kopf.

„War wohl keine gute Frage? Macht nichts, irgendwann klappt es bestimmt. Meine wichtigste Regel lautet, niemals aufgeben. Mit Ruhe und Gelassenheit komme ich ans Ziel."

Er bezahlte, steckte das Wechselgeld ein und brummte noch etwas Unverständliches. Anschließend ließ er die Tür krachend zufallen.

Hanna fuhr zusammen, die Kundin ebenfalls und sah Hanna dann schockiert an. Sie hatte ein frisches, offenes Gesicht mit lebhaften blauen Augen.

„Was ist los? Hat dieser ungehobelte Mensch ein Problem? Haben Sie öfter solche Typen hier?"

Hanna atmete befreit aus. „Es nervt einen schon, wenn jemand sich für einen interessiert und man das nicht möchte. Ich habe ihm zu verstehen gegeben, dass er mich zukünftig in Ruhe lassen soll und seine Einladung erneut abgeschlagen. Das war seine Reaktion darauf!"

Die Kundin erwiderte: „Typisch Mann! Kein Abgang mit Stil. Er scheint wenig Erfahrung darin zu besitzen, wie sich ein Gentleman in Gegenwart einer Dame zu verhalten hat. Wenn ein Mann nicht bekommt, was er will, wird er unausstehlich."

Über diese Bemerkung konnte sich Hanna kaum halten vor Lachen. Die Kundin stimmte mit ein. Anschließend legte die Kundin drei Bücher auf den Tisch. „Hoffentlich gefallen meiner Enkelin diese Bücher. Sie wohnt bei mir und ist zurzeit sehr traurig. Ich weiß nicht, womit ich sie noch aufheitern kann. Ihre Mama – meine Tochter – liegt im Krankenhaus. Sie ist mit dem Fahrrad gestürzt, hat sich das Bein gebrochen und die Hand verletzt. Es belastet mich sehr. Trotzdem muss ich stark bleiben." Sie zog ein Taschentuch aus ihrer Jackentasche und tupfte sich damit die feuchten Augen ab.

„Oh, das tut mir furchtbar leid. Wenn die Bücher nicht gefallen, kommen Sie mit ihrer Enkelin wieder her. Wir suchen gemeinsam neue Bücher raus. Geht sie denn schon zur Schule?"

„Ja, dritte Klasse und ist eine ausgesprochene Leseratte. Danke für Ihr nettes Angebot. Das ist ja heutzutage nicht selbstverständlich. Unabhängig davon komme ich gerne wieder."

Um zwölf Uhr kam eine angekündigte Schulklasse mit ihrer Lehrerin. Aufgeregt und mit großen Augen drängelten sich die Zweitklässler an den Regalen der Kinderbücher. Zu Beginn erklärte ihnen Hanna erst einmal, wo überhaupt der Unterschied zwischen Buchhandlung und Bibliothek bestand. Die Schüler waren wissbegierig, stellten viele Fragen. Ein aufgeweckter Junge kam auf sie zu und sagte: „Sie haben es gut. Können alle Bücher kostenlos lesen."

„Du kannst doch jederzeit die Bibliothek in der Stadt nutzen", erwiderte Hanna schmunzelnd.

„Ja, das kann ich. Aber ich finde eigene Bücher besser", entgegnete er. „Wenn ich groß bin, arbeite ich auch in einer Buchhandlung."

Hanna untermalte ihre Einführung in die Funktionsweise der Buchhandlung mit zwei Geschichten, denen die Schüler mit Begeisterung zuhörten. Am Ende überreichte Hanna allen ein Kinderbuch und blickte in strahlende Gesichter.

Nun fehlte nur noch ihre Freundin. Betti war schon lange nicht mehr in der Buchhandlung. Hannas Wunsch, endlich Betti wiederzusehen, erfüllte sich nicht.

Das Leben besteht nicht ausschließlich aus Arbeit, sagte sich Markus Richter als er mit seinem Buch wieder draußen stand. Er stand auf schöne Karrierefrauen und Hanna Mories zählte dazu. Wie alt könnte sie sein. Zwischen dreißig und fünfunddreißig? Er dachte an ihre hochgewachsene, schlanke, wohlproportionierte Figur, ihr klassisches, ovales Gesicht und ihre glatte, zarte Haut. Ihr glänzendes langes blondes Haar erinnerte ihn an die Farbe von hellem Honig. Das Aufregendste waren jedoch ihre großen, braunen Augen, mit bernsteinfarbenen Sprengeln um die Pupillen herum. Und sie hatte volle, pralle Brüste, die Art, bei der jedem Mann das Wasser im Mund zusammenlief. Alles an ihr strahlte eine gewisse Eleganz und Stolz aus. Er war sich ganz sicher, dass das Schicksal ihn mit rätselhafter Hand hierhergeführt hatte. Wie würde sie reagieren, wenn er einfach kurz vor Feierabend bei ihr auftauchen würde? Er könnte sie ganz offiziell zu einem Date einladen? Wenn sie es ablehnen sollte, wäre das nicht nach seinem Geschmack. Bisher bekam er immer, was er wollte! Sie wird es nicht ablehnen. Sie wird ja sagen, nur sie weiß es noch nicht, sagte er zu sich selbst. Er schlenderte langsam, fröhlich pfeifend zum Wagen, denn er konnte es sich leisten, dank eines guten Vertreters, auch später im Unternehmen aufzutauchen. Vor Jahren wäre das unvorstellbar gewesen. Am Anfang gab es Zeiten, wo er erst nach vierzehn Stunden wieder zu Hause war. Es hatte sich gelohnt. Er war sein eigener Chef, das mit zweiundvierzig Jahren und er kannte keine Geldsorgen. Er genoss seinen großzügigen Lebensstil. Geld gab einem die Freiheit, das zu tun, was man wollte. Seit seinem Erfolg fiel ihm der Umgang mit Frauen nicht schwer. Finanzielle Großzügigkeit konnte bei Frauen Wunder bewirken. Er wurde als gönnerhaft betrachtet, wenn er großzügig war. Bisher konnte er jede x-beliebige Frau abschleppen. Außer Prostituierte, die kamen für ihn nicht in Frage. Auch ohne Bezahlung besaß er die Macht, Frauen, die nicht zu den Prostituirten gehörten, seinen Willen aufzuzwingen. Das nutzte er auch schamlos aus.Er hatte schon immer Gefallen an den schönen Dingen des Lebens gefunden. Er wusste nicht, was noch amüsanter sein könnte, als Frauen in sein Bett zu bekommen. Die meisten Frauen lernte er in Bars kennen. Zunächst spielten sie, ein bisschen Sträuben, ein bisschen Lockung, ein wenig Abwehr und dann glaubten sie, dass er es mit ihnen ernst meinte. Sie waren aber nur ein Mittel zum Zweck der sexuellen Befriedigung und er liebte den Geruch einer befriedigten Frau. Mit wahrer Liebe hatte sein turbulentes Liebesleben nichts zu tun. Er liebte die Abwechslung. Die Ehe hielt er für eine überholte Institution und verabscheute jede Art von Abhängigkeit. Monogamie käme für ihn niemals infrage. Wenn er alles bei einer Frau erreicht hatte, beendete er die Affäre und wurde hungrig auf die nächste Eroberung. Er hatte schon früh gelernt, sich niemals hundertprozentig emotional auf jemanden einzulassen. Das ersparte ihm eine Menge Ärger. Er liebte seine Freiheit. Bei Hanna Mories war es seine wilde, zügellose Gier nach ihrer körperlichen Schönheit. Sie war bislang die begehrenswerteste Frau, die er getroffen hatte. Dennoch glaubte er, dass ihre kühle Höflichkeit und Distanziertheit nicht echt waren. Die meisten Frauen waren leicht zu durchschauen. Sie nicht und sie war auch nicht der Typ Frau, der mit jedem gleich ins Bett ging. Aber jede Frau ist verführbar. Es kommt nur auf den richtigen Trick, Zeitpunkt und Ort an. Was der Mensch will, schafft er auch. Er kannte seine Wirkung auf die Frauenwelt. Warum sollte es ihm nicht gelingen, auch Hanna zu erobern. Er war schließlich im besten Mannesalter. Mit ihr könnte er unter Umständen am Wochenende mehr Zeit verbringen. Seine Eltern, die wie Kletten an ihm hingen, hätten damit ein Problem. Er hätte dadurch weniger Zeit für sie. Er liebte seine Eltern nicht besonders, kümmerte sich aber trotzdem um sie. Aufgrund des Mangels an Liebe und Vertrauen in seiner Kindheit und der unerbittlichen Strenge seines Vaters, hatte er keine liebevollen Charakterzüge entwickelt. Mit zunehmendem Alter verlangten seine Eltern oft nach jedem nur erdenklichen Zuspruch und einer übertriebenen Fürsorge, obwohl sie weder bettlägerig noch invalide waren. Beide waren gut in Form, quicklebendig und gesund. Sie machten oft auf hilfsbedürftig, um ihn an sich zu binden. Neuerdings riefen sie ständig wegen Kleinigkeiten an, dazu kam noch der Kleinkrieg mit den lauten Nachbarn. Es blieb ihm nichts anderes übrig, als wieder hinzufahren, um beide auf den Boden der Realität zurückzuholen. Seine Gedanken kehrten wieder zu Hanna zurück. Er wollte natürlich keine echte Beziehung. Das war das letzte, was er wollte. Sie fiel lediglich in sein Beuteschema. Es reizte ihn ungemein, das gewisse Eine an ihr zu entdecken und diese blonde kühle Schönheit zum Auftauen zu bringen. Der Gedanke zauberte ein Grinsen auf sein Gesicht. Als er wieder im Wagen saß, schloss er die Augen und legte den Kopf in den Nacken. Hanna Mories, du machst mich wahrlich verrückt! Du bist ganz anders als alle Frauen, die ich bisher kannte. Du hast einen perfekten Körper. Er seufzte und drehte den Zündschlüssel.

# Kapitel 2

Betti schaute auf die Uhr und packte ihre Unterlagen in den Schreibtisch. Feierabend! Es zog sie nicht, wie sonst nach Hause. Ihr jetziges Leben war alles andere als angenehm. Ihre Ehe existierte bloß noch auf dem Papier. Früher, in den ersten Jahren ihrer Ehe, waren sie sehr glücklich gewesen. Harald und sie waren seit mehr als acht Jahren verheiratet. Es war Liebe auf den ersten Blick gewesen und er war ihr erster und einziger Mann. Als sie frisch verliebt gewesen waren, hat er sie regelrecht auf Händen getragen und mit Blumen und kleinen Geschenken überrascht. Sie hatten über alles geredet, gelacht und viel unternommen. Sie war damals so selig gewesen, so begehrt zu werden, von einem Mann, der so charmant war. Deshalb sagte sie auch ohne zu zögern ja, als er noch im ersten Jahr um ihre Hand anhielt. Sie war sich ganz sicher gewesen, dass sie am Anfang alles, was ihre Mutter in ihrer Ehe falsch gemacht hatte, richtig machen würde. Nie hätte sie vermutet, dass sich das mal ändern würde. Doch schon bald führten Unstimmigkeiten und nervige Gespräche zu handfestem Zoff. Zu Begin glaubte sie, ihre Ehe wieder ins Lot bringen zu können, so gut es angesichts der schwierigen Lage möglich war. Verzweifelt versuchte sie, Harald alles recht zu machen. Doch das hatte nur den Effekt, dass er immer gemeiner und vernichtender ihr gegenüber wurde. Um des Friedens willen hatte sie über manche Ungereimtheiten hinweggesehen, im Glauben, es könnte wieder besser werden. Immer und immer wieder hatte sie versucht, mit ihm zu sprechen. Er blieb stumm. Es gab keine Gespräche, keine zärtliche Geste mehr. Die wilden Zeiten, in denen alles so leicht und aufregend gewesen war, längst vorbei. Die Abnutzungserscheinungen in ihrer Beziehung waren schneller eingetreten als sie je vermutet hätte. Was sie einst an Harald erregte, war Stück für Stück verschwunden. Er legte

Verhaltensweisen an den Tag, die sie als frustrierend wahrnahm. Seine Attacken kamen jedes Mal unerwartet und aus einer Richtung, aus der sie nicht mit ihnen gerechnet hatte. Manches entwickelte sich schleichend. Nach außen wirkte er charmant und freundlich. Aber wenn die Haustür hinter Harald zufiel und sie beide allein waren, verwandelte er sich von einem netten in einen tyrannischen Mann. Sie war seinen Demütigungen ausgesetzt. Es war wie ein schleichendes Gift. Ein Gift, das zu wirken begann. Er ging regelmäßig, dreimal Mal in der Woche, abends weg, ohne Kommentar. Sie blieb allein zurück. Und es kam eine Zeit, in der er auch für eine Woche spurlos verschwand. Sie wusste nie, wo er sich aufhielt. So ging es seit Monaten. Wenn er wieder unerwartet auftauchte, tat er so, als wäre nichts gewesen. Dann verlor Harald seinen Job. Ab da saß er am Tage seelenruhig auf seinem Hintern, rührte keinen Finger im Haushalt und kümmerte sich nicht um eine neue Arbeit. Wenn sie morgens das Haus verließ, lag er noch im Bett. Wenn sie nach Hause kam, war er oft nicht mehr da. In der Küche stand schmutziges Geschirr, im Bad lagen überall seine Sachen herum, auf dem Wohnzimmertisch standen leere Bierflaschen. Harald begann zu trinken und ließ sich mehr und mehr gehen. Er traf sich abends mit irgendwelchen Kumpels, kam spät in der Nacht nach Hause, war betrunken und besonders schlecht gelaunt. Sie hatte schon seit längerem den Verdacht, dass er sich in Spielhallen aufhielt. Bisher hatte sie ihn nie darauf angesprochen, weil sie wusste, er nahm es mit der Wahrheit nicht so genau. Nur die Bewegungen auf ihrem gemeinsamen Konto beunruhigten sie allmählich. Wenn das so weiterging, musste sie ihn fragen, wofür er laufend Geld vom Konto abhob. Das waren Fragen, die ihn ärgerten und die er stets unbeantwortet ließ. Warum hatte sie nicht schon früher reagiert? Vielleicht weil sie wieder Angst vor seiner Reaktion hatte. Sie konnte sich weder Hanna noch ihrer Mutter anvertrauen und um Rat fragen, wie sie das Problem Harald lösen könnte. Bei ihrer letzten Begegnung mit Hanna hatte sie sogar aus Scham gelogen, obwohl Hanna ihre beste Freundin war. Und ihre Mutter war sehr exzentrisch und könnte ihr die ganze Schuld in die Schuhe schieben. Wobei sie auch ohne ihre Mutter bereits Schuldgefühle verspürte, weil sie bisher alles mehr oder weniger geduldet und dem Ganzen keinen Riegel vorgeschoben hatte.

Als Betti die Wohnung betrat, war es siebzehn Uhr. Harald war überraschenderweise zu Hause. Er lag zusammengerollt auf der Couch und machte keine Anstalten aufzustehen. Auf dem Couchtisch standen wie üblich leere Bierflaschen. Der Aschenbecher quoll fast über. Es roch nach kaltem Rauch. Was sollte sie tun? Laut werden? Demonstrativ die leeren Bierflaschen einsammeln?

„Das ist aber eine nette Überraschung, dich um diese Zeit hier zu sehen. Ist alles in Ordnung?", fragte sie ruhig, obwohl es in ihr brodelte.

„Wieso fragst du?" Er blinzelte und richtete sich langsam auf.

„Warum antwortest du nicht? So kann es doch nicht weitergehen." Ihre Stirn legte sich in Falten. Sie sah zu, wie er sich umständlich aufrichtete.

„Betti, sag du es mir. Suchst du Streit? Kommt jetzt wieder deine bühnenmäßige, dramatische Tour? Anscheinend mache ich in deinen Augen alles falsch?"

„Falsch oder richtig, darum geht es nicht. Ich bin es leid und habe auch keine Lust mehr, immer nur gute Miene zum bösen Spiel zu machen. Wann suchst du dir wieder eine Arbeit? Hast du dich eigentlich arbeitslos gemeldet? Du trägst nichts zum Lebensunterhalt bei. Mein Geld reicht nicht, um alle Kosten zu decken."

„Ach, darum geht's. Hab noch etwas Geduld, Betti. Ich gehe morgen so fort los, versprochen. Mach nicht gleich ein Drama daraus."

Sie sagte mit einem Seufzer: „Das sagst du so leicht. Ist dir bewusst, dass du dasselbe vor zwei Wochen und vor zig Monaten gesagt hast. Das habe ich alles schon mal gehört. Passiert ist nichts! Du solltest endlich deine Unmengen an Bier, Zigaretten, deine Abende, wo auch immer du bist, einschränken."

„Du lieber Himmel, du brauchst gar nicht weiterzureden. Ich weiß, was du sagen wirst. Es ist immer das Gleiche. Danke für deine Klarstellung."

„Und obwohl du es weißt, tust du nichts, um diesen Zustand zu ändern. Wer wirklich arbeiten will, der findet auch eine Arbeit. Du musst es nur ernsthaft wollen."

„Du stellst alles so kalt und unpersönlich dar. Offenbar spielen meine Gefühle aber keine Rolle. Ich habe nun mal Schwächen. In deinen Augen bin ich wohl oberflächlich und leichtsinnig. Wenn du die Sache so siehst, kann ich ja gehen. Du bist und bleibst eine Frau, die nur das schlechte im Menschen sieht." Er tippte sich an die Stirn.

„Das stimmt so nicht ganz. Es ist nur nicht leicht, mit einem Mann zusammenzuleben, der nicht arbeitet, den ganzen Tag zu Hause rumhängt und abends verschwindet. Für mich gehört auch ein gewisses Selbstbewusstsein dazu, dass man sich nicht einfach damit abfindet", erwiderte Betti.

Harald verstand es hervorragend die Trennschärfe zwischen Recht und Unrecht außer Kraft zu setzen. Ein Mann, der zwischen Wahrheit und Lüge keinen großen Unterschied macht, sondern sich beiderseits bedient, wie es ihm gerade nützlich erscheint.

Plötzlich sprang Harald erregt auf und schlug mit der Faust auf den Tisch.

„Ich verbiete dir, in diesem Ton mit mir zu reden. Noch bin ich dein Mann, vergiss das nicht. Du schuldest mir etwas Respekt", zischte er. Er kam mit bedrohlichen Schritten auf sie zu. Seine Augen waren eiskalt. Betti erschrak zutiefst, als er die Hand hochhob. Noch nie hatte er sie geschlagen und sie wich zurück. Er versetzte ihr einen Stoß, einen harten Stoß gegen die Schulter. Das tat er mit solcher Kraft, dass sie das Gleichgewicht verlor und mit der Wange gegen die Tischkante stieß. Sie fühlte alles – Schmerz, Angst, Entsetzen. Sie hatte ihn öfter wütend erlebt, aber nie gedacht, dass er jemals fähig wäre, sie zu verletzen. Bis dahin hatte Betti nicht den leisesten Verdacht, wozu er noch fähig war. Zum ersten Mal hatte sie Angst vor ihrem eigenen Mann. Sie drückte ihre Hand gegen die schmerzende Wange. Ihre Schläfe pochte. Benommen richtete sie sich auf und stützte sich am Tisch ab.

„Du magst dein Verhalten vielleicht für akzeptabel halten, aber ich nicht. Bist du ganz und gar übergeschnappt. Soll ich mich bei einem Verein gegen häusliche Gewalt melden?" fragte sie entsetzt. Sie bereute nicht ein Wort von dem, was sie zu Harald gesagt hatte.

„Betti, du neigst dazu, die Dinge ein wenig zu übertreiben." Er sah sie einen Augenblick an, wandte sich dann ab und verließ wortlos die Wohnung.

Um dreiundzwanzig Uhr legte sie sich ins Bett. Wie immer fand sie nach so einem Streit kaum Schlaf, obwohl sie hundemüde war. Sie stand wieder auf, goss sich ein Glas Wasser ein und trank es in einem Zug leer. Plötzlich begann sich das Zimmer zu drehen, der Boden schwankte, und sie fühlte sich elend. Schlaflos hoffte Betti, sie würde sich am nächsten Morgen besser fühlen. Zwei Tage später ging sie wegen heftiger Magenbeschwerden zum Arzt. Nach einer Magenspiegelung kam heraus, dass sie einen Keim hatte und landete im Krankenhaus.

Nach der Entlassung stand Betti einen Tag später in der Bank und wollte sich einen Überblick über das gemeinsame Konto verschaffen. Sie betätigte den Drucker für Kontoauszüge. Sie wusste nicht, wie sie das, was sie sah, einordnen sollte. Sie hatte das Gefühl, dass ihre Beine weich wie Pudding wurden. Im Schalterraum stand zum Glück eine Sitzbank und sie war froh, dass sie sich hinsetzen konnte. Zusammengesunken starrte sie erneut auf den Auszug. Auf ihrer Oberlippe bildeten sich kleine Schweißperlen. Vor Verzweiflung, aber auch vor Zorn krampfte sich ihr Magen zusammen. Harald hatte nach ihrem Streit das gemeinsame Konto leer geräumt. Der Dispo war ausgereizt. Betti wischte sich den Angstschweiß von der Oberlippe. Neben ihr nahm eine ältere Dame Platz.

„Oh ja, diese schwüle Luft ist unerträglich. Es gibt heute noch ein Gewitter. Die ersten dunklen Wolken ziehen bereits auf", sagte sie mitfühlend.

Für Betti waren, auch ohne Ankündigung eines Gewitters, bereits dunkle Wolken aufgezogen.

Sie verabschiedete sich von der älteren Dame und wünschte ihr noch einen schönen Tag. Auf dem Weg zum Wagen dachte sie an ihr Erspartes, das sie im Wäscheschrank aufbewahrte. Lieber Gott im Himmel, flehte sie innerlich, lass das nicht auch weg sein. Kaum im Wagen fielen die ersten großen Regentropfen. Dann öffnete der dunkle Himmel seine Schleusen. Es goss in Strömen. Ihre Scheibenwischer mussten Schwerstarbeit leisten. Blitze zuckten am Himmel auf. Das dröhnende Donnergeräusch war beängstigend. Die Straßen waren innerhalb weniger Minuten überschwemmt. Sie sah, wie die Menschen in die Geschäfte flüchteten und die Kellner im Eiltempo draußen die Tischdecken abräumten. In den Geschäften und Restaurants waren bereits die Lampen eingeschaltet. Zuhause ließ sie vor Aufregung alles stehen und liegen. Panisch jagte sie durch den Flur zum Schlafzimmer und riss die Tür auf. Sein Kleiderschrank stand offen und war vollkommen ausgeräumt. Ihr Wäscheschrank stand ebenfalls offen. Der Briefumschlag war weg. Ruhelos lief sie auf und ab und versuchte, der anbahnenden Verzweiflung Herr zu werden. Wann hatte er sich das Geld genommen? Betti spürte eine Enge in ihrer Brust, bekam wieder Herzrasen und ihr wurde schwindelig. Mit Mühe schaffte sie es, sich auf ihrem Bett niederzulassen. Sie legte sich auf die Seite, zog die Beine an, drückte ihr Gesicht ins Kissen und weinte hemmungslos. Irgendwann stand sie auf und ging ins Bad. Ein Blick in den Spiegel zeigte, dass die Wimperntusche schwarze Spuren auf ihre Wangen hinterlassen hatte. Sie drehte das kalte Wasser auf und ließ es über ihr Gesicht laufen. Sie schaute erneut in den Spiegel. Ihr Spiegelbild sah zum Fürchten aus. Mein Gott, sagte sie zu sich, wie soll es bloß weitergehen? Ihre Augen ruhten noch auf ihrem Spiegelbild, als das Telefon klingelte.

„Ist Harald da, ich muss ihn unbedingt sprechen", sagte eine unsympathische männliche Stimme.

„Wer sind sie eigentlich? Sie haben mir ihren Namen nicht genannt", erwiderte Betti.

Er reagierte unbeherrscht. „Das ist uninteressant. Hol Harald jetzt so fort ans Telefon."

Betti stockte. „Tut mir leid. Er ist nicht da. Ich weiß nicht, wo er im Augenblick steckt."

„Die feige Sau traut sich wohl nicht ans Telefon. Nun gut, sag ihm, wenn ich nicht bald mein Geld zurückbekomme, tauche ich höchst persönlich bei euch auf. Dann gibt es Ärger!"

„Harald hat mir nichts davon gesagt. Wieviel Geld schuldet er Ihnen?"

„Frag Harald. Jetzt ist nicht der richtige Zeitpunkt, dir alles auf die Nase zu binden. Ich besitze einen Schuldschein mit Haralds Unterschrift und ich bin nicht der Einzige. Die geborgte Summe ist nicht unerheblich."

Betti vernahm schnaubende Geräusche, dann war nichts mehr zu hören. Sie war fassungslos und zugleich wie betäubt. Eine vollkommen fremde Person drohte ihr. Jetzt wurde ihr bewusst, dass Harald sich auch noch Geld geborgt hatte. Sie hatte das Gefühl, dass jeden Augenblick neue Anrufe kommen könnten. Ihre Nerven lagen blank! Sie ging auf den Balkon und sah in den strömenden Regen hinaus. Das Gewitter hatte sich verzogen und es hatte sich leicht abgekühlt. Sie atmete tief die frische Luft ein. Die Blumen in der Rabatte vor dem Haus hatten sich wieder aufgerichtet. Gegenüber lärmten die Spatzen im Kastanienbaum. Unter normalen Umständen würde sie das alles genießen, aber es gab gegenwärtig keine normalen Bedingungen. Sie fürchtete, dass ihre Welt sich niemals wieder geraderücken ließ. Ein Gespräch bei der Bank blieb erfolglos. Die Bankberaterin machte ihr unmissverständlich klar, dass sie ihr keinen Überziehungskredit anbieten kann, weil die Überziehung bei ihr nicht von kurzer Dauer wäre und ein höherer Zinssatz anfallen würde. Dann hörte Betti nur noch was von Umschichtung, Ratenkredit, fehlender Bonität, Dispoüberziehung. Beim Verlassen des Raumes drehte sie sich kurz um.

„Ich weiß, dass die Bank kein Wohlfahrtsinstitut ist und hoffe, dass Sie in ihrem Leben nie in so eine Situation geraten." Hoch erhobenen Hauptes verließ Betti das Büro. Draußen spürte sie wieder dieses Gefühl der Enge in ihrer Brust. Wie lange noch, fragte sie sich, würde sie diese Verzweiflung durchleben müssen? Niemand, mit dem sie reden konnte. Wie sollte sie damit fertig werden? Von ihrer Mutter würde sie weder Mitgefühl noch

Unterstützung bekommen. Ihre Mutter würde eher Harald als Opfer sehen. Sie dagegen wäre in ihren Augen die Schuldige. Und Hanna? Konnte sie ihr in irgendeiner Form helfen? Die folgenden Wochen verliefen wie eine Achterbahnfahrt. Sie konnte kaum etwas essen und nahm rapide ab. Harald blieb spurlos verschwunden. Erst später erfuhr sie die ganze furchtbare Wahrheit.

Betti fluchte innerlich und musste ihren Wagen ein ganzes Stück weg abstellen. Parkplätze waren in dieser Gegend Mangelware. Sie beachtete kaum die vielen Schaufensterauslagen. Vor der Tür der Buchhandlung blieb sie kurz stehen und atmete tief durch, bevor sie die Tür öffnete. Sie hatte sich lange nicht mehr bei Hanna gemeldet und das schlechte Gewissen nagte an ihr. Sie winkte Hanna kurz zu und ließ sich in einen der Sessel neben dem kleinen Tisch am Schaufenster fallen.

„Kann man hier auch einen Kaffee trinken?", fragte sie, als Hanna auf sie zukam und sie liebevoll umarmte.

„Ich denke ja", sagte Hanna freudestrahlend.

„Hanna, du siehst ja blendend und glücklich aus." In Betti stieg Frustration und Neid auf. Was war sie? Verrückt? Wie konnte sie Neid empfinden. Nein, jetzt wurde sie ungerecht. Hanna war ihre einzige und beste Freundin. Sie war mehr als eine beste Freundin. Sie war wie eine Schwester.

„Betti, wir haben uns ja seit einer Ewigkeit nicht mehr gesehen. Ich habe schon gedacht, du hättest die Stadt verlassen. Wenn ich deine Handynummer gewählt habe, meldete sich die Mailbox. Jedes Mal bat ich um Rückruf. Du hast keinen der Anrufe beantwortet. Meine E-Mails hast du wohl ungelesen gelöscht. Betti schwieg und neigte den Kopf nach unten. Sie schaute Hanna nicht an.

„Betti, verflixt noch mal, was ist los? Wie gesagt, keine Antwort ist auch eine Antwort!", sagte Hanna lauter als beabsichtigt.

Betti hob überrascht den Kopf und kniff kurz die Augen zu.

„Ja, ich weiß. Ich verstehe, dass du sauer bist", sagte sie schuldbewusst. „Es gibt eben Dinge, die man auf die lange Bank schiebt. Jetzt bin ich ja hier." Sie nahm ihre Tasche auf den Schoss und spielte verlegen mit dem Henkel. Sollte sie Hanna über Harald die Wahrheit sagen? Sie konnte es einfach nicht.

„Du hast gerade ziemlich viel Kundschaft. Ich komme ein andermal vorbei."

Hanna stand auf und schaute Betti vorwurfsvoll an.

„Zwei Kunden nennst du viel? Suchst du einen Grund, um wieder zugehen? Du kannst ruhig hierbleiben. Ich hole uns erst was zu trinken. Bleib ja sitzen."

Betti stellte derweil ihre Tasche neben sich, nahm ein Buch vom Tisch, um es wieder zurückzulegen. Hanna brachte den Kaffee.

„So, jetzt können wir reden. Was gibt es Neues bei dir?"

„Nun ja, ich wollte dich sehen …" Bevor Betti ihren Satz beenden konnte, stand Hanna auf, weil weitere Kunden die Buchhandlung betraten.

„Wir reden gleich weiter. Trinke in Ruhe noch einen Kaffee. Ich weiß doch, dass du eine begeisterte Kaffeetrinkerin bist." Hanna zeigte auf die Kaffeekanne. Als sie zurückkam, nahm sie wieder Betti gegenüber Platz.

„Jetzt bin ich ganz Ohr. Du wolltest mich mal sehen? Das ist nicht dein Ernst. Nach so vielen Wochen. Ich kann es nicht glauben. Ich erinnere mich gerne an deine Besuche zurück. Dafür hast du wohl keine Zeit mehr."

Bettis Haltung blieb undurchschaubar. Ihr Blick war distanziert. Nur ihr Atem ging etwas schneller.

„So ist es. Wie ich bemerkt habe, läuft dein Geschäft hervorragend." Hanna nickte ihr zu.

„Die Buchhandlung läuft besser, als ich es je erwartet hätte. Die Investition hat sich gelohnt. Es fühlt sich toll an, sein eigener Chef zu sein. Ich bin viel selbstbewusster geworden und fühle mich nicht mehr ferngesteuert. Es ist etwas anderes, als tagtäglich im Büro zu sitzen. Anfangs lief nicht alles reibungslos. Anfängerfehler! Mal hatte ich zu viel, mal zu wenig Bücher bestellt. Da wurde mir oft ganz schön heiß. Ich dachte, nach ein paar Monaten würde der Kundenstrom weniger werden, aber im Gegenteil! Ich halte nach wie vor an meinem Leitspruch fest: Liebe das, was du verkaufst. Der Kunde spürt so fort, wenn du nur mit halbem Herzen dabei bist. Ich interessiere mich für ihre Wünsche und will, dass sie mit einem zufriedenen Gefühl die Buchhandlung verlassen. Wenn Kunden an der geöffneten Tür vorbeigehen und mir zulächeln, lächele ich zurück. Es ist jedes Mal eine Mischung aus Freude, Vertrauen und Stolz."

„Hanna, wenn ich mich so umschaue, sehe ich kaum Frauen dafür mehr männliche Kunden. Gib es ruhig zu, die Männer umschwärmen dich wie die Motten das Licht." Es war das erste Mal, dass Betti dabei lächelte.

„Ich spüre schon, dass ich von einigen Männern neugierig beobachtet und gemustert werde. Wie geht es Harald? Ich habe ihn ewig nicht mehr gesehen."

Betti nahm einen Schluck Kaffee und stellte vorsichtig die Tasse ab. „Der Kaffee ist noch zu heiß. Harald geht es gut", antwortete sie mit einem schlechten Gewissen. Schnell wechselte sie das Thema. „Und du? Lebst du etwa noch immer allein?"

Für Hanna klang es fast wie ein Vorwurf. „Meinen Mr. Right habe ich noch immer nicht gefunden. Ich habe mich an mein Single-Dasein gewöhnt. Meine Arbeit ist gegenwärtig mein Leben."

„Ach, komm, das gibt's doch gar nicht. Du bist zweiunddreißig und hast noch immer keinen festen Freund. So lange du die Männer meidest, wie der Teufel das Weihwasser, wirst du keinen Mann fürs Leben finden. So viel Zurückhaltung ist auf Dauer ungesund. Wie schaffst du es nur, so gelassen zu bleiben."

„Weil ich weiß: Im Leben kommt es anders als man denkt. Außerdem gab es durchaus die eine oder andere Beziehung. Aber nach einigen Wochen stellte sich heraus, dass es nicht das Wahre war. Keine Männer zum Festhalten. Einige Männer wollten nur Sex, andere entpuppten sich entweder als typische Ich-Menschen oder Möchtegern-Machos. Einer war sehr anhänglich und hängte sich im wahrsten Sinne wie ein Terrier an meine Fersen. Ich hatte zu tun, ihn wieder loszuwerden. Bist du jetzt zufrieden?" Eine Weile herrscht Schweigen, bis Betti reagierte.

„Darf ich dich etwas fragen? Etwas Intimes? Wenn du nicht antworten magst, ist es auch kein Beinbruch. Vermisst du den Sex nicht? Bist du etwa noch Jungfrau?"

Unwillkürlich verdrehte Hanna die Augen. Mit so einer Frage hatte sie überhaupt nicht gerechnet.

„Nein. Willst du noch mehr wissen? Sag es einfach."

„Kenne ich ihn zufällig, mit dem du das erste Mal ..." Betti wurde bei ihrer Frage etwas rot.

„Wir sind zwar Freundinnen, aber darauf antworte ich nicht. Hör auf, dir über mein Sexleben Gedanken zu machen. Reicht das oder hast du noch andere Fragen auf Lager?" Hanna hatte in all den Jahren nie über ihr erstes Mal gesprochen. Nicht einmal ihre Familie wusste Bescheid. Es lag viele Jahre zurück. Von einem Tag auf den anderen Tag fand ihre Unbeschwertheit ein Ende. Die unfreiwillige Erfahrung verblasste zwar mit der Zeit, aber hatte seelische Spuren hinterlassen. Und sie wurde schneller erwachsen als die anderen Mädchen in ihrer Klasse. Wenn sich ihre Freundinnen für Jungs interessierten, konnte sie das nicht nachvollziehen. Im Laufe der Zeit hatte sie eine große Scheu davor entwickelt, körperlichen Kontakt mit einem Mann zu haben.

Betti blickte unangenehm berührt auf ihre Hände und bereute zutiefst, dass sie gefragt hatte.

„Es tut mir leid. Ich hätte sowas nicht fragen sollen." Verlegen fingerte sie erneut an der Tasche herum. Als sich ihre Blicke trafen, sah Betti weg.

„So habe ich das doch auch nicht gemeint", entschuldigte sich Hanna. „Vor ein paar Tagen kam ein Kunde, vor lauter Aufregung vergaß ich fast zu atmen. Wenn er ein paar Augenblicke zu mir herüber sah, wurde mir heiß. Ein Mann mit einer erotischen Ausstrahlung. Ich hatte zutun, ihn nicht merken zu lassen, wie sehr er mich aus der Fassung gebracht hatte. Das ist mir bisher noch nie passiert. Klingt sicher kindisch, naiv und banal. Es ist erstaunlich, welche Macht ein fremder Mensch auf einen ausüben kann."

Betti blieb vor Verblüffung der Mund offenstehen. „Ja ... und? Hat er mit dir geflirtet? Was hat er gesagt? Hast du dich verliebt? Spann mich nicht auf die Folter. Ich sterbe vor Neugierde."

„Geflirtet? Nicht so richtig. Was Wichtiges haben wir nicht besprochen. Nein, das haben wir nicht. Er sieht verdammt gut aus. Traumbody, Frauenmagnet, ein Typ, den man gern mit nach Hause nimmt. Er ist vielleicht verheiratet? Solche männlichen Geschöpfe sind meistens bereits vergeben. Er war das erste Mal in der Buchhandlung. Und wenn ich selbst schon sage, es war irgendwie alles verrückt, dann war es auch total verrückt. Betti, hör auf, mich so anzustarren."

Betti zwinkerte ihr vielsagend zu. „Ist das ein Hinweis auf seine Unwiderstehlichkeit? Mein Gehirn kann das alles nicht verarbeiten. Meine Güte, da kommt die Liebe so einfach um die Ecke. Das scheint ja ein hochinteressanter Mann zu sein. Der ideale Mann für dich. Du musst das Leben mehr umarmen und die Liebe auskosten. Gönn dir ein bisschen Spaß. Ein kleiner oder großer Flirt tut dir ganz gut."

„Aha, da spricht jemand aus Erfahrung. Du meinst, er wäre der ideale Mann. Es gibt da ein Zitat, das nicht von mir stammt: Der ideale Mann ist der Mann, von dem alle Frauen träumen und den keiner kennt", erwiderte Hanna scherzend.

„Oh, das ist gut, das ist ausgezeichnet. Ich hätte es nicht besser sagen können", entgegnete Betti lachend. „Du hast meine Frage nicht beantwortet. Hast du dich nun auf Anhieb verliebt?"

„Das kann ich so nicht sagen. Liebe? Was ist Liebe? Liebe auf den ersten Blick? Ich würde es mal so ausdrücken: Wenn man jemandem begegnet, merkt man schon, ob da dieses gewisse Etwas da ist oder nicht. Das gewisse Etwas war für mich da! Und ein ganzer Schwarm Schmetterlinge war auch noch im Anflug. Aber wie gesagt, nur im Anflug und noch nicht gelandet."

„Das hört sich gut an. Ich bin sehr gespannt wie es weitergehen wird." Betti nahm ihre Tasse hoch, trank ihren Kaffee aus und schaute auf ihre Armbanduhr.

„Du liebe Güte! Ich muss los. Ich dachte, wir hätten nur eine halbe Stunde geplaudert."

Hanna verschränkte die Arme. „Schade! Das war ein sehr kurzer Besuch. Warum so eilig?"

Betti überlegte einen Moment und verwarf den Gedanken. Sie konnte nicht einmal Hanna die Wahrheit erzählen. Obwohl sie es vor hatte. Sie senkte den Kopf, betrachtete ihre Hände.

„Wann sehen wir uns wieder?", fragte Hanna nach kurzem Schweigen.

„Tja … ich weiß nicht. Wir werden uns so schnell nicht wiedersehen. Mach dir deswegen keine Gedanken."

„Ich mache mir aber Gedanken. Dich beschäftigt etwas. Bist du okay?" Hanna sah ihr die Nervenanspannung sehr wohl an.

„Ach, komm schon, Betti. Rede mit mir. Warum erzählst du mir nicht, was los ist? Bin ich zu neugierig? Harald und du, ist zwischen euch alles in Ordnung? Bist du etwa schwanger?"

Es dauerte wieder ein Weilchen, bis Betti antwortete: „Nicht, dass ich wüsste. Herrgott, ich wünschte, ich hätte nie …" Sie hielt kurz inne. „Hanna, du bist eine richtige Nervensäge. Hör auf, dir über alles Sorgen zu machen und etwas Schlimmes zu vermuten. Oder zweifelst du an mir?", blockte sie mürrisch ab.

„Tu ich das? Wir sind immerhin Freundinnen. Seit wann bist du so empfindlich? So kenne ich dich gar nicht. Wenn du mich brauchst, ich bin für dich da. Du würdest es mir sagen, wenn irgendetwas wäre? Was auch immer es ist."

„Das weißt du doch", fauchte Betti. „Wenn ich Zeit habe, komme ich bestimmt wieder vorbei."

Hanna überlegte kurz. „Gut! Dann wäre das ja erledigt, obwohl es nicht überzeugend klang. Bisher haben wir uns doch alles erzählt und anvertraut", erwiderte sie.

„Was soll ich darauf antworten? Ich bin nicht wie du", antwortete Betti entnervt. „Ich kann das jetzt nicht erklären."

„Machst du Witze? Darf ich fragen, was das tatsächlich zu bedeuten hat?" Sie bekam keine Antwort darauf. „Hey, ich habe eine Idee! Wenn du keine Zeit hast, telefonieren wir wenigstens regelmäßig. Wie klingt das? Oder wäre das ein Problem für dich?", fragte Hanna angriffslustig.

„Na schön, wie du willst, Hanna. Ich bin damit einverstanden. Danke für den guten Kaffee."

„Betti, wenn du Hilfe brauchst, aber jetzt nicht darüber reden willst, gib mir ein Zeichen."

Nachdem sie sich verabschiedet hatten, ging Betti in Richtung Ausgang. An der Tür blieb sie stehen, als hätte sie was vergessen. Sie schien zu überlegen, ob sie zurückgehen sollte oder nicht. Sie schloss die Tür mit einem bangen Gefühl hinter sich und Tränen liefen ihr über die Wangen. Warum habe ich mich nicht Hanna anvertraut? Warum nicht? „Ich hasse mich selbst", murmelte sie und wischte die Tränen fort.

Hanna hatte von Anfang an geahnt, dass etwas nicht stimmte. Sie hätte schwören können, dass Betti ihr noch etwas sagen wollte. Verheimlicht sie mir was, fragte sich Hanna.

Nach dem eher zufälligen Auftauchen von Betti ließ Hanna die gemeinsamen Jahre noch einmal Revue passieren.

Betti und sie kannten sich seit der vierten Klasse. Sie waren seitdem unzertrennlich. Saßen in der Schule nebeneinander, tauschten ihre Ergebnisse aus und wurden nie erwischt. Betti war die Einzige, die sie auch mit heimgebracht hatte. Zwischen ihnen war eine tiefgehende Freundschaft und Vertrautheit entstanden, die weit über die Schulzeit hinaus bestand. Sie teilten Freude und Leid miteinander und hatten davon geträumt, zusammen die Welt zu erobern. Auch, wenn schon mal die Fetzen zwischen ihnen geflogen waren, hatten beide nie an ihrer Freundschaft gezweifelt. Sie hatten so viele Dinge gemeinsam erlebt und durchgestanden. Betti war schon damals eine ausgesprochene natürliche Schönheit gewesen. Mit ihren grünen Augen, langen schwarzen Wimpern und einer wilden Mähne kastanienbrauner Locken zog sie viel Aufmerksamkeit auf sich. Einige Mädchen in der Klasse hassten sie, die Jungs liebten sie. Und sie besaß eine beneidenswerte Figur. Egal was sie in sich hinein stopfte, sie nahm nicht zu. Sie hätte jeden Typen an der Schule kriegen können. Während die anderen Mädchen einen nach dem anderen dateten, ließ sie kein männliches Wesen an sich heran. Sie wollte Jungfrau bleiben, bis zu dem Tag, an dem sie den Mann fürs Leben fand. Charakterlich waren sie unterschiedlich. Betti war lebenslustig, aufgeschlossen, kontaktfreudig, manchmal kratzbürstig aber Hanna zurückhaltend, harmoniebedürftig und eher schüchtern. Betti und sie gehörten nicht zu den Mädchen, die keine Partie oder Affäre ausließen. Betti hatte eine Leidenschaft: Shoppen. Das gemeinsame Shoppen verabscheute Hanna. Für Betti war es die beste Beschäftigung, um Alltagsstress abzubauen. Es hätte nicht viel gefehlt und die Schaufensterpuppen hätten sie bald persönlich begrüßt. Dann lernte Betti Harald kennen. Er war der Einzige. Und der Erste. Sie verliebte sich Hals über Kopf in ihn und ihre enge Verbindung löste sich ganz allmählich auf. Noch im ersten Beziehungsjahr feierten Betti und Harald Hochzeit. Hanna und Harald fanden keinen gemeinsamen Nenner. Sie respektierten sich, mehr aber nicht. Hanna konnte nicht nachvollziehen, was Betti an Harald fand. In ihren Augen wirkte Harald arrogant, überheblich und streitsüchtig. Er hatte immer das letzte Wort. Für Harald gab es nur eine Meinung und das war seine eigene. Betti schien glücklich zu sein und das war für Hanna die Hauptsache. Weder Hanna noch Betti hätten je gedacht, dass sie einmal nicht mehr alles miteinander teilen würden.

# Kapitel 3

Seit dem Tag, an dem Markus Richter ihre Buchhandlung das erste Mal aufgesucht hatte, kam er regelmäßig. Dieses Gefühl, das ihr Herz schneller schlagen ließ, war etwas Unbegreifliches, aber es überkam sie, wann immer er auftauchte! Er kaufte vorwiegend Kriminalromane. Mittlerweile war er ein Teil ihrer Buchhandlung geworden. Wenn er hereinkam – wie immer im eleganten Anzug – verwöhnte er sie mit Komplimenten, Blumen, brachte Latte Macchiatos mit Karamell mit, weil er wusste, dass es ihr Lieblingsgetränk war. Sie war überwältigt von all der Aufmerksamkeit, die er ihr entgegenbrachte. Sie fühlte sich von seiner Feinfühligkeit geschmeichelt. Seine Botschaften machten sie aber auch verlegen. Meistens sprachen sie über Bücher, Filme oder Musik. Er war eine angenehme Gesellschaft. Sie mochte, wie er sprach, auftrat und wie er sich anzog. In seiner Nähe bekam sie kleine Gefühlsausbrüche. Ihre Menschenkenntnis sagte ihr, dass er nicht nur Interesse an ihre Büchern hatte – und das existierte nicht nur in ihrer Fantasie. Noch wusste sie nicht genau, wie sie damit umgehen sollte. Er achtete stets darauf, ihr nie zu nahe zu kommen oder sie unbeabsichtigt zu berühren. Sie war sehr neugierig. Zugern würde sie erfahren, was er beruflich machte. Sie wollte einfach mehr über diesen Mann wissen. Obwohl sie innerlich vor Neugierde brannte, wäre es ihr nie in Sinn gekommen, ihn auszufragen. Er hatte nur vage erzählt, dass er Unternehmer sei. Aha! Unternehmer für was? Er hielt sich ziemlich bedeckt. Die Begegnungen zwischen ihnen waren immer noch unverbindlich.

Plötzlich kam er nicht mehr. In den ersten Wochen, die so mit Arbeit gefüllt waren, dass sie sich wie Monate dehnten, weilten ihre Gedanken oft bei ihm. Dann schob sie ihre Gefühle endgültig ins hinterste Kämmerlein ihres Herzens. Sie schloss die Augen und rief sich sein Bild kurz ins Gedächtnis und dann nicht mehr. Was hatte sie von dem geheimnisvollen Mann denn erwartet? Als sie schon gar nicht mehr damit gerechnet hatte, kam die große Überraschung.

Es war ein Dienstag, kurz vor achtzehn Uhr als Hanna von den Büchern aufblickte, sah sie ihn. Er lehnte lässig im Türrahmen und sah sie unverwandt an. Dann betrat er die Buchhandlung.

„Guten Abend, Frau Mories. Ist mir die Überraschung gelungen?"

Augenblicklich bekam sie Gänsehaut, trotz der Hitze, die noch herrschte. Was für ein Auftritt. Er hatte seinen Anzug gegen Jeans getauscht. Die Ärmel seines Hemdes waren bis zu den Ellbogen hochgekrempelt. Die obersten Knöpfe waren offen und entblößten seine breite Brust. Er sah nicht nur einfach gut, sondern umwerfend aus und trat mit einer Wahnsinns-Aura auf. Sie hatte sich schnell wieder unter Kontrolle. Seine Augen hielten ihre fest. Hanna zwang sich, reserviert zu wirken.

„Was machen Sie denn hier, um diese untypische Zeit?" Hanna schenkte ihm ein knappes höfliches Lächeln. Sie wünschte sich, er würde sie nicht so mit seinen graublauen Augen taxieren. Ohne ihren Blick voneinander zu lösen, standen sie sich gegenüber. Das Schweigen zwischen ihnen schien eine Ewigkeit zu dauern. Seine Mundwinkel gingen leicht nach oben als würde er ein Lächeln unterdrücken.

„Ich dachte, Sie würden sich freuen. Eigentlich ist es nicht meine Art, so kurz vor Feierabend aufzukreuzen. Hätten Sie denn heute Abend Zeit? Wir könnten Abendessen gehen. In ein Restaurant!"

Hanna konnte kaum glauben, dass dieser Mann sich noch nach zig Wochen an sie erinnerte. Sie spielte schulterzuckend Gleichgültigkeit vor, die sie aber nicht empfand. Ihr Herz machte einen kleinen Satz.

„Oh, vielen Dank. Das kommt jetzt wie aus heiterem Himmel. So einfach ist das nicht. Was erhoffen Sie sich von der Einladung? Anscheinend haben Sie einen falschen Eindruck von mir.

Was immer Sie vorhaben, ich bin dafür nicht die Richtige. Ich habe keine Zeit und keine Lust zu irgendetwas in … in der Art. Ich habe meine Gründe."

„In der Art? Was für Gründe? Religiöse Gründe oder gesellschaftliche?"

Hanna antwortete nicht gleich, und er registrierte ihr Zögern.

„Vielleicht hätten Sie die Güte, mir zu sagen, wieso Sie mich zum Essen einladen möchten?"

Er dachte ein paar Sekunden nach, dann sagte er: „Zum Abendessen fehlt mir noch die passende Partnerin und ich stehe auf Frauen wie Sie. Weil es nicht gut ist, wenn man wie Sie zu lange allein ist. Es ist mir aufrichtig ein Vergnügen." Er könnte auch sagen: Ich habe eine Vorliebe für schöne Frauen. Du bist eine. Ich will mit dir Sex haben.

„Ich? Zu lange allein? Wie kommen Sie denn darauf? Beobachten Sie mich? Ich bin nicht irgendeine …", begann Hanna, überlegte es sich aber anders. „Also, ich verabrede mich generell nicht mit männlichen Kunden." Ihr fiel beim besten Willen im Moment kein anderer Vorwand ein, um abzulehnen.

„Gut, das kann ich ändern. Ich bin ab so fort kein Kunde mehr. Würden Sie dann meine Einladung annehmen?" Auch mit ihrer Ablehnung, dachte er gelassen, brächte sie ihn nicht von seinem Ziel ab, sie zu erobern.

„Wirklich? Kein Kunde mehr? Klingt irgendwie verrückt." Ihre Stimme klang nicht überzeugt.

„Wie gesagt, ich zähle nicht mehr zu ihrer Kundschaft. Ihr Ablehnungsgrund ist somit hinfällig", sagte er jetzt in einem ernsten Tonfall. „Ich habe es nun wirklich nicht verdient, dass Sie so verneinend, so abweisend, reagieren. Bezieht sich Ihr Misstrauen nicht auf meine Person? Sondern generell auf das männliche Geschlecht? Oder treffen Sie sich mit einem anderen Mann? Was ich nicht gut finden würde."

„Sind ihre Fragen nicht zu persönlich". Auch wenn sie es nicht wollte, zitterte ihre Stimme. Das hatte nichts mit der Abendtemperatur zu tun. Obwohl sie einen klaren Kopf hatte, geriet ihre Gefühlswelt wieder einmal kurz in ein Durcheinander.

„Okay! Wartet ein Freund oder Ehemann auf Sie? Dann wäre die Ablehnung gerechtfertigt. Aber es könnte ja sein, dass Sie den Richtigen noch nicht gefunden haben", sagte er und verdrehte die Augen.

„Sie meinen, Sie wären der Richtige. Und was mein Privatleben betrifft, das geht Sie nun wirklich nichts an. Außerdem gehe ich um nichts in der Welt mit einem verheirateten Mann aus."

Er stutzte und schien zu überlegen, ob er das als Kompliment oder als Beleidigung auffassen sollte. Doch dann fragte er gönnerhaft: „Verheiratet? Wie kommen Sie denn jetzt darauf? Wenn ich verheiratet wäre, würde ich Sie nicht einladen. Ich bin weder verheiratet, geschieden, noch liiert, habe keine Schulden, keine Kinder. Meine Eltern sind lieb, etwas anstrengend, wohnen in der gleichen Stadt, und ich lebe allein." Da Hanna nichts sagte, legte er noch mal nach.

„Ich gebe Ihnen meine hundertprozentige Zusicherung, dass es keinesfalls ein schlüpfriges Angebot mit irgendwelchen Hintergedanken ist. Ich bin nicht auf Frauenfang aus", fügte er hinzu. „Also, wie wäre es mit einer Ausnahme?" Er sandte ihr einen mitleidheischenden Blick.

Hanna schaute ihn an und sagte todernst: „Sie müssen mir nicht Ihre persönliche Situation offenlegen. Ich verstehe überhaupt nicht, warum Sie mir das alles erzählen. Sie werden mich nicht umstimmen, egal was Sie sagen. Machen Sie so etwas eigentlich öfter?"

„Was meinen Sie die damit? Ich verstehe Ihre Frage nicht ganz."

„Na, versuchen Frauen mit so einer Beharrlichkeit zu überzeugen?", erwiderte Hanna. Er schüttelte energisch den Kopf.

„Nein, eigentlich nicht. Nur bei Ihnen kann ich nicht widerstehen. Ich bin ziemlich dickköpfig, aber das würde ich nicht unbedingt als Schwäche bezeichnen. Nun, jetzt wo ich Ihnen alles dargelegt habe, könnten wir doch Essen gehen. Sagen Sie nicht nein. Es wäre jammerschade!"

Er war kein Mann, der so schnell aufgab. Ein Nein würde er niemals akzeptieren. Ihre Ausstrahlung war enorm und seine Lust auf diese Frau nicht mehr aufzuhalten. Mit ihr zu schlafen würde eine echte Herausforderung werden. Er sah aber ein, dass es vernünftig war, damit noch zu warten. Ein gemeinsames Essen sollte der Anfang sein.

„Die Sache ist nur die, das mir gerade einfällt, ich habe bereits eine Verabredung." Er brach in schallendes Gelächter aus und hätte Hanna fast damit angesteckt.

„Frau Mories, was für ein Zufall! Das sagt man immer, wenn man jemanden loswerden will." Dann zog er eine seiner Brauen hoch. Er hatte keine Ahnung, wie er diese ausweglose Situation beenden sollte.

Hanna strich sich verlegen eine Strähne aus der Stirn und versuchte, etwas lockerer zu werden. Sie merkte selbst, wie angespannt sie war, weil sie sich in einer Zwickmühle befand. Niemals hätte sie gedacht, dass sie so einen Mann überhaupt kennenlernen würde. Meinte er es ehrlich? Ist er ein Betrüger? Verstellte er sich? Was sollte ihr groß passieren? Ein Essen in einem fantastischen Restaurant mit einem gutaussehenden Mann, den sie aber kaum kannte. Andererseits war er ein Mann, mit dem viele Frauen gerne mal ein paar Stunden oder sogar Nächte verbringen würden. Hanna, nun übertreibe nicht. Vielleicht ist er ein Schürzenjäger? Schürzenjäger sind stets auf der Pirsch und haben meistens mehrere Frauen gleichzeitig. Männer wie ihm sollte man besser nicht über den Weg trauen. Vermutlich ist er es gewöhnt, dass die Frauen sich ihm an den Hals warfen. Nun, bei ihr konnte er lange warten. Wenn er nicht der Mann mit dem größten Sex- Appeal gewesen wäre, den sie je getroffen hatte, dann würde sie ihm gleich eine generelle Abfuhr erteilen. Das aber wäre alles andere als einfach, wenn sie ihn so betrachtete. Er ist fast zu perfekt. Hat sie Angst davor, etwas Neues zu wagen. Oder ist es eher Neugier? Was soll's! Es ist ein Versuch wert. Manchmal muss man eben Kompromisse eingehen.

„Ich bin bereit mit Ihnen Essen zu gehen", sagte Hanna zu ihrer eigenen Verwunderung. „Versprechen Sie sich aber nichts von meiner Entscheidung, weil …" Sie verstummte mitten im Satz.

„Wunderbar! Abgemacht? Heuete Abend?" Er lachte.

Die Falte auf seiner Stirn glättete sich. Sein Gesichtsausdruck wurde sanfter.

„Mein Einverständnis bezog sich nicht auf heute. Ich weiß, das klingt eigenartig, aber ich möchte mich noch nicht festlegen."

„Akzeptiert! Sagen wir Morgenabend. Ich komme also um neunzehn Uhr hier vorbei. Sie müssen sich keine Sorgen machen und kein schlechtes Gewissen haben."

Der Sieg entlockte ihm ein zufriedenes, breites Männerlächeln. Er war kurz davor, sie an sich zu ziehen. Obwohl es ihm schwerfiel, widerstand er der Versuchung, sie zu berühren. Es war wichtig, dass sie sich in seiner Gegenwart nicht bedrängt fühlte. Wenn man sich zu schnell ranschmeisst, führte das eher zur Flucht als zum Flirt und endete niemals im Bett.

Mit stolzgeschwellter Brust verließ er sie und verkniff es sich, sich nach ihr umzudrehen. Er hatte seinen ersten Eroberungssieg errungen. Noch war diese Frau für ihn ein Buch mit sieben Siegeln. Und ja, sie war tatsächlich anders als seine bisherigen Frauenbekanntschaften.

Ein Mann, der nicht zu unterschätzen ist, dachte Hanna, während sie ihm gedankenverloren nachschaute. Markus Richter hatte sie mit der Einladung überrumpelt. Ein Angebot! Sie nahm es so fort an. Warum in aller Welt konnte sie sich nicht noch etwas zurückhalten? Weil sie sich noch nie richtig verliebt hatte? Weil sie in seiner Nähe unruhig wurde? Weil ihr Blut in Wallung geriet, wenn er sie anschaute? Weil er genau der Typ war, der ihr gefiel? Weil es ihr schwerfiel, seinem gefährlichen Charme zu widerstehen? Weil sie ein Kribbeln spürte, das vom Bauch ganz langsam zu den Nackenhärchen aufstieg? Wie wäre es, von diesem Mann gestreichelt zu werden. Ein leichtes Lächeln umspielte ihre Lippen, als ihre Fantasie Konturen annahm. Nach einem Augenblick der Unruhe sagte sie sich, es wäre besser, wenn sie nicht mehr darüber nachdenken würde. Gefühle waren zurzeit fehl am Platz, sie beeinträchtigen nur das Urteilsvermögen.

Den ganzen nächsten Tag fühlte Hanna ein Prickeln auf ihrem Körper. Was wird sie heute Abend erleben? Wie wird der Abend enden? Nach achtzehn Uhr, als ihre Aufgeregtheit zunahm, entledigte sie sich ihrer Tageskleidung. Im Sanitärbereich hatte ihr Vater eine Dusche eingebaut. Sie brauste sich kalt ab, fühlte die angenehme Frische auf ihrer Haut, wusch sich die Haare und frisierte sich sorgfältig. Anschließend zog sie ein dunkelblaues Kleid an, indem sie sich wohl fühlte. Es hatte einen dezenten Ausschnitt mit transparenter Spitze, der ihr Dekolleté betonte und eine enganliegende Taille, die sie sehr schlank aussehen ließ. Am liebsten trug sie Jeans und Seidenblusen in Pastell- oder Blautönen. Im Winter bevorzugte sie kuschlige Strickpullover. Sie betrachtete kritisch ihr Spiegelbild. Normalerweise ging sie ungeschminkt, weil sie sich sagte, dieses Gesicht wurde ihr geschenkt und so soll es auch heute bleiben. Aber heute Abend wollte sie besonders gut aussehen, also legte sie noch einen Hauch Make-up auf, tuschte sich die Wimpern und entschied sich für einen hellroten Lippenstift. Sie betrachtete sich erneut im Spiegel und prüfte ihr Äußeres. Dann atmete sie tief durch. Sie durfte nicht nervös werden. Sie blickte noch einmal in den Spiegel. Dann war es soweit und sie schloss die Buchhandlung zu. Sie konnte sich nicht erinnern, wie viele Jahre es her war, seit sie zum letzten Mal so nervös gewesen war. Sei nicht albern, sagte sie zu sich selbst. Du bist schließlich eine erwachsene Frau. Es ist ein Angebot zum Essen, mehr nicht. Und wenn er mehr will? Ein Treffen mit Folgen? Sex? Immerhin ist er der aufregendste Mann, der dir je begegnet ist. Du spielst mit dem Feuer, wenn du dich nur aus reiner Neugierde auf ein Abenteuer einlässt. Blödsinn! Es wird schon gutgehen. Wenn das der Fall sein sollte, warum machst du dir dann solche Gedanken? Ja, warum wohl?

Wie verabredet, trafen sie sich vor der Buchhandlung. Markus betrachtete Hanna mit Wohlwollen.

„Wow! Sie sehen einfach bezaubernd aus", sagte er anerkennend, als sie in den Wagen stieg. Dass Hanna errötete, amüsierte ihn. Ihre Haare waren hochgesteckt und mit ihren langen Beinen, dem schlanken Hals und den Ohrringen sah sie betörend aus. Er versuchte sich vorzustellen, wie sie wohl nackt aussehen würde. Nach zwanzig Minuten verlangsamte er das Tempo und fuhr in das Parkhaus, das zu einem Hotel gehörte. Mit dem Fahrstuhl fuhren sie in die dritte Etage.

Der schwere Teppich schluckte die Schritte. Ein Pianist sorgte am Klavier für dezente Musik. Ein Ober, gekleidet in ein weißes Jackett mit schwarzem Kragen sowie schwarze Krawatte, nahm sie in Empfang. Hanna fiel auf, dass er sie für den Bruchteil einer Sekunde musterte.

„Willkommen. Wir sind hocherfreut, dass Sie uns heute Abend beehren. Es ist schon eine Weile her, seit Sie das letzte Mal hier gewesen sind. Denselben Tisch wie immer ", fragte er leise. Markus nickte.

„Wenn Sie bitte mitkommen würden." Seine Stimme klang hoheitsvoll. Die Tische standen hinter Grünpflanzen in Nischen und damit saß niemand auf dem Präsentierteller. Auf ihrem Tisch standen Kerzenleuchter und Blumen. Hanna hatte viel übrig für dieses romantische Ambiente.

„Ich wünsche einen angenehmen Aufenthalt und stehe Ihnen zur Verfügung", sagte der Ober mit einer leichten Verbeugung, nachdem er die Kerzen angezündet hatte. Was für eine Frau, dachte er flüchtig. Kurz darauf brachte er zwei Gläser Champagner. Der Service war erstklassig. Offenbar war Markus hier ein gern gesehener Stammgast. Sein Name schien magische Kräfte zu haben. Sie wunderte sich, wie schnell das Essen serviert wurde. Hanna hatte ziemlich Schwierigkeiten, sich aufs Essen zu konzentrieren. Markus saß ihr gegenüber und jedes Mal, wenn sie aufblickte, sah sie, dass er sie beobachtete.

„Das Essen war ein Gaumenschmaus", sagte sie anerkennend und legte das Besteck zur Seite. Sie griff nach ihrer Serviette, tupfte sich den Mund ab und lehnte sich zurück. Von ihrem Platz aus ließ sie ihren Blick durch das noble Restaurant schweifen. Sie sah in ihrer Nähe Männer mit silbergrauen oder weißen Haaren mit deutlich jüngeren Frauen sitzen. Wollten die Männer sich durch diese Frauen verjüngen? Markus registrierte Hannas umherschweifende Blicke.

„Finden Sie einen älteren Mann mit einer sehr jungen Frau peinlich?", fragte er mit belustigter Stimme. Ihre Blicke trafen sich.

„Diese Frauen könnten ihre Töchter sein und tauschen vielleicht ihre jugendliche Schönheit gegen ein Scheckbuch ein.

Und die Männer wollen eventuell ein Stück ihrer Jugend nachholen", erwiderte Hanna. Sie griff nach ihrem Glas. Der Wein schmeckte ausgezeichnet.

„Höchstwahrscheinlich haben sie damit den Nagel auf den Kopf getroffen. Gerade unter Männern hebt eine deutlich jüngere Frau an ihrer Seite das Image der Männer. Sie können mir glauben, Männer bewundern Männer, die so eine junge Frau für sich gewinnen können. Frauen weniger, sie finden es in der Tat eher peinlich. Habe ich Recht? Welchen Standpunkt vertreten Sie? Sie wirken so nachdenklich." Hanna sah ihn mit schief gelegtem Kopf an.

Nach kurzem Zögern erwiderte sie „Es sind mir nur ein paar Gedanken durch den Kopf gegangen. Nur weil ich mich nicht dazu äußern möchte, heißt das nicht, dass ich dazu keine Meinung habe."

„Sie haben vorhin gesagt, dass das Essen ein Gaumenschmaus war. Heißt das, wir könnten es wiederholen?", sagte er in einem seltenen Anflug von Humor.

Um Zeit zu gewinnen, spielte sie mit ihrem Weinglas. „Ich habe darüber noch nicht nachgedacht."

„Schade, das kann ich nicht verstehen. Muss wohl damit zusammenhängen, dass ich ein Langweiler bin." Er unterdrückte sein Bedauern. „Ich bin wohl keine angenehme Gesellschaft? Ich entschuldige mich dafür."

„Dafür muss ich mich entschuldigen. Ich wollte Sie nicht in Verlegenheit bringen. Wir könnten es vielleicht anstreben", sagte Hanna vorsichtig. Sie drehte das Weinglas erneut unruhig zwischen ihren Fingern.

Markus schaute auf ihren Mund und dachte: Sie küsst bestimmt fantastisch. Ihr Dekolleté war verführerisch und ließ erahnen, dass sich darunter üppige Formen versteckten. Er wollte unbedingt herausfinden, ob es auch so war.

„Frau Hanna, Sie haben mich nicht verletzt. Weil ich derjenige war, der mit den Fragen angefangen hat. So wie ich das sehe, sind Sie unabhängig, mit sich und der Welt zufrieden, dennoch fehlt etwas zum Glück. Nämlich der richtige Mann an Ihrer Seite."

Hanna erwiderte: „Wir sollten das Thema wechseln." Sie fragte sich, was will sie? Sie saß mit einem sympathischen Mann in einem teuren, noblen Restaurant, den sie kaum kannte. Wollte sie das Treffen wiederholen oder eher dem Zufall überlassen? Sie war sich nicht sicher!

Hanna erfuhr im Verlaufe des Gespräches, dass er eine gutgehende eigene Spedition besaß. Er liebte schnelle, teure Autos, Essen in Edelrestaurants und er sprach von seinen Eltern. Doch gleichzeitig wunderte sie sich, dass er seine Freizeitgestaltung nicht erwähnte. In seiner Nähe, mit seinem Charme und seiner Aufmerksamkeit, fühlte sie sich sehr wohl. Sie genoss seine Blicke, sein „Du" beim dritten Glas Wein. Ihre anfängliche Nervosität hatte sich vollkommen aufgelöst.

„Hanna, ich bin wirklich überrascht, dass es noch keiner geschafft hat, dich an sich zu binden." Er lehnte sich zurück und schaute sie neugierig an.

„Vielleicht bin ich eine Spätentwicklerin und wollte mir Zeit lassen. Ich hoffe, es stört dich nicht."

Markus hob die Hände. „Oh, mein Gott, nein. Gibt es etwas das dich sehr glücklich macht?"

„Ja! Wann immer ich will und Zeit habe, fahre ich ins Grüne oder ans Wasser. Es gibt Plätze, da zieht es mich oft wieder hin. Das sind die berühmten Rückzugsorte wie der Wald oder das Meer. Ein Spaziergang am Meer ist wie ein Gespräche zwischen Körper und Seele. Ich liebe Wellenrauschen, salzige Luft und blaues Wasser bis zum Horizont. Sobald ich am Wasser stehe, atme ich tiefer durch als gewöhnlich, weil die Luft nirgends so gesund und rein ist wie am Meer. Und der Wald ist eine schöne Kulisse, wenn die Sonnenstrahlen durch die Baumwipfel scheinen. Er schenkt Geborgenheit. Überall zirpt, zwitschert und summt es. Ich fahre auch gerne Fahrrad und bin eine Leseratte. Ich habe schon seit meiner Kindheit Bücher geliebt. Und ich liebe meinen Job. Ich lerne jeden Tag unfassbar tolle Menschen kennen, von jung bis alt. Kein Tag gleicht dem anderen. Von einigen Kunden kenne ich mittlerweile die halbe Lebensgeschichte. Wer in meine Buchhandlung kommt, hat Spaß am

Lesen und sucht was Besonderes oder möchte meine Empfehlung. Ich mache alles aus Leidenschaft und mit Herz – für meine Kunden, für die Literatur und …" Hanna brach mitten im Satz ab. Sie hatte das Gefühl, zu viel geredet zu haben. Ob der Wein ihre Zunge gelöst hatte?

„Das waren genug Informationen. Ich will dich nicht langweilen", sagte Hanna und nickte Markus zu.

„Nein, es war sehr unterhaltsam. Gibt es noch ein spezielles Erfolgsrezept? Es interessiert mich. Egal wann ich vorbeikomme, die Buchhandlung ist immer gut besucht."

Hanna überlegte kurz bevor sie antwortete. „Es sind die kleinen Aufmerksamkeiten. Es sind die Momente, in denen ich meine Kunden wie Gäste empfange. Wenn der Kunde Wünsche hat, gehe ich auf diese ein. Für mich ist es wichtig, dass sich der Kunde willkommen fühlt. Wenn er mit einem Lächeln wieder geht, habe ich echt was erreicht."

„Gehen viele Kunden mit einem Lächeln? Mehr Männer oder mehr Frauen?" Markus hielt kurz inne. „Ich will es eigentlich gar nicht wissen. Es war eine blödsinnige Frage. Aber hast du auch noch Träume?"

„Aber ja! Ein Leben ohne Träume ist doch wie ein Garten ohne Blumen. Und wie ist es bei dir, Markus? Was machst du in deiner Freizeit? Ich möchte auch ein paar Einblicke in dein Leben bekommen. Hast du sehr viele Hobbys?"

Er ignorierte ihre Frage. Diese Einblicke, fand er, waren nicht für ihre Ohren bestimmt.

„Meine Hobbys sind Männersachen. Genügt dir das?", fragte er leicht ronisch. Es entstand eine kurze Pause, die etwas unbehaglich wurde.

Erst später dämmerte Hanna welche Fragen er nicht bereit war zu beantworten.

Er hob sein Glas. „Hanna, auf deine Buchhandlung, den heutigen Abend, auf unsere Zukunft."

Sie prostete Markus zu!

„Was die Zukunft bringt, wissen wir beide nicht. Ich trinke lieber auf die Gegenwart", sagte Hanna nach einer kurzen Pause.

Markus bezahlte die Rechnung allein, obwohl Hanna ihm anbot, ihren Teil zu übernehmen.

„Bei aller Emanzipation: Es gibt Dinge, die ändern sich nicht, weil sie immer Teil des höflichen Benehmens bleiben und nichts mit Gleichberechtigung zu tun haben. Und da gilt: Die Rechnung geht immer, ohne Wenn und Aber, auf mich", sagte er augenzwinkernd.

„Verstehe. Es würde mich interessieren, warum du noch ledig bist? Ein Mann mit deinem Auftreten, deiner Großzügigkeit müsste doch jeder Frau gefallen. Oder liege ich da verkehrt? Du musst natürlich nicht darauf antworten."

„Ich bin den Frauen nicht abgeneigt, daraus mache ich kein Hehl. Ich liebe nämlich die Romantikphase, die Zeit der Verliebtheit. Da lernt man sich näher, intensiver kennen. In dieser Phase werden keine Fragen über die Zukunft gestellt. Der Altar liegt da in sehr weiter Ferne. Mir war klar, dass du irgendwann fragen würdest. Nur nicht so schnell." Er konnte es Hanna nicht verübeln, dass sie neugierig war. Dennoch beantwortete er ihre Frage nicht. Seine bisherigen Beziehungen mit Frauen hatten ihn früh gelehrt, misstrauisch zu sein und nicht allzu viel von sich preiszugeben.

Aus seiner Sicht war damit alles geklärt. Er war froh, dass sie nicht fragte, wie lange die Romantikphase dauert. Dann müsste er antworten, das hängt immer von den Frauen ab.

Hanna fragte sich, was wohl nach der Romantikphase kommen würde. Wenn sie gefragt hätte, wäre ihr manches vielleicht erspart geblieben. Auf der Rückfahrt warf Hanna ihm einen Seitenblick zu. Sie hatte kaum Erfahrung mit einem Mann, der so verschwiegen war und persönliche Fragen nicht zuließ. Warum nur nicht, war die große Frage. Hatte er was zu verbergen? Eine Mischung aus Wehmut und Neugierde kam in ihr auf. Wehmut, weil der schöne Abend vorbei war. Neugierde darüber, was er in seiner Freizeit unternahm. Vor ihrer Haustür bedankte er sich für den schönen Abend.

„Du bist eine bezaubernde Frau. Dein tolles Kleid passt hervorragend zu deiner Augenfarbe."

Verlegen murmelte sie: „Danke, es war wohltuend, mal ohne Hast und Eile gemütlich im Restaurant zu essen. Ich habe den Abend wirklich genossen, es war alles sehr romantisch."

„War es das?", fragte er schmunzelnd. Noch spielte Hanna für ihn die Unnahbare. Er schaute auf ihre leicht geöffneten Lippen, küsste sie leicht auf den Mund und verabschiedete sich.

Die folgenden Wochen brachten keine nennenswerten Veränderungen. Das Abendessen, nun immer am Samstagabend, wurde zur festen Gewohnheit. Er holte sie von Zuhause ab, war stets höflich, liebenswürdig, aufmerksam, großzügig. Die Verabschiedung endete jedes Mal vor ihrer Haustür. Sie umarmten und küssten sich-sonst passierte nichts. Deswegen geriet sie noch nicht in Panik. Aber es war für sie keine Romantikphase, eher eine lange, lange Kennlernphase. Essen! Küssen! Verabschiedung! Bei jeder Begegnung spürte sie dieses seltsame Flattern im Magen. Ob er das auch so empfand?

Er lud sie weiterhin in teure Restaurants ein. Geld spielte bei ihm anscheinend keine Rolle. Zunehmend überraschte er sie mit luxuriösen Designergeschenken, obwohl die gar nicht zu ihr passten. Beim letzten Mal sagte sie ihm: „Das ist alles zu viel. Du beschämst mich. Lass es bitte sein." Er schaute sie an und schüttelte verwundert mit dem Kopf.

Nach zwei Monaten fiel die Verabschiedung ungewöhnlich heiß aus. Als er sie diesmal stürmisch an sich zog, ließ Hanna sich einen Moment lang gegen seine breite Brust sinken. Sein Rasierwasser roch herb. Der Duft erinnerte sie an Sanddorn. Es war kein bisschen unangenehm, im Gegenteil! Er fuhr ihr mit seinen Fingern über den Rücken rauf und runter. Seine Berührung löste eine ungewöhnliche körperliche Reaktion in ihr aus. Diese Umarmung, diese Anziehungskraft und der anschließende Kuss waren von einer Intensität, die Hanna den Atem raubte. Die Art und Weise, wie er anschließend die Hände über ihren Körper und ihre Brust gleiten ließ, verriet ihr, dass er Übung darin hatte. Doch aufhalten wollte sie ihn auch nicht und hielt still. Sie konnte sich seinen Verführungskünsten nicht entziehen. Ihre Gefühle spielten Achterbahn und sprühten Funken.

Urplötzlich rückte er von ihr ab. Die Art, wie er sie dabei ansah, war, als ob er ahnte, dass durch diese Berührung ihre ganze Besonnenheit wie weggeblasen war, was letzten Endes auch zutraf. Seine intensiven Berührungen gaben ihr das Gefühl, begehrenswert zu sein.

„Du versuchst, mich zu verführen. Ich weiß, du …" Hanna rang nach Atem. Er stand mit hochgezogenen Augenbrauen, einem leicht spöttisches Lächeln vor ihr und neigte den Kopf zur Seite.

„Und? Gelingt es mir denn? Lässt du dich so einfach verführen?"

Hanna sah ihn argwöhnisch an. Sie war unsicher, wie sie diese Bemerkung verstehen sollte.

„Nein, ich …", sie zögerte. „Ach, nichts. Gar nichts. Ich kann nicht mehr denken. Es ist alles in Ordnung", sagte sie hastig.

Er wusste genau, was er tat. Alles zu seiner Zeit. Er kannte die Frauen, kannte sie gut und wusste genau, wie sie reagierten. Es war klüger, Hanna jetzt in ihrer Erregung in Ruhe zu lassen.

„Gute Nacht, wir hören wieder voneinander. Ich rufe dich an!"

„Ja", sagte Hanna. Er verließ sie, ohne sich noch einmal umzudrehen und stieg in seinen Wagen. Seine Chancen standen nicht schlecht.

Hanna wartete nicht, bis er abgefahren war, sondern ging ins Haus. Markus hatte sie in eine Art Traumzustand versetzt, aus der sie erst aufwachte, als sie wieder in der Wohnung war. Er hatte ein körperliches Verlangen in ihr geweckt, dass ihr bisher fremd war. Nie zuvor hatte sie ein derartiges Gefühl verspürt. Hatte er sie bewusst heiß gemacht? Wie viele Frauen hatte er schon vor ihr? Zwischen ihnen war noch gar nichts passiert. Was soll also diese Frage. Nun war er in ihr Leben getreten– alles schien sich zu verändern. Aber welches Ende es nehmen würde, wusste sie nicht. Andererseits war es sinnlos, sich jetzt schon darüber den Kopf zu zerbrechen. Mit der Zeit würde sie wissen, was das Richtige war. Frisch verliebt fühlte sich alles nach der großen Liebe an. War das jetzt bereits die klassische Romantikphase?

„Zum Teufel", fluchte Markus laut, nachdem er eine Weile unschlüssig hinterm Steuer gesessen hatte. Der Kuss war geplant gewesen. Er hatte ihre Lippen schmecken wollen. Das Berühren ihrer vollen Brüste auch. Er hatte genau gespürt, dass sich ihre Brustwarzen aufrichteten. Er wollte aber viel mehr, obwohl für ihn noch nicht der richtige Zeitpunkt gekommen war. Noch nicht. Er wollte in ihr ein heißes Feuer entfachen. Erst wenn es loderte, wollte er sie verführen. Dabei wäre er fast selbst schwach geworden. Diese Frau machte es ihm schwer, noch abzuwarten. Seitdem Einzug in sein eigenes Haus war eine Reihe schöner Frauen durch sein Leben gegangen, aber Hanna war anders. Sie war spröde, so andersartig als die Frauen, die er bisher kennen gelernt hatte. Spröde Weiblichkeit zu unterwerfen, bereitete ihm besondere Lust.

Nach drei Monaten war für Markus der Zeitpunkt gekommen, ihre Beziehung intimer werden zu lassen und die Zeit der körperlichen Distanz zu beenden. Es wäre eine Schande gewesen, so eine tolle Frau vorbeiziehen zu lassen. Jetzt wollte er mehr, viel mehr. Basierend auf dem was er so im Laufe der vergangenen Gespräche mitbekommen hatte, wusste sie wenig über sexuelle Verführung. Sie war auf diesem Gebiet ein ungeschliffener Rohdiamant. Er fragte sich, warum das so war? Welche Geschichte könnte dahinterstecken? Am Dienstag fuhr er so früh zur Buchhandlung, dass er bei seiner Ankunft vor geschlossener Tür stand. Zehn Minuten später kam Hanna und schloss auf.

„Hanna, würdest du Samstagabend mit mir essen gehen und anschließend bei mir übernachten? Oder hast du was anderes vor?" So eine Einladung nach Hause hatte noch immer ihre Wirkung getan, das wusste er. Aus Erfahrung!

Am liebsten hätte sie so fort zugestimmt, aber sie wollte nicht so fort zusagen. Sonst dachte er, sie hätte nur darauf gewartet. Obgleich genau das Gegenteil der Fall war. Romantikphase pur!

„Gib mir ein paar Sekunden, um eine Entscheidung zu treffen." Ihre Stimme klang kühl.

„Ach ja? Wenn du ablehnen würdest, wäre ich enttäuscht", erwiderte er ungläubig.

„Schon gut, schon gut. Du brauchst mir nicht gleich den Kopf abzureißen. Ich bin einverstanden", entgegnete Hanna.

Er nickte, machte auf dem Absatz kehrt und verließ gutgelaunt die Buchhandlung.

Es war ein milder Samstagabend, als er sie abholte.

„Ich freue mich, dich zu sehen. Heute siehst du noch bezaubernder aus", sagte Markus anerkennend und küsste sie auf die Wange. Sie bemerkte, dass sie wieder einmal rot wurde, und wie die Röte ihr ganzes Gesicht überzog. Während der Fahrt ließ Hanna die Seitenscheibe herunter und lehnte ihren Kopf gegen die Rückenlehne. Sie ließ die Brise des Fahrtwindes über ihr Gesicht streichen. Beim Hotel angekommen, half er ihr galant beim Aussteigen. In der Lobby des Hotels kam der bekannte Ober auf sie zu.

„Tisch acht, wie immer, Herr Richter?" Markus nickte und der Ober wünschte ihnen einen angenehmen Abend.

Hanna vermutete, dass Markus hier mehr als nur ein Stammgast war. Der Verdacht lag nahe, dass der Ober dafür sorgte, dass dieser spezielle Tisch für Markus freigehalten wurde. Das Restaurant war gut besucht und die Musik gedämpft. Markus lockte automatisch die neugierigen Blicke weiblicher Gäste auf sich. Was Hanna nicht ahnte, dass sie ebenfalls männliche Blicke auf sich zog. Markus hingegen sah die Männerblicke sehr wohl. Manche starrten neugierig, manche voller Bewunderung und andere unverkennbar lüstern. Der Ober brachte kurz darauf die Speisekarte und fragte: „Möchten sie vorher was trinken?" Hanna spürte, wie er sie wieder kurz musterte.

„Ja, für mich bitte einen Scotch auf Eis", sagte Markus gut gelaunt.

Hanna entschied sich für einen Martini. Markus verzog das Gesicht.

„Du bist nicht sehr anspruchsvoll. Zuhause habe ich uns Champagner kaltgestellt. Du wirst mir doch keinen Korb geben", neckte er Hanna und hörte auf zu sprechen. Er sah, das der Ober kam. Er brachte die Getränke und Markus bestellte das Essen.

Hanna hatte als erste alles aufgegessen. Sie lehnte sich zurück und sagte: „Das Essen war sehr schmackhaft. Mir war gar nicht bewusst, dass ich heute so hungrig war." Sie schaute verlegen auf den leeren Teller. Kurze Zeit schob Markus seinen leeren Teller beiseite.

„Hanna, es ist schön, jemanden zu haben, mit dem man bei der Auswahl des Essens auf gleicher Wellenlänge ist. Ich lege großen Wert auf gutes Essen. Aber das weißt du ja bereits." Ein breites Grinsen lag auf seinem Gesicht. Oh nein, er liebte nicht nur gutes Essen. Er rückte näher an den Tisch und legte unerwartet seine Hand auf ihr Knie. Sie spürte, wie sich seine Hand nach und nach erwärmte. Es war mehr als nur Wärme. Sie empfand noch etwas anderes. Er beugte sich noch weiter vor, schob ihr das Kleid bis über das Knie, und fuhr mit der Hand an ihrem Innenschenkel entlang. Sie zuckte bei der Berührung zusammen, spürte eine Hitzewelle in sich aufsteigen, und der Gedanke daran, dass Markus sie beobachtete, machte die Situation nicht besser. Sie vermied es, ihn anzusehen. Sie wollte zurückweisend den Kopf schütteln, doch sie war wie betäubt. War das jetzt ein Übergriff? Gehörte das zum Essen dazu. Ihre Wangen glühten, in ihrem Schoß begann es zu ziehen. Sie nahm einen Schluck Wein, um ihre Gefühle zu verbergen. Das Herz schlug ihr bis zum Hals. Sie ließ die Liebkosungen zu. Was kam als nächstes auf sie zu? Seine Blicke bohrten sich buchstäblich in ihre Augen. Er wusste genau, was er in ihr ausgelöst hatte. Nur wenn der Ober sich näherte, zog er dezent seine Hand zurück.

„Du bist die begehrenswerteste Frau, die ich je gesehen habe. Wenn es dir nichts ausmacht, könnten wir jetzt nach Hause fahren", flüsterte er leise. Erstmals erklang Erregung in seiner Stimme. Er gab dem Ober ein Zeichen. Hanna wollte diesmal endlich ihren Beitrag leisten und griff nach ihrem Portemonnaie. „Nein, ich bezahle", sagte Markus energisch.

„Das wäre nicht notwendig gewesen. Nicht, dass du denkst, ich bin so eine Frau, die immer eingeladen werden will. Ich bin nicht mittellos."

„Wenn ich einlade, bezahle ich auch. Daran hat sich nichts geändert. Nur einer meiner zahlreichen Vorzüge, das kann ich dir versichern." Dabei grinste er unverschämt.

Als sie die Heimfahrt antraten, empfing sie ein von Sternen übersäter Himmel. Der Wagen wurde langsamer und hielt vor einer Toreinfahrt.

Markus betätigte die Fernbedienung, das Tor öffnete sich. Er ließ den Wagen in der Auffahrt stehen.

„Unglaublich", das war das erste Wort, das Hanna einfiel, als sie aus dem Auto stieg. Das Äußere des großen Hauses bot einen Vorgeschmack auf die enormen Ausmaße der Zimmer. Markus schloss die massive Eingangstür auf und ließ ihr den Vortritt. Die Inneneinrichtung war nicht so, wie sie es sich vorgestellt hatte. Ausgewählte Möbel, Designerlampen, weiße Wände zwischen Holzbalken. Es war Luxus pur, zu perfekt, zu unpersönlich. Der verschwenderische Reichtum war nicht nach ihrem Geschmack. Es war kein Zuhause zum Wohlfühlen und sie behielt ihre Gedanken für sich.

„Ich würde sagen, es ist Zeit für Champagner", meinte Markus und holte eine Flasche aus dem Kühlschrank. Hanna fühlte sich nach dem vierten Glas schon ein wenig benommen. Als er ihr erneut einschenken wollte, hielt sie die Hand über ihr Glas. Für Markus war das der perfekte Augenblick. Der Champagner hatte seinen Beitrag dazu geleistet. Das Schlafzimmer war in ein rötliches schummriges Licht getaucht. Hanna nahm leise einschmeichelnde Musik war. Er kam ohne Umschweifen zur Sache und begann so fort, ihren Körper zu erforschen. Seine Hand verschwand unter ihrem Kleid. Sie spürte, wie er langsam höher wanderte und vibrierte unter seiner Berührung. Er zog sein Hemd aus, öffnete den Gürtel seiner Hose, zog den Reißverschluss auf und ließ die Hose samt Boxershorts runterrutschen. Hastig streifte er ihr das Kleid über den Kopf und drängte sie aufs Bett. Ihr seidiges Höschen war bereits feucht und so winzig klein, dass es mehr zeigte als es verhüllte. Er öffnete ihren BH, küsste abwechselnd ihre Brustspitzen, die sich aufrichteten und sich ihm hart entgegenstreckten. Hanna hielt den Atem an als er einen Finger in ihr Höschen schob, es runterzog und ihre Feuchtigkeit wahrnahm. „Oh, mein Gott", stöhnte Hanna hörbar. Leidenschaft durchzuckte sie wie ein Blitz. Markus kannte die erogenen Zonen der Frauen genau und sah das Verlangen in Hannas Gesicht. Dieses Verlangen verlieh ihm Macht. Er nahm sie hart, schnell, sprengte all ihre Hemmungen, und sie ging auf jede Bewegung ein. Sie genoss es, ihn zu spüren, auf sich und in sich. Sie spürte ihren Höhepunkt, warm, weich und fließend. Sie war von einem schwindelerregenden Glücksgefühl berauscht. Zum ersten Mal hatte sie die Freuden erfüllter Leidenschaft genossen. Er rollte sich mit einem Aufstöhnen von ihr runter, stützte sich auf seinen Ellenbogen und studierte ihr gerötetes Gesicht.

„Du warst so wild, so heiß, so aufregend. Ich glaube, du hast zu lange ohne jeglichen Sex gelebt", sagte er so harmlos wie möglich.

Hanna setzte sich aufrecht hin und schaute Markus an. „Wie lange lebe ich denn schon allein?"

„Keine Ahnung! Lass mich raten: ziemlich lange." Wenn sie wüsste, wie stimulierend er das fand. Für ihn war Hanna eine Schönheit, wild und ungezähmt. Genauso wollte er sie haben. Aber das war nicht genug. Für ihn war das nur der Anfang. Ein Gefühl der Befriedigung und Genugtuung durchströmte ihn.

„Du wusstest, wo du mich anfassen und berühren musst", sagte sie befangen. „Ich glaube, dass du schon viele Frauen gehabt hast." Hanna stopfte sich ein Kissen hinter den Rücken.

Dem konnte Markus nicht widersprechen.

„Da ist was dran, ja. Ich habe nichts ausgelassen, aber die Frauen haben nur der Übung gedient.

Bist du noch nie so geliebt worden?" Er streckte sich lang aus und legte die Hände hinter den Kopf.

„Männer? Sagtest du Männer?" Sie sah ihn an und schüttelte unsicher den Kopf. „Nein, so war das nicht. Du bist natürlich nicht der einzige Mann, den ich kennengelernt habe. Ich hatte nie Lust auf oberflächliche Beziehungen. Männer, die mir ihre Liebe angeboten haben, wollten keine Beziehung, sondern eben nur Sex. Das lehnte ich ab." Das da noch was anderes war, das bisher gegen Sex gesprochen hatte, behielt sie für sich.

Ihre Worte erstaunten ihn. Damit hatte er nicht gerechnet. Das war zweifellos eine Überraschung.

So eine Frau hatte er noch nie in seinem Bett gehabt. Im Grunde genommen wusste er überhaupt nichts über sie. Nur, dass sie Single war. Sie blieben noch eine Weile liegen, bis sie anschließend in die Dusche gingen, wo sie sich gegenseitig einseiften. Überall, wo er sie mit seinen Fingern berührte, brannte ihre Haut wie Feuer. Das Prasseln des warmen Wassers, die Nässe seines Mundes, und seine Hand, die überall zu spüren war, erregte Hanna erneut. Das Gefühl seiner Zunge an ihrer Brustspitze war unbeschreiblich. Er reizte sie immer wieder, bis sie sich ihm entgegenstreckte. Er presste sie mit seinem Gewicht gegen die Wand. Sie war zwischen seinem Körper und den Fließen gefangen.

Er hob sie hoch. Es war ein so erotisches Gefühl, das das Adrenalin durch ihren Körper schoss und sie wie auf Wolken schwebte. Sie liebten sich, sie begehrten einander, kamen gleichzeitig, waren pitschenass und glücklich. Sie hätte niemals gedacht, dass ihr so etwas passieren könnte.

Nach jener Nacht war ihr Leben nicht mehr so wie früher. Die regelmäßige Treffen am Samstagabend, das Restaurantessen und die gemeinsame Nacht danach wurden erneut zur festen Gewohnheit. Sie wollte niemals wieder zu ihrem alten Leben zurückkehren. Er war jedes Mal zärtlich und sie überließ sich ganz ihren Gefühlen. Ganz am Anfang hatte sie ihn begehrt. Jetzt liebte sie ihn. Er tat nie etwas, das ihr unerträglich gewesen wäre. Er machte sie von Mal zu Mal glücklicher. Das war die eine Seite. Die andere Seite war, dass sie nie über gemeinsame Interessen sprachen. Sie wusste wenig über Markus und hatte den leisen Verdacht, dass er keinen Wert auf eine gemeinsame Freizeitgestaltung legte. Anscheinend hatte er auch keine Hobbys. Wenn sie ihn darauf ansprach, ließ er sie nie ausreden, zuckte nur die Achseln und lachte. Seine einzige Erklärung war: Er sei ständig dienstlich unterwegs und das auch abends. Sein Job bringe das mit sich. Dann wechselte er geschickt das Thema. Sie konnte seine Erklärung aber nicht ganz glauben.

„Morgen ist Sonntag. Wollen wir was gemeinsam unternehmen? Es gibt viele Dinge, die ich mit dir erleben möchte. Er wirkte angespannt.

„Ich … äh … bin bei meinen Eltern." Er fluchte innerlich, weil ihm nichts Besseres eingefallen war.

„Den ganzen Tag?", fragte sie. Er nickte kurz und konnte nicht erkennen, ob sie ihm glaubte oder nicht.

„Nie hast du Zeit. Nicht unter der Woche, nicht am Sonntag. Wir treffen uns nur am Samstag und trennen uns am Sonntag nach dem Frühstück."

Als Markus Handy klingelte, zuckte er kurz zusammen. Er schaute aufs Display und antwortete mit einem neutralen „Hallo", das Hanna nicht verriet, wer am anderen Ende war. Mit dem Handy am Ohr nickte er ein paarmal und wandte Hanna den Rücken zu.

„In Ordnung. Ja, natürlich. Kann ich dich zurückrufen?" Nachdem er fertig war, fragte er nur: „Hanna, was ist los mit dir? Warum machst du so ein nachdenkliches Gesicht?"

„Nichts. Ich habe an alles Mögliche gedacht." Sie wandte ihren Blick ab. Er fährt also zu seinen Eltern? War das die Wahrheit? Sie hatte ihre Zweifel.

„Hanna, können wir das Gespräch beenden. Ich habe keine Zeit mehr. Wir reden ein andermal darüber." Er sagte das in einem Ton, der sie nicht dazu ermunterte, weitere Fragen zu stellen. Aber sie ließ nicht locker.

„Warum nicht? Und wieso ein andermal? Wenn du das sagst, klingt es, als hättest du was zu verbergen", sagte sie enttäuscht. Sie sah, wie er nach Luft schnappte.

„Hanna, pass auf, was du sagst. Deine Vermutung ist lächerlich. Verflucht", fauchte er.

„Ich kann nicht verstehen, warum du plötzlich stinksauer bist. Warum diese Geheimniskrämerei? Es scheint, dass es dir schwerfällt, mit mir Zeit zu verbringen. Aber warum? Wenn man sich wirklich liebt, will man so viel Zeit wie möglich miteinander verbringen. Warum spielst du nicht mit offenen Karten? Ich weiß nicht, was ich davon halten soll?"

„Lass mich endlich in Ruhe mit deiner ewigen Fragerei und Nörgelei. Meinen Alltag bestimme ich ganz allein." Es gefiel ihm nicht, dass er Hanna gegenüber Erklärungen abgeben sollte. Er war es, der Fragen stellte, nicht umgekehrt. Er hatte sich noch nie von einer Frau vorführen lassen, auch nicht von Hanna.

„Alltag? Heute ist Sonntag. Kannst du mal beim Thema, gemeinsame Freizeit, bleiben. Ich frage nicht, um der Frage willen sondern weil ich wirklich eine Antwort haben will."

„Hanna, das ist meine Sache. Stell keine Fragen, deren Antwort du nicht hören willst."

Allmählich ahnte sie, dass an seiner Antwort irgendetwas faul war. Er war ein Mann voller Widersprüche. Sie verschränkte die Arme vor der Brust. Das tat sie immer, wenn sie gekränkt war. Und sie war tatsächlich gekränkt und bemühte sich auch nicht, es zu verbergen. Sie hakte nicht mehr nach. Es war ihre erste Meinungsverschiedenheit und Hanna zog sich danach etwas zurück.

Das gefiel Markus nicht. Irgendwie hatte er es sich alles etwas anders vorgestellt. Aber Hanna aufgeben? Dieses Wort existierte nicht in seinem Vokabular. Also tauchte er öfter in der Buchhandlung auf. Er spürte, dass sich das Verhältnis zwischen ihnen wieder normalisierte. Hannas Gesichtsausdruck war der beste Beweis. Mit seiner unwiderstehlichen Art hatte er es verstanden, sie aufs Neue zu umgarnen. All ihre bisherigen Überlegungen waren mit einem Mal verflogen. Sie liebten sich wieder, und manchmal hatte sie fast Angst, dass so viel Glück nicht gut enden könnte. Die folgenden Wochen brachten Hanna dennoch ins Grübeln. Er kam, ging, blieb weg, wie es ihm beliebte. Warum bloß? Sie kam sich vor wie in einer Zeitschleife. Das Liebes-Hin-und-Her beherrschte ihre Beziehung. Sie wusste nie, was er plante und was als nächstes passieren würde. Dass, das seine Taktik war, kam ihr nicht in den Sinn.

Markus hatte beschlossen, sich bewusst von Hanna fernzuhalten. Mit dieser Masche hatte er bereits bei anderen Frauen Erfolg gehabt. Es war kaum zu glauben, was so ein Rückzug bei Frauen bewirken konnte. Abwesenheit lässt die Liebe und das Verlangen wachsen. Warum sollte es bei Hanna nicht auch funktionieren. Er wollte endlich seine sexuellen Fantasien ausleben. Er brauchte den besonderen Kick. Alles andere war für ihn bisher nur langweiliger Blümchensex gewesen. Er hatte reihenweise Frauen abgeschleppt und mit ihnen seine sexuellen Fantasien ausgelebt. Die Frauen hatten es genossen. Wobei jede Frau anders reagierte. Das war ja der Reiz und machte es so spannend. Welche Herausforderung gab es noch für ihn, der alles hatte. Außer Hanna. Er beschloss, dass er sie jetzt dazu bringen würde, ihn so sehr zu begehren, dass sie ihn bitten würde, alles mit ihr immer wieder zu tun und sogar ein bisschen mehr. Er kannte genug Sexpraktiken, um Hanna abhängig zu machen. Bisher hatte ihn eine Frau höchstens fünf Monate lang interessiert. Dann hatte er genug von ihr gehabt. Aber die stolze Geschäftsfrau Hanna hatte er noch immer nicht nach seinen speziellen Sex-Bedürfnissen flachgelegt. Er wollte unbedingt rausfinden, wie lange sie mitspielen würde! Für ihn war es ein riskantes Spiel aus vorgetäuschter Liebe, Sex, Lügen und Machtausübung!

Deshalb tauchte er erneut bei ihr auf. Die einzige Erklärung für seine Abwesenheit war: Viele Aufträge, wenig Zeit, viel unterwegs, kaum Schlaf. Sie zweifelte nicht daran. Es war die angenehmste Erklärung, also entschied sie sich, genau das zu glauben.

Und dennoch spürte Hanna, dass sich die Romantikphase Stück für Stück auflöste. Er wurde zunehmend ein anderer. Er verlangte Liebesspiele, die unangenehm waren. Sie hinterließen bei ihr einen bitteren Beigeschmack. Das gab ihr Anlass, zum ersten Mal ihre Liebe zu ihm in Frage zu stellen. Wochen später sprach sie ihn daraufhin an. Er versuchte, alles herunterzuspielen.

„Nein, Markus, dein zunehmender Sexismus ist eine Form von Nötigung. Deine Vorstellung der bedingungslosen Liebe, so wie du sie von mir forderst, kann ich nicht erfüllen. Es gibt keine Zärtlichkeit mehr zwischen uns und nur harter Sex allein reicht nicht aus. Ich frage mich, ob die Romantik aus der ersten Zeit je wiederkehren wird? Zunehmend fällt es mir schwer, eine positive Gemütslage zu bewahren. Mein Glücksgefühl existiert nicht mehr. Das ist die Wahrheit."

„Hanna, wenn du was ändern möchtest, beginn bei dir selbst. Wahrheit ist Ansichtssache, das solltest du doch wissen. Vielleicht habe ich mit dir noch was Besonderes vor. Ich liebe nun mal Überraschungen und Sex gehört dazu."

„Markus, wie soll ich das jetzt finden? Begeisternd? Enttäuschend? Beides?" Sie bemerkte das Grinsen, das seine Mundwinkel umspielte.

„Hanna, das entscheidest du selbst, du ganz allein. Ich nehme mir sowieso was ich will."

Seine letzte Äußerung machte sie mehr als stutzig. Offenbarte sich da eine dunkle Seite an ihm.

Liebte er sie überhaupt? Er hatte es bisher nie gesagt. Sex ohne Liebe? Reine körperliche Befriedigung? Die Leidenschaft, das Begehren, die Erregung waren längst dahin. Wenn sie ehrlich zu sich selbst war, hatte er in den ersten Monaten bei ihr völlig neue Gefühle freigesetzt. Sie war jedes Mal total aufgeregt gewesen, wenn sie zusammen gekommen waren. Da war ihre Liebeswelt in Ordnung. Alles passte. Und jetzt? Viele Wochen danach? Er bewegte sich an der Grenze zur Dominanz und Gewalttätigkeit. Für sie war die Zeit gekommen, einen Schlussstrich zu ziehen. Und zwar, bevor er mit ihr was Besonderes vorhatte.

„Ich brauche eine längere Pause." In dieser Zeit kann man weder verletzt noch enttäuscht werden. Das behielt sie für sich. „Danach werden wir sehen, wie es weitergeht." Sie hielt inne, ehe sie sagte: „Mit uns?"

„Du willst also eine Auszeit, sagst, dass deine Gefühle nicht mehr ausreichen, und du von mir genug hast. Dann ist es ebenso!" Er ging verärgert, ohne ein weiteres Wort. Ganz so einfach, wie Hanna geglaubt hatte, wurde es nicht.

Es war Sonntagnachmittag. Hanna schenkte sich ein Glas Saft ein und nahm auf dem Balkon ihren Lieblingsplatz ein. Das Klingeln an der Wohnungstür unterbrach die Stille. Sie legte ihr Buch beiseite, lief zur Tür und öffnete diese.

Markus sah Hanna an. Sie trug ein kurzes, ärmelloses Kleid, das ihre schlanken Arme und Beine betonte. Sie wirkte verführerischer denn je. Ein erregendes Gefühl überkam Markus. Sie zog ihn wie einen Magneten an. Er wollte sie zurückhaben. Um jeden Preis. Er wusste, dass seine triebhaften Handlungen sie abgeschreckt hatten. Jetzt musste er alles daransetzen, die Harmonie wiederherzustellen. Er war mit ihr noch lange nicht fertig und wollte seinen ausgeklügelten Plan umsetzen. Ein Glück, dass sie ahnungslos war.

Hanna blieb wie angewurzelt im Türrahmen stehen. Ohne ein Wort, ging er an ihr vorbei. Zog im Wohnzimmer sein Jackett aus, ehe er sich in einen der Sessel fallen ließ.

„Ich wollte mit dir was besprechen? Es macht dir hoffentlich nichts aus, dass ich unangemeldet vorbeigekommen bin. Du hast dich ganz schön rar gemacht. Hast du mich nicht vermisst?"

„Mache ich auf dich den Eindruck einer Frau, die etwas vermisst?", fragte sie zurück. „Da liegst du falsch. Außerdem gehört es sich nicht, in eine Wohnung zu spazieren, wenn man nicht hineingebeten wurde. Niemand beherrscht die Kunst, sich völlig ungebeten zu Hause zu fühlen, wie du." Er merkte so fort, dass aus ihrem Ton keineswegs Wohlwollen sprach.

„Hanna, du hast deinen Stachel noch nicht verloren. Meine Güte, hast du gar keinen Humor?"

„Was hat das mit Humor zu tun. Es ist respektlos." Nach einer Pause fragte Hanna: „Möchtest du was trinken?"

Er überlegte kurz. „Kaffee, wäre nicht schlecht." Hanna stand auf und ging in die Küche und kam mit einem Tablett voll Keksen und zwei dampfenden Kaffeetassen zurück. Der köstliche Duft von Frischgebackenem streifte seine Nase. Sie legte Platzdeckchen auf und stellte alles ab. Sie ließ sich auf der Couch nieder und zog die Beine an. Markus schaute auf ihre sonnengebräunten Beine und musste sich beherrschen, nicht nach ihren Schenkeln zu greifen. Es war erneut ein verführerisches Bild. Er umfasste die Kaffeetasse mit beiden Händen, trank einen Schluck, verzog leicht das Gesicht, stellte die Tasse wieder ab und lehnte sich zurück.

„Der Kaffee ist also nicht zu deiner Zufriedenheit", stellte sie ruhig fest. Sie beschloss, Markus keine zweite Tasse anzubieten. Für sie war es ein guter Kaffee.

Er nahm einen Keks vom Teller und biss herzhaft hinein. Dann langte er erneut zu.

„Richtig lecker", sagte er anerkennend.

„Freut mich, dass es dir schmeckt. Ich habe die Kekse erst heute Vormittag gebacken."

Erstaunt sah er Hanna an. „Du bist eine perfekte Bäckerin. Das habe ich dir gar nicht zugetraut."

Hanna stützte ihr Kinn in ihre Hände und sah ihn an.

„Wir müssen reden hast du vorhin gesagt. Wenn du mir was zu sagen hast, dann tu es."

Er setzte sich aufrecht hin.

„Ich würde nicht stören, wenn es nicht für dich und mich wichtig wäre. Mir ist aufgefallen, dass du wie eh und je anziehender auf das andere Geschlecht wirkst. Manche würden dich …" Er zögerte. „Die Männer sabbern doch wie hungrige Hunde um dich herum und liegen dir zu Füßen. Das gefällt mir nicht, wenn diese Typen ein Auge auf dich werfen. Auch nicht, dass jeder Kunde beim Kauf eines Buches ein Lächeln gratis bekommt. Jeder, der um dich herumschleicht, ist neuerdings mein Feind. Mal mehr Mal weniger." Er lachte über ihren argwöhnischen Gesichtsausdruck.

„Markus, denk an unsere Auszeit und trägst du nicht ein bisschen zu dick auf? Männer gehören nun mal zu meinem Kundenstamm. Sie liegen mir nicht zu Füßen, sondern kaufen Bücher. Ich muss mich vor Zudringlichkeiten nicht schützen. Außerdem gehört es sich, Kunden freundlich zu begegnen, unabhängig ob Frau oder Mann."

„Aha, verstehe! Hanna, ich habe lange über uns nachgedacht und mich deswegen nicht eher gemeldet. Ich musste erst mit mir ins Reine kommen. Mir gefällt das nicht mit der Auszeit." Er holte geräuschvoll Luft. „Willst du nicht mit mir zusammenwohnen? Dann könnte alles schöner werden: Ein gemeinsames Zuhause, gemeinsame Abende, Pläne für die Zukunft schmieden, eine richtige Familie gründen, mehr Zeit für uns. All dies könnten wir erleben. Du brauchst keine Miete zahlen und dich auch nicht an irgendwelchen Kosten beteiligen." Als Hanna nicht reagierte, fügte er hinzu: „Wahrscheinlich ist es eine blöde Idee, aber ich dachte, im Haus gibt es Platz für dich, für uns. Du musst dich entscheiden, wohin du gehören willst. Kommst du zu mir? Ja oder nein? Bevor du nein sagst, würde ich es mir an deiner Stelle zweimal überlegen."

„Ich bin nicht auf der Suche nach einem neuen Zuhause." Für einen Moment ließ sie ihren Blick auf Markus ruhen. Zusammenziehen? Abhängigkeit? Unterwerfung? Abschreckende Sexspiele? Das alles unter einem Dach! Zu präsent war noch das, was sie mit ihm durchgemacht hatte. Er versuchte, in ihr Leben einzugreifen.

„Das, was du sagst, kann ich dir nicht ganz glauben? Es ist nicht nur das Haus, das ich angeblich mit dir teilen soll ..., sondern auch das Bett. Richtig?"

„Hanna, du kennst mich besser, als ich mich kenne. Hochachtung! Warum denkst du nur negativ.

Du wohnst fürs Erste im oberen Stockwerk. Ein Schlafraum, ein Wohnbereich, ein separates Bad. Worin besteht also das Problem? Ich werde dich nicht anrühren, wenn du es nicht willst. Gib uns eine Chance. Wir haben uns doch mal heiß geliebt. Zählt das nicht mehr? Warum bist du davon nicht überzeugt?" Es herrschte kurz Schweigen.

„Worauf soll das hinauslaufen? Du weißt, warum ich mich zurückgezogen habe. Außerdem wollte ich eine Auszeit. Das ist gerade mal eine Woche her. Ich will nicht alles wieder aufwärmen. Ich sehe keinen Grund, warum ich dir über den Weg trauen sollte. Du kannst dich gut präsentieren. Ja, wir hatten am Anfang eine wundervolle Zeit. Aber unser Glück bröckelte. Das Zusammensein hat sich schwieriger gestaltet als gedacht. Markus, das, was du willst, heißt doch im Klartext: Ich soll meine Wohnung aufgeben? Für mich wäre das mit dem Verlust meiner Freiheit gleichzusetzen. Dein Vorschlag beinhaltet nichts weiter als das Ausnutzen meiner Person für deine eigenen Vorteile. Das ist für mich nicht ersehnenswert." Sie sah ihn unwillig an. Markus sah nicht minder unwillig zurück. Seine Augen wurden schmal.

„Oje, das klingt traurig! Statt Liebeslust herrscht also Beziehungsfrust. Warum musst du immer gleich persönlich werden? Ich mache dieses Angebot nur einmal. Es kann nichts schieflaufen, wenn du deine Sache gut machst. Außerdem stehen die Dinge zwischen uns, trotz Auszeit, nicht so schlecht." Er trommelte nervös auf die Sesselarmlehne.

„Was soll ich gut machen? Was zum Teufel treibst du für ein Spiel?" Seine Bemerkung, seine Mimik, seine Gesten stimmten sie nachdenklich.

„Nun, ich biete dir mein Haus an. Das Zusammenleben funktioniert immer, wenn man kleine Abstriche macht. Ich kenne Leute, die sind bereits nach zwei Monaten zusammengezogen. Sie wohnen noch immer zusammen. Wir kennen uns deutlich länger. Du kannst mir glauben, ich verschwende nicht nutzlos meine Zeit. Ich will endlich wissen, woran ich bei dir bin." Er sagte das, ohne jede Gefühlsregung. Sie warf ihm einen irritierten Blick zu.

„Du verwirrst mich? Nutzlose Zeit? Was für nutzlose Zeit verschwendest du? Bisher hast du mich von deiner Freizeitgestaltung ausgeschlossen. Wenn ich dich darauf ansprach, bist du meinen Fragen stets ausgewichen. Egal, was ich fragte, es kamen immer ironische Antworten und nichtssagende Ausreden. Unsere vergangene Beziehung hat sich auf drei Worte, Samstagsabend, Restaurant und Sex, beschränkt. Freizeit war nicht inbegriffen."

„Oh, das wollte ich ja mit deinem Einzug ändern", sagte er amüsiert, lehnte sich lässig zurück und verschränkte die Hände hinter dem Kopf. Es war seine Lieblingshaltung. „Ich male es mir so schön aus zwischen uns beiden, wenn du bei mir einziehen würdest. Aber es sieht ziemlich düster für mich aus." Wieder Schweigen!

Instinktiv fühlte sie, dass er was im Schilde führte. Sie hatte eine vage Vermutung. Sein Haus hatte sie noch nie als ihr Zuhause betrachtet. Sie selbst wohnte in einer von alten Bäumen gesäumten Straße mit schönen alten Häusern und gepflegten Vorgärten. Obwohl sie sich mit ihren Eltern bestens verstand, wollte sie ihr eigenes kleines Reich haben. Küche, Bad, Schlafzimmer, großes sonniges Wohnzimmer mit Balkon. Die Miete war preiswert, die Mieter zwar nett, aber nie wirklich herzlich. Dafür aber ihre Nachbarin gegenüber, Hilde, umso mehr. Zu keiner Zeit würde sie diese sanierte Altbauwohnung aufgeben. Nirgends war man so privat wie in seinen eigenen vier Wänden. Ihre Wohnung strahlte für sie eine Atmosphäre der Ruhe aus.

Sie wollte ihm nun ihrerseits ein Angebot unterbreiten und damit der Wahrheit ein Stück näherkommen.

„Einverstanden! Wenn du unbedingt mit mir zusammenziehen willst, mit alleiniger Nutzung der oberen Räume, könnten wir es für eine gewisse Zeit testen. Warum nicht?" Hanna legte bewusst eine kleine Pause ein, bevor sie weitersprach: „Aber ich gebe nicht gleich meine Wohnung für immer auf." Sie war überzeugt, dass ihm das nicht gefallen würde. Er ging zum Fenster und schaute raus.

Er drehte sich um und wurde ein wenig lauter. „Das akzeptiere ich nicht. Entweder ganz oder gar nicht. Aber eines solltest du wissen, mein Angebot steht nicht für eine unbegrenzte Dauer zur Verfügung. Ich bin ein Mann, der weiß, was er will und ich will dich für immer bei mir haben."

Die Dreistigkeit seiner Worte ärgerte Hanna. „Wenn ich bei dir einziehen würde, erwartest du doch gewisse Gegenleistungen für dein huldvolles Angebot? Und was ist, wenn ich diese nicht erbringe? Wirfst du mich dann raus?" Hanna betrachtete Markus gereizt.

„ Entweder du vertraust mir oder nicht. Du kannst nicht vorhersehen, was gut wird und was nicht. Aus welchem Grund auch immer du nicht willst, wir diskutieren ein anderes Mal darüber. Ich bin total genervt und habe jetzt auch keine Zeit mehr. Du hast dich in irgendetwas festgebissen", knurrte er mit einem Blick auf seine Uhr.

„Warum so eilig?", fragte Hanna erstaunt. Er zuckte mit den Schultern und sagte: „Die Arbeit ruft." Er konnte wohl kaum sagen, dass er sich noch andere Optionen offenhielt. Wenn er das täte, wäre alles zu spät. Er stand abrupt auf, stieß fast seinen Sessel um und ging zur Tür.

„Aha! Du arbeitest auch am Sonntagnachmittag", rief Hanna ihm nach. Er erwiderte nichts und Hanna mutmaßte, dass er sowieso nicht die Wahrheit gesagt hätte.

Wieder allein, merkte sie, wie ihre innere Anspannung nachließ. Sie musste raus, um auf andere Gedanken zu kommen. Die späte Nachmittagssonne versprach noch einen warmen Abend.

Sie schnappte sich ihre Badesachen und fuhr zu Betti. Bereits von der Straßenseite aus konnte sie sehen, dass die Fenster geschlossen waren. Sie klingelte dennoch voller Zuversicht. Weder Betti noch Harald meldeten sich. Mit einem Gefühl von Enttäuschung ging Hanna zum Wagen zurück. Bevor sie einstieg, warf sie noch einen letzten Blick auf Bettis Fensterfront. Hatte sich nicht eben die Gardine bewegt oder unterlag sie einer Täuschung? Sie startete ihren Wagen, fuhr ans Meer und bekam ohne Mühe einen Parkplatz. Die Sonne fühlte sich herrlich an und die Aussicht aufs Wasser munterte sie auf. Wie auf einer Perlenkette aufgereiht lagen noch Sonnenanbeter direkt am Wasser. Weit draußen waren Segelboote zu sehen. Eine Zeit lang saß sie einfach nur mit angezogenen Knien da und dachte an Markus Angebot. Ein hinterhältiges Angebot! Wollte er sie abhängig machen? Nach einer halben Stunde zog sie ihre Sachen aus und einen Badeanzug an. Das Wasser war klar und nur kleine Wellen schwappten immer wieder auf den Sand. Als das Wasser ihre Taille erreichte, tauchte sie unter und schwamm mit kräftigen Stößen durchs Wasser. Es war wunderbar belebend. Eine Stunde später fühlte sie sich wie ein neuer Mensch. Strand und Meer hatten ihr Werk getan.

Markus im Gegensatz kochte innerlich. Das Gespräch war nicht so verlaufen, wie er sich das gedacht hatte. Er fühlte sich in seiner Ehre und in seiner Männlichkeit verletzt. Sein Plan war gescheitert und Hanna entfernte sich immer mehr. Noch nie hatte er sich so lange mit einer Frau abgegeben. Er ärgerte sich, nein, er war wütend, dass sie nicht das tat, was er wollte. Sein Ego hatte einen Knacks bekommen. Sie wollte noch immer eine Auszeit. Das konnte sie vergessen. Dann überlegte er kurz und wusste nun, was zu tun war.

Als Hanna nach einem langen Wochenendspaziergang nach Hause kam, ging sie ins Bad. Sie fühlte sich durchgeschwitzt und ließ das lauwarme Wasser der Dusche über ihre Haare und ihren Körper fließen. Als sie wieder frisch war, schnappte sie sich ihr Buch. Die Sonne ging allmählich unter. Außer dem Rauschen der Blätter im Wind war nichts zu hören. Sie liebte die lauwarmen Abendstunden, die für sie oft die schönsten des Tages waren. Sie hatte nur einen Absatz gelesen, als die Klingel sie aufschrecken ließ. Erstaunt sah sie auf die Uhr. Es war bereits nach neunzehn Uhr. Sie hatte sich so sehr auf ihr Buch konzentriert, dass sie jegliches Zeitgefühl verloren hatte. Wer zur Hölle klingelte um diese Zeit? Ihre Nachbarin Hilde? Nein, Hilde war für ein paar Tage verreist. Vielleicht ist sie eher nach Hause gekommen? Da es mehrmals hintereinander klingelte, musste sie wohl oder übel öffnen und raffte sich auf. Hanna legte ein Lesezeichen ins Buch, klappte es zu und legte es auf den Beistelltisch. Sie holte tief Luft und öffnete dieTür. Vor ihr stand Markus.

„Hallo Hanna, wir haben uns lange nicht gesehen. Ich wollte mal nachsehen, ob es dir gutgeht."

Hanna versteckte ihr Erstaunen nicht und trat einen Schritt zurück.

Im Wohnzimmer setzte er sich auf die Couch und legte lässig die Füße übereinander.

„Ich hoffe, ich komme nicht ungelegen. Oder irre ich mich?"

Hanna nahm ihm gegenüber Platz und zog die Beine an.

„Stimmt! Ich finde es offen gestanden mehr als unhöflich. Unsere Auszeit ist noch nicht vorbei. Außerdem wollte ich gerade los", sagte sie distanziert und wurde bei der Lüge nicht mal rot. In ihr kam die Frage auf, was er von ihr wieder wollte. Gerade mal zwei Monate waren seit dem letzten Gespräch vergangen. Seine Stimme riss sie mit einem Ruck in die Gegenwart zurück.

„Du willst los, obwohl ich erst gekommen bin." Markus hob eine Augenbraue. „Ich habe ein interessantes Angebot. Du wirst begeistert sein."

„Das nimmst du also schon im Voraus an. Willst du eventuell über deine Freizeit oder deine Hobbys reden und das ausgerechnet am Sonntag, wo du bisher nie Zeit für mich hattest. Oder geht es wieder um meinen Einzug in dein Haus? Falls du mir damit in den Ohren liegen willst, kannst du gleich gehen. Ich habe meine Meinung nicht geändert." Hanna blickte auf sein Bein, das plötzlich auf und ab zu wippen begann. War er nervös?

Mit einem Achselzucken tat er die ernste Stimmung ab.

„Natürlich geht es nicht um mein Haus. Komm in mein Unternehmen. Die Vorteile liegen auf der Hand: Super Gehalt, stressfreies Arbeiten, mehr Freizeit, besseres Leben. Na, was sagst du?

Ist das eine tolle Idee?" Hoffentlich würde Hanna ja sagen. Wenn sie bei ihm arbeitete, hätte er ein leichtes Spiel.

Hanna musste all ihre Energie aufbringen, um ihre Fassung zu wahren. Hatte er das gerade wirklich gesagt? Ernsthaft? Für Markus zu arbeiten, war offen gestanden das Allerletzte.

Hanna, sagte sie zu sich selbst, bleibe ruhig. Du musst dir Zeit für eine ruhige Reaktion nehmen. Bleibe ganz locker, statt dich über das absurde Angebot zu ärgern.

„Tut mir leid. Keine tolle Idee. Eher eine Schockeinlage. Das wird nicht passieren. Du willst mir erneut eine perfekte Welt vorgaukeln. Meinen Alltag bestimme ich gerne selbst. Wie kommst du darauf, dass ich nur Stress habe. Ich renne nicht wie ein Hamster im Laufrad durchs Leben und schon gar nicht in der Buchhandlung. Noch bin ich kein Sklave meiner eigenen Tätigkeit. Stress ist nebenbei bemerkt normal und gehört zum Leben dazu. Nicht jeder bekommt wie ich die Chance, jeden Tag tun zu können, was einem Freude macht. Um ehrlich zu sein, begreife ich dein Angebot nicht. Ich soll die Buchhandlung verkaufen? Auch wenn du es vielleicht nicht verstehst, für diese Buchhandlung habe ich einst meinen Job aufgegeben und viel Geld investiert. Ich liebe das, was ich tue. Bücher sind mein Leben. Mein Laden ist mehr als ein Geschäft, er ist für mich wie ein zweites Zuhause. Ich habe ein gutes Einkommen, stelle meine bisherige Arbeit nicht infrage, stehe gern auf eigenen Beinen und will mich frei bewegen. Ich habe vielmehr mehr erreicht, als ich je zu träumen gewagt habe. Das gibt man doch nicht auf. Außerdem bin ich von deinem luxuriösen Lebensstil ohnehin nicht fasziniert. Nichts davon passt zu mir. Mein Leben ist anders als deins."

„Wie meinst du das? Kläre mich auf", sagte er und musste seine Wut im Zaum halten.

Hanna lächelte. „Gerne! Mein Vater hat mir beigebracht: Mach dich nie abhängig von einem Mann; mach dich nie abhängig von seinem Geld." Er schnaubte verächtlich.

„Du bist ständig im Verteidigungsmodus. Dir kann man nichts recht machen. Du bist doch nur von morgens bis abends auf den Beinen. Willst du dein Leben nur zwischen Bücher verbringen? Kunden bedienen? Mein Gott, wie langweilig. Du könntest mein Angebot als neue Herausforderung betrachten. Das würde dein Leben grundlegend verändern. Hast du solche Angst, deine Unabhängigkeit zu verlieren? Deine Freiheit? Wir könnten viel mehr Zeit miteinander verbringen. Das ist doch das, was du laufend bemängelt hast. Das war doch oft dein Lieblingsthema. Dein Streitthema!"

Hanna spürte, dass seine zunehmenden Nadelstiche, deren Auswirkungen sich in ihrer Seele immer mehr verselbständigten, für sie nicht mehr zu ertragen waren. „Du legst dich mächtig ins Zeug. Mehr Zeit miteinander verbringen? Woher der jähe Sinneswandel? Das Thema hatten wir bereits erörtert. Vielleicht sollte ich deine Erinnerungen auffrischen. Was wir gemeinsam gemacht haben, war Abendessen im Restaurant und Sex als Nachtisch. Mir war nie nur an einem rein sexuellen Verhältnis gelegen. Und wie du bereits bemerkt hast, will ich das auch nicht mehr."

Ein selbstironisches Lächeln trat auf seine Lippen. „Deine Antwort war sehr sarkastisch. Was ich auch vorschlage, du lehnst es ab."

Hanna wunderte sich über die Ignoranz, die in seiner Feststellung lag. Sie ließ sich davon nicht beirren. „Ich lasse mir nicht gern sagen, was ich zu tun und zulassen habe. Ich mache das, was ich für richtig halte. Ich habe berechtigte Zweifel an so einer Arbeitsbeziehung. Plötzlich würden wir ständig aufeinander hocken. Außerdem ist zwischen uns viel zu viel Negatives passiert. Ich schwebe schon lange nicht mehr im siebten Himmel. Unser Glück war wirklich nichts Dauerhaftes und wird auch in Zukunft, egal was du vorschlägst, nicht von Dauer sein."

Er konnte seinen Ärger nicht zügeln. „Jedes Mal, wenn wir zusammen sind, machst du mir Vorwürfe. Das kann doch nicht gesund sein."

„Nein! Du unterbreitest Vorschläge, die mein Leben tiefgreifend verändern würden. Wenn ich nicht so will, wie du es möchtest, gibt es kein Gespräch auf Augenhöhe."

„Weil du nicht bereit bist, dein Leben umzukrempeln. Das ist dein Problem. Du bist viel zu weit von der Realität entfernt, überlässt nichts dem Zufall. Du befindest dich ständig auf Identitätssuche. Du bist eine mit sich selbst hadernde Frau, die nur damit beschäftigt ist, nach dem richtigen Weg im Leben zu suchen. Nur nicht mit einem Mann. Ich zumindest möchte eine Frau besitzen, die zu mir passt."

„Mich besitzen? Mich Anpassen? Totale Abhängigkeit! Es reicht! Würdest du aufhören, mich schlechter darzustellen, als ich es bin. Du brauchst mich nicht auch noch zu beleidigen", fuhr sie Markus an. „Wie sieht es bei dir aus? Du kennst nur Entweder-oder, das gefällt mir nicht. Warum werde ich wieder einmal das Gefühl nicht los, dass, wie beim Aufgeben meiner Wohnung, mehr dahinterstecken könnte. Warum glaube ich dir nicht? Was genau möchtest du von mir, Markus? Was für Absichten verfolgst du? Hast du vor, mich in den Abgrund zu stürzen? Oder zur Verzweiflung zu bringen?" Sie durchbohrte ihn mit einem genervten „Komm zum Punkt"-Blick.

Markus erwiderte: „Du hältst also an deinem Entschluss fest. Das ist mir schleierhaft. Zwingen kann ich dich nicht. Du stürzt dich zu sehr in deine Arbeit, dass du darüber das Vergnügen vergisst. Und ich mag es einfach nicht, wenn du mir das Gefühl vermittelst, ich wäre unaufrichtig. Zum Beispiel Thema Freizeit. Ich schütze mein Privatleben und muss nicht alles mit der Öffentlichkeit teilen." Er schritt ruhelos auf und ab. Abrupt blieb er stehen und nahm wieder im Sessel Platz.

„Wieso Öffentlichkeit? Ich bin nicht die Öffentlichkeit. Es gibt bei dir Dinge im Leben, die man nicht ansprechen darf. Wie dem auch sei, es bringt nichts, wenn wir noch weiter darüber reden. Lass uns das Gespräch in Ruhe beenden."

„Okay! Dann ist ja alles zwischen uns gesagt. Du schlägst meine Angebote aus und verlangst von mir, dass ich das akzeptiere. Bist du sicher, dass du es dir nicht anders überlegen wirst?"

„Markus, ich sehe gar nicht ein, warum ich mich jedes Mal rechtfertigen soll. Wie bereits gesagt, du versuchst, mein Leben zu bestimmen. Erst wohnungsmäßig, jetzt arbeitsmäßig. Ich wäre vollkommen abhängig. Darauf würde es doch hinauslaufen. Ich bin dir keine Rechenschaft schuldig. Weder heute noch in Zukunft."

„Ja, du hast Recht. Selbstverständlich bist du mir keine Rechenschaft schuldig. Entschuldige!"

Er versuchte, seinen Ärger unter Kontrolle zu bringen.

Hannas Stimme wurde etwas freundlicher. „Deine Entschuldigung ist ja mal ein geradezu menschlicher Zug. Das hatte ich nicht erwartet."

„Hanna, vergiss es, okay? Du musst dich nicht in mein reglementiertes Leben einbringen.

Behalte meine Angebote dennoch einfach im Hinterkopf. Denk darüber nach. Denk über mich nach. Eines solltest du dabei nicht vergessen, du fehlst mir. Du fehlst mir wirklich!"

„Markus, wecke keine falschen Hoffnungen in mir, sondern signalisiere deutlich, was du tatsächlich mit mir vorhast. Ich habe das Gefühl, du verfolgst ein bestimmtes Ziel." Dieser Verdacht lauerte schon länger in ihrem Hinterkopf.

„Ach ja! Und welches Ziel verfolge ich deiner Meinung nach? Hanna?" Er zuckte mit den Achseln und schaute sie vorwurfsvoll an.

„Das ist mein Problem. Ich weiß es leider noch nicht genau. Deshalb wollte ich eine Auszeit haben. Leider hältst du dich nicht daran."

„Siehst du, da haben wir es wieder. Nicht ich bin das Problem. Verdammt, Hanna! Du bist das Problem!"

Natürlich, dachte sie. Er dreht wieder alles so hin, wie er es für richtig hält.

„Versuch nicht, irgendwelche Schuldgefühle in mir zu wecken. Ich bin nicht der Typ, der Problemen entflieht. Ich würde sie lieber lösen. Das bringt aber nichts mehr. Ich finde, wir sollten jetzt Schluss machen und das nicht in die Länge ziehen." Entnervt blicket sie Markus an. Er stand wortlos auf und verließ die Wohnung.

Hanna grübelte noch eine gewisse Zeit. Sie sei also das Problem? Sie fehlte ihm? Was kommt noch? Sie sah sich erneut mit

Fragen konfrontiert, die sie nie für möglich gehalten hätte. Er war für sie wie eine tickende Zeitbombe. Wie verwirrend doch Emotionen waren.

Sechs Monate war es her, dass Hanna seine Einladung zum Abendessen ablehnte. Jegliche Bemühungen seinerseits, sie wieder für sich zu gewinnen, schlugen fehl. Er musste unbedingt wieder eine Bindung zu ihr aufbauen. Es war ihm einen neuen Versuch wert. Über sein Haus- und Arbeitsplatzangebot brauchte er nicht mehr mit Hanna zu diskutieren. Beides hatte sie abgelehnt. Aber er hatte sich was Neues ausgedacht. Er beschloss, heute Hanna während der Mittagszeit zu besuchen.

Markus Auftauchen verwunderte Hanna.Noch hatte sie keine Ahnung, was er von ihr wollte.

„Hanna, auch wenn unsere Situation ausweglos ist, habe ich kurzerhand beschlossen, dir mein Unternehmen vorzustellen. Unabhängig von deiner Auszeit, die ich respektiere. Das hätte ich viel früher tun sollen. Wenn du es kennenlernst, wirst du im Zusammenhang mit meiner Person manches besser verstehen. Wer in diesem Geschäft überleben will, muss sich immer wieder etwas Neues einfallen lassen. Das braucht Zeit, viel Zeit. Ich investiere in die Zukunft und scheue keine zusätzlichen Kosten. Was ich anpacke, wird ein Erfolg. Ich will immer der Beste in dieser Branche sein und dafür arbeite ich hart und ohne Rücksicht auf andere. Würdest du es denn mit mir zusammen besichtigen? Wir könnten uns nächsten Samstag um sechzehn Uhr treffen. Du lässt deinen Wagen stehen und steigst zu mir ein. Vorher könnten wir noch gemeinsam Kaffee trinken oder eine Kleinigkeit essen. Auch ein Glas Sekt trinken. Es ist ein ehrliches Angebot. Danach gehen wir, wenn du es so willst, friedlich auseinander." Die Einladung war lediglich ein Happen, den er ihr hinwarf, um sie zu besänftigen und ihr zu zeigen, dass er es angeblich ehrlich mit ihr meinte.

Hanna dachte über seinen Vorschlag nach. Was wollte er damit erreichen? Eine Art Entschuldigung? Ihm war jedes Mittel recht, um seine eigenen Interessen durchzusetzen. Versuchte er das nicht erneut bei ihr? Schon merkwürdig, dass er das nicht früher angeboten hatte. Warum ausgerechnet jetzt?

„Oh, ich hätte nicht erwartet, dass du nach so langer Zeit … Was soll ich dazu sagen? Du weißt, dass es zwischen uns keine Beziehung mehr gibt. Ich habe nicht vor, mit dir ins Bett zu gehen, nicht einmal ansatzweise. Daran solltest du denken. Und nun zu deinem Angebot. Ich will deine Arbeit, dein Unternehmen nicht generell infrage stellen. Es wurden schon einige Fragen aufgeworfen."

Nur die Ruhe bewahren, bloß jetzt keinen Fehler, sagte er sich.

„He, hast du gar kein Vertrauen mehr? Ich werde alle Fragen beantworten, wenn du alles gesehen hast."

Hanna war sich nicht sicher, ob sein Lächeln ernst gemeint oder aufgesetzt war. Sie wollte nicht ganz herzlos sein und generell absagen. Was sich später als großer Fehler erweisen sollte. Auch ihre Neugierde spielte eine Rolle. Wie groß war sein Unternehmen? Sie dachte, an den angebotenen Arbeitsplatz. Mal sehen, ob er darauf zurückkommen sollte, trotz ihrer Absage.

„Was ist, wenn ich ein bisschen zu spät kommen würde? Oder etwas dazwischen kommt? " Damit legte sie sich nicht auf eine Zusage oder Absage fest.

„Ich kann warten", versicherte er ihr. „So lange, wie es eben dauert. Das bist du mir Wert!" Er sah sie freudestrahlend an. Im Inneren fühlte er sich bereits grenzenlos erleichtert.

Samstag! Siebzehn Uhr. Es war ein regnerischer Nachmittag. Hanna hatte sich verspätet. Sie stellte den Wagen ab, strich sich über die Haare und eilte zum Hauseingang. Noch bevor sie die Klingel betätigte, sagte ihr eine innere Stimme: Hanna, tue es nicht! Wer vertraut, geht ins Risiko, macht sich verletzlich! Blödsinn, sie fühlte sich absolut sicher! Die Tür öffnete sich.

„Schön, dass du bist. Ich dachte schon, du kommst nicht mehr. Umso erfreuter bin ich jetzt", sagte er gutgelaunt. Es lief wie am Schnürchen und er wusste, dass er am Ziel angekommen war.

Seine Erleichterung erstaunte Hanna. Einen Augenblick war sie sprachlos. Sie aßen eine Kleinigkeit. Dann brachte er das Geschirr in die Küche. Mit einer Flasche Sekt kam er wieder.

„Bevor wir aufbrechen, schlage ich vor, ein Glas Sekt auf uns und auf meine Firma, zu trinken."

Hanna sah ihn erstaunt an. „Sollte ich nicht heute dein Unternehmen kennenlernen? Wir sollten jetzt lieber aufbrechen."

„Du hast schon recht, die Fahrt ist aber nicht weit. Ein Glas vorher kann uns ja nicht schaden."

„Ich finde nicht, dass wir das tun sollten. Du bist gleich der Autofahrer." Es klang ein wenig sorgenvoll.

„Hanna, sei keine Spielverderberin. Du siehst im Moment nicht besonders freudig aus, entspann dich."

„So?" sagte Hanna. „Ich mache einen unglücklichen Eindruck? Das täuscht. Mach dir um mich keine Sorgen."

„Oh, dein Glas ist nicht ganz sauber. Ich hole ein neues." Er ging raus und füllte ihr neues Glas auf. „Auf uns", verkündete er feierlich und zwinkerte ihr zu, als er sein Glas hob.

Sie trank ihr Glas leer und fühlte sich abrupt benommen. Irgendwas stimmte hier nicht.

„Ich bin mir nicht sicher, als sei etwas eingetreten, als wenn ich … Was ist mit mir los?" Ihre Stimme war nicht mehr als ein Murmeln. Er lachte.

„Mein armer Liebling! Du hast mein ganzes Mitgefühl. Das musste mal passieren." Na, wer sagt es denn: Alles dreht sich genauso, wie er es sich gewünscht hatte. Sie war kraftlos, nicht gefühllos. Jetzt wusste er genau, wie er mit ihr umgehen würde und atmete genüsslich ein. Er trug sie ins Schlafzimmer. Er glitt mit einer Hand unter ihr Kleid, streichelte ihre inneren Oberschenkel und mit der anderen Hand zog er die Träger ihres Kleides herunter. Es fiel achtlos zu Boden, blieb liegen. Es folgte der BH und ihr Slip. Mühelos legte er sie rücklings aufs Bett und entledigte sich auch seiner Kleidung. Er band einen Schal um ihre Handgelenke, verknotete die Enden. Hanna leistete kaum Widerstand. Er wusste, er hatte alles richtig gemacht. Er legte die gefesselten Hände über ihren Kopf auf das Kopfkissen, starrte auf ihre vollen Brüste. Er kniete sich über sie, schob ihre Beine auseinander und ließ seine Finger abwärts wandern. Es war ein erregendes Bild. So liebte er die Frauen, so liebte er Hanna.

Hanna spürte seine Hand zwischen ihren Beinen. Sie versuchte sich aufzurichten, er drückte sie sanft wieder runter.

„Ganz ruhig! Du weißt doch, ich habe das Talent dich glücklich zu machen. Ich eröffne dir jetzt eine aufregende Liebeswelt. Wie sexy du bist. Ich werde dir Dinge über die Liebe und Lust beibringen, die du nie vergessen wirst. Du wirst eine unglaubliche Erregung erreichen, die du noch nie erfahren hast. Lust und Schmerzen werden sich vereinen." Breitbeinig kniete er sich über sie.

„Geht es dir gut? Spürst du das?", hörte sie ihn fragen. Sie versuchte krampfhaft die Beine zusammenzupressen und wollte aufstehen , aber es gelang nicht.

„Lass dich gehen, entspann dich. Ich werde dich vollends zufrieden machen. Jetzt will ich dorthin gelangen, wo es feucht, heiß und für dich am schönsten ist", flüsterte er. Der Fernseher, an der gegenüberliegenden Wand leuchtete auf. Er liebte nichts so sehr wie seine Pornovideos.

„Hanna, schau genau hin. Siehst du, was er mit ihr dort macht. Das mache ich bei dir auch. Lange genug habe ich darauf gewartet."

Das Herz schlug ihr bis zum Hals. Sie spürte immer noch ein Unwohlsein und nahm dennoch alle Kraft zusammen. „Ich will das nicht sehen. Hör auf! Ich will das nicht", schrie sie laut auf.

„Hanna, es ist nicht verhandelbar. Es gehören immer zwei dazu. Es geht hier nicht um dich. Ich, ich allein, bin derjenige, der die Sache beendet." Innerlich fluchte er. Er hätte mehr in ihr Glas schütten sollen. Zwar hatten die Tropfen sie niedergestreckt, aber nicht hundertprozentig gefügig gemacht. Dabei war er sich seiner Sache so sicher gewesen. Ein harter Zug umspielte seinen Mund.

„Du wolltest doch heute Sex haben? Nur deswegen bist du gekommen. Weil du es vermisst hast. Ich dachte, du bist eine Frau, die das Überraschende liebt. Hab endlich Mut, Dinge zuzulassen, die du noch nie erlebt hast. Sei ein braves Mädchen, wenn nicht, muss ich dich bestrafen."

Hanna bäumte sich mit aller Kraft auf. Seine Nähe war nicht zu ertragen. „Geh sofort von mir runter. Ich will aufstehen.

Nichts habe ich gewusst, gar nichts. Ich … was du wirklich vor-hattest, ich …"

Er schnitt ihr das Wort ab.

„Deine Zurückweisung ist nicht gerade schmeichelhaft. Lei-der bekommt man nicht immer das, was man will und sich er-hofft hat. Jede Frau weiß, was ein Mann von ihr will. Das ist doch ganz normal in einer Beziehung. Du willst es nicht? Du willst nicht verführt werden? Dann soll es so sein!"

Er packte sie fest an. Bevor sie reagieren konnte, schob er mit Unerbittlichkeit ihre Beine auseinander und drang rücksichtslos in sie ein. Danach löste er den Schal von ihren Handgelenken, drehte sie auf den Bauch und drang von hinten in sie hinein.

„Das war die Behandlung, die du herausgefordert hast. Jetzt kannst du gehen. Ich brauche dich nicht mehr." Er warf ihr ei-nen Blick zu und ließ sich ins Kissen zurückfallen.

Noch bevor er irgendetwas tun oder sagen konnte, zog Han-na sich am ganzen Leib bebend an. Sie schlug die Schlafzimmer-tür hinter sich zu. Draußen griff sie in ihrer Tasche nach dem Autoschlüssel. Alles, was sie jetzt wollte, war bloß weg von hier. Sie musste ihr Zuhause erreichen. Egal wie! Sie startete ihren Wagen, konnte sich kaum konzentrieren und hätte beinahe die Abzweigung zu ihrer Wohnung verpasst. Sie schaffte es gerade noch rechtzeitig zu bremsen und die Spur zu wechseln. Hinter ihr hupte jemand wütend. Sie war erleichtert, als sie ihre Wohnung betrat. War das wahr, was sie erlebt hatte? Ein Vertrauensbruch ohnegleichen. Was hatte er ihr ins Glas getan? Diese berühm-ten K.-o.-Tropfen? Nein. Dann hätte sie gar nichts mitbekom-men. Sie hatte gelesen, dass man sich danach an nichts erinnern kann. Er muss ihr aber was reingeschüttet haben. Sie hatte doch gespürt, das mit ihr was nicht stimmte. Vielleicht mischte er ein betäubendes Mittel in ihr Glas. Eine Droge? Was auch immer es war, es war längst nicht mehr nachweisbar. Hinter seiner glatten Fassade versteckte sich ein Monster!

# Kapitel 4

Es war am späten Abend als Harald urplötzlich auftauchte. Er war unrasiert, ungepflegt und hatte eine Alkoholfahne. Nervös zog er eine Zigarette aus der Schachtel und zündete sie an. Er nahm hastig einen Zug, bevor er sie anschaute und fragte: „Betti, wie geht es dir? Alles in Ordnung?"

„Das fragst du mich? Was willst du von mir? Was hast du mir angetan? Du bekommst wohl nie ein schlechtes Gewissen." Noch blieb sie ruhig. Obwohl es in ihr brodelte.

„Betti, du stellst zu viele Fragen. Warum ich zu dir gekommen bin? Dreimal darfst du raten.

Weil ich schnell Geld brauche. Wenn ich sage schnell, dann meine ich es auch so."

„Wie bitte? Was willst du? Geld? Geld von mir? Bei mir gibt es nichts mehr zu holen. Das musst du doch am besten wissen. Ich wollte mich noch nachträglich für die hinterlassenen Schulden bedanken. Wo hältst du dich eigentlich auf? Falls deine angeblichen Freunde wieder anrufen. Oder hast du deine Schuldscheine bereits eingelöst? Langsam habe ich das alles satt."

Er lachte schrill auf. „Nein! Wovon denn? Du musst mir helfen. Ich kann die Schuldscheine nicht einlösen und auch die Raten für mein Auto kann ich mir nicht mehr leisten. Ich bin total blank."

„Warum fragst du nicht deine Eltern? Sie übernehmen bestimmt gerne deine Schuldscheine, einschließlich deinen Autokredit." Sein Gesichtsausdruck verfinsterte sich.

„Das ist nicht dein Ernst. Meine Eltern haben selbst kein Geld übrig. Ich will dir alles erklären und ich hoffe auf dein Verständnis." Er holte tief Luft. „Ich war ein Spieler mit Leib und Seele. Die Spielsucht hat mich total aus der Bahn geworfen. Aber keine Glückssträhne dauert ewig. Hier und da begann ich zu verlieren. Aber nicht viel, zumindest nicht am Anfang. Dann hatte ich Pech. Es war einfach Pech, schlicht und einfach Pech. Ich spielte um immer höhere Einsätze. Ich verlor den Überblick. Ich habe finanziell Mist gebaut. Ich spielte um Geld, das ich nicht hatte. Deshalb habe ich mir Geld geliehen. Später stellte ich Schuldscheine aus. Ich habe meine guten Freunde um viel Geld betrogen, das gute Vertrauensverhältnis schamlos ausgenutzt." Er fuhr sich mit der Zunge über die Lippen und schluckte.

„Kannst du ahnen, was auf dem Spiel steht? Einige von den Schuldeneintreibern sind hinter mir her. Ich habe schon einmal die gefährliche Seite von den geprellten Kumpels zu spüren bekommen.

Unsere Wohnung, wer weiß, ob sie diese nicht bereits beobachten, werde ich nicht wieder betreten. Tut mir leid, dass ich dich bestürzt habe. Aber ich wollte, dass du Bescheid weißt. Ich habe Angst. Furchtbare Angst." Zum ersten Mal sah Betti so etwas wie Furcht in seinen Augen aufflackern. „Wenn ich nicht zurückzahle … Sie bestehen darauf, dass du dann meine Schulden einlöst. Ich weiß nicht, was sie ansonsten mit mir anstellen, wenn du nicht das Geld auftreibst." Er wischte sich die Tränen aus den Augen.

„Der Tränen-Auftritt beeindruckt mich nicht", sagte Betti mitleidslos. „Einer von denen hat mich mehrmals bedroht. Danach bekam ich feuchte Augen und eine furchtbare Angst. Diese Angst macht mich allmählich krank. Jedes Mal, wenn das Telefon klingelt, zucke ich zusammen. Wieviel schuldest du ihnen? Wie viel, Harald?"

„Dreißigtausend", kam es kleinlaut über seine Lippen. Sie war keine Frau, die schnell in Panik geriet. Doch jetzt schrillten alle Alarmglocken! Sie sah ihn mit Entsetzen an.

„Betti, meine Güte, wenn du so schaust, gefriert einem ja das Blut in den Adern. Kann deine Freundin Hanna vielleicht helfen. Meine Güte, wir machen alle mal Fehler. Menschen machen Fehler. Mein Fehler war die Spielsucht. Verstehst du das nicht?" Nervös zündete er sich erneut eine Zigarette an.

„Nein! Vergiss es! Manche Fehler haben eben weitreichende Folgen. Das sieht man an dir. Ich kann und will dir nicht helfen. Mein Konto ist leer. Und ich werde auch Hanna nicht fragen. Du hast doch Hanna vergrault. Sie durfte nicht mal unsere Wohnung betreten."

„Herrgott", fluchte er. „Hast du eventuell eine bessere Idee? Ich weiß, dass du das nicht wirklich so meinst. Das darfst du mir nicht antun. Du enttäuschst mich. Du enttäuschst mich sehr. Wenn du nicht hilfst, weiß ich nicht, wie es mit mir weitergeht. Ich war offen, ehrlich und habe mich schuldig bekannt. Ich habe dir mein Herz ausgeschüttet. Was mir schwer genug gefallen ist. Betti, nun bist du dran. Komm schon! Die Belastung ist enorm groß, aber wir können es gemeinsam durchstehen. Falls nicht, machen sie uns das Leben zur Hölle. Das ist ihre Spezialität. Diese Leute sind eine tickende Zeitbombe!"

Sie starrte ihn abwesend an. Ihr Gesicht war kreidebleich. Jetzt wurde Betti erst richtig bewusst, in was er sie mit hineingezogen hatte. Er erpresste sie, machte ihr Angst.

„Ich habe den Machtmissbrauch, den Schmerz der Unterlegenheit in unserer Ehe lange ertragen, auch deine Wutausbrüche. Hast du je gehört, dass ich mich beklagt habe?"

„Nein, aber das hängt damit zusammen, dass du immer so gottverdammt gut sein wolltest", schrie Harald sie an. „Betti, entschuldige, irgendetwas ist mit mir los. Ich weiß nicht, warum ich das gesagt habe. Jedes Mal, wenn wir zusammen sind, streiten wir uns. Trotz allem fühlen wir uns noch körperlich zueinander hingezogen. Bin ich denn jetzt ein Versager für dich?"

Diese Äußerung brachte Betti kurz zum Schweigen, bevor sie reagierte.

„Körperlich zueinander hingezogen? Ach, darum geht es dir also auch noch. Aber nicht mit mir! Lange genug habe ich das ausgehalten. Ich will mich nicht mehr von dir anfassen lassen. Ich will nicht mehr mit dir schlafen. Ich kann dich nicht mehr ertragen. Ich hasse dich! So einfach ist das." Betti war durchaus bewusst, wie impulsiv sie war.

„Noch sind wir verheiratet", schrie er sie plötzlich mit hochrotem Gesicht an. Dann richtete er sich drohend auf.

„Harald, ich kann dir nicht ganz folgen. Warum bist du so wütend? Auf mich? Oder auf dich?", fragte sie spöttisch. „Nein, sag lieber nichts mehr. Ich kann es nicht mehr hören. Das, was du mir jetzt angetan hast ... Ich verlange nicht, dass du das begreifst, aber ich will die Scheidung. Ich habe augenblicklich das Gefühl ... Ich habe das Gefühl, ich muss mich selbst beschützen vor deiner Person und deinen Kumpels. Wie konntest du mir das antun?" Sie warf ihm einen kalten, verächtlichen Blick zu.

Er hob fragend den Kopf. In diesem Augenblick, als er den spöttischen Ton in ihrer Stimme hörte und den Blick in ihren Augen sah, wusste er, es war alles umsonst. Sie wird ihm nicht helfen.

„Mir gefällt dein Tonfall nicht." Dann grinste er hinterhältig. „Scheidung? Du kannst doch jetzt nicht spontane Trennungsgedanken aufkommen lassen. Das kannst du vergessen. Du bist meine sichere Bank. Ich sage dir auch nicht, wo ich mich gegenwärtig aufhalte. Du bringst es fertig und verpfeifst mich an meine Kumpels. Das kann ich nicht zulassen. Versuch unbedingt das Geld aufzutreiben, dann lässt man dich in Ruhe." Er umklammerte ihre Hand und drückte fest zu.

Sie befreite sich aus der Umklammerung. „Harald, auch wenn du die Scheidung nicht willst, es bleibt dabei. Und du kannst mir glauben, manchmal ist der Ehering schneller vom Finger, als du denkst", stieß sie zwischen zusammengebissenen Zähnen hervor.

„Betti, du wirst diesen Schritt bereuen." Er schnappte sich seine Sachen und verließ ohne ein weiteres Wort die Wohnung. Für sie war dieses Gespräch der absolute Tiefpunkt einer Negativspirale, die sich schon seit Jahren drehte. Gespräche, die keine Gespräche mehr waren, sondern eher ein Schlagabtausch. Dazu kam, dass sie immer tiefer in seine Lügenwelt eintauchte.

Das Verhängnisvolle daran war, dass sie nie rechtzeitig reagiert hatte. Trotz allem, was sie bisher mit Harald durchmachen musste, hatte er sie nie in die Knie gezwungen. Sie blieb stets aufrecht.

Jetzt war alles zerbrochen, was ihr bisheriges Leben ausgemacht und woran sie geglaubt hatte.

Es wuchs ihr alles über den Kopf. Oh-mein-Gott! Wieviel Kummer konnte sie noch ertragen?

Sie brach in eiskaltem Schweiß aus, und ihr wurde so übel, dass sie sich am liebsten übergeben hätte. Als seine Kumpels Tage später erneut anriefen, versprach sie, das Geld zu beschaffen. Welche Wahl hatte sie denn? Harald war wie vom Erdboden verschluckt.

# Kapitel 5

Zuhause war Hanna nicht erreichbar. Markus ahnte, wo sie sich befand. Die Abenddämmerung war hereingebrochen. Es war nach achtzehn Uhr. Langsam zog Nebel auf und es wurde ungemütlicher. Er stellte den Wagen in einer der Parktaschen ab und schlenderte an den Geschäften vorbei, bis er vor der Buchhandlung stand. Hanna hatte ihm zwar klipp und klar gesagt, dass sie ihn nie mehr sehen wollte, aber manchmal musste man dem Schicksal nachhelfen. Zudem hoffte er, dass sich die ersten Wogen wieder geglättet hatten. Obendrein war seitdem sehr viel Zeit vergangen. Er war voller Optimismus. Schuldgefühle kamen nicht auf!

Als die Türglocke ertönte, fiel Hanna ein, dass sie vergessen hatte, die Tür nach der letzten Bücherlieferung abzuschließen. Erstaunt drehte sie sich um. Markus warf ihr ein Grinsen zu. Er stand neben ihr, jedoch ohne sie zu berühren. Sie wollte das nicht mehr.

„Hanna, ich bin hier, wegen der unglückseligen Nacht. Allein die Liebe brachte mich dazu, verrückte Dinge zu tun. Bitte, lass es uns einfach vergessen. Wir haben uns deswegen doch nicht entfremdet. Mir sind einfach die Sicherungen durchgebrannt. Ich neige dazu, mich selbst so wichtig zu nehmen und verlor dich dabei aus den Augen. Ich hätte nachsichtiger sein müssen. Ich möchte meine eigenen Fehler wieder gutmachen. Ich weiß, dass ich ein boshafter Junge war. Ich kämpfe jeden Tag dafür, wieder ein guter Junge zu werden. Ich kann nicht oft genug wiederholen, wie unendlich leid es mir tut." Er hob einen Mundwinkel in einem kläglichen Versuch zu lächeln.

Armer Markus, dachte sie. Er wollte sich ihr wieder nähern und versuchte, sie mit Schmeicheleien und Gewissensbisse zurückzuholen. Sein besonderes Talent lag schon immer im Schönreden, aber alles Gesagte war nur ein reines Ablenkungsmanöver. Das wird ihm alles nichts nutzen.

„Verschone mich mit deinem Selbstmitleid, es widert mich an. Keine Entschuldigung oder Erklärung kann das, was geschehen ist, wieder gutmachen. Du hast dir mein Vertrauen erschlichen, um mich sexuell zu benutzen. " Ihre Worte trieften förmlich vor Verachtung.

„Hanna, man muss auch vergessen können. Ich habe in meiner jetzigen Einsamkeit, ohne Frauen, gelernt, mit mir selbst zurechtzukommen. Wir müssen beide wieder dahin zurück, wo alles angefangen hat. Wir hatten doch eine aufregende Zeit. Lass uns ein neues Kapitel aufschlagen. Deswegen bin ich hier." Er hatte noch nie einen solchen Ausdruck des Abscheus auf ihrem Gesicht gesehen. Auch nicht so einen eisigen Blick!

„Warum sollte ich dir über den Weg trauen. Hast du nicht genug Unheil angerichtet? Am Anfang unserer Beziehung habe ich nur das gesehen, was ich sehen wollte. Ich habe zu lange gebraucht, um zu erkennen, dass sich hinter deiner menschlichen Fassade ein Narzisst verbirgt. Und in meinen Augen bist du ein Narzisst der übelsten Sorte. Ich habe von den absurden Auswüchsen deiner Liebe genug. Zwischen Schein und Wirklichkeit haben sich Abgründe aufgetan. Nie im Leben hätte ich gedacht, dass du mir was ins Glas tust. Nie wieder werde ich dein Haus betreten. Ich würde nicht mal in die Nähe deines Hauses gehen", sagte sie herablassend.

Er hob abwehrend die Hand. „Das bin ich nicht. Ich werde dir so lange auf die Nerven gehen, bis du mir verzeihst. Vielleicht erleichtert es dir deine Entscheidung, wenn ich dir sage, dass ich diese Nacht am liebsten ungeschehen machen würde. Das wird sich nicht in dieser Art wiederholen." Er legte die Hand aufs Herz. „Ehrenwort."

In ihr sträubte sich alles. „Ich soll vollständig vergessen? Ich soll dich wieder in mein Leben, mein Bett lassen? Wie ekelhaft! Und dann deine harten Pornofilme. Ich bin keine hormongesteuerte Frau, die den Porno-Kick braucht. Ich glaube, du hast dich noch nie richtig in jemanden verliebt, außer in dich selbst. Hast du mich jemals geliebt?"

Er zuckte lachend mit den Schultern. Meine Güte, wenn sie wüsste: Es war nicht Liebe. Von seiner Seite war es nur körperliche Begierde und Macht.

„Hanna, ich verliebe mich nie. Frauen verlieben sich stets in mich. So, wie du es auch getan hast!"

Mein Gott, wie lächerlich sie sich doch benommen hatte. Sie hatte sich den Kopf damals verdrehen lassen von dem schönen Schein und dem unwiderstehlichen Reiz. Nun ja, sie hatte kaum Erfahrung mit dem männlichen Geschlecht gehabt. Keine Vergleichsmöglichkeiten! Sie hatte sich noch nie zuvor verliebt.

„Unglaublich! Du wolltest nur auf Grund von sexistischen Spielen mit mir zusammen sein?" Sie warf ihm einen scharfen Blick zu. „Verflucht noch mal, du wolltest mich mit deiner Droge, oder was auch immer es war, fügig machen? Und mich anschließend nach deinen Gelüsten benutzen?"

Er grinste. „Warum nicht? Nüchtern bist du leider zu schüchtern. Stell dich nicht so an. Bleib mal ganz ruhig. Du hast ja nicht die volle Dröhnung bekommen. Warum schnallst du dir nicht einen Keuschheitsgürtel um? Wenn du mal Sex möchtest, reichst du mir den passenden Schlüssel."

„Verlass auf der Stelle meine Buchhandlung. Ich möchte nie wieder mit dir Kontakt haben."

„Aha, Kontaktsperre. Du kannst mich nicht einfach vor die Tür setzen." Sein Gesicht färbte sich leicht rot.

„Und ob ich das kann. Immerhin bist du in meiner Buchhandlung." Noch bevor er was sagen konnte, öffnete Hanna die Tür. Markus Abgang verschaffte ihr einen Hauch von Genugtuung.

Seit sie sich kannten, war Hanna seine größte Herausforderung. Haus- und Arbeitsangebot brachten ihn nicht weiter. Auch nicht die Tropfen in ihrem Glas. Irgendwann würde er sie letzten Endes besiegen.

Davon war er überzeugt. Noch war er nicht bis zum Äußersten gegangen.

Drei Monate später! Markus stellte den Wagen in einer gewissen Entfernung ab, damit er nicht bemerkt wurde. Dann beobachtete er die hellerleuchtete Buchhandlung. Der letzte Kunde hatte sich gerade verabschiedet. Darauf hatte er gewartet. Er wollte erneut ihr abgekühltes, entfremdetes Verhältnis ins Lot bringen.

Hanna ahnte nichts. Sie räumte noch auf, freute sich auf ihren Feierabend und wollte noch schnell ein paar Besorgungen machen. Ihr Alleinsein fand ein jähes Ende.

„Ich hatte gerade vor, abzuschließen. Warum bist du schon wieder hier?", fragte sie, unfreundlicher als beabsichtigt.

„Ich muss unbedingt mit dir über unser letztes Gespräch reden. Anscheinend bist du verärgert?"

„Ja, das kann man so sagen. Ich bin verärgert. Wie oft soll ich es noch sagen? Irgendwann muss es mal gut sein mit deinem Auftauchen und den nutzlosen Debatten. Jeder Versuch, um mir wieder näherzukommen, lässt meine Distanz zu dir noch größer werden. Neuerdings stehst du kurz vor Feierabend auf der anderen Straßenseite und beobachtest die Buchhandlung. Warum? Du vergeudest nur deine Zeit. Warum lässt du mich nicht endlich in Ruhe?"

„Ich soll dich beobachten? Das ist eine Vermutung ohne Beweise. Warum sollte ich?" Natürlich stand er oft abends in der Nähe der Buchhandlung, um zu sehen, ob sie allein nach Hause fuhr.

Hanna hasste diese sinnlosen Auseinandersetzungen. Seine Attacken kamen jedes Mal unerwartet. Aus einer Richtung, aus der sie nicht mit ihnen gerechnet hatte.

„Gütiger Gott! Du willst mir, wie so oft, ein erneutes Gespräch aufdrängen und nutzt dazu wieder meine Buchhandlung. Ich möchte nicht, dass alles wie beim letzten Mal ausartet."

„Du hast Recht. Wie könnte ich das vergessen? Es ist ausgeartet, weil du dich geweigert hast, mit mir freiwillig …" Er brach ab und setzte eine Unschuldsmiene auf.

„Komm mir nicht wieder mit derselben Leier. Ich habe nicht die Absicht, alles noch einmal durchzumachen. Ich habe deine Psychospielchen durchschaut. Auch ein angeblich liebender Mann kann im Laufe der Zeit im Bett zum Feind werden. Deine Vorliebe für widernatürlichen Sex rückte immer mehr in den Vordergrund Er machte eine nachlässige Handbewegung und grinste. „Was ist schon normal in der Liebe?

Was willst du damit überhaupt sagen? Ich war eher auf eine Lösung aus und wollte nicht über unsere Differenzen reden."

„Unsere Differenzen? Meinst du unsere Differenzen im Bett? Sind es nicht eher deine Differenzen? Und dass du nie unter der Woche Zeit hattest, fällt das auch unter Differenzen? Hatten oder haben diese Differenzen möglicherweise auch noch weibliche Namen? Was für eine überraschende Bandbreite an Differenzen, findest du nicht? All das spielt keine Rolle mehr für mich."

Markus blickte sie entrüstet an. „Ist das eine Behauptung oder eine Frage? Willst du mir deine Verachtung auf einem Silbertablett servieren? Darf es auch mal einige Nummern kleiner sein?

„Markus, tu nicht so begriffsstutzig und spiel nicht den Ahnungslosen."

„Hanna, du reagierst sehr impulsiv. Wovon sprichst du? Von einer Verfehlung? Von einem Vergehen? Was wirfst du mir konkret vor? Lass mal hören! Ich bin jetzt schon genervt. Schlimmer kann es nicht mehr werden."

„Immer mit der Ruhe, und lass mich ausreden. Ich will nicht alles noch einmal wiederholen, was ich bereits beim letzten Gespräch gesagt habe. Du kommst hierher, obwohl ich dir gesagt habe, du sollst fernbleiben. Du glaubst allen Ernstes, das ich alles vergessen habe und mit dir wieder zusammen sein möchte? Das, was ich jetzt sage, hätte ich schon beim letzten Gespräch zur Sprache bringen sollen. Bestimmt wärst du hier dann nicht mehr aufgetaucht. Auch wenn es mir schwerfällt, will ich nicht um den heißen Brei herumreden. Zum Beispiel deine fehlende Feinfühligkeit Frauen gegenüber. Wenn wir Essen waren hast du die anwesenden Frauen förmlich mit Blicken ausgezogen. Einige Frauen waren darüber pikiert und man konnte es in ihren Gesichtern lesen. Für mich war es mehr als unangenehm. Ich habe mich für dich geschämt."

„Es ist die reinste Übertreibung. Du meinst, ich habe vor deiner Nase eine Fleischbeschauung vorgenommen? Es ist nicht alles so, wie es scheint. Busen, Po, Augen, sind nun mal die klassischen Blickfänger, auf die Männer bei Frauen achten. Darf ich andere Frauen so nicht ansehen? Zählt bereits Fremdschauen als Fremdgehen oder ist erst der vollzogene Sex ein Treuebruch?", fragte er ungläubig. „Was genau geht hier ab, Hanna."

„Markus, darauf reagiere ich nicht. Du weichst wie immer vom Thema ab."

„Was kann ich dafür, wenn mich Frauen anziehen? Oder ich so anziehend auf Frauen wirke? Niemand ist vollkommen. Ich brauche halt meine Freiheit und meinen Freiraum."

„Und nun zum Wesentlichen, Markus. Irgendwann wurde mir sehr wohl bewusst, dass du noch andere Frauen nebenbei triffst. Wie du zu Frauen stehst, wissen wir doch beide. Ein klassisches Doppelleben! Oder anders ausgedrückt: Am Montag hattest du eine Frau, an den anderen Tagen sicher auch jeweils eine andere. Ich war die Samstagsfrau! Ich wurde im Restaurant mit erlesenen Speisen gefüttert und zum Nachtisch gab es Sex. Und am Sonntag? Da hattest du sicher frei. Zur Erholung!"

„Achte auf deine Worte. Für mich liegt das Rezept einer glücklichen Partnerschaft nicht darin, alles mit meiner Partnerin zu teilen. Kleine Geheimnisse in Bezug auf meine Freizeitgestaltung sind völlig normal. Hast du mich je in flagranti mit einer Frau erwischt? Außerdem kann man doch eine Sexbeziehung mit mehr als einer Person eingehen. Das ist doch nicht verwerflich. Ich wollte es nur mal erwähnen. Aber davon hast du sowieso keine Ahnung."

„Markus, du musst mich nicht für dumm verkaufen. Es heißt Polyamorie und ist eine Form der offenen Beziehung. Eine Person geht eine Liebesbeziehung mit mehr als einer Person ein. Aber nicht heimlich, sondern mit dem Wissen der Partner, die ebenfalls voneinander wissen. Du hast es heimlich gemacht und immer so getan als wäre ich die Einzige. Deine Lügen sind exakt der Stoff, aus dem Misstrauen wächst, und mein Misstrauen nahm zu."

Für einen Moment verlor er die Fassung. Dann brach er in lautes Lachen aus, bevor Markus ihr widersprach:

„Hanna, du springst von einem Thema zum nächsten. Es fällt mir schwer, dir zu folgen. Zunächst möchte ich eins klarstellen:

Du hast aufgehört, mich zu begehren und dich körperlich zurückgezogen. So habe ich mir das Zusammensein nun wirklich nicht ausgemal. Eiskalt hast du mich stehengelassen. Schon vergessen? Und von Liebe hast du sowieso keine Ahnung."

Hanna zuckte mit den Schultern. „Willst du sagen, was zwischen uns geschehen ist, war meine Schuld?

Dann werde ich ins Detail gehen. Es fällt dir bestimmte nicht leicht, unangenehme Sachen mit mir zu besprechen. Was bezeichnest du als Liebe? Der Sinn der Liebe bestand für mich am Anfang darin, glücklich zu sein. Was ich auch war. Aber Glück lässt sich leider nicht konservieren, in ein Glas packen, um ab und zu daran zu schnuppern. Wer nicht mehr lieben kann, ist auch nicht glücklich. Es hat gedauert, bis ich das begriffen habe. Ich möchte, dass wir unsere Beziehung heute endgültig beenden. Und zwar nicht vorübergehend, sondern endgültig und ohne weitere Begegnungen."

Er schüttelte vieldeutig den Kopf. „Soll ich kurzerhand sagen was ich gesucht habe? Eine partnerschaftliche, intime Beziehung. Frauen vor deiner Zeit haben alles mit Befriedigung über sich ergehen lassen und Schmerzen als lustvoll empfunden. Frauen unter Drogeneinfluss, was Besseres kann es nicht geben. Du dagegen warst ein Lustkiller. Ich gebe dir Mitschuld an unsere Lage." Seine Stimme überschlug sich.

Hanna ertappte sich dabei, wie sie die Luft anhielt. Wie konnte er es wagen, ihr ein schlechtes Gewissen einreden zu wollen? Sie bezweifelte, dass er je Schwierigkeiten damit hatte, Frauen dazu zu bringen, das zu tun, was er wollte. Egal, wie scheußlich es auch war.

„Markus, wie kommst du jetzt dazu, mir die Schuld in die Schuhe zu schieben? Ich bin nicht wie diese Frauen. Ich bin ich, Hanna Mories, eine selbstbewusste Frau. Ich verstehe nicht ganz, warum du dich eigentlich so aufregst. Du musst doch froh sein, dass unsere Beziehung zu Ende ist. Dennoch lässt du mich nicht in Ruhe. Ich, die in deinen Augen so unvollkommen ist. Ein Lustkiller? Versuchen wir doch, bei der Sache zu bleiben. Du hast die Intensität deiner Lustbefriedigung und Sexpraktiken fälschlicherweise mit Leidenschaft und Liebe verwechselt. Du wolltest mich gefügig machen. Macht und Kontrolle über mich ausüben. Ich sollte deine Demütigungen ertragen. Ich war für dich lediglich ein Lustobjekt. Meine Gefühle waren dir vollkommen egal. Deine Vortäuschung von Liebe war genauso widerlich wie deine Sex-Forderungen. Mein Interesse an unserer Beziehung hat sich bereits vor Monaten aufgelöst. Wie konnte ich nur je Gefühle für dich haben? Wenn ich mir in unserer Beziehung etwas vorzuwerfen habe, ist es die Blauäugigkeit, mit der ich auf dich hereinfiel."

„Hanna, dich als Lustkiller zu bezeichnen, war dumm von mir. Das sehe ich ein. Ich habe es nicht so gemeint. Aber so wie du das darstellst, hört es sich an, als wäre ich mehr eine Bedrohung als ein liebender Mann. So schlimm war ich nun wirklich nicht. Wirf nicht die Monate, die wir zusammen verbracht haben, weg, weil ich Fehler gemacht habe. Es ist vorbei mit den anderen Frauen. Ich werde nie wieder den Kontakt zu ihnen suchen."

„Markus, wir können das Gespräch gerne fortführen und Anfeindungen austauschen, aber es bringt nichts. Es hat keinen Sinn zurückzublicken. Ich habe längst gemerkt, dass du dich nicht ändern kannst, und es akzeptiert. Lassen wir die Dinge, wie sie gegenwärtig sind. Uns zwei verbindet nichts mehr. Jeder muss das tun, was ihn glücklich macht, und nicht das, was von ihm erwartet wird. Unsere Beziehung endet heute und hier und endgültig. Das wirst du doch verstehen?" Ihre Stimme wurde zunehmend eisiger.

„Bedauerliche Weise akzeptiere ich das nicht. Ich lasse nicht zu, dass du sagst, dass es vorbei ist. Was wirft denn das für ein Licht auf mich, wenn du dich von mir trennst? Was muss ich tun, damit du mir wieder vertraust." Er lief verstimmt hin und her.

Hanna war schockiert! Was, in aller Welt, redete er da. Allein das Wort Vertrauen hinterließ bei ihr einen schalen Beigeschmack.

„Wenn der Glaube an die Liebe in tausend Stücke zersprungen ist, kann es kein Vertrauen und keinen gemeinsamen Weg mehr geben." Sie stand mit demonstrativ verschränkten Armen vor ihm. Ihre Haltung war eindeutig.

„Verstehe", antwortete er steif. „Das mag für dich jetzt hart klingen, aber weil du nicht mehr mit mir geschlafen hast, haben es andere getan. Mehrere Frauen sind besser als keine. Einmal angefangen, kann man nicht mehr aufhören. Die schönsten Frauen lagen mir zu Füßen. Keine Frau konnte meinem Charme widerstehen. Erwartungsvoll teilten sie jedes Mal das Bett mit mir und konnten die nächste Begegnung kaum abwarten. So, wie du, hat mich noch keine Frau behandelt. Ach ja, normalerweise lecken sie mir sogar die Stiefel."

„Das du auf Frauen eine große Faszination ausübst habe ich nie infrage gestellt. Ich gehörte ja leider dazu. Deine Aussage ist für mich keine Katastrophe. Du solltest deine kostbare Zeit nicht mit mir vergeuden. Ich finde, es ist Zeit, dass du nun gehst. Wenn du mich jetzt entschuldigen würdest, ich habe noch zu tun. Auf Wiedersehen!", sagte Hanna ruhig.

„Du solltest mich nicht unterschätzen", schrie er ihr wütend zu. „Du und ich, wir sind noch nicht fertig miteinander. Ich werde dich nicht in Ruhe lassen. So leicht gebe ich nicht auf. Du kannst mir die Buchhandlung nicht verbieten. Ich kann jederzeit wiederkommen, zu den unterschiedlichsten Zeiten auftauchen. Deine ablehnende Haltung könnte dir unter Umständen noch leidtun", stieß er drohend hervor. Seine Feindseligkeit trat jetzt offen zutage.

Sie stutzte, ehe sie reagierte. „Willst du mir Angst einjagen. Ist es das, was du damit erreichen willst? Drohst du mir, Markus?"

Er schlenderte zur Tür und verließ die Buchhandlung.

Was bildete er sich eigentlich ein? Und was genau sollte ihr leidtun? Das Markus vor nichts zurückschreckte, sollte sie erst später erfahren. Wie jedes Mal, wenn sie eine wichtige Entscheidung getroffen hatte, und dazu zählte diese endgültige Trennung, erwachte sie zu neuem Leben. Sie brauchte nur noch an sich selbst zu denken. Es kam ihr absurd vor, auch nur einen weiteren Gedanken an Markus zu verschwenden, geschweige denn, ihm noch weitere Zeit zu opfern. Mit jedem neuen Tag verblasste die Vergangenheit. Niemand würde sie mehr zwingen, etwas zu tun, das sie nicht wollte. Nie mehr! Sie würde in Zukunft auf die inneren Werte eines Menschen achten und sich nicht mehr von Äußerlichkeiten blenden lassen und nie mehr dem Kribbeln im Bauch mehr vertrauen als ihrem Verstand!

Obwohl sie es nicht für möglich gehalten hatte, tauchte er zu den unterschiedlichsten Zeiten in und vor der Buchhandlung auf. Er verstand es hervorragend dann vorbeizuschauen, wenn sie allein war. Er beobachtete sie und dachte, sie würde es nicht mitbekommen. Für sie sah das nach Stalking aus. Allein bei dem Gedanken, dass es so sein könnte, lief ihr ein Schauer über den Rücken. Was sollte sie tun? Welche Chancen hatte sie? Jedes Mal gab sie ihm zu verstehen, dass sie dieses Spiel nicht mehr mitmachen wollte. Als er wieder kurzfristig auftauchte, reagierte sie spontan. „Markus es reicht. Du gehst hier ein und aus wie auf einer öffentlichen Toilette. Ich will dich hier nicht mehr sehen." Er lächelte nur. Ein Lächeln, das in sein Gesicht wahrscheinlich hinein implantiert wurde.

In seinem Innersten wusste er, wie hoffnungslos die Situation war, aber er weigerte sich hartnäckig, das zu erkennen. Er wollte unbedingt ihren Widerstand brechen.

Kurze Zeit später stand er wieder in der Buchhandlung. Hanna war übelgelaunt und grantig.

„Warum, verdammt nochmal, kommst du wieder hier her? Du genießt dieses Spielchen, habe ich recht? Wie lange willst du das noch machen?"

Zunächst grinste er, verdrehte in gespieltem Entsetzen die Augen. „Solange wie es eben dauert." Dann schloss er die Tür mit einem lauten Knall.

Sie spürte, dass von ihm eine beklemmende Bedrohung ausging. Die Situation eskalierte immer weiter und weiter.

Sechs Monate waren seitdem vergangen. Samstagabend – zwanzig Uhr!

Die Sonne stand tief und warf einen langen Schatten auf die Dächer der Häuser. Hanna begann die Balkonblumen zu gießen. Als das Telefon läutete, unterbrach sie ihre Arbeit und stellte die Gießkanne ab. Es war Markus!

„Hanna, es hat mir jedes Mal, nachdem ich mich so abscheulich verhalten habe, das Herz gebrochen. Du musst mir das glauben. Ich habe eine Bitte. Könnten wir uns nicht noch einmal treffen? Ein gemeinsames Essen. Nur im Restaurant. Bitte, es wäre sozusagen eine Art Wiedergutmachung. Wie gesagt, es ist nur ein Essen. Ich verspreche, ich werde dich nicht enttäuschen." Er hielt inne und fuhr dann fort: „Für uns zwei wäre das eine Art Abschiedsdinner. Da ist doch gewiss nichts Verwerfliches daran. Du kannst dich auf mich verlassen. Du hast mein Wort. Außerdem sind wir beide ja nicht allein und es scheint, dass wir, du und ich, mit unserem gegenwärtigen Leben zufrieden sind. Ich bin nie wieder bei dir aufgetaucht. Das ist doch Beweis genug." Er wusste genau, dass sie ablehnen würde. Das machte die Sache einfacher.

„Herrgott noch mal! Ein gemeinsames Essen? Nicht mit mir! Du existierst für mich nicht mehr. Du kannst mich nicht umstimmen", sagte Hanna schärfer als gewollt. Es gibt keinen Kontakt mehr zwischen uns. Keine Freundschaft, kein Wiedersehen, keine Liebe, keinen Sex. Ich weiß, dass du das nicht hören willst, aber es ist so. Es ist vorbei! Ruf mich nie wieder an."

Markus rieb sich freudig die Hände. Natürlich würde er nicht noch einmal anrufen. Sein Plan stand fest. Er würde in wenigen Minuten vor ihrer Wohnungstür stehen. Sie würde überrascht sein und denken, er wolle sein Angebot persönlich wiederholen. Aber, er hatte mit ihr etwas anderes vor. Sie sollte ein letztes Mal spüren, was es hieß, ihm ausgeliefert zu sein. Er hatte ihr nie verziehen, dass sie ihn gedemütigt hatte. Bisher hatte immer er mit Frauen Schluss gemacht, nie umgekehrt. Seine Taktik würde so clever und ausgeklügelt sein, dass sie es diesmal nicht bemerken würde.

# Kapitel 6

Betti zögerte einen Moment, bevor sie die Sprechtaste drückte. „Wo zum Teufel ist Harald?", brüllte jemand wütend. „Wann bekomme ich mein Geld?" Die Anrufe wurden nicht weniger und zunehmend aggressiver. Betti beteuerte, dass Harald immer noch verschwunden war und es für sie schwierig sei, Geld aufzutreiben. Sie versicherte, dass sie alles unternahm, um die Schulden zu begleichen und hoffe, dass ihr das gelingen würde. Trotzdem wurden die Anrufe nicht weniger, aber sie waren beileibe nicht mehr so aggressiv und die Drohungen wurden weniger. Vielleicht hatten seine angeblichen Kumpels etwas Mitleid mit ihr. Bisher waren sie nie persönlich bei ihr aufgetaucht, trotzdem war die Angst davor ihr ständiger Begleiter. Zwei Mal standen Männer fast direkt vor ihrer Haustür. Ihr Herz klopfte vor Aufregung. Der Boden unter ihren Füßen schien zu wanken. Sie ging nicht weiter, sondern blieb in unmittelbarer Nähe stehen. Aus den Augenwinkeln heraus bemerkte sie, dass sich die beiden angeregt unterhielten. Nach ca. zehn Minuten trennten sich die Männer und sie atmete auf. Es war falscher Alarm. Um das Geld aufzutreiben, verkaufte sie ihren gesamten Goldschmuck einschließlich ihres Eherings. Das war aber bloß ein Tropfen auf dem heißen Stein. Während ihrer Arbeitszeit ließ sie sich nichts anmerken, was ihr nicht leichtfiel. Im Laufe der Zeit zog sie sich zunehmend zurück. Sie nahm an keiner Veranstaltung mehr teil, weil ihr einfach das Geld dafür fehlte. Die Kolleginnen nahmen es ihr teilweise übel. Hinter ihrem Rücken wurde zuweilen getuschelt. Was sollte sie tun? Die Wahrheit sagen? Was hätte es gebracht? Anteilnahme? Sie dachte sehnsuchtsvoll an die Zeiten zurück, als sie sich mit ihren Kolleginnen zwei Mal im Monat zum Mädels-Spieleabend getroffen hatte. Um neunzehn Uhr ging es los. Nach einem Glas Prosecco wurden die Karten gemischt und sie hatten immer viel gelacht. Meistens ging es bis Mitternacht. Ihr fehlte diese Abwechslung. Vor allem fehlte der Kontakt mit Hanna.

Betti fand bisher Träume sehr faszinierend, weil sie oft selbst bestimmen konnte, wie sie am Ende ausgingen. Aber Albträume waren schrecklich. Eines Nachts hatte sie wieder von Schuldeneintreibern geträumt. Sie wachte triefend nass auf, warf die Bettdecke zurück und stieg aus dem Bett. Am Fenster stehend, blickte sie nach draußen, presste ihre Finger gegen die Schläfen und spürte noch immer die Angst. Die Zeit rannte ihr davon, sie brauchte unbedingt Geld. Plötzlich war ihre Müdigkeit wie weggeblasen und sie hatte ganz klar vor Augen, wie sie schnell zu Geld kommen könnte. Am nächsten Morgen wusste sie, was zu tun war.

Markus spürte die Aufregung und die Lust in jeder Zelle seines Körpers, als er vor Hannas Tür stand. Er konnte die Klingel betätigen, oder wieder gehen. Er zögerte. Er sah seine einmalige und letzte Chance gekommen. Es ging ihm um sein Ego.

Es war noch früh am Abend, als er klingelte. Hanna öffnete die Tür und wich erschrocken zurück. Ihr lief ein eiskalter Schauer über den Rücken, aber sie zwang sich, das Unbehagen zu unterdrücken.

„Hallo, Hanna. So sieht man sich wieder. Nach dem Telefonat ist das jetzt sicher eine Überraschung oder hast du geahnt, dass ich vor deiner Tür stehe?"

„Leider haben wir keine Wechselsprechanlage. Ich mag keinen unangemeldeten Besuch. Und deinen Besuch schon gar nicht. Und was heißt hier, so sieht man sich wieder? Das Telefonat war meinerseits eindeutig genug. Außerdem ist es ja nicht schwer, mich abends zu finden. Was soll das? Was willst du hier?"

Er bemerkte ihre Unsicherheit, aber er konnte ihr wohl kaum sein eigentliches Anliegen offenbaren.

„Das hört sich ja nicht nett an. Was glaubst du denn, was ich will? Ich war unterwegs und habe beschlossen, einen Umweg zu machen, um dich zu besuchen. Bist du allein?" Bei dieser Frage verdüsterte sich Hannas Miene.

„Warum fragst du, ob ich allein bin? Spielt das für dich eine Rolle?"

Er zuckte gleichgültig mit den Schultern. „Darf ich einen Moment reinkommen?"

„Nein! Ich möchte, dass du so fort gehst." Hanna starrte ihn kühl an. Er zwang sich, ihrem Blick standzuhalten.

„Entschuldigung. Bevor ich gehe, könnte ich bitte ein Glas Wasser haben, ich habe einen trockenen Hals." Er räusperte sich.

Sie konnte nicht erraten, was in seinem Kopf vorging. Hanna ließ ihn im Flur stehen, ging in die Küche und kam mit einem vollen Glas zurück. Etwas schien in seinen Augen aufzuflackern. Entschuldigend lächelte er sie an. Hanna erwiderte sein Lächeln nicht. Er trank aus, sie nahm ihm das Glas ab und wollte es in die Küche zurückbringen. Schlagartig fühlte sie einen Stoß in ihren Kniekehlen und knickte ein. Das Glas fiel zu Boden und zerbrach. Die Angst kam aus heiterem Himmel. Sie drückte auf Hannas Brust, schnürte ihr die Kehle zu. Sie hatte Todesangst, richtete sich wieder auf und drehte sich zu ihm herum.

Sein Gesicht war zu einem zynischen Grinsen verzerrt. Mit Gewalt drängte er sie ins Schlafzimmer. Sie wollte laut schreien, brachte vor Panik aber keinen Ton raus. Noch ehe sie zurückweichen konnte, packte er ihre Hand mit solcher Kraft, dass sie vor Schmerz aufschrie. Sie war ihm in ihrer eigenen Wohnung ausgeliefert.

„Hör gut zu. Es sieht verdammt schlecht aus für dich. Ich habe mit dir noch eine Rechnung offen und gebe dir diesen Hinweis nur einmal. Freiwilliger Sex? Oder Höllenqualen? Deine letzte Chance", brüllte er.

„Lass mich los." Ihre Beine zitterten.

„Ich soll dich loslassen? Wohin willst du denn? Vergiss es! Widerstand ist zwecklos. Reine Zeitverschwendung", erwiderte er spöttisch. „Ich bin nicht gewillt aufzugeben und als Verlierer dazustehen. Ich nehme mir jetzt das, was mir schon lange zusteht. Für das, was nun mit dir passiert, bist du allein verantwortlich. Ich werde dich jetzt durchvögeln, bis du da unten nichts mehr spürst außer Schmerzen." Er blickte ihr mit völlig unberührter-

Miene ins Gesicht. Endlich hatte er das geschafft, was er noch vor Wochen für unüberwindbar gehalten hatte. Sie leiden zu sehen, erregte ihn. Er drängte sie mit seinem Körpergewicht ans Bett. In diesem Moment schien sie regelrecht in sich zusammenzufallen, sodass sie rückwärts taumelte, bis sie mit den Kniekehlen an die Bettkante stieß und rücklings aufs Bett fiel. Er presste sich so fort auf sie, riss ihre Bluse auf und schob brutal ihren BH nach oben. Sie schrie auf.

„Schrei, schrei lauter, das törnt mich an. Meine Begierde nach deinen Schmerzen ist außer Kontrolle geraten. Wenn du weiterhin so zappelst und dich mir verweigerst, brennen mir endgültig die Sicherungen durch." Hastig zog er mit einer Hand den Reißverschluss seiner Hose auf. Mit der anderen Hand drückte er auf ihren Hals.

„Du weißt jetzt, was auf dich zukommt. Ich werde mich abreagieren, dich demütigen, dich körperlich bestrafen. Völlig enthemmt vergewaltigte er sie. Es begann eine Odyssee unerträglicher Schmerzen. Nach einer gefühlten Ewigkeit ließ er von ihr ab. Hanna hoffte, dass jetzt alles vorbei sei. Sie versuchte aufzustehen, er presste sie mit einer Hand runter und sagte: „Keine Angst, ich habe ein langanhaltendes Stehvermögen. Es geht gleich weiter. Ich muss erst mein bestes Stück massieren." Er zog sie ruckartig vom Bett runter, ging in die Hocke, spreizte seine Beine und drückte sie mit dem Kopf dazwischen. Erst als sie zu würgen begann, hörte er auf. „Nicht einmal zu einem Blowjob bist du zu gebrauchen", fluchte er laut.

Hanna hatte das Gefühl, als wäre ihr Leben angehalten worden. Sie kroch am ganzen Leib bebend hoch und war kurz davor, in Tränen auszubrechen, aber diese Genugtuung würde sie ihm nicht gönnen. Sie war endgültig mit ihm fertig.

„Wie konntest du nur und das Schlimmste ist für mich, dass ich auf dich reingefallen bin", sagte sie mit erstickter Stimme. Das war alles, was sie hervorbrachte.

Hanna drehte sich angewidert weg, schlug die Schlafzimmertür hinter sich zu und ging ins Bad. Dort schloss sie hinter sich zu und musste sich übergeben. Als die Wohnungstür ins Schloss fiel, ging sie ins Wohnzimmer und vernahm, wie er seinen Wagen startete und wegfuhr. Sie zitterte noch immer und sammelte ihre Kleidungsstücke ein. Sie hatte nur noch einen Wunsch in einem heißen Bad unterzutauchen und ihre Tränen fließen zu lassen. Sie saß in der vollen Wanne, in die ständig mehr heißes Wasser lief. Normalerweise war sie der Typ, der duschte, aber die Wanne war der Ort, wo sie Wärme, Geborgenheit und Linderung finden konnte. Nur hier in der Wanne hörte ihr Körper zu zittern auf. Sie hätte nie für möglich gehalten, dass er seine Kraft dazu nützen würde, sie so sehr zu verletzen. Es war entwürdigend. Sie fühlte sich innerlich schmutzig. Anschließend zog sie die Bettwäsche und das Laken ab und warf alles voller Abscheu in die Waschmaschine. Sie öffnete das Schlafzimmerfenster weit und legte ihre Bettdecke und ihr Kopfkissen auf das Fensterbrett. Den Rest der Nacht verbrachte sie zusammengekrümmt auf der Couch. Sie wollte nicht in ihrem Bett schlafen. Dieses Ausgeliefertsein, diese Demütigung, diese Verhöhnung war das schrecklichste was sie je durchleben musste. Sie versuchte einzuschlafen, war jedoch zu aufgewühlt, und ihre Gedanken ließen sie nicht zur Ruhe kommen. Sie stand wieder auf und schlug mit der Faust gegen die Wand. Wieder und wieder verfluchte sie Markus und sich selbst.

Sie hatte nicht nur äußere Schmerzen erlitten, sondern der sexuelle Missbrauch beeinträchtigte auch ihre Psyche. Sollte sie Markus wegen Vergewaltigung anzeigen? Wer würde ihr glauben? Sie hatte ihn ja freiwillig in ihre Wohnung gelassen. Er würde behaupten, der Sex sei einvernehmlich gewesen. Damit stand Aussage gegen Aussage. Vielleicht würde er den Spieß sogar umdrehen und sie wegen Verleumdung anzeigen. Sie verwarf den Gedanken wieder. Zur Hölle mit dir, Markus Richter, du gottverdammter Bastard!

Tagelang versuchte sie mit der Vergewaltigung klarzukommen. Abends, wenn sie im Bett lag, war es besonders schlimm. Sie wurde von den Schatten der Erinnerung eingeholt. Immer wieder spulte sie vor ihrem geistigen Auge diese grauenhaften Szenen ab. Wenn sie am nächsten Tag erwachte, kam der Nachgeschmack.

Sie suchte die Schuld wieder bei sich. Eine gewisse Selbstanklage: Daran bin ich selbst Schuld. Ich hätte es besser wissen müssen. Ich war leichtgläubig und habe dafür einen hohen Preis gezahlt. Dann kam der Zeitpunkt, an dem sie sich sagte: Muss man überhaupt seine Gedanken ständig in der Vergangenheit herumwühlen lassen? Es macht einfach keinen Sinn, alles zum hundertsten Mal durchzugehen. Es führte zu Nichts! Dann fiel ihr ein Gebet von Friedrich Christoph Oetingers (1702–1782) ein:

*Gib mir die Gelassenheit, Dinge hinzunehmen, die ich nicht ändern kann;*
*gib mir den Mut, Dinge zu ändern, die ich ändern kann,*
*und gib mir die Weisheit, das eine vom andern zu unterscheiden!*

Es war halb eins, Mittagszeit, und keine Kunden in der Buchhandlung. Hanna packte gerade ihr Essen aus, als sie Markus erblickte. Sofort packte sie alles wieder ein und blieb regungslos stehen Augenblicklich empfand sie abgrundtiefen Hass.

Er begrüßte sie mit einem kurzen Kopfnicken. „Drei Monate sind vergangen. Ich bin gekommen …"

Ihre Miene verfinsterte sich komplett, und sie unterbrach ihn so fort: „Das ist nicht von Bedeutung. Nichts ist mehr von Bedeutung nach allem, was du mir angetan hast. Du wagst es, mit einer Unverfrorenheit hier aufzutauchen?" Sie starrte ihn wütend an. Markus griff nach ihrem Arm. Hanna stemmte die Hände gegen seine Brust und stieß ihn zurück.

„Was zum Teufel ist in dich gefahren. Fass mich nie wieder an. Ich verabscheue nichts mehr als dich. In meinen Augen bist du ein Ungeheuer!"

„Du kannst hier nicht ausweichen und hast keine andere Wahl, als zuzuhören. Ich wollte ein Missverständnis aus der Welt schaffen."

„Ein Missverständnis? Deine zweite Vergewaltigung ist ein Missverständnis? Du leidest an Gedächtnislücken. Du hast etwas kaputtgemacht, was nicht mehr zu reparieren ist. Ich empfinde nichts mehr für dich. Nur noch Abscheu!", schrie sie.

„Warum, zum Teufel, nicht? Ich bin nach wie vor daran interessiert, mich mit dir zu versöhnen. Auch wenn du gegenwärtig weit von einem Engel entfernt bist", erwiderte er schroff.

„Auch Engel dürfen hin und wieder Teufel sein. Du hast mich mit einer derartigen Hinterhältigkeit vergewaltigt, und jetzt tust du so, als wäre es die natürlichste Sache der Welt. Ich habe die Tür geöffnet, nichts ahnend. Ich habe dir vertraut, obwohl ich wusste, dass ich das nicht tun sollte."

„Du hast dich sehr unfair benommen. Beschwer dich nicht, dass ich dich so behandelt habe. Außerdem kommt es drauf an, was du unter Vergewaltigung verstehst. Vergewaltigung? Das ist eine boshafte Unterstellung. Du hast keinen nennenswerten Aufschrei getan. Ich habe nur das getan, was du von mir erwartet hast. Nicht mehr, nicht weniger! Ich teste eben gern meine Grenzen aus. Versuch bloß nicht, mir einzureden, dass du mich nicht mehr willst, denn das würde ich dir nicht abnehmen."

Er klang so entschlossen, als wäre das selbstverständlich für ihn. „Ich soll alles vergessen und dir vergeben? Niemals! Du bist ein hinterhältiger Mensch. Und du bist krankhaft …" Markus ließ sie nicht ausreden. Er sah Hanna böse an.

„Jetzt übertreib mal nicht. Bin ich etwa eine Bestie in Menschengestalt? Denkst du, ich habe keine Gefühle", fauchte er.

„Markus, Die Frage – Freund oder Feind – steht für mich nicht mehr zur Debatte. Gefühle sind gefährlich. Sie können einem das Herz brechen. Ich habe es erlebt."

„Hanna, dich wird die Angst vor der Einsamkeit einholen! Du wirst niemanden haben, bei dem du dich anlehnen kannst. Du wirst dich ungeliebt und unbegehrt fühlen. Ich kann mir gut vorstellen, wie das sein wird. Du wirst deine Meinung noch ändern. Dann kannst du gerne zu mir zurückkehren. Und dann, wenn du dich wieder in mich verliebt hast, denn das wirst du, werde ich dich vielleicht zurücknehmen. Das liegt ganz an dir. Ich werde deine Buchhandlung solange nicht mehr betreten. Es sei denn, du willst es wieder."

„Das wird nicht geschehen. Nie wieder! Ich spüre es jetzt schon, dass sich alles in meinem Leben zum Guten wenden wird, wenn du die Buchhandlung nicht mehr betrittst. Damit ist auch das Kapitel Buchhandlung für dich endgültig abgeschlossen. Unsere Unterhaltung ist beendet. Verschwinde endlich aus meinem Leben."

„Du bist als Frau zu nichts zu gebrauchen. Fahr zur Hölle und zwar für immer", zischte er wütend. Hanna sah, wie er die Lippen bewegte und die Augen zusammenkniff.

„Keine Ahnung, wie es in der Hölle sein wird, aber einen Vorgeschmack darauf hast du mir schon gegeben. Die Hölle, die ich auf Erden erlebt habe, warst du. Es gibt für mich jetzt wichtigeres, deshalb verschwende nicht weiter meine Zeit."

Hanna ging zu einem Bücherregal und holte ihr Handy raus. Markus blieb mit offenem Mund und fassungslosem Gesichtsausdruck stehen. Er griff zur Türklinke, aber drehte sich noch einmal um.

„Hanna, wenn ich dich zukünftig sehen oder mit dir reden will, weiß ich, wo ich dich finden kann. Ich kann dir mehr Ärger bereiten, als du mir", rief er ihr unbeherrscht zu. „Du solltest nicht daran zweifeln, dass ich dir das Leben zur Hölle machen kann. Du solltest an deiner Tür ein großes Schild anbringen: Vorsicht bissig!"

Hanna brach in Gelächter aus. „Aha, eine Kampfansage? Eine Drohung? Planst du einen Rachefeldzug? Verwüstung der Buchhandlung? Erneute Vergewaltigung? Werde ich wieder zum Stalking-Opfer? Einen Mann lernt man erst richtig kennen, wenn man sich von ihm trennt. Das war es. Schließ die Tür von außen!"

An diesem Montagmorgen zeigte das Thermometer bereits über zwanzig Grad an. Zur Mittagszeit war die Hitze noch unerträglicher geworden. In der Buchhandlung war es einigermaßen kühl, und in der Luft lag der leichte Geruch von Büchern. Als Max eintrat, erhob sich Hanna von ihrem Stuhl hinter dem Tisch. Sie freute sich über die herzliche Begrüßung mit Küsschen auf beide Wangen.

„Ich muss doch sehen, wie es meinem Mädchen geht? Wir haben lange nichts voneinander gehört. Deine Mutter hat sich Sorgen gemacht und mich gebeten, nach dir zu sehen. Er sah ihre angespannte Miene, die Ringe unter ihren Augen und ergriff spontan ihre Hand.

„Wo ist deine Lebensfreude? Du siehst nicht gerade glücklich aus. Hanna, wo liegt das Problem?"

„Ich habe letzte Nacht schlecht geschlafen. Mein Nachmittagskaffee war einfach zu stark."

„Nur letzte Nacht? Wirklich? Du hast also ansonsten keine Probleme? Falls dir doch irgendetwas auf dem Herzen liegt, sprich dich aus. Läuft das Geschäft nicht? Geldsorgen? Gesundheitliche Probleme? Liebeskummer?"

„Weder noch!", sagte sie. Hanna merkte so fort, es hatte keinen Sinn, ihm was vorzumachen. „Sieht man das so sehr?" Sollte sie ihm sagen: Ich bin vergewaltigt worden? Nein, das konnte sie nicht. „Ich weiß nicht, ob du mir da weiterhelfen kannst. Ich wollte mit Betti reden. Von Frau zu Frau. Sie öffnete nicht auf mein Klingeln und ihr Handy war ausgeschaltet. Ich brauche einfach eine Schulter zum Anlehnen und zum Reden."

Er nickte ihr zu. Sein erster Eindruck war also richtig gewesen. Sie musste etwas Traumatisches erlebt haben. Es schien ihr schwerzufallen, darüber zu reden.

„Wollen wir beide vielleicht darüber reden? Ich kann zwar nicht ganz wie eine Frau denken und fühlen, aber möglicherweise hilft es dir trotzdem. Du weißt, dass du mir alles erzählen kannst."

Er legte ihr die Hände auf die Schulter und sah sie an. „In einer Familie ist man in guten wie in schlechten Zeiten füreinander da. Soll ich heute Abend zu dir kommen", fragte er leise, weil zwei Frauen eintraten. „Ich habe das Gefühl, dass ich hier im Moment nicht viel tun kann."

„Freitagabend wäre besser, aber nichts Mama sagen." Sie brachte ein leichtes Lächeln zustande.

„Von mir erfährt sie kein Sterbenswort. Gibt es sonst noch etwas, das ich für dich tun kann?"

„Nein. Danke, Papa. Du bist der Beste."

Es war für sie eine Erleichterung, über die Dinge zu sprechen, die ihr auf der Seele brannten, ohne dass ihre Mutter dabei war. Hanna stand ihrem Vater seit jeher näher und hing nicht am Rockzipfel ihrer Mutter. Sie liebte ihre Mutter, aber sie war nicht der Typ, dem man sich bedingungslos anvertrauen konnte. Sie unterteilte die Welt leider stets in schwarz und weiß. Ihr graute davor, dass sie Mitleid haben könnte. Die Beziehung zu ihrem Vater war von Kindheit an enger gewesen. Er war nicht nur ihr Vater, sondern auch ein Freund. Im Gegensatz zu ihrer Mutter, redete er nie lange um den heißen Brei herum. Mit seinen dreiundsechzig Jahren war er immer noch ein interessanter, gut aussehender Mann. Er hatte volles, weißes Haar und seine Energie und Ausstrahlung waren die eines jungen Mannes. Er hatte sich die Lebendigkeit der Jugend bewahrt. Er war ein Mann, der sich nie gehen ließ.

Kurz nach neunzehn Uhr klingelte es am Freitagabend. Ihr Vater folgte ihr ins Wohnzimmer, setzte sich auf das Sofa und schlug die Beine übereinander.

„Möchtest du was essen? Was trinken? Ich habe Saft, Wein oder Bier", fragte Hanna.

„Wenn's geht, ein kühles Bier. Da kann ich nicht nein sagen. Was essen möchte ich nicht, danke für dein Angebot. Du hast doch nichts dagegen, wenn ich rauche, oder?"

„Ach, Papa, natürlich nicht. Ich hole einen Aschenbecher, das Bier und ein Glas." Sie kam zurück, stellte alles auf den Tisch und setzte sich dann ihrem Vater gegenüber in den Sessel.

Er zog ein silbernes Zigarettenetui aus der Jackentasche, zündete sich eine Zigarette an und nahm einen langen Zug. Nebenbei musterte er Hanna mit prüfendem Blick.

„Also, mein Mädchen, was bedrückt dich? Wenn es dich aufwühlt, musst du nicht alles erzählen. Ich will nicht, dass du dich aufregst", sagte er vorsichtig. Er holte tief Luft. Sein Blick ließ ihre Augen keine Sekunde los. Hanna überlegte, ob sie alles erzählen sollte oder nur die halbe Wahrheit. Einiges wäre ihr unangenehm und sie bemühte sich um Gelassenheit.

„Wenn ich dich nicht hätte, wüsste ich gar nicht, mit wem ich reden könnte." Sie schluchzte auf und ihre Augen wurden feucht.

„Hanna, manchmal ist es sehr hilfreich, wenn man ein bisschen weint. Es reinigt die Seele, wie man so schön sagt", entgegnete Max. Seine Stimme klang verständnisvoll.

„Entschuldige, es fällt mir nicht leicht." Sie begann damit, wie sie sich verliebt hatte und schilderte Ereignisse, die nicht verblassen wollten. Die Vergewaltigung erwähnte sie nicht. Es fiel ihr zu schwer darüber zu sprechen. Gewisse Dinge blieben besser ungesagt. Einen Moment lang zitterte ihre Unterlippe.

„Heute weiß ich, wo ich reingeschlittert bin. Wenn ich nur daran denke, wie romantisch alles begann. Er gab mir das Gefühl, die einzige und begehrenswerteste Frau zu sein. Das Glück war nicht von Dauer. Ich wurde am Anfang mit Liebe überschüttet und später knallhart abgestraft. Was mit einem Bombardement an Komplimenten, Geschenken und Aufmerksamkeit startete, mündete fast in einer Vereinnahmung. Ich habe gemerkt, dass ich mich durch Markus ständige Einladungen und teure Geschenke fast wie gekauft fühlte. Es blieb nicht ohne Folgen. Er erwartete, dass ich tue, was er wollte. Unsere Liebe war in den letzten Monaten von Ichbezogenheit und Hartherzigkeit geprägt. Wenn man nur noch in der Tretmühle hängt, hat man das Gefühl auszubrennen und sich immer leerer zu fühlen. Ich sollte meine Wohnung aufgeben, die Buchhandlung verkaufen, in seiner Firma arbeiten. Wenn ich das getan hätte …" Sie brach ab. Sie nahm ihr Glas und trank einen Schluck Wasser.

„Mein Instinkt warnte mich davor, darauf einzugehen. Weil ich dann endgültig in seinen Einflussbereich geraten wäre. Ich wollte mich nicht länger für ein Leben verbiegen, das sich nicht mehr richtig anfühlte. Ich wollte wieder ich selbst sein. Er tauchte immer wieder auf und wollte mich zurückgewinnen. Aber ich hatte ihn durchschaut. Er war ein Mann, der Probleme einfach weglächelte. Es fiel ihm immer bedeutend leichter, über Gutes zu reden als Gutes zu tun. Ich sollte mich ihm unterwerfen." Hanna schniefte kurz auf. „Tut mir leid. Das ist ein kleiner Anfall von Selbstmitleid." Max streichelte ihre Hand und Hanna blickte ihn dankbar an.

„Ich möchte am liebsten diese Zeit noch einmal zurückdrehen und die Chance bekommen, mich anders zu entscheiden, als ich es damals getan habe." Ihr Vater betrachtete sie mit einem nachdenklichen Blick. Er hatte Hanna noch nie so aufgewühlt gesehen. Er trank sein Glas aus und stellte es mit Nachdruck ab. Er lehnte sich zurück, zündete sich erneut eine Zigarette an und stieß eine Rauchwolke aus, bevor er reagierte.

„Eine ernüchternde Geschichte. Wie auch immer man seine Forderung bewerten mag, klingt das in der Tat nicht nach einem romantischen Liebesbeweis. Eher nach totaler Abhängigkeit. Innerlich hast du dich bereits gegen ihn entschieden, weil du nicht darauf eingegangen bist, nur noch nicht ganz mit dem Kopf. Vermutlich plagen dich Schuldgefühle und die Frage: Habe ich was falsch gemacht? Warum geschah das alles? Hanna, niemand ist perfekt, aber jeder ist einzigartig. Du bist einzigartig. Daran solltest du denken. Wo habt ihr euch kennengelernt?"

„In der Buchhandlung ", sagte sie leise. Verlegen strich sie sich eine Strähne aus dem Gesicht.

„Was macht er eigentlich beruflich?", fragte Max und neigte sich Hanna leicht beim Sprechen zu.

„Er ist Eigentümer einer großen Spedition." Hanna sah, dass etwas Beunruhigendes in Max Augen aufflackerte. Er rieb sich den Nasenrücken und legte danach die Hände zwischen die Knie.

„Markus Richter und du …? Ein Mann, der den Luxus liebt, teure Autos, teure Restaurants, schöne Frauen. Er glaubt von sich, dass er eine Machtherrlichkeit wäre. Die Ablehnung einer Frau ist die größte Kränkung für ihn. Es gibt leider Beispiele dafür, dass Geld Menschen weit über die Grenzen der Moral gehen lässt. Dazu zählt er auch!"

„Kennst du ihn etwa?" Sie versuchte, nicht an die Vergewaltigung zu denken.

„Persönlich kenne ich ihn nicht. Na ja, sein Lebenswandel und noch so einiges andere erreichte meine Ohren. Wir leben nun mal in einer Kleinstadt. Seine Vorliebe für schöne Frauen ist kein Geheimnis. Er wirkt nicht wie ein typischer Herzensbrecher. Aber genau das ist seine Masche, sonst würden die Frauen nicht reihenweise auf ihn hereinfallen. Dass es ausgerechnet dich erwischt hat, tut mir unendlich weh. So ein Schweinehund! Dem dreh ich noch nachträglich den Hals um, wenn ich ihn erwische. Er ist ein – entschuldige bitte den Ausdruck, aber so wird er unter seinen Freunden genannt – ein verdorbener, krankhafter, schwanzgesteuerter Mann."

„Ich war dumm, blauäugig und schäme mich noch nachträglich für meine Naivität."

„Du schämst dich? Weswegen solltest ausgerechnet du dich schämen? Du warst nicht naiv! Du warst verliebt. Du hast ihm vertraut. Nicht alles offenbart sich auf den ersten Blick. Du darfst dir nicht selbst die Schuld geben, an dem was zwischen euch geschehen ist. Er ist es nicht wert. Nimm es als Erfahrung an. So was passiert eben, wenn man sich in den falschen Mann verliebt hat. Ich bin wirklich kein Sprücheklopfer, aber ein Weisheitsspruch von Shantideva, einem buddhistischen Philosophen aus dem achten Jahrhundert, möchte ich dir mit auf dem Weg geben:

*Warum über etwas bekümmert sein, wenn man abhelfen kann, und gibt es keine Abhilfe, was nützt es da, sich zu bekümmern?*

Ein sehr scharfsinniger Spruch. Der schlechteste Weg, den man wählen kann, ist keinen zu wählen. Du hast den richtigen Weg gewählt. Es ist nie zu spät, einen Neuanfang zu wagen, weil dein Leben jetzt und hier stattfindet. Ich wünschte mir nur, dein Leben mit ihm wäre nicht so kompliziert verlaufen."

„Wie kann man sich am Anfang bloß so sicher sein, dass es der Richtige ist, und nach zig Monaten ist man sich fremder als je zuvor?", fragte Hanna leise.

„Weil er sich mit der größten Selbstverständlichkeit für den Mittelpunkt des Universums hält. Lässt er dich in Ruhe? Oder tauchte er nach der Trennung wieder auf?"

„Er ist bis jetzt nicht mehr aufgetaucht." Hanna sah ihn dabei nicht an und trank ein paar Schlucke Wasser. Sie musste an Markus Drohung denken. Er hatte nicht akzeptiert, dass sie auf Distanz gegangen war. Ihr Vater schob seine Hand unter ihr Kinn und drehte behutsam ihren Kopf.

„Dein Zuhause ist für mich nicht das Problem. Da bist du sicher, weil du ihn nicht reinlässt. Aber die Buchhandlung. Hanna, sollte er irgendwann dort auftauchen und dich in irgendeiner Form bedrängen, rufst du mich an. Ich lasse alles stehen und liegen und bin so fort da. Versprichst du mir, dass du anrufst?" Hanna nickte. „Ich wünsche dir von Herzen, dass deine Wunden schnell heilen und du eines Tages den Glauben an die Liebe wiedererlangen wirst. Lass die Vergangenheit hinter dir, sonst frisst sie dich auf."

„Das Reden tat gut", sagte Hanna später bei der Verabschiedung. Kurz nachdem ihr Vater das Haus verlassen hatte, spürte sie, dass trotzdem etwas Dunkles und Depressives in ihr zurückblieb. Sie hatte sich nicht alles von der Seele geredet, weil sie es einfach nicht konnte.

Als sie nach zweiundzwanzig Uhr im Bett lag, konnte sie nicht einschlafen und erneut wurde ihr warm. Sie öffnete das Schlafzimmerfenster weit und atmete die frische Nachtluft tief ein. Wieder im Bett, hörte sie in der Ferne lautes Hundegebell. Vor Verzweiflung drückte sie die Ecken ihres Kopfkissens an ihre Ohren. Am nächsten Morgen wachte sie schweißgebadet auf.

In den darauffolgenden Wochen hatte sie alles verdrängt und nahm an, dass damit alles vergessen war. Aber verdrängen heißt nicht vergessen. Allein seine Drohung: „Ich lasse mir noch was einfallen." – machte ihr lange zu schaffen. Wozu war er noch fähig? Eines Tages, bekam sie einen Anruf auf ihrem Handy.

„Hanna, wollen wir uns heute treffen. Wenn du ablehnst, schwöre ich, dich auf Schritt und Tritt zu verfolgen. Du kennst mich nicht so gut, wie du denkst", sagte er ironisch.

„Hör zu, wenn du mich nicht in Ruhe lässt, zeige ich dich wegen Stalking an. Deine Drohung ist auf meinem Handy gespeichert und Beweis genug. Das war nicht sonderlich klug von dir." Damit war das Gespräch beendet. Im Flur griff sie nach Handtasche und Autoschlüssel und verließ die Wohnung. Sie öffnete die Wagentür und sah kurz nach oben. Grollender Donner, und schwere, tiefhängende Wolken zogen über sie hinweg. Der Himmel hatte sich durch die Gewitterwolken stark verdunkelt. In der Ferne erhellten Blitze die Dunkelheit. Dicke Regentropfen prasselten herunter. Ohne weiter über das anbahnende Unwetter nachzudenken, stieg sie schnell in ihren Wagen. Hanna trommelte kurz mit den Fingern auf das Lenkrad, zog sich den Sicherheitsgurt über die Schulter und fuhr mit aufheulendem Motor los. Während der Fahrt konnte sie die Gedanken an das, was er gesagt hatte, nicht verdrängen. Allein seine Äußerung, sie auf Schritt und Tritt zu verfolgen, war unglaublich. Wie um alles in der Welt sollte sie bei all dem zur Ruhe kommen? Dass sie in dieser Phase die vorgeschriebene Geschwindigkeit bereits überschritten hatte, merkte sie nicht. Urplötzlich prasselten Regengüsse gegen die Windschutzscheibe und die Scheibenwischer konnten kaum mithalten. Hanna wischte sich den Schweiß von der Stirn, zögerte einen Moment und trat dann auf die Bremse. Sie kam ins Schleudern. Aquaplaning, um Himmelswillen …!

Als Hanna die Augen öffnete, war das erste, was sie spürte, ein stechender Kopfschmerz.

Sie hob ihren Kopf hoch und ließ ihn so fort wieder sinken. Wenig später schob sich das Gesicht von Luise und Max in ihr Blickfeld.

„Gott sei Dank, sie ist wach", flüsterte Luise. Max bemühte sich um einen beruhigenden Tonfall und rang sich ein Lächeln ab.

„Wie geht's meinem tapferen Mädchen? Es wird alles gut. Du hast einen Unfall gehabt. Offenbar hast du die Kontrolle über den Wagen verloren und bist gegen ein Brückengeländer gekracht. Ein Zeuge sagte aus, dass die Straßenverhältnisse erschreckend waren, weil plötzlich schwere Regenfälle die Straßen überschwemmten. Rettungswagen, Notarzt und Polizei waren schnell vor Ort. Du liegst jetzt im Krankenhaus zur weiteren ärztlichen Beobachtung. Du hast ein leichtes Schädel-Hirn-Trauma, hat man uns gesagt. Und du hast noch mal Glück gehabt. Auf dem Beifahrersitz saß offenbar ein Schutzengel. Es war ein Schock für uns, als die Polizei uns informierte. Du hast uns derart in Angst und Schrecken versetzt. Wie konnte das nur passieren? Du bist doch eine umsichtige Autofahrerin. Hat dich etwas bedrückt?" Max binzelte ihr vielsagend zu. Hanna schwieg und schloss nur für einen Moment die Augen.

„Ja, er hatte angerufen. Danach konnte ich mich nicht mehr konzentrieren. In Sekundenschnelle geriet ich auf der nassen Straße ins Schleudern und habe das Lenkrad verrissen."

„Hanna, ich habe es geahnt. Dieser Mistkerl hat dich wieder belästigt und danach bist du in den Wagen gestiegen. Oder irre ich mich?" Sie sah, dass er die Augen zusammenkniff, als wäre ihm etwas hineingeraten.

„Ja! Er hat heute früh angerufen. Es tut mir so leid, dass ich euch solche Aufregung verursacht habe", sagte sie, während ihr Tränen in die Augen schossen.

„Welcher Mistkerl? Ein Kunde? Worüber redet ihr? Ich verlange umgehend eine Erklärung", sagte Luise entrüstet. „Warum wollt ihr es mir nicht sagen? Ich habe ein Recht darauf."

„Sei nicht albern. Warum, zum Teufel, musst du das jetzt wissen? Das ist nicht der richtige Zeitpunkt oder der richtige Ort", antwortete Max ruhig und rieb sich verlegen das Kinn.

„Willst du mich auf den Arm nehmen. Unglaublich." Luise reagierte mürrisch. „Behaltet eure Geheimnisse ruhig für euch. Früher oder später werde ich es doch herausbekommen."

Hannas Hand glitt vorsichtig über ihre Stirn. „Warum so ein großes Pflaster?" Sie lenkte damit vom Thema ab und weigerte sich innerlich, sich von Luise weiter ausfragen zu lassen.

„Eine Platzwunde, die vom Aufprall gegen die Windschutzscheibe herrührt", erwiderte Max.

„Nichts Beunruhigendes, du ... ach was soll's, danach siehst du wieder wie ein Model aus." Hanna verzog das Gesicht zu einem Lächeln.

„Papa, ich sehe nicht aus wie ein Model. Ich werde nie so aussehen wie ein Model. Ich will auch kein Model sein." Hanna wusste nicht, ob sie lachen oder weinen sollte. Sie schniefte und es folgte ein kurzes Schweigen, das Luise unterbrach.

„Du weißt, wir sind für dich da. Hast du große Schmerzen?", fragte sie nun milder gestimmt.

„Ich fühle mich etwas benommen. Der Kopf brummt und meine Glieder fühlen sich schwer und steif an. Ich bin aber nicht krank und werde jetzt aufstehen. Ich muss doch meine Buchhandlung öffnen und noch Bestellungen rausschicken."

„Um Gottes willen, lass den Unsinn. Das wird dem Arzt nicht gefallen. Du überschätzt dich", sagte Luise, runzelte vorwurfsvoll die Stirn und hob den Zeigefinger. Hanna schob trotzdem die Beine aus dem Bett, doch die Füße versagten ihr den Dienst und das Zimmer begann sich zu drehen. Ernüchtert legte sie sich wieder hin.

„Die Buchhandlung überlass getrost deiner Nachbarin Hilde. Mach dir darüber keine Sorgen", sagte Max tröstend. „Wir haben aus deiner Wohnung die notwendigen Sachen für dich geholt und Hilde den Schlüssel für die Buchhandlung gegeben. Wir sahen deinen Anrufbeantworter blinken. Es war Betti. Sie wünscht gute Besserung und wird sich demnächst bei dir melden.

Hilde wünscht auch gute Besserung und du sollst dir keine Sorgen um die Buchhandlung machen."

„Muss ich lange hierbleiben? Ich hasse Krankenhäuser."

„Hanna, etwas Geduld, du wirst es hier schon überleben. Es sind noch nicht alle Untersuchungen abgeschlossen. Morgen kommen wir dich wieder besuchen. Wir lieben dich. Denke daran: Die Zeit heilt alle Wunden", sagte Max zum Abschied und zwinkerte ihr aufmunternd zu.

Hanna hatte ihn verstanden. Sie war sich sicher, dass sie eines Tages all das, was ihr mit Markus widerfahren war, vergessen würde.

Wieder allein, dachte sie an ihre Nachbarin Hilde, die ihr, außer Betti, zur besten Freundin geworden war. Hanna war nach Hilde eingezogen und da Hilde gegenüber wohnte, beschloss sie, sich vorzustellen. Wem werde ich wohl gleich begegnen, fragte sie sich, als sie an der fremden Wohnungstür klingelte. Hilde öffnete die Tür mit einem herzlichen Lächeln und Hanna war so fort von der Lebensfreude, die in ihren Augen funkelte, fasziniert. Sie war schätzungsweise fünfundsechzig Jahre alt, eine attraktive Frau, modisch gekleidet, zierlich und mit exakt geschnittenen platingrauen Haaren. Ihre Mimik- und Lachfalten, ließen Hilde sympathisch und authentisch aussehen. Ihre Wohnung war modern und sie hatte ein riesiges Bücherregal. Sie las die unterschiedlichsten Bücher und gönnte sich ab und zu eine Flasche Wein. Untätig herumzusitzen war für Hilde ein Gräuel. Hanna erfuhr, dass sie in der hiesigen Stadtbibliothek gearbeitet hatte und sich bestens mit Büchern und Menschen auskannte. Hanna konnte mit ihr über alles diskutieren und viel von ihr lernen. Sie hatten zusammen Ideen entwickelt, wie man welche Bücher gut sichtbar anordnen konnte. Hilde lebte allein und erzählte, obwohl sie sich gut verstanden, nichts über ihr Privatleben. Hanna wusste nicht, ob sie jemals verheiratet war oder Kinder hatte. Wenn jemand nicht von sich selbst erzählte, dann wird das schon einen Grund haben. Hanna wusste, dass ihre Buchhandlung in guten Händen war. Hilde war durchweg positiv und glaubte, das wurde ihr in die Wiege gelegt. Sie verstand auch nicht, warum manche Menschen alles negativ sehen mussten. Es war spannend und manchmal amüsant, wenn sie sich an die guten alten Zeiten und an das, was ihr lieb und teuer war, erinnerte. Hanna schloss die Augen und spürte, wie ihre Lider immer schwerer wurden.

Nach mehreren Tagen Ausfall stand Hanna wieder in der Buchhandlung. Es war keine Narbe an ihrer Stirn zurückgeblieben.

Hanna lebte nun ihr eigenes Leben, tat nur noch das, was sie für richtig hielt, und gewann ihre Lebensfreude zurück. Sie war zufrieden mit dem Leben, das sie führte. Nach wie vor gab es männliche Kunden, die versuchten, mit ihr zu flirten. Sogar verheiratete Männer waren dabei. Mehr als einmal wurde sie zum Essen eingeladen, was sie stets ablehnte. Sie betrachtete all diese Männer nur als potentielle Kunden. Nie mehr würde sie so blind in irgendeine Art von Beziehung hineingehen. Markus tauchte nicht mehr in der Buchhandlung auf. Dennoch fühlte sie sich von ihm beobachtet, ohne das konkret belegen zu können. Eine Zeit lang ließ sie ihre Gedanken schweifen und fragte sich, was er als nächstes tun würde. Er könnte jeden Tag, jeden Moment wieder auftauchen. Das war der Nachteil ihrer Buchhandlung. Immer erreichbar! Ein ängstlicher Gedanke führte zum anderen, das wollte sie nicht und schüttelte energisch den Kopf. Sie straffte ihre Schultern und rief sich ins Gedächtnis: Hanna, du bist jetzt vierunddreißig Jahre alt, um auf dich selbst aufzupassen.

# Kapitel 7

Es war einfach absurd! Der Anruf kam am Abend. Hanna hatte gerade ihren Einkauf abgestellt. „Verflucht!", schluchzte sie laut auf, als das Gespräch beendet war. Sie rang nach Atem, setzte sich auf einen Stuhl, blieb minutenlang wie gelähmt sitzen und ihr Herz pochte. Die Nachricht war ein Schock.

Eine schreckliche Traurigkeit ergriff Besitz von ihr. In diesem Augenblick wusste sie, dass es nie wieder so sein würde wie früher. Irgendwie schaffte sie es aufzustehen und ging auf den Balkon raus. Sie atmete mehrmals tief durch und wollte tapfer bleiben. Aber sie schaffte es nicht, ihre Tränen zurückzuhalten. Die Endgültigkeit, ihren Vater nie wiederzusehen, erschütterte sie zutiefst. Er, der topfit gewesen war, nie gesundheitliche Probleme gehabt hatte, lebte nicht mehr. Und das mit fünfundsechzig Jahren. Hanna nahm den Schlüssel von der Kommode, warf ihre Handtasche über die Schulter und schloss die Wohnungstür zu. Während der Fahrt zu ihrer Mutter Luise, versuchte sie sich auf das zu konzentrieren, was vor ihr lag. Es war fast zwanzig Uhr. Luise empfing sie blass, kraftlos, voller Verzweiflung und weinend. Für Hanna war es schwer mitanzusehen, wie Luise litt. Hanna vergoss an diesem Abend keine einzige Träne mehr. Sie wollte für Luise stark bleiben.

Später rief Hanna Hilde an und schilderte ihr die Tragödie. Max hatte Feierabend, wollte nach Hause fahren und stand mit seinem Auto an der Ampelanlage. Nachdem grün war, fuhr er nicht los, weil er es nicht mehr konnte. Der Autofahrer hinter ihm hupte, stieg dann aus und sah, dass ihr Vater nicht mehr reagierte.

„Ich wage es nicht, Luise alleinzulassen. Ich rufe den Hausarzt an und bleibe bei ihr."

„Hanna, mein tiefes Beileid. Soll ich die Buchhandlung übernehmen?"

„Danke, Hilde, das wäre sehr nett. Du weißt ja, wo der Schlüssel in der Wohnung liegt."

Vom Hausarzt bekam Luise ein Beruhigungsmittel gespritzt. Er gab Hanna Tabletten, die Luise am nächsten Tag einnehmen sollte. Hanna setzte sich an der Bettkante neben ihrer Mutter nieder und streichelte ihr beruhigend die Wange.

„Mama, ich liebe dich. Ich bleibe bei dir." Ihr war bewusst, dass Luise sie dringender denn je brauchte. Luise ergriff Hannas Hand und weinte leise vor sich hin.

Hanna verbrachte fast die ganze Nacht an Luises Bett, weil sich diese unruhig hin und her bewegte.

Am Tag der Beerdigung schien die Sonne.

Luise sprach während der Fahrt zum Friedhof kein Wort. Sie saß vollkommen bewegungslos da und starrte gerade aus. Ein verzweifeltes Häufchen Elend! Ihre Hände waren fest ineinander verschränkt. Hanna traute sich nicht, sie anzusprechen. Worte wären in dieser Situation nicht hilfreich gewesen. Sie legte den Arm um Luise. Hanna konnte vieles ertragen, aber ihre Mutter leiden zu sehen, war herzzerreißend.

Der Wagen fuhr durch ein großes schmiedeeisernes Tor und der Fahrer hielt auf dem Parkplatz. In der Trauerhalle saßen Freunde ihrer Eltern, Arbeitskollegen und Leute, die sie noch nie gesehen hatte. Auch der Bruder ihres Vaters war da, von dessen Existenz Hanna bisher nichts gewusst hatte. Die Beziehung zwischen ihm und ihren Eltern musste sehr oberflächlich gewesen sein. Er hatte die gleiche Größe und Figur wie ihr Vater. Luise hatte keine Geschwister.

Hanna konnte Betti nirgends entdecken. Vielleicht wusste sie nicht, dass Max gestorben war.

Die allerletzten Worte des Trauerredners waren sehr einfühlsam und gingen unter die Haut:

*Du bist nicht tot, du wechselst nur die Räume.*
*Du lebst in uns und gehst durch unsere Träume!*
*Je schöner die Erinnerung, desto schwerer ist die Trennung.*
*Aber die Dankbarkeit verwandelt*
*die Erinnerung in eine stille Freude.*

Beinahe hätte Hanna laut aufgeschluchzt. Es war nicht fair. Es war einfach nicht fair. Später ließ sie den Blick über die Trauergemeinde wandern. Die meisten waren dunkel gekleidet und einige weinten. Es waren Menschen, die sie mehr oder weniger gut kannte. Als Luise an die Grabstätte herantrat und gelbe Rosen hinunter auf die Urne warf, murmelte sie irgendwas, schluchzte laut auf und weinte hemmungslos. Hanna ließ Luise nicht aus den Augen. Als sie kreidebleich zusammenzubrechen drohte, packte Hanna sie am Arm und ließ sie nicht mehr los.

„Das Leben ist grausam", sagte Luise leise. „Jetzt sind nur noch wir zwei übrig."

Hilde, die danebenstand, konnte ihre Tränen nicht verbergen. Nach der Beerdigung fuhr eine Kolonne von Wagen zurück zum Haus. Hanna brühte Kaffee auf und stellte Wurst- und Käseplatten auf den Tisch im Wohnzimmer. Sie lehnte sich erschöpft im Sessel zurück. Beim anschließenden Leichenschmaus verhielt sich der Bruder ihres Vaters sehr taktlos. Er wollte die Anzüge und die Uhr seines Bruders haben und auch gleich mitnehmen. Seine Forderung klang wie eine Kampfansage. Ein entsetztes Raunen ging durch die Reihen. Alle Augen ruhten auf ihm und einige schüttelten verständnislos den Kopf. Luise saß aufrecht da und rührte sich nicht, doch dann sprang sie auf und ging mit ihm raus. Es herrschte vollkommene Stille im Raum. Die Haustür knallte zu. Hanna hörte, wie der Motor aufheulte und Reifen quietschten.

„Freunde kann man sich aussuchen. Verwandte leider nicht. Ich hatte nicht damit gerechnet, dass er kommt", sagte Luise später mit leiser Stimme.

„Woher wusste er eigentlich von der Beerdigung?", fragte Hanna.

„Keine Ahnung. Er muss wohl jemanden gekannt haben, der es ihm gesagt hat."

Aus den Augenwinkeln sah Hanna, dass die Trauergäste miteinander redeten, lachten und tranken. Sie verhielten sich, als sei alles normal. Als die ersten Trauergäste aufbrachen, war Hanna froh. Ihr schwirrte der Kopf, ihre Schläfen pochten. Sie schaute zu Luise und erschrak. Sie wirkte älter, ihr Gesicht war müde und von Sorgenfalten zerfurcht. Bei der Verabschiedung gelobten Luises Freunde, in Kontakt zu bleiben und sich bald wieder zu treffen. Hanna spürte, es waren leere Floskeln.

Hanna hatte von Anfang an ein ungutes Gefühl dabei, Luise allein im Haus zurückzulassen. Vor zig Jahren hatten sich ihre Eltern einen lang gehegten Lebenstraum erfüllt: ein Häuschen am Rande der Stadt. Zwei Zimmer oben, zwei Zimmer unten, einschließlich Terrasse und Garten. Es war ihr Traum, den Lebensabend im Grünen zu genießen. Die Immobilie war schuldenfrei und sie waren darauf stolz. Nun konnten sie es nicht mehr gemeinsam nutzen. Hanna versuchte Luise zu überzeugen, die erste Zeit nicht allein zu bleiben.

„Luise, du kannst, solange du es möchtest, bei mir wohnen." Doch Luise lehnte ab.

Somit verbrachte Hanna jede freie Minute bei ihr. Es war schwierig, mit ihr gemeinsam den Tod zu verarbeiten. Luise konnte oder wollte sich nicht aus ihrer Gefühlsstarre befreien und wirkte psychisch labil. Die Wohnräume waren längst nicht mehr so sauber und der kleine Garten verwildert. Sie verließ so gut wie nie das Haus, zog sich nicht mehr an und schlurfte im Nachthemd durch das Haus. Hanna hatte Angst um sie und konnte deshalb nachts nicht mehr durchschlafen. Egal was sie tat oder sagte, es war umsonst. Bei ihrem letzten Besuch hatte Hanna endlos lange geklingelt, aber Luise öffnete ihr die Tür trotzdem nicht. Zum Glück stand die Terrassentür etwas offen. Luise saß im Nachthemd im Sessel, zitterte am ganzen Körper und war vollkommen durcheinander. Sie sah schlecht aus. Ihre Haut hatte eine aschgraue Farbe angenommen und man sah deutlich die dunklen Augenringe. Sie aß wohl noch weniger als sonst und sah abgemagert aus. Hanna wollte sie ins Krankenhaus fahren, aber das wollte Luise nicht. Auf Hannas Frage, ob sie was gegessen und getrunken hatte, schüttelte sie den Kopf. Hanna hüllte Luise in eine Decke ein, ging in die Küche und kam mit einem Teller belegte Brote und Wasser zurück. Danach rief sie den Hausarzt an. Er versprach, nach der

Sprechstunde vorbeizukommen. Als Hanna spät abends auf dem Heimweg war, dachte sie an das, was der Doktor ihr gesagt hatte. Luise hatte einen Schwächeanfall. Ihr Problem war das unregelmäßige Essen und die geringe Flüssigkeitszufuhr. Nach der Arbeit fuhr Hanna regelmäßig zu ihrer Mutter. Diesmal war Luise schlecht gelaunt.

„Du bist schon seit Tagen nicht mehr hier gewesen."

„Hör mal, es ist einen Tag her. Wenn du was brauchst, hast du die Möglichkeit, mich anzurufen. Ich bringe es dir dann abends vorbei." Hanna zwang sich zur Ruhe. Luises Missfallen war unerträglich. Es wurde zunehmend schlimmer.

**Vier Wochen später**

Es kam zu einem handfesten Streit. Hanna wusste, dass Luise, wenn sie aggressiv reagierte, kurz davor war, die Beherrschung zu verlieren. Nur den Grund kannte Hanna nicht. Tiefrote Flecken hatten sich auf Luises Wangen ausgebreitet und ihre Augen waren gerötet.

„Was ist denn los? Ist was passiert? Kann ich irgendetwas für dich tun?", fragte Hanna ruhig.

Luise sprang auf und schob den Stuhl heftig zurück. Sie zog ein Taschentuch aus ihrem Ärmel und putzte sich die Nase.

„Ich bin wütend auf dich. Du kannst dir gar nicht vorstellen, wie wütend ich auf dich bin. Deinetwegen habe ich Max für immer verloren. Dein Unfall hat ihn aufgeregt. Das hat er nicht verkraftet. Es war deine Schuld", schrie sie. „Auch wenn du jetzt kläglich aussiehst, du tust mir nicht leid. Ich ertrage dich nicht mehr."

Bei ihren Worten begann Hannas Herz schmerzhaft zu pochen. Sie konnte es nicht fassen, wie Luise zunehmend die Beherrschung verlor. Die Hysterie in ihrer Stimme war entsetzlich. Sie schaute Luise fassungslos an. Luise öffnete den Mund und klappte ihn wieder zu. Schockiert und tieftraurig ballte Hanna ihre Hände zu Fäusten, dass ihre Fingerknöchel weiß hervortraten.

„Um Gottes willen, wie kannst du so etwas sagen? Ich bin schuld?" fragte sie entsetzt.

„Willst du sagen, ich lüge. Denkst du ich habe mir das ausgedacht?" Luise zog missbilligend die Augenbrauen zusammen. „Und dann …" Sie wollte noch eine Bemerkung anhängen, ließ es aber bleiben. Binnen weniger Augenblicke breitete sich Schweigen aus. Es wurde nur vom Ticken der Wanduhr unterbrochen. Luise stand auf, murmelte etwas davon, dass die Luft im Zimmer stickig sei, öffnete die Terrassentür und verließ danach das Zimmer.

Hanna wurde bewusst, dass sie auf einmal allein war und vergrub das Gesicht in ihren Hände. So saß sie minutenlang da, unfähig aufzustehen und sich zu einer Entscheidung aufzuraffen. Im Haus rührte sich nichts. Wahrscheinlich war Luise nach oben gegangen. Es begann dunkel zu werden. Hanna konnte es nicht mehr ertragen in eine solche Situation gebracht worden zu sein, verließ das Haus und stieg in ihren Wagen. Wieder Zuhause ließen Luises Anschuldigungen sie nicht mehr los. Als Hanna sich später in ihrem Bett zusammenrollte, war an Einschlafen nicht zu denken. Luise ging ihr nicht aus dem Sinn. Es gab nur einen Menschen, dem sie das schmerzliche Gespräch anvertrauen würde und das war ihre Nachbarin. Vielleicht konnte Hilde ihr einen Rat geben. Irgendwann fiel Hanna in einen unruhigen Halbschlaf. Am nächsten Abend klopfte sie an Hildes Tür und vernahm Schritte. Hilde öffnete die Tür.

„Hanna, meine Güte! Du siehst ja schrecklich blass aus. Du musst auf dich achtgeben. Was ist denn passiert?", fragte sie besorgt.

„Es ist wegen Luise. Es sind nun fünf Monate vergangen. Was soll ich bloß tun? Luise lässt niemanden an sich heran und vergräbt sich in ihrem Kummer. Sie führt seit langem ein anderes, ein zurückgezogenes Leben. Sie ist eine gebrochene Frau, die den Tod von Max nicht überwinden kann. In ihren Augen ist kein Funke Lebensmut zu erkennen. Es macht mich traurig, dass sie sich von dem tragischen Tod nicht erholen will oder kann. Ich kaufe ein, fahre nach Feierabend zu ihr und am Wochenende räume ich das Haus auf. Eine Haushaltshilfe lehnt sie kategorisch ab. Sie will keine Fremde im Haus haben. Sie will aber auch nicht zeitweise bei mir wohnen. Ich gehe doch schon bis an die Grenzen des Erträglichen.

Luise leidet an einer Essstörungen, ist antriebslos, passiv und nicht in der Lage, ein halbwegs geregeltes Leben zu führen. Ich habe gegenwärtig eine doppelte Haushaltsführung und dazu noch mein Geschäft. Der Balance-Akt zwischen Job, Luises Haushalt und dem täglichen Hinfahren kostet Kraft. Am schlimmsten sind ihre Vorwürfe. Sie schleuderte mir ihre Anschuldigungen nur so um die Ohren. Sie sagt, das Ganze sei irgendwie meine Schuld. Ich habe Schuld an Papas Tod und an ihrem Leid. Die Menschen, die man liebt, sind die Einzigen, die einem richtig wehtun können. Das hat Luise geschafft." Hannas Stimme wurde leiser und die ersten Tränen flossen. „Entschuldige, Weinen war das letzte, was ich wollte."

„Hanna, zuweilen müssen Tränen fließen, damit man wieder lachen kann. Menschen reagieren unterschiedlich auf Tragödien. Du schätzt die Situation falsch ein. Luise hat das nicht so gemeint. Sie hat nur ein Ventil für ihren Kummer gesucht, um Dampf abzulassen. Ihr Leben veränderte sich von der einen auf die nächste Sekunde. Nun befindet sie sich in einer schwierigen Lebenslage. Du musst ihr Zeit lassen. Aber ich kann auch deine Lage verstehen. Du darfst dich davon nicht unterkriegen lassen. Vergebung ist die Voraussetzung dafür, dass Wunden verheilen. Nicht jeder ist dazu in der Lage. Aber du bist es, und ich werde dir helfen. Ich werde tun, was in meiner Macht steht." Sie ergriff Hannas Hand. „Ich werde über alles nachdenken und eine Lösung finden. Wir werden die Aufgabe gemeinsam lösen."

Hanna lächelte zaghaft. „Du bist ein außergewöhnlicher Mensch, weißt du?" Es tat ihr gut, von einer warmherzigen Frau wie Hilde getröstet zu werden. Als sie sich von Hilde verabschiedete, traten erneut Tränen in ihre Augen.

„Bitte, Hanna, jetzt sind wirklich keine Tränen mehr angebracht. Jetzt musst du dein Nervenkostüm wieder stärken."

„Entschuldige, ich bin im Moment einfach zu sentimental. Ein Fehler von mir."

„Das ist für mich kein Fehler, sondern eine positive Eigenschaft und kann manchmal sehr nützlich sein," sagte Hilde aufmunternd. Hanna schöpfte wieder neue Hoffnung.

Sie musste daran denken, wie sich Luise und Hilde das erste Mal in ihrer Buchhandlung getroffen hatten. Beide Frauen mochten sich auf Anhieb und tranken hier öfter gemeinsam Kaffee. Schade war nur, das nach der Beerdigung Luise sich zurückzog und Hilde weder sehen noch mit ihr telefonieren wollte.

Zwei Tage nach Hannas und Hildes Gespräch klingelte Hilde gegen zehn Uhr bei Luise. Es dauerte ewig, bis die Tür aufging. Sie hatte Luise das letzte Mal auf der Beerdigung gesehen und war über ihr Aussehen erschrocken. Blass, dünn, im zerknitterten Nachthemd stand Luise vor ihr. Ihre Augen waren vom Weinen rot verquollen. Hilde schob sie sanft ins Haus und legte ihr einen Arm um die Schultern. Daraufhin begannen Luises Schultern zu beben.

„Schon gut", flüsterte Hilde. „Schon gut." Doch sie wusste, dass es in Wirklichkeit nicht gut war. Als Hilde sie kurze Zeit später losließ und zurücktrat, wirkte Luise plötzlich verlegen.

„Du solltest wieder gehen. Ich will allein sein. Ich brauche niemanden." Luise schluckte mühsam und setzte noch mal an. „Was willst du von mir? Warum bist du hier? Hat dich Hanna geschickt?" Manche Fragen blieben besser unbeantwortet, dachte Hilde.

„Ich bin hier, um einer deprimierten Freundin zu helfen. Nicht mehr und nicht weniger. Ich hätte mir gewünscht, dass das Schicksal nicht so grausam zu dir gewesen wäre."

„Ich fühle mich so hilflos", flüsterte Luise schluchzend. „Ich weiß nicht, wohin mit mir. Ich kann nachts nicht mehr schlafen. Unser Leben war so schön. Wir haben uns immer gesagt, dass wir zusammen alt werden möchten. Nun werde ich ihn nie wiedersehen. Ich war noch nie in meinem Leben allein. Wir waren unzertrennlich. Er hat eine zu große Lücke hinterlassen, die lässt sich nie wieder schließen. Was habe ich noch von meinem Leben? Die Einsamkeit hat mich überrollt. Abends ist es unerträglich. Das Leben kann so brutal und ungerecht sein." Sie schniefte ein wenig und hörte auf zu weinen.

„Luise, Schwäche zeigen ist okay. Aber wer aufgibt, hat verloren. Jetzt bin ich ja hier und du hast noch Hanna. Deinen Mann kann ich nicht ersetzen, aber ich kann dir helfen, dir zuhören und dir zur Seite stehen. Das kann ich und ich kann solange bleiben, wie du möchtest." Luise sah Hilde an.

„Meinst du das ernst? Du bleibst bei mir?" Sie rang sich ein Lächeln ab. „Auch über Nacht?"

„Na klar. Aber nur, wenn du dich jetzt anziehst. Hast du schon gefrühstückt?" Luise schüttelte den Kopf.

„Ich habe seit Tagen nicht mehr richtig gegessen, nur getrunken."

„Dann gehe ich, während du dich anziehst, in die Küche. Du darfst mich zu einer Tasse Kaffee einladen, ich bin heute nicht einmal zum Frühstücken gekommen."

Hilde sah sich um. Über die Küche gab es nicht viel Gutes zu sagen. Was für ein Chaos. Im Spülbecken stapelte sich schmutziges Geschirr. Sie räumte alles in den Geschirrspüler, säuberte die Kaffeemaschine und wischte die Arbeitsflächen ab. Sie ging zum Küchenfenster. Sonnenlicht sickerte durch die schmutzigen Scheiben. Sie öffnete das Fenster, um frische Luft reinzulassen. Dann sah sie einen Besen in der Ecke. Sie fegte den Küchenboden und kehrte Staub und Krümel zusammen, aber sie schaffte es nicht in der Kürze der Zeit, die makellose Ordnung wieder herzustellen. Ganz in schwarz gekleidet, betrat Luise zwanzig Minuten später die Küche. Der Kaffee war fertig. Hilde hatte Brötchen aufgebacken, die verführerisch dufteten. Sie hatte Butter, Käse und Wurst auf den Tisch gestellt. Sie goss Luise und dann sich Kaffee ein und sah Luise an.

„Nun verrate mir mal, warum du schwarze Kleidung trägst?", fragte Hilde ganz ruhig.

„Ich bin eine trauernde Witwe und trage meine Kleidung nicht nur zum Schein."

„Richtig! Willst du für den Rest deines Lebens so weitermachen? Du musst nicht mehr schwarze Kleidung tragen. Dein Mann hätte es bestimmt auch so gewollt. Außerdem trauerst du doch mit dem Herzen. Du musst jetzt lernen loszulassen und dein

Leid lindern, indem du darüber sprichst. Zu viel Denken war noch nie gut. Lass die Trauer raus. Ansonsten kann deine Seele nicht aufatmen. Dein Leben geht weiter."

„Natürlich tut es das. Aber es tut dadurch nicht weniger weh. Ich möchte kein Wort mehr hören.

Du hast doch keine Ahnung", zischte Luise wütend. Sie fühlte sich von Hilde bevormundet.

Hilde versuchte, Luises Gefühlsäußerung keine allzu große Beachtung zu schenken und Gelassenheit auszustrahlen. Ein einfühlsames Lächeln erschien auf ihren Lippen.

„Oh doch! Mehr als du glaubst. Kein Mensch ist vor einem Schicksalsschlag gefeit. Ich will mich aber nicht in meiner Vergangenheit verlieren." Sie hatte gelernt, ihre wahren Gefühle zu verbergen. In ihrem Leben gab es genug traurige Ereignisse. Da sie nicht weiter darüber reden wollte, beugte sie sich über den Tisch und versuchte, Luise näher zu kommen. Luise wandte sich weiterhin von ihr ab. Hilde machte sich innerlich für eine Fortsetzung der Auseinandersetzung bereit, aber Luise sagte nichts mehr, was in Anbetracht der Umstände für Hilde beruhigend war.

„Möchtest du nicht auch etwas essen? Nimm dir ein Brötchen? Sie sind lecker."

„Nein danke. Ich fühle mich so elend, dass ich nicht einen Bissen hinunterkriege."

„Luise, wann bist du zum letzten Mal an die frische Luft gegangen? Wollen wir nach dem Frühstück einen Spaziergang machen? Aber nur, wenn du nicht weiter hungerst. Ein halbes Brötchen für den Anfang tut es auch." Luise zuckte mit den Achseln.

„Ist ja gut. Ich höre auf dich. Du gehörst ja jetzt zur Familie", fügte Luise leise hinzu. Hilde schwieg. Abends, als Luise schlief, rief Hilde Hanna an.

„Es gibt keinen Anlass zur Sorge. Den ersten Tag haben wir überstanden. Luise ist froh, dass ich bei ihr bleibe. Auf uns wartet noch eine Menge Arbeit. Wir haben noch viel zu erledigen und wichtige Sachen zu besprechen. Es dauert halt seine Zeit. Mach dir also keine Sorgen. Ich schaffe das schon."

Am nächsten Tag war Hausarbeit angesagt. Luise machte ein betroffenes Gesicht, als Hilde die schmutzige Wäsche einsammelte, die Bettwäsche abzog und die Waschmaschine füllte. Gemeinsam säuberten sie das Bad und das Wohnzimmer.

„Ich habe wohl meinen Haushalt ganz schön vernachlässigt", sagte Luise verlegen. Es klang wie eine Entschuldigung.

„Das ist wohl wahr, aber wir bringen das gemeinsam wieder in Ordnung. Morgen gehen wir zum Friseur, damit du wieder hübsch aussiehst. Anschließend lade ich dich zum Essen ein. Danach kaufen wir Blumen und fahren gemeinsam zum Friedhof."

„Mir bleibt ja wohl nichts anderes übrig. Ich, ähm …" Luise verstummte und lächelte Hilde dankbar an, und Hilde lächelte zurück. Das Eis war endlich gebrochen! Eine Woche später rief Hilde wieder Hanna an.

„Ich glaube, du kannst jetzt durchatmen. Inzwischen geht es ihr wieder besser. Ich habe ihr die Möglichkeit gegeben, endlos lange Gespräche zu führen und in kleinen Schritten, dem Leben positiv zu begegnen. Am Anfang hat sie mächtig rebelliert. Doch jetzt gibt sie sich Mühe. Ihr Gemütszustand verbessert sich von Tag zu Tag. Sie bezeichnet mich als ihre Seelenverwandte. Ich bin mit Sack und Pack bei ihr eingezogen und komme auch in den nächsten Tagen nicht nach Hause. Hanna, vergiss aber nicht meine Blumen zu gießen."

„Nein, bestimmt nicht. Ich bin so froh und erleichtert und bestell ihr liebe Grüße von mir."

Wider Erwarten reagierte Luise also ganz anders auf Hilde. Hanna hatte am Anfang so ihre Zweifel. Nun fiel ihr ein Stein vom Herzen. Hilde war demnach geschickter mit Luise umgegangen und verstand es, Verzweiflung auszuhalten.

Mit vereinten Kräften räumten Hilde und Luise alles auf, putzten die Fenster und brachten den Garten auf Vordermann. Wenn Luise abends aus ihrem Leben erzählte, hörte Hilde geduldig zu. Sie konnte auch gar nicht anders und war sich sicher, dass das die beste Medizin für Luise war. Dann und wann wurde sie wieder vom Schmerz ergriffen, doch es passierte zusehends weniger. Ihre schwarze Kleidung hatte sie mittlerweile abgelegt. Luise akzeptierte endlich, was nicht mehr zu ändern war und gewann wieder mehr Freude am Leben. Hilde schlief wieder in ihrem eigenen Bett und besuchte Luise mehrmals in der Woche. Sie verbrachten viel Zeit miteinander, gingen gemeinsam das Grab besuchen, einkaufen und besuchten Hanna in der Buchhandlung. Es entstand zwischen den beiden Frauen eine innige Freundschaft. Und Hanna wusste, dass sie das Richtige getan hatte, als sie sich damals Hilde anvertraut hatte.

# Kapitel 8

Es war dieser eine Tag, sonnig und wolkenlos, dieser eine Moment, der Hannas Leben in ein „Vorher" und „Nachher" trennte.

Hanna hatte das große schmiedeeiserne Tor hinter sich gelassen und verlangsamte ihren Gang, der sie durch eine Baumallee führte. Am Ende bog sie links ab, ging an gusseisernen Kreuzen, kunstvollen Grabsteinen und Familiengrabstätten vorbei. Einige Gräber sahen ungepflegt aus, fast verwildert. Gräber, um die sich niemand kümmerte und für die sich niemand verantwortlich fühlt. Hier und da hielt sie inne und las die Namen der Verstorbenen. Traurig, wie jung einige waren. Eine endlos tiefe Stille lag über den Gräbern. Weit und breit war keine Menschenseele zu sehen. Die einzigen Geräusche, die zu hören waren, kamen von den Spatzen. Nach wie vor überfiel sie ein Gefühl von Trauer, wenn sie vor dem Grab ihres Vaters stand. Sie entsorgte die alten Blumen, säuberte die Vase, füllte sie mit Wasser und stellte gelbe Rosen hinein. Er liebte gelbe Rosen. Die dornigen Schönheiten waren für ihn der Inbegriff von Sommerglück. Sie kniete sich nieder und verharrte kurz. Die Tränen stiegen ihr in die Augen. „Papa", flüsterte sie, „ich vermisse dich ganz schrecklich. Immer wenn ich hier bei dir bin, werde ich weinerlich." Und die ersten Tränen kullerten über ihr Gesicht. Sie richtete sich wieder auf und stand eine Weile bewegungslos da. Sie vermisste die Gespräche mit ihrem Vater, sein Lachen und seine herzerfrischende Art. Er hatte es verstanden, das Beste aus dem Leben herauszuholen. Und nun lag er hier.

Jonas hatte gerade seine Grabpflege abgeschlossen und blickte über die angrenzenden Gräber. Da sah er bereits zum zweiten Mal die junge Frau, die ihm nicht aus dem Kopf ging. Er konnte sich nicht erklären, was ihn an dieser Frau so faszinierte. Ihre phänomenale Ausstrahlung trotz Trauer? Ihr Stil? Ihre Eleganz?

Er überlegte, ob er sie heute mal ansprechen sollte. Ansprechen auf dem Friedhof? Wie würde ihre Reaktion ausfallen? Keine gute Idee. Er könnte einen kleinen Unfall vortäuschen und somit ihre Aufmerksamkeit auf sich lenken. Mit diesem Gedanken im Hinterkopf ließ er sich vorsichtig auf die Knie nieder, schließlich wollte er sich nicht ernsthaft verletzen. Dann stöhnte er laut auf. Mein Gott, was zog er hier für eine Show ab? Es dauerte nicht einmal ein paar Sekunden, als er sah, das sie sich erschrocken umdrehte und zu ihm sah.

Hanna hatte das Gefühl, sie sollte ihre Hilfe anbieten, andererseits wollte sie sich auch nicht aufdrängen. Aus einer ungewöhnlichen Situation heraus stand sie plötzlich vor einer großen Frage: Sehe ich weg oder zeige ich Zivilcourage? Festen Schrittes ging sie auf ihn zu. „Um Himmels willen, was ist passiert? Haben Sie sich verletzt? Kann ich helfen?", fragte sie besorgt.

Er blickte hoch und sah sie in der blendenden Sonne stehen. Aus der Nähe betrachtet, sah sie sogar noch hübscher aus. Sie hatte eine angenehme, weiche Stimme und ihre blonde Haarpracht war zu einem losen Zopf gebunden. Es waren ihre großen, braunen Augen, die ihn so fort in ihren Bann zogen. Dieser hellwache Blick, so weich und warmherzig, aber auch ein bisschen wehmütig und in seiner Intensität faszinierend. Er wollte es nicht, aber er konnte einfach nicht damit aufhören, sie anzustarren. Du lieber Himmel, schoss es Jonas durch den Kopf, das ist doch verrückt. Ich habe mich von einer Sekunde auf die andere verliebt. Doch das konnte er ihr kaum sagen, es würde sich verrückt anhören.

„Ich, äh … ich weiß gar nicht, was mit mir los war. Ich bin wohl gestolpert, dabei umgeknickt und verspüre jetzt einen heftigen Schmerz im linken Knöchel. So ein Mist!" Er sah sie an und ihm fiel auf, dass sie nachdenklich wirkte. Am liebsten hätte er ihr die Arme entgegengestreckt, doch ihre Miene ermunterte ihn nicht gerade dazu.

„Warten Sie, ich helfe Ihnen hoch." Sie streckte die Hand aus. Jonas spürte einen angenehmen festen Händedruck und lächelte verschmitzt. Hanna fiel so fort seine Größe auf. Sie selbst war nicht gerade klein, ein Meter sechsundsiebzig, dennoch musste sie zu ihm hochsehen. Sie musterte den Mann vom Scheitel bis zur Sohle. Im Stillen machte sie eine Auflistung, von dem, was sie sah: ca. ein Meter neunzig groß, schlank, gebräunte Gesichtszüge, blaue Augen, markantes Kinn, Dreitagebart, kurzes, dunkles Haar, blaue Jeans, kariertes Hemd, braune Lederjacke, Sneakers. Eine Sonnenbrille hing lässig an einem Bügel aus einer Brusttasche. Unlängst hatte sie gelesen, dass innerhalb der ersten Sekunden die Entscheidung fällt, ob man jemanden sympathisch findet oder nicht.

Aber auch, dass attraktive Menschen immer besser ankommen. Und, ob man es wahrhaben will oder nicht, man wird von einem ansprechenden Äußeren beeinflusst, hatte sie ebenfalls gelesen. Na schön, hier traf alles zu.

Sie nahm sich aber vor, weiterhin vorsichtig zu sein.

Er blieb dicht vor ihr stehen, und wünschte, er hätte den Mut, sie überraschend zu küssen. Dann war der Moment vorbei. „Oh, Entschuldigung, ich habe mich gar nicht vorgestellt. Jonas Sander."

„Hanna Mories. Wie geht es Ihrem Knöchel? Haben Sie Schmerzen? Können Sie auftreten?"

„Danke für Ihre Anteilnahme. Es schmerzt noch etwas", und lächelte verkrampft. Er hatte keinerlei schauspielerische Erfahrungen und bemühte sich, vorsichtig aufzutreten. Hoffentlich kam das glaubwürdig rüber.

„Sind Sie mit dem Auto da?" Er nickte. „Das könnte jetzt für Sie zum Problem werden."

„Ich denke, das werde ich schaffen. Wollen wir den Weg zum Ausgang gemeinsam gehen?"

„Was für eine Frage. Ich kann Sie doch nicht hier stehenlassen. Mein Wagen steht vor dem Eingang. Herr Sander, Sie können sich auch gern auf mich stützen. Legen Sie ihre Hand ruhig auf meinen Arm. Dadurch haben Sie sicher mehr Halt. Zum Glück ist es nicht so weit. Es macht mir wirklich nichts aus." Eine Weile gingen sie schweigend den Weg in Richtung Ausgang.

„Ist das die Ruhestätte Ihres Vaters?" Hanna wandte sich ihm nickend zu. Eine kurze Pause entstand. „Darf ich fragen, woran er gestorben ist. Ein Autounfall?"

„Nicht direkt. Der Tod schlich auf Zehenspitzen ins Auto, ganz leise. Die Todesursache war Herzstillstand. Der Notarzt konnte nichts mehr tun. Es war ein großer Schock für uns, dass er so plötzlich gestorben ist. Ich habe diesen Verlust bis heute nicht überwunden. Er war der liebevollste und großzügigste Vater, den man sich nur wünschen kann. Er war das Herz unserer Familie und hat stets vor Energie und Enthusiasmus gesprüht. Meine Trauer ist bei Weitem noch nicht bewältigt. Die Zeit schwächt den Schmerz zwar ab, aber er geht nie ganz weg. Ich glaube, das wird ein Leben lang so sein. Das Leben interessiert das Leiden einzelner Menschen nicht – die Welt macht weiter, als wäre nichts passiert. Nun bleiben mir nur noch die Erinnerungen seiner Bilder. Er konnte sehr gut malen." Hanna sprach nicht weiter. Weil ihre innere Stimme sagte: Hanna, warum erwähnst du das? Warum plauderst du drauflos, was nun so gar nicht deine Art ist? Dieser Mann ist doch ein Fremder.

Jonas sah sie mit einer Mischung aus Bestürzung und Anteilnahme an. Die Emotionen standen ihr ins Gesicht geschrieben.

„Glauben Sie mir, ich kann Ihren Schmerz nachfühlen. Ich habe vor zwei Jahren einen sehr guten Freund verloren. Er starb kurz vor seinem sechsunddreißigsten Geburtstag unverschuldet bei einem Motorradunfall. Ich habe mich um die Beerdigung gekümmert und pflege sein Grab. Er war ein Waisenkind und wuchs in lieblosen Kinderheimen und bei Gastfamilien auf. Er wurde herumgereicht wie ein Päckchen, das keiner haben wollte, ein trauriges Schicksal. Hat Ihr Vater hauptberuflich gezeichnet."

Hanna zögerte kurz. „Es war sein Hobby. Er sagte oft scherzhaft, als Maler verdient man mit seinen Bildern nur Geld, wenn man tot ist. Meine Mutter und ich würden aber nie ein Bild von ihm verkaufen."

Sie gingen langsam zum Ausgang des Friedhofes zurück. Jonas hinkte noch ein wenig, während er sich auf Hannas Arm stützte. Er konnte nicht verhindern, dass sein Puls sich dabei beschleunigte.

„Geht es wieder mit Ihrem Fuß? Ich meine Knöchel", fragte Hanna mitfühlend.

„Frau Mories, ich muss leider etwas beichten." Sein unsicheres Lächeln weckte in Hanna den Verdacht, dass das, was er ihr gleich sagen würde, ganz und gar nicht angenehm war.

„Sie dürfen nicht glauben … ich möchte … Ach zum Teufel! Mein Knöchel ist okay. Es war eine Notlüge." Verlegen fuhr er sich mit allen zehn Fingern durch das Haar und holte tief Luft, als ob er sich auf etwas Unangenehmes vorbereitete. „Ich wollte Sie unbedingt kennenlernen. Ich weiß, was Sie jetzt von mir denken. Als Wiedergutmachung möchte ich Sie einladen. Vielleicht könnten wir eine Tasse Kaffee trinken gehen?" Er war es gewohnt, von Frauen angeschaut zu werden, gewöhnlich machten sie dabei jedoch kein so mürrisches Gesicht. Er ließ ihren Arm los, schob die Hände in die Taschen seiner Hose und zog eine schuldbewusste Miene. Himmel noch mal, war sie etwa gegen seinen Charme immun? Schweigend sah sie ihn an und ihre Augen wirkten ernst.

Hanna fixierte ihn von Kopf bis Fuß: charismatische Fältchen um die Augen, verschmitzter Blick, schmunzelndes Flirt-Grinsen. Glaubte er etwa, das würde sie besänftigen? Sie wandte sich zum Gehen, blieb dann aber doch stehen. Sie baute sich vor Jonas auf und hob leicht eine Augenbraue. Als sie sich anschauten, schien die Zeit stillzustehen. Sie standen da, schweigsam, und doch spielte sich etwas zwischen ihnen ab. Hanna spürte, wie ihr Herz ganz unvernünftig zu pochen begann. Mit seinem Lächeln versprühte er Charme und Sex-Appeal. Eigentlich wollte sie zu dieser Zeit niemanden kennenlernen und dann kommt dieser Mann. Männliche Wesen auf Frauenfang machten sie unruhig. Gehörte er dazu? Wobei er nicht so aussah wie einer von den Männern, die von sich dachten, sie seien der Nabel der Welt.

„Soll ich ehrlich antworten?", fragte Hanna empört und strich sich eine kleine Strähne aus der Stirn.

„Verdammt noch mal! Lügen in so einer Situation sind unfair, sehr unfair."

Sekunden vergingen. Er suchte nach den richtigen Worten, um sie zu beschwichtigen.

„Sie wollen bestimmt sagen, mein Verhalten sei nicht ver-trauenerweckend gewesen. Oder anders ausgedrückt, dass lässt mich nicht gerade vertrauenswürdig erscheinen. Wir sind doch alle schon mal in Versuchung geraten und haben Dinge getan, die andere Menschen für unehrenhaft halten könnten, oder?" Die leichte Bitterkeit in seiner Stimme ließ sie aufhorchen.

„Sie können es drehen und wenden, wie Sie wollen, es trifft beides zu. Vertrauenerweckend? Nein! Vertrauenswürdig? Nein. Außerdem weigere ich mich, Sie zu bemitleiden. Damit ist alles gesagt."

Er wappnete sich instinktiv gegen eine Zurückweisung. Er warf ihr sein bezauberndstes Lächeln zu, dem er die Fähigkeit zuschrieb, das Herz von Hanna erweichen zu können.

„Kein gemeinsames Kaffeetrinken? Sie wollen mich doch nicht stehen lassen, obwohl ich erst jetzt Ihre Bekanntschaft ge-macht habe?" Er sah, dass sie angestrengt nachdachte, dann warf sie ihm einen Seitenblick zu.

„Erst starren sie mich so an und warum lächeln sie jetzt?"

„Ein Lächeln bricht das Eis. Lachen ist eine Sprache, die je-der versteht."

„Na gut, gegen einen Kaffee ist ja nichts einzuwenden", sagte Hanna etwas freundlicher. Auf seinem Gesicht machte sich eine Mischung aus Freude und Erleichterung breit.

„Das klingt gut. Ich kenne in der Nähe ein nettes Café. Ich fahre vor und Sie kommen nach."

Keine zehn Minuten später saßen sie im Café. Hanna spielte nervös mit ihrem Kaffeelöffel. Sie konnte nicht ganz bei Trost sein, warf sie sich vor. Wie konnte sie seine Einladung anneh-men? War es Sympathie, Neugierde? Noch war sie sich über ihre Motive nicht ganz im Klaren. Sie fragte sich, ob sie mehr auf der Hut sein sollte vor einem Mann, der ihre Bekanntschaft mit ei-ner so dreisten Lüge begonnen hatte? Außerdem wollte sie doch niemandem mehr so schnell vertrauen.

„Sind sie nicht zufrieden? Gefällt es Ihnen hier nicht?", frag-te er zaghaft. Hanna schaute ihn nachdenklich an, dann verlor sich ihr Blick in der Ferne. Wenn er wüsste, was gerade in ihrem

Kopf vor sich ging. Wann hatte sie zuletzt an Markus gedacht? Es lag Ewigkeiten zurück, jetzt tat sie es. Es fing auch mit einer Einladung an. Erinnerungen kamen hoch. Erinnere dich nicht an Dinge, die du vergessen willst, sagte sie zu sich.

„Warum sollte es mir hier nicht gefallen? Die Atmosphäre und das Ambiente sind stimmig. Außerdem habe ich an Ihre Reibeisenstimme gedacht. Ihre Stimme klingt, als wären Sie in einer verrauchten Hafenkneipe aufgewachsen." Er fing herzhaft an zu lachen.

„Dafür gibt es eine einfache Erklärung. Im Babyalter bildeten sich Knötchen auf meinen Stimmbändern. Das kommt nicht so oft vor. Die Reibeisenstimme ist seitdem mein Markenzeichen und ich habe mich daran gewöhnt. Ich weiß, ich bin schrecklich neugierig. Leben Sie allein? Ich frage nur deswegen, weil ich sie allein auf dem Friedhof gesehen habe." Er wollte etwas mehr über Hanna erfahren. Mit feuchten Händen und Kloß im Hals lauerte er förmlich auf ihre Antwort.

„Ich habe noch eine Mutter. Das meinten Sie wohl nicht. Sie wollten was anderes hören? Ob ich alleinstehend bin? Ja, bin ich."

Er fragte sich ernsthaft, wie es einem Mann gelingen konnte, sich nicht auf der Stelle Hals über Kopf in sie zu verlieben. Er wollte sie nicht wieder aus seinem Leben lassen. Es war etwas ganz Besonderes an ihr, und er verspürte den Drang, dies zu ergründen. Irgendwie wirkte sie auf ihn lockend und geheimnisvoll. Sein Gesicht strahlte vor Glück.

„Aha, alleinstehend. Was mich zu meiner nächsten Frage führt. Warum?"

Weil ich Angst vor einer erneuten Enttäuschung habe. Weil mich ein Mann sehr verletzt hat. Sollte sie ihm das sagen?

Stattdessen antwortete sie: „Das klingt fast wie ein Kreuzverhör. Warum in aller Welt stellen Sie mir solche Fragen? Du lieber Himmel, ich hasse es, wenn ich danach gefragt werde. Es ärgert mich obendrein. Damit Sie mich nicht falsch verstehen, ich bin nicht beziehungsunfähig. Dennoch bin ich mit meinem Single-Leben im Großen und Ganzen zufrieden. Ich kann wunderbar mit mir allein sein. Oder anders ausgedrückt: Ich kann mein Leben mit mir selbst leben. Außerdem muss man als Single doch nicht solo sein. Reicht Ihnen diese Erklärung?" Sie konnte sich die Bemerkung nicht verkneifen.

„Sorry", sagte er verblüfft. „Es tut mir leid, ich hätte Sie das nicht fragen sollen. Ich habe mich einfach hinreißen lassen … Ich bin ab und zu so direkt und das ist manchmal ein Fehler. Ich wollte Sie nicht verletzen."

„Sie haben mich nicht verletzt. Machen Sie sich darüber keine Gedanken. Ich will nicht ungerecht sein. Ich möchte bloß keine Fragen beantworten, weil …", sie brach ab. Es passte Hanna nicht, dass die Rede auf sie kam. Sie hatte nicht die geringste Lust, von sich selbst zu sprechen. Sie schloss erneut die Finger um ihre Kaffeetasse.

„Sie dürfen nicht wütend auf mich sein. Eben haben Sie noch einen sanften, verträumten Blick gehabt. Nun sitzen Sie kerzengerade ohne verträumten Blick da. Einfach schade!"

„Ach, Sie bilden sich das nur ein." Sie rutsche unbehaglich hin und her.

„Ich muss es wohl besser wissen, denn ich habe Sie beobachtet. Ich hatte bisher angenommen, dass keine Frau der Versuchung widerstehen kann, über sich selbst zu sprechen."

Hanna ignorierte diese Anspielung. Das fehlte noch, dass sie ihr ganzes Privatleben vor ihm ausbreitete. Sie sah auch keinen Anlass, ihre Meinung zu ändern.

„Sie wissen also mit Sicherheit, was eine Frau will? Aber ich habe nicht die Absicht, mein Innenleben offenzulegen. Warum sollte ich mehr von mir preisgeben? Zumal ich Sie kaum kenne. Seien Sie froh, dass ich überhaupt etwas von mir erzählt habe. Es wäre mir lieber, wenn Sie von sich erzählen würden."

„Nun, das wird sich so fort ändern. Sie werden noch alles über mich erfahren, und ich hoffe, Sie werden auch einiges mehr über sich erzählen. Auch wenn Sie das nicht müssen. Also, ich war nie verheiratet und bin ebenfalls seit längerer Zeit Single. Sicher, ich bin immer gut allein zurechtgekommen, aber zufrieden bin ich damit nicht. Ich habe festgestellt, dass man im realen Leben kaum noch Singles trifft, um eine dauerhafte ernsthafte Beziehung einzugehen."

„Aha, dann herrscht offenbar eine Single-Knappheit. Das kann ich nun gar nicht glauben."

„Im normalen Alltag ja. Gerade Singles in den Dreißigern haben es oft schwer, neue Partner zu treffen. Die meisten sind in diesem Alter verheiratet. Was halten Sie von Liebe auf den ersten Blick?

Ist es Zufall? Oder Fügung? Oder Schicksal? Und gibt es die ewige Liebe? Was meinen Sie?"

„Schon wieder so merkwürdige Fragen? Fast wie ein Kreuzverhör. Zufall? Ja! Fügung? Nein!

Schicksal ist das, was man daraus macht! Es gibt im Leben für nichts eine Garantie. Auch nicht für Liebe auf den ersten Blick. Es kann doch auch Liebe auf den zweiten Blick geben. Ich glaube eher an gegenseitige Anziehung auf den ersten Blick. Für mich hat Liebe einen ganz anderen Stellenwert. Außerdem dauert es eine Zeit lang, bis man einen Menschen richtig kennt."

Er nickte ihr zu. „Verstehe! Damit kenne ich mich aus. Dem passenden Partner zu begegnen, ist eh ein echter Glücksfall. Ich bin froh, dass das Glück mir heute begegnet ist. Als ich Sie bereits vor Wochen sah, habe ich mich in Sie verliebt, sozusagen auf den ersten Blick. Bis heute hat mich dieses Gefühl nicht verlassen. Natürlich sind dies phrasenhafte Worte und Klischees. In meinem Fall trifft es aber voll zu."

Er sprach mit so einem genussvollen Ton, das Hanna kaum begreifen konnte, was er gesagt hatte.War das ein klassischer Anmachversuch? Versuchte er sie mit Komplimenten zu gewinnen?

Seit Tagen warnte die Polizei, dass zurzeit wieder Liebesbetrüger unterwegs waren. Sie bauen über Wochen Liebesbeziehungen auf, machen sich seelisch unentbehrlich und dann plündern sie ihr Opfer ohne Rücksicht aus. Fremden gegenüber sollte man argwöhnischer sein. Hanna, fall nicht darauf rein, ermahnte sie sich! Sie kniff misstrauisch die Augen zusammen und zwang sich, halbwegs höflich zu bleiben.

„Herr Sander, ich bin nicht in Flirtlaune. Ihre Andeutungen sind rätselhaft. Offenbar verstehen Sie es Bestens, weibliche Schwingungen zu erraten. Sie müssen nicht versuchen, mir mit

Schmeicheleien den Kopf zu verdrehen. Es ist vergebliche Liebesmühe. Darauf falle ich nicht rein. Die coolen Anmachsprüche, die ich höre, sind nur schöne Worte und sicher schon an anderen ausprobiert worden. Ich bin überrascht, wie schnell Sie Ihr Herz verschenken. Kommt jetzt ein Heiratsantrag? Sie bringen mich ernsthaft zum Lachen."

„Du lieber Himmel, nein. Noch nicht, aber ich frage mich, ob …" Er hielt es für besser, den Satz nicht zu beenden. „Wobei eine romantische Blitzhochzeit auch nicht zu verachten wäre."

Hanna starrte ihn eine Sekunde lang sprachlos an. „Sie haben wohl überhaupt nichts verstanden, rein gar nichts. In meinem derzeitigen Leben gibt es keinen Platz für einen Mann. Sie werden über meine offenen Worte noch dankbar sein."

Verfluchte Lage! Er holte tief Luft und nun kam sein trauriger Blick. Natürlich war der nur gespielt.

„Das ist nicht Ihr Ernst. Sie nehmen mich auf den Arm, oder? Das ändert aber nichts an meinen Gefühlen. Können Sie das männliche Geschlecht generell nicht ausstehen?"

Hanna wusste nicht, ob sie über seine Äußerung lachen oder nur lächeln sollte. Sie dachte an die Vergangenheit und daran, dass Markus sie damals ähnliches gefragt hatte.

„Möglicherweise?", erwiderte sie gelassen. „Ich bin in Bezug auf Männer wählerischer geworden. Ich mag Männer mit Ecken und Kanten, aber nur wenn sie ehrlich sind. Wenn ich Ihnen die Wahrheit erzählen würde, warum das so ist, würden sie sich langweilen. Können wir uns nicht über etwas anderes unterhalten? Sie haben mich die ganze Zeit reden lassen und nichts von sich erzählt. Was machen Sie beruflich? Oder reden Sie nicht gerne darüber?" Sie griff nach ihrer Tasse, um ihre Hände irgendwie zu beschäftigen.

„Doch, das ist mein Lieblingsthema", erwiderte er grinsend, weil sie geschickt das Thema gewechselt hatte. Jonas betrachtete ihre Hände und dachte: Sie hat schöne Hände und einen verführerischen Mund. Wie wäre es, wenn er sie auf der Stelle küssen würde. Dann schob er den Gedanken gleich wieder beiseite.

„Natürlich ist es nicht mein Lieblingsthema. Eigentlich liebe ich es nicht, zu erzählen, was ich beruflich mache. Aber Sie sehen mich so erwartungsvoll an, deshalb mache ich eine Ausnahme. Mein Job ist es, Unternehmen online groß rauszubringen. Wir unterstützen kleine und mittelständische Unternehmen dabei, online optimal präsent zu sein und wir sind der zweitgrößte deutsche Anbieter für regionale Werbung. Außerdem gehört die Pflege von Kundenbeziehungen dazu. Ich bin geschäftlich viel unterwegs, auch im Ausland. Nun zu meiner Person: Ich bin frei, ungebunden und falle nicht wie ein Raubtier über das weibliche Geschlecht her. Ferner flattere ich nicht von der einen zur anderen Frau und bin Frauen gegenüber nie respektlos. In Liebesdingen scherze ich nie. Ach ja, ich fühle mich Ihnen so nahe, als würde ich Sie seit Jahren kennen." Er verstummte. Hanna stützte das Kinn auf die Handfläche, während sie ihn über den Tisch hinweg verständnislos ansah. Sie fühlte sich ein wenig aus dem Gleichgewicht gebracht.

„Sie haben vielleicht Nerven und ziehen in der Tat alle Register. Wie bereits gesagt, will ich Ihnen keine Hoffnungen machen."

Eine schmerzhafte Erfahrung mit der Liebe, auch wenn das lange her war, reichte ihr. Sie lehnte sich wieder leicht zurück und trank einen Schluck Kaffee.

„Verstehe, vielleicht könnten wir zunächst Freunde werden? Ich würde es sehr begrüßen. Aber nur, wenn es für Sie okay ist?" Vor Unsicherheit kratzte er sich am Kopf.

„Sie verwirren mich erneut. Freunde? Was verstehen Sie darunter? Eine Art Probelauf zwischen uns? Sie und ich, wir sind uns vollkommen fremd."

„Das lässt sich ändern. Außerdem haben Sie noch nicht ein bisschen von Ihrem Beruf erzählt."

Hanna überlegte kurz. „Sie lassen wohl nicht locker. Obendrein gibt es nicht viel Interessantes zu erzählen. Ich arbeite in der Buchhandlung, die Herrn Ritter gehörte."

„Donnerwetter, sind Sie etwa seine Nachfolgerin? Das ist ziemlich beeindruckend. Wie ich hörte, wurde in kürzester Zeit alles modernisiert und das Buchsortiment erweitert." Sie zögerte, unsicher wie viel sie ihm erzählen wollte.

„Ja, ich habe ein paar Veränderungen vorgenommen. Ich hatte nie das Bedürfnis, etwas Eigenes zu schaffen. Dann kam das Angebot von Herrn Ritter. Ich wagte den beruflichen Neustart und habe mein Leben komplett über den Haufen geworfen. Dabei hatte ich zu dem Zeitpunkt einen tollen Job. Ich habe es nicht bereut und liebe, was ich tue. Macht man etwas mit Leidenschaft, fühlt es sich nicht nach Arbeit an. Lesen ist für mich nicht nur Unterhaltung, sondern ein Ausdruck von Kultur. Neben der Bucherweiterung war mir auch die Atmosphäre wichtig. Die Kunden sollen sich wohlfühlen, in Ruhe stöbern und sich eine Auszeit vom Alltag nehmen können. Deshalb habe ich eine Leseecke eingerichtet. Es war für mich aufregend und ist es noch immer. Jeden Tag etwas Neues erleben: neue Kunden, neue Eindrücke, interessante Gespräche. So einfach, wie es jetzt klingt, war es aber nicht. Es war wie ein Sprung ins kalte Wasser. Ich wollte …" Hanna, schoss durch den Kopf, dass es langsam zu persönlich wurde. Sie musste an eine Regel denken, die da lautete: Am besten das Thema wechseln, wenn die Unterhaltung zu persönlich zu werden drohte. Der Zeitpunkt war gerade richtig. Sie hielt es für klüger, jetzt den Mund zu halten.

„Ich höre Ihnen gerne zu, es war sehr unterhaltsam. Bitte, erzählen Sie doch weiter."

„Sie haben das Talent, mich zum Reden zu bringen. Aber es ist alles gesagt, mehr geht nicht."

„Schade! Das Thema Bücher ist für mich auch interessant. In einer Zeit, in der vieles schnelllebig ist, finde ich es toll, mit einem Buch abzutauchen und die Welt einfach mal außen vorzulassen. Da ich sie nun kennengelernt habe, werde ich bestimmt die Buchhandlung aufsuchen und mir den Umbau ansehen. Zurzeit bin ich viel unterwegs, aber ich werde mir die Zeit nehmen. Könnten wir nicht im Vorfeld Handynummern austauschen? Bitte, sagen Sie ja!" In seinen Wangen bildeten sich Grübchen. Er zog aus seiner Jackentasche einen Zettel und einen kleinen Stift.

Hanna öffnete den Mund, um zu erwidern, dass sie es für keine gute Idee hielt, machte ihn jedoch wieder zu. Es entstand eine kurze Pause.

„Meine Buchhandlung steht Ihnen offen, mein Privatleben nicht. Wir sollten es dabei belassen. Sehen Sie mich nicht so an." Er entschärfte die leichte Spannung, die zwischen ihnen aufgekommen war, mit einem Lachen.

„Könnte es sein, dass wir aneinander vorbeireden? Ich habe nicht nach ihrer Privatadresse gefragt. Warum sind Sie so misstrauisch? Ich habe nicht vor, Ihnen in irgendeiner Form zu nahe zu treten." Er überlegte, ob schlechte Erfahrungen der Grund für ihre ablehnende Haltung sein könnten. Was ging in ihr vor? Wovor hatte sie Angst? Warum sollte er ihr nicht die Frage stellen? „Frau Mories, wovor haben Sie eigentlich Angst?"

Sie wusste nicht, ob sie über diese Frage belustigt oder verärgert war. „Angst? Vor Ihnen? Ich wünschte, ich hätte eine angemessene Antwort. Zum jetzigen Zeitpunkt habe ich …" Sie dachte kurz nach. „Einverstanden, Sie bekommen meine Handynummer. Und sagen Sie jetzt bloß nicht, das war nett von mir." Es war ein großer Schritt für Hanna, die eigentlich nicht vorhatte, jemals wieder einen Mann so schnell in ihr Leben zu lassen. Sie warf den Kopf in den Nacken.

Seine Miene hellte sich auf. „Gut, ich sage es nicht, obwohl es das ist." Eigenartig, mal spürte er das Knistern zwischen ihnen ganz deutlich, dann war er wieder verunsichert. Was er jedoch wusste war, dass er alles dafür geben würde, Hanna für sich zu gewinnen.

Hanna dagegen fragte sich: Wieso kommst du ihm entgegen? Du kennst diesen Mann doch überhaupt nicht. Ist es Sympathie? Sind es die blauen Augen, die Grübchen, das strahlende Lächeln? Ein Zwiespalt zwischen Verstand und Emotionen? Wenn er dich wiedersehen wollte, müsste er nur die Buchhandlung aufsuchen. Wozu die Handynummer? Sagte er nicht, dass er geschäftlich viel unterwegs sei. War das vielleicht die Antwort darauf? All das wirbelte in ihrem Kopf herum.

„Bitte, entschuldigen Sie", murmelte er, als sein Handy klingelte und er aufs Display schaute. „Das ist meine Frau Mama. Wir sind für heute verabredet. Ich muss das Gespräch abheben." Er sah auf seine Uhr und hörte zunächst nur zu. Währenddessen studierte sie seinen Gesichtsausdruck. Was verrieten diese blauen Augen noch. Stärke? Selbstbewusstsein? Prompt fiel ihr ein Vers aus der Schulzeit ein: Blaue Augen, Himmelssterne, küssen und flirten gerne. Er ist bestimmt bei den Frauen heiß begehrt! Na und, ermahnte sie sich selbst, verfalle nicht in Träumereien. Das Letzte wonach dir der Sinn stand, waren Männerbekanntschaften.

„Ja, ich weiß, wie spät es ist. Ich habe schließlich eine Uhr. Das dürfte schwierig werden. Natürlich komme ich noch vorbei. Bis dann." Er wandte sich Hanna zu und lächelte wieder auf seine unbefangene Art. „Sie ist eine reizvolle Frau. Nur ihre übertriebene Fürsorge kann mitunter ganz schön nervig sein. Aber ich will nicht über meine Mutter Finja sprechen. Viel lieber möchte ich gerne wissen, ob Sie auch ein Lebensmotto haben?"

„Ich habe mehrere. Mein größtes Ziel ist es, täglich glücklich aufzuwachen. Glück bedeutet für mich auch: Glücklich mit meiner Arbeit, glücklich mit meinem Leben, glücklich mit mir selbst zu sein. Und ich versuche, keinem Menschen wehzutun. Es ist so leicht, zu anderen Menschen freundlich zu sein. Es macht das Leben so viel angenehmer."

„Da kann ich nicht widersprechen. Ich versuche, gesund zu leben, fahre Rad, schwimme gerne und bin neugierig auf ihre Buchhandlung. Ich habe mir nie die Zeit genommen, zum Vergnügen zu lesen, aber das wird sich nun ändern. Darf ich Sie was fragen?"

„Wenn das Ihre letzte Frage ist, dann ja. Ansonsten vergessen Sie es."

„Was halten Sie von einem ersten Date? Es kann ja sein, dass Sie mal Lust auf einen Spaziergang oder Kaffeetrinken haben."

„Spaziergang? Kaffeetrinken? Sie ziehen in der Tat alle Register", erwiderte Hanna schmunzelnd.

„Stimmt! Um sich besser kennenzulernen, muss man was zusammen erleben." Seine blauen Augen blitzten auf.

„Ich überlege es mir noch." Hanna brachte einen bühnenreifen Augenaufschlag hin.

„Warum faszinieren Sie mich nur so? Sie scheinen eine Herzensbrecherin zu sein."

„Tue ich das? Keine Ahnung. Merkwürdig, nicht wahr? Und Sie scheinen echt in Flirtlaune zu sein."

Er überlegte kurz. „Na ja, schauen Sie, die Sonne scheint, die Temperaturen steigen, da kommt doch wirklich jeder in Flirtlaune. Dazu noch eine so hübsche Frau an meiner Seite. Mehr geht nun wirklich nicht. Es war mir ein Vergnügen, Sie kennenzulernen. Würde es Ihnen etwas ausmachen, wenn ich Sie mal anrufe?" Er nahm ihre Hand und hielt sie fest.

„Ja", stammelte Hanna. „Ich meine, nein. Vielleicht?" Hanna entzog ihm ihre Hand. „Außerdem war das Vergnügen auch ganz meinerseits."

Nach einer Stunde verließen sie das Café. Hanna öffnete ihren Wagen und sah ihm nach. Kurz vor seinem Wagen drehte er wieder um und kam auf sie zu. Vermutlich will er noch etwas sagen, dachte Hanna im ersten Moment. Sie sahen einander an, er neigte den Kopf etwas vor. Und dann tat er etwas, das sie so schnell nicht vergessen sollte. Er legte sanft die Hand unter ihr Kinn. Einen Herzschlag lang spürte sie seine weichen Lippen auf ihren. Die Berührung traf sie wie ein Stromschlag. Sie wich ein wenig zurück. Ihr Gesicht lief leicht rot an.

„Ich konnte der Versuchung nicht widerstehen. Auch wenn ich jetzt Gottes Zorn auf mich gezogen habe. Mit einem Kuss kann man wortlos unendlich viel ausdrücken. Und dieser erste Kuss ist ein Versprechen, auf das, was noch folgen soll. Zu zweit ist man weniger allein. Wir beide wissen doch genau, wie die heutige Begegnung für uns enden wird!"

„Ach ja", stotterte Hanna und spürte, wie ihr die Hitze ins Gesicht stieg. Sie konnte einfach nicht glauben, dass ihr das eben passiert war. Für eine endlos lange Zeit stand sie nur da, sah ihm hinterher und dachte: Was für ein verrückter Tag! Sein Verhalten konnte man mutig nennen oder unverschämt. Als sie wieder in ihrer Wohnung war, schwirrte es in ihrem Kopf wie in einem aufgescheuchten Bienenstock. Sie war aufgekratzt und wusste noch nicht, wie sie alles einordnen sollte. Er hatte widersprüchliche Gefühle geweckt. Alles fühlte sich so ungewohnt und neu an. Irgendwie gefiel Hanna der Gedanke, dass er sie wiedersehen wollte. Und wenn ja, was dann? Noch traute sie dem Frieden nicht. Der Grund, warum sie gutem Aussehen und Charme misstraute, war Markus. Der hatte von beidem mehr als genug. Sie hatte bei Markus den Aufstieg und den Fall der Liebe erlebt. Niemals wollte sie einen Mann wieder sexuell zu Diensten sein, wenn sich nur zwischen seinen Beinen etwas regte. Mein Gott, das war keine gerechte Denkweise. Schließlich waren ja nicht alle Männer so. Er sah unglaublich männlich aus, dass jede Frau vermutlich mit ihm … Hanna, diesen Gedanken hattest du bei Markus auch. Jonas Sander hatte zwar von seinen Empfindungen gesprochen, dabei kannte er dich noch gar nicht. Das kam nicht ganz glaubhaft rüber. Die Intensität seiner geäußerten Gefühle haben dich doch auch ein wenig erschreckt. Na ja, er ist kein Selbstdarsteller, aber wortgewandt, humorvoll, charmant. Er beherrscht aber auch die Kunst, andere um den Finger zu wickeln. Nun gut, dafür ist er nicht eitel, nicht egoistisch, nicht selbstverliebt. Fall nicht darauf rein, ermahnte sie sich. Wolltest du nicht, dass alles so bleibt wie es gegenwärtig ist. Andererseits darf man dem Leben nicht nur das Schlechteste zutrauen. Außerdem sind fast zwei Jahre seit der Trennung von Markus vergangen. Plötzlich keimte in ihr Hoffnung auf, wo keine mehr war.

Jonas ahnte schon wie der Empfang bei seiner Mutter Finja ausfallen würde.

Sie empfing ihn mit einem tadelnden Blick. Ihre Miene war verschlossen.

„Junge, ich habe mir Sorgen um dich gemacht! Du bist doch sonst die Pünktlichkeit in Person, dann diese unglaubliche Verspätung. Du weißt, ich kann es nicht ausstehen, wenn man mich warten lässt. Das Essen ist fast kalt, da du nicht angerufen hast, um zu sagen, dass du später kommst. Ich dachte, dir ist irgendetwas Schreckliches passiert. Deswegen habe ich dich angerufen."

„Das kann man so nicht sagen, mir ist eher etwas Unglaubliches passiert. Manchmal braucht es im Leben nur ein klein wenig Glück und perfektes Timing, um den ganz großen Wurf zu landen. Seit heute weiß ich, dass man das Glück nicht suchen muss, sondern man muss es nur erkennen! Ich habe vor gut zwei Stunden eine Frau getroffen. Sie hat etwas an sich, das mich unglaublich fasziniert."

„Gütiger Gott. Was ist daran so ungewöhnlich. Du triffst immer Frauen", sagte sie ironisch und schaute ihn verwundert an.

„Diesmal war es anders. Ich habe sie auf dem Friedhof angesprochen und anschließend in ein Café eingeladen." Er hielt inne, weil er ihren skeptischen Blick sah.

„Auf dem Friedhof? Etwa eine schwarze Witwe? Liegt dort ihr Ehemann begraben? Der erste oder bereits der zweite Mann? Das ist doch nicht dein Stil." Sie zog ihre Augenbrauen ungewöhnlich weit hoch. Eine typische Marotte von ihr, die Jonas ihr nicht abgewöhnen konnte.

„Du kannst es nicht lassen, boshafte Bemerkungen zu machen, wenn es um Frauen geht. Ihr Name ist Hanna und sie ist Single. Ich bin hoffnungslos verliebt. Ja, jetzt glaube ich, dass zwischen zwei Menschen innerhalb weniger Sekunden Magie entstehen kann. Als ich sie angeschaut habe, spürte ich so fort: Sie ist es. Und das war ein Antrieb, den ich so gar nicht von mir kannte. Ich bin absolut überwältigt von ihrer Aura und ihrer Persönlichkeit. Sie ist kein Typ, der rumflirtet, sie hat nichts Affektiertes. Ich würde mal so sagen: Sie gibt sich unverstellt und ihre Authentizität ist bestimmt ihr Markenzeichen. Hinzu kommt bei ihr das, was man gemeinhin als das „gewisse Etwas" bezeichnet. Sie lässt sich nicht so mir nichts, dir nichts erobern. Ich habe es versucht. Es braucht halt alles seine Zeit. Ich kann warten. Kein Problem! Ich nehme an, du kannst es kaum erwarten, sie kennenzulernen. Sie wird deine Erwartungen bei Weitem übertreffen. Du wirst sie toll finden."

Nein, auf gar keinen Fall, dachte Finja. „Jonas, du übertriffst meine Erwartungen bei Weitem. Ist dir eigentlich klar, was du da sagst. Du stellst mich vor vollendeten Tatsachen. Könntest du mir bitte erklären, was du dir dabei denkst? Und von mir verlangst du, dass ich sie toll finde?", fauchte sie. „Das kannst du doch nicht ernst meinen. Falls du mich jetzt unter Druck setzt, bekommst du ein Problem. Sie hat dir anscheinend bereits den

Kopf verdreht. Es ist dein Leben. Es geht mich eigentlich nichts an, was du damit machst. Ist sie wirklich die Art von Frau, die deinen wahren Vorstellungen entspricht?"

„Ganz bestimmt, so verrückt es auch sein mag. Es war, als würden wir uns bereits seit Jahren kennen. Ich will sie unbedingt wiedersehen. Sie ist für mich keinesfalls eine Frau für eine Nacht. Ich kenne mittlerweile den Unterschied zwischen Liebe und Affäre."

„Meine Güte. Geht das nicht zu schnell? Verkaufe dich nicht unter deinem Wert."

„Hey, nun halte mal die Luft an. Verkaufen? Was ist das für eine Logik? Sei nicht so pessimistisch. Liebe plant man nicht. Entweder sie kommt oder sie kommt nicht. Ich weiß jedenfalls, dass Hanna ein großer Glücksfall in meinem Leben ist. Ich bin genau der, der zu ihr passt und würde gerne mehr Zeit mit ihr verbringen."

„Ja, ja, ich habe es begriffen. Hanna, heißt sie also. Komischer Name! Hoffentlich wirst du nicht wieder enttäuscht. Zu meiner Zeit …, aber das willst du ja nicht hören, deswegen spare ich mir weitere Äußerungen."

„Danke, dass du mir Einzelheiten ersparst. Zwischen meiner Ex-Freundin und mir liegen fast zwei Jahre. Was soll daran schnell sein? Welchen Zeitraum fändest du den angemessen?" Er war über ihre Äußerung empört und richtete sich auf.

„Darauf antworte ich nicht. Wie schaut denn dein angebliches Herzblatt aus? Oder ist das ein Geheimnis? Bisher waren immer sehr hübsche Frauen an deiner Seite. Es würde mich wundern, wenn es diesmal anders ist." Jonas überlegte, ob er darauf antworten sollte. Was soll's, sie wird eh nicht Ruhe geben, ehe ihre Neugierde gestillt war! So ließ er sich dazu hinreißen, Hannas Vorzüge zu preisen.

„Hanna ist eine erotische, atemberaubende Frau. Elegant, eine Schönheit auf zwei langen Beinen. Sie hat all das, was sich viele Männer wünschen. Sie hat mit einem Augenaufschlag mehr Sexappeal, als jede andere Frau, die ich bisher kennen gelernt habe. Ich mag ihre Augen. Oh – ihre Augen! Aufregend, lebhaft, manchmal voller Sinnlichkeit und auch herausfordernd.

Mit einer Figur, die Männerherzen höherschlagen lässt. Vom Alter her könnte sie Anfang oder Mitte dreißig sein. Seit dem Augenblick, in dem sie mir das erste Mal in die Augen schaute, hatte ich einen riesigen Schwarm Schmetterlinge in meinem Bauch. Und dieses Kribbeln ist ein Zeichen dafür, dass sie meine Gefühlswelt durcheinandergebracht hat. Das ist mir in dieser Art bisher bei keiner anderen Frau so schnell passiert. Ich will sie unbedingt wiedersehen und werde sie demnächst einladen. Hoffentlich kommt nicht eine längere Dienstreise dazwischen. Mir schwebt ein Strandspaziergang vor, mit Kaffeetrinken oder eine Bootstour. Mal sehen, ob sie dazu Lust hat. Jedenfalls bin ich der größte Glückspilz dieser Welt. Ich habe meine Traumfrau gefunden. Wenn das nicht die Frau fürs Leben ist, wer dann?"

„Das meinst du doch nicht ernst. Das hat nichts mit Glück zu tun. Dann dieser Begriff: Traumfrau. Das ist auch so eine neumodische Bezeichnung. Gibt es eigentlich etwas, das diese Frau nicht hat? Nach deiner Darstellung ist sie die personifizierte Lebensfreude, keine schwarze Witwe und nicht der Typ für eine kurze Affäre. Oder doch?" Es war eindeutig, wie viel Jonas an dieser Frau lag. Sie überlegte, ob es wohl eine Möglichkeit gab, das zu verhindern. Sie musste ihn zur Vernunft bringen. Das würde ihm viel Leid ersparen.

Jonas verdrehte die Augen und sagte: „Ich glaube, du siehst zu viele heiße Liebesfilme. Ich ahne schon, was du vermutest? Denke ja nicht, dass sie so eine Frau ist?" Er hielt inne und wartete auf ihren Protest.

Das glaubst auch nur du, dachte sie im Stillen. Er war offensichtlich völlig vernarrt in diese Hanna. Was für ein schrecklicher Name. Hanna? Wer heißt heute schon Hanna. Sie riss sich zusammen und fragte freundlicher: „Und was weißt du noch über sie?"

„Sie besitzt eine eigene Buchhandlung."

„Aha, eine Buchhändlerin. Ein Bücherwurm also? Und wo bitte befindet sich diese Buchhandlung?"

„In der Ladenstraße, neben dem Einkaufscenter. Da, wo schon immer die Buchhandlung war. Frag nicht so scheinheilig. Wir haben nach wie vor nur eine Buchhandlung in der Stadt. Du hast doch wohl nicht die Absicht, die Buchhandlung aufzusuchen? Dass du dich dort ja nicht blicken lässt! Zumal du noch ungelesene Bücher zuhause rum liegen hast. Zügele deine Neugier!"

„Gott bewahre, nein, diese Absicht habe ich nicht. Warum sollte ich? Und so neugierig bin ich nun auch nicht. Außerdem kenne ich diese Buchhandlung. Trotzdem merkwürdig, sie müsste nach deiner Darstellung Mitte dreißig sein und besitzt eine Buchhandlung, die vorher dem Herrn Ritter gehörte. Die Buchhandlung war sein Lebenswerk! Er wird sie nicht zum Nulltarif abgegeben haben. Junge, sei bloß vorsichtig. Ich weiß nicht, ob das alles mit rechten Dingen zugeht. Ich würde mich nicht darauf verlassen. Überstürze nichts! Vielleicht ist sie nur auf dein Geld aus." Sie würde nicht mit ansehen, wie Jonas sich für diese Frau wegwarf.

„Du reimst dir da schon wieder was zusammen. Woher sollte sie wissen, ob ich wohlhabend bin oder nicht? Wir haben nicht über Geld gesprochen. Außerdem hast du mir doch oft genug erzählt, dass die Buchhandlung super läuft."

„Ja, das stimmt, aber da hatte der alte Herr Ritter noch den Hut auf. Wer weiß, ob sie auch so gut ist. Vielleicht schreibt sie rote Zahlen und sucht nun einen finanzkräftigen Mann. Oder sie hat sich mit dem alten Ritter eingelassen? Den jungen Dingern von heute traue ich alles zu!"

„Es reicht! Hör mit den was-wäre-wenn-Szenarien auf! Ich ertrage es nicht, wenn du mich wie einen Teenager behandelst. Deine Spekulationen sind nicht zum Aushalten! Ich bereue es, dass ich überhaupt erzählt habe. Warum musst du hinter allem immer etwas Negatives sehen? Du magst deine Äußerungen vielleicht für akzeptabel halten, aber ich nicht." Er runzelte missbilligend die Stirn. Jonas wusste, wenn Finja sich einmal ein Urteil über jemanden gebildet hatte, war es schwer, sie vom Gegenteil zu überzeugen.

„Ich habe die Nase voll davon, dass du diese Hanna so verteidigst. Ich will doch nur dein Bestes und dich vor einer erneuten großen Enttäuschung bewahren."

„Das klingt fast so, als würdest du dir um mich Sorgen machen?"

„Jonas, natürlich mache ich mir Sorgen. Denkst du, dass ich mir alles nur einbilde. Sie wird dir das Herz brechen. Irgendwann!" Sie wollte noch etwas hinzufügen, aber Jonas kam ihr zuvor.

„Ja, du hast vollkommen Recht. Hanna ist ein wahres Monster. Sie ist mindestens fünf Kilo zu fett, zwanzig Jahre älter, hat schiefe Zähne und raucht. Ich hoffe, du bist jetzt zufrieden."

„Hey, jetzt komm mal wieder runter! Das klingt fast nach einer Beleidigung." Finjas Lippen bebten.

„Ganz und gar nicht! Ich kann selbst auf mich aufpassen. Soll ich sie links liegenlassen? Ihr den Rücken zukehren? Weißt du, was ich langsam glaube, du willst unbedingt verhindern, dass jemals eine Frau wieder an meiner Seite lebt. Alle meine Freundinnen waren dir nicht gut genug. Du hattest an jeder was auszusetzen. Das Schlimme daran war, dass du es sie hast spüren lassen. Keine fühlte sich in deiner Nähe wohl. Sie waren jedes Mal froh, wenn sie dich von hinten sahen. Wenn es nach dir geht, sollte ich mein Leben als Single fristen. Deine Reaktion ist die beste Bestätigung."

„Wenn du das so darstellst, hört es sich so an, als ob ich auf deine Freundinnen eifersüchtig wäre. Mir gefällt das nicht", sagte sie beleidigt. „Sprich nicht in diesem Ton mit mir. Und dreh mir nicht das Wort …"

„Ich drehe dir nicht das Wort im Mund um. Natürlich willst du darüber kein Wort mehr hören. Das willst du ja nie."

„Jonas, du bist ein elender Dickkopf und musst immer das letzte Wort haben", sagte sie betroffen, zupfte ein Papiertaschentuch hervor und schnäuzte sich laut. Jonas wandte sich zum Gehen, blieb aber in der offenen Tür stehen.

„Ja, ich glaube, mein Dickkopf ist angeboren", erwiderte er ernst. „Denkst du, ich lasse mir vorschreiben, wen ich zu lieben habe? Versuch es erst gar nicht. Es wäre sinnlos. Also spar dir gefälligst deine Ratschläge. Ich wünsche dir noch einen schönen Tag." Seine Stimme klang frostiger als beabsichtigt.

„Jonas, es könnte zwischen uns beiden zur Trennung kommen. Du bist geblendet von Liebe und Wunschdenken und erkennst es nicht", sagte sie und in ihrem Tonfall klang mühsam unterdrückte Gereiztheit mit.

„Du solltest dich nach Entspannungsritualen erkundigen, das hilft", erwiderte Jonas ganz ruhig. Für ihn war das Gespräch beendet.

Das führte bei Finja erst mal zu Schnappatmung. Vor Empörung wäre ihr beinahe die Luft weggeblieben. Das Gespräch lag ihr wie Blei auf der Brust. Ihm war nicht klar, worauf er sich eingelassen hatte.


## Montagmittag

Finja machte sich auf den Weg, um die neue Liebe ihres Sohnes persönlich unters Auge zu nehmen. Sie hätte lieber zu Fuß gehen sollen, dachte sie mit einem Blick auf die beiden zugeparkten Straßenseiten, doch dann entdeckte sie eine Lücke. Mit Glück konnte sie das Auto fast vor der Buchhandlung parken. Sie blieb im Auto sitzen und hoffte, diese Frau von hier aus durch die große Scheibe zu sehen. Aber sie hatte keine Chance, weil die Sonne sich in der Autoscheibe spiegelte. Wohl oder übel musste sie in die Höhle des Löwen treten. Entschlossen schnappte sie sich ihre Handtasche, öffnete die Wagentür und machte sich ans Aussteigen. Plötzlich mulmig, betrat sie die Buchhandlung. Warum gab ihr das ein so schlechtes Gefühl? Wegen Jonas? Natürlich würde er denken, dass sie sich in etwas einmischte, das sie überhaupt nichts anging. Wenn er davon erfuhr, würde er ihr die Hölle heißmachen. Der bloße Gedanke daran jagte ihr einen Schrecken ein. Ihre Augen schweiften kurz durch den Raum. Es war geschmackvoll, so ganz anders, als sie es sich vorgestellt hatte. Eine fröhliche Stimme unterbrach ihre Betrachtung.

„Guten Tag, kann ich Ihnen behilflich sein? Suchen Sie was Spezielles?"

Finja blickte erschrocken auf. Für ein paar Sekunden fühlte sie sich wie gelähmt. „Äh, vielen Dank. Ich möchte mich erst umschauen und komme dann ganz sicher auf Ihr Angebot zurück." Das war also diese Frau, die ihr mit einem Handstreich Jonas gestohlen hatte.

Hanna ahnte in keiner Weise, wer vor ihr stand. Eines wusste sie aber definitiv: Diese extrem modisch gekleidete Frau hatte noch nie Fuß in ihre Buchhandlung gesetzt. Sie besaß ein gutes Personengedächtnis und kannte mittlerweile ihre Kunden. Hanna bemerkte sehr wohl, dass die Frau sie einer gründlichen Musterung unterzog.

Finja schlenderte von einem Bücherregal zum anderen und nutzte jede Gelegenheit, Hanna zu beobachten. Da sie ständig in Bewegung war, fiel es ihr nicht leicht, sie mit ihren Blicken zu verfolgen. Sie sah eine Leseecke und ließ sich mit einem theatralischen Seufzer dort nieder. Scheinbar gelangweilt blätterte sie in einer Bücherzeitung und registrierte nebenbei die Veränderungen. Die Buchhandlung wirkte heller, moderner und großzügiger.

„Darf ich Ihnen vielleicht einen Kaffee anbieten?", fragte Hanna mit einem Lächeln. Erstaunt, über so viel Aufmerksamkeit, nickte Finja.

„Könnten Sie mir vielleicht sagen, ob Herr Ritter auch da ist? Ich würde ihn gerne sprechen, wenn es keine Umstände macht."

„Tut mir leid, Herr Ritter ist nicht mehr hier. Er ist bereits seit geraumer Zeit im Ruhestand."

„Ach, das ist eine Neuigkeit. Das wusste ich nicht. Wem gehört denn jetzt die Buchhandlung?"

Ihre Frage und ihre hochgezogenen Augenbrauen machten Hanna stutzig. Schließlich stand draußen gut lesbar wer die Nachfolgerin war. „Warum wollen Sie das wissen? Sind Sie vom Finanzamt? Stellen sie Nachforschungen über mich an." Hanna runzelte die Stirn und blickte sie herausfordernd an.

Finja schwieg kurz, eine Antwort fiel ihr überraschend schwer. „Wie kommen Sie denn darauf? Um Gottes willen, nein. Sehe ich so aus? Ich könnte niemals den ganzen Tag in einem Büro sitzen und Akten wälzen", sagte sie in einem scherzhaftem Ton.

„Nun, Ihre Fragen hörten sich so seltsam an. Ich habe die Buchhandlung übernommen. Dem Anschein nach kannten Sie Herrn Ritter persönlich?"

„Ja. Wir hatten sehr intensiven Kontakt zueinander. Merkwürdig! Er hat mir von dem Wechsel nichts erzählt. Ich weiß nicht genau, wieso, aber irgendwie scheint etwas vorgefallen zu sein. Wo kann ich denn Herrn Ritter erreichen?" Sie machte ein besorgtes Gesicht.

Zunächst hatte Hanna dem Ganzen keine Bedeutung beigemessen. Jetzt erschien ihr alles in einem anderen Licht. Es war das erste Mal, dass sich jemand so intensiv nach Herrn Ritter erkundigte. Sie hatte ein unbehagliches Gefühl. Obwohl sie wusste, wo er sich aufhielt, würde sie es dieser Frau nicht sagen.

„Tut mir leid, keine Ahnung. Ich habe ihn nicht danach gefragt. Wenn sie keine weiteren Fragen haben, darf ich Ihnen jetzt den Kaffee bringen?"

„Ja, gerne", sagte Finja und dachte sich: Mädchen, wenn du wüsstest, ich habe noch jede Menge Fragen, die ich dir leider nicht stellen kann. Du bist nicht gut genug für meinen Jonas. Du wirst sein Untergang sein. Ich werde meinen Sohn retten. Das behielt sie alles für sich. Kurze Zeit später brachte Hanna auf einem weißen Porzellantablett den Kaffee und eine Schale mit Gebäck.

„Oh, haben sie selbst gebacken? Das Gebäck sieht ja köstlich aus."

Hanna erwiderte freundlich: „Leider nicht. Dafür habe ich im Moment keine Zeit. Sie sind vom Bäcker nebenan."

Finja bedankte sich und nach dem sie wieder allein war, blätterte sie halbherzig, ohne großes Interesse, in dem Buch. Warum zum Teufel hatte sie sich darauf eingelassen, hier her zu kommen, fragte sich Finja im Stillen. Nun war es zu spät und sie lehnte sich zurück. Finjas Gedanken beschäftigten sich jetzt nur mit Hanna. Das war also Jonas Frau fürs Leben. Alle Achtung! Diese Frau sieht wirklich umwerfend aus, fast perfekt. Jonas hatte nicht übertrieben. Trotz alledem konnte sie diese Frau nicht ausstehen. So eine gutaussehende Frau hat er nie im Leben für sich allein. Diese Frau, oh mein Gott, lässt Männerherzen höherschlagen und schmelzen. Leider auch Jonas Herz. Unvorstellbar, dass sie ohne jeglichen Anhang ist. Da kann was nicht stimmen! Aber das bekommt sie noch raus. Schließlich kennt sie genug Leute. Schade, dass der alte Ritter ihr nicht gesagt hat, dass er seine Buchhandlung abgibt. Bestimmt hätte er ihr mehr über diese Frau erzählt. Schließlich kannten sie sich viele Jahre. Ihr Outfit ist top, obwohl die Jeans ganz schön knackig sitzt. Zieht automatisch die Männerblicke an. Ob sie sich dessen bewusst ist? Mit ihrer freundlichen Art kommt sie sehr sympathisch rüber und wirkt kein bisschen arrogant. Aber das hat nichts zu sagen. Frauen in dem Alter können sich wunderbar verstellen. Darin sind sie wahre Künstlerinnen. Vielleicht ist sie auch eine von denen? Ganz sicher, sie ist eine falsche Schlange. Sie stand auf und ging zum Verkaufstisch.

Hanna blickte auf. „Haben sie etwas Nettes entdeckt?"

„Ja, ich denke schon. Ich habe mich für dieses Buch entschieden und möchte den Kaffee bezahlen. Er hat übrigens sehr gut geschmeckt und auch das Gebäck war köstlich."

„Das freut mich. Kaffee und Kekse sind natürlich gratis und gehen auf Kosten des Hauses. Sie haben ein amüsantes Buch ausgewählt. Ein typischer Frauenroman. Der wird gerne gekauft."

Sie sah Hanna zu, wie sie das Buch einpackte. Ihr Blick wanderte zu ihren schlanken Händen und den sorgfältig manikürten Nägeln. Warum trägt sie keinen Nagellack?

Hanna bedankte sich für den Einkauf. „Es wäre nett, wenn sie wieder Mal hereinschauen."

Finja nickte. Ihre offen zur Schau getragene Freundlichkeit ging ihr gegen den Strich. Sie konnte auch anders auftreten aber das war in dieser Situation nicht angebracht.

„Ich denke schon, dass ich wieder reinschauen werde. Bestellen sie bitte Herrn Ritter Grüße von mir, falls er mal reinschaut. Schade, dass ich ihn nicht angetroffen habe."

„Das würde ich gerne tun, aber ich kenne ihren Namen nicht. Es sei denn, sie verraten ihn mir."

Finja spürte, wie sie rot wurde. Mein Gott, das wäre beinahe in die Hose gegangen. Natürlich würde sie ihren Namen nicht verraten. Sie war ja nicht lebensmüde und rang einige Augenblicke lang um eine geeignete Antwort.

„Ich komme wieder und treffe Herrn Ritter dann bestimmt an."

„Herr Ritter wohnt nicht mehr hier. Bisher war er nie wieder hier, obwohl er bei der Verabschiedung versprochen hat, mich mal zu besuchen. Ich hoffe, dass er bei bester Gesundheit ist und irgendwann mal reinschaut. Wahrscheinlich dann, wenn ich es am wenigsten erwarte. Ich habe mich mit ihm sehr gut verstanden. Herr Ritter war ein guter Lehrmeister." Hinterher fragte sie sich, warum hast du ihr das erzählt? Diese Frau hatte nicht mal ihren Namen genannt.

Finja konnte sehen, dass Hanna sie aus dem Laden heraus beobachtete. Ihr wurde bewusst, dass es doch ein Fehler war, die Buchhandlung aufzusuchen.

Zuhause legte Finja das Buch in die unterste Schublade. Sie wollte nicht, dass es Jonas in die Finger fällt, wenn er überraschend auftaucht. Wobei er jetzt wo er diese Hanna kennt, wohl nicht mehr so oft vorbeischauen wird. Sie musste an den Strandspaziergang denken. Ihr war klar, worauf dieser Ausflug hinauslief. Das versetzte sie in Aufruhr. Jonas war ihr Ein und Alles. Sie wollte auf keinen Fall, dass er noch einmal auf eine Frau, wie diese Elke, reinfiel. Die war nur hinter Jonas Geld her und eine echte Schlange in Menschengestalt. Am liebsten hätte sie Jonas noch ein Kind angedreht, um ihn an sich zu binden. Ein Glück, dass er sich noch rechtzeitig von ihr getrennt hatte. Den wahren Grund der Trennung kannte sie bis heute nicht. Und nun kreuzte eine Neue auf. Sie glaubte, ihren Sohn gut genug zu kennen, um zu wissen, dass er total verliebt war. Und auch wie er von ihr geschwärmt hatte. Dann seine Äußerung: „Schmetterlinge und Kribbeln im Bauch", sowas hatte sie bisher noch nie von Jonas gehört. Unglaublich! Hoffentlich machte er sich nicht zum Narren. Sie fühlte sich jetzt schon an zweiter Stelle in Jonas Leben. Wie sollte sie damit klarkommen? Das Kältegefühl, das sie plötzlich ergriff, war beklemmend. Sie wollte keine Frau, die alles durcheinanderbrachte. Allein der Gedanke daran, machte sie wütend. Diese Frau stellte eine Gefahr dar. Um Jonas nicht zu verlieren, würde sie auch mit dem Teufel persönlich einen Pakt eingehen. Niemand nimmt ihr Jonas weg. Noch wusste sie nicht, wie sie das bewerkstelligen konnte. Sie hatte keine perfekte Lösung. Und obwohl sie sich Mühe gab, fiel ihr auch keine ein. Im Moment musste sie alles über sich ergehen lassen, zumindest vorläufig.

# Kapitel 9

Obwohl Hanna es nicht wollte, gab es Tage, an denen sie mehr als einmal an Jonas Sander denken musste. Sie fragte sich, ob sie ihn je wiedersehen würde. Irgendetwas hatte dieser Mann an sich. Sein Lächeln? Seine offene Körpersprache? Sein entspanntes Auftreten? Seine positive Ausstrahlung? In ihren Gedanken sah sie Jonas wieder vor sich. Wie er sich vorbeugte und ihr einen leidenschaftlichen Kuss gab. Jedes Mal, wenn das Handy klingelte, erwartete sie, seine Stimme zu hören, und jedes Mal wurde sie enttäuscht. Warum rief nicht sie ihn an? War das unter ihrer Würde? Sie würde ihn nicht anrufen. Oder doch? Mit einem Schauer dachte sie daran, dass sie es beinahe getan hätte. Warum sollte sie sich einem Mann aufdrängen, der kein Interesse an ihr hatte? Mehr als einmal hatte sie sogar die Möglichkeit erwogen, dass er bereits verheiratet sein könnte. Es fiel ihr schwer, das zu glauben. Doch noch schwerer war es, die Tatsache zu akzeptieren, dass er sich vier Monate lang nicht gemeldet hatte. Sie war wütend, weil sie es nicht schaffte, ihn aus ihren Gedanken zu verbannen. Es machte sie noch gereizter, als sie ohnehin war. Wenn sie nicht aufpasste, waren ihre Gedanken nur noch bei diesem Mann. Wie lange sollte es mit ihr noch so weitergehen? Nein, dachte sie. Sie würde ihre Gedanken jetzt nicht mehr an Jonas verschwenden, und sie hörte auf, die Tage zu zählen, an denen sie nichts von ihm hörte. Es gab Abende, da verirrten sich ihre Gedanken wieder zu ihm. Sie sehnte sich nach einem Mann, der sich ehrlich zu ihr bekannte. Nach einem Mann wie Jonas! Wie konnte man jemandem, den man nur so kurz kannte, so vermissen. Hanna, komm endlich zur Vernunft. Jeder weitere Tag des Wartens auf diesen Mann ist verschwendete Lebenszeit. Sei keine Närrin! Es war alles nur ein Strohfeuer!

Tage und Wochen waren vergangen!

Und dann, wieder ein Morgen, ein weiterer Tag, der mittlerweile sonnig geworden war. Hanna ging davon aus, dass es ein Tag wie jeder andere werden würde. Sie bemerkte Jonas erst, als sie sich umdrehte. Hanna versuchte, ihren erhöhten Herzschlag unter Kontrolle zu bringen. Von heute auf morgen war er aus ihrem Leben verschwunden, um dann wiederaufzutauchen und so zu tun, als wäre nichts passiert. Wo hat er während dieser vier Monate gesteckt? Jonas sah ihr an, dass sie nicht gerade strahlte.

„Oh, Gott, was führt Sie denn hierher? Im Augenblick habe ich keine Zeit und kann mich nicht freimachen. Sie sehen ja selbst, wie voll es hier ist. Ich bin viel zu beschäftigt, um Privatgespräche zu führen, da ich jede Menge Kundschaft zu bedienen habe. Wenn Sie mich jetzt bitte entschuldigen", sagte sie kühl, ohne groß zu überlegen, und bereute ihre Worte so fort. Das entmutigte jedoch Jonas nicht, und er reagierte sehr schnell.

„Guten Tag! Ich habe Ihnen doch gesagt, dass ich den Weg hierher finden würde. Ich werde auf Sie warten, wenn es Ihnen nichts ausmacht. Ich habe ohnehin nichts zu tun."

„Wollten Sie mir das sagen? Haben Sie deswegen die Mühe auf sich genommen mich hier aufzusuchen? Nach vier Monaten? Sie müssen sich mal fragen, warum Sie es so lange ausgehalten haben." Hannas Stimme klang spöttisch.

„Es ist nicht so wie es aussieht. Ich bin nicht nur zum Plaudern gekommen. Ich wollte Ihnen erklären, warum ich mich so lange nicht gemeldet habe."

Hanna brannte eine heftige Entgegnung auf der Zunge, doch sie schluckte sie herunter. Sie hatte nicht vor, deswegen zu Kreuze zu kriechen. Brauchte er denn einen Grund, um herzukommen? Andererseits hatte sie nicht das Herz dazu, ihm abzusagen.

„Dann nehmen Sie doch in der Leseecke einstweilen Platz." Ihre Mundwinkel zuckten minimal. Ohne seine Reaktion abzuwarten, drehte sie sich um.

„Vielen Dank", sagte er und nahm Platz. Er folgte Hanna mit den Augen durch den Raum.

Vor längerer Zeit hatte er gelesen, dass manche Frauen alle Blicke auf sich ziehen, wenn sie einen Raum betreten. Nicht weil sie es mit einem auffälligen Outfit darauf anlegen, sondern weil sie das gewisse Etwas haben und Hanna war so eine Frau. Die reinste Verlockung. Mit einer Figur, die einen Mann schon auf verrückte Gedanken brachte. Seine Gedanken marschierten bereits in diese Richtung. Nach ein paar endlosen Minuten kam Hanna zurück. Jonas erhob sich so fort. Am liebsten hätte er sie spontan umarmt und geküsst. Doch er hatte die Befürchtung, dass er damit eine Grenze überschreiten könnte.

„Ein wunderbarer Tag, nicht wahr? Sie sind überrascht, mich hier zu sehen, stimmt's? Es verging kein Tag, wo ich nicht an Sie gedacht habe. Haben Sie schon Pläne fürs Wochenende? Wenn nicht, hätten sie Lust, ein paar Stunden so richtig auszuspannen? Ich dachte … Ich meine, vielleicht ein Spaziergang am Wasser? Wie wäre es am Samstagnachmittag? Ich würde mich sehr freuen."

„Nur um das klarzustellen: Das wäre unser erstes Date, nachdem Sie vier Monate spurlos verschwunden waren. Ich weiß nicht, ob ich jetzt dazu bereit bin und ob es gegenwärtig das Richtige für mich ist." Sie klang zickig und wusste, dass das die falsche Antwort war. Die richtige Antwort wäre gewesen: Monat für Monat habe ich auf ein Zeichen gewartet. Es gab keine Nachricht. Ich hatte jegliche Hoffnung aufgegeben. Warum zum Teufel musste sie nur so impulsiv reagieren?

Jonas sah Hanna an. Er verübelte ihr diese Aussage nicht. Der Blick, den sie ihm zuwarf, ließ keinen Zweifel daran, wie ihre Worte gemeint waren. Sie lehnte die Einladung ab. Seine Lage kam ihm hoffnungslos vor. Er startete einen neuen Versuch.

„Warum wollen Sie nicht mit mir ein paar Stunden verbringen? Wie lange muss man sich Ihrer Meinung nach kennen, um einer Verabredung zuzustimmen? Gibt es von Ihrer Seite dafür feste Regeln? Oder hängt es mit den vergangenen vier Monaten zusammen? Ich kann es Ihnen erklären, wenn Sie es denn wissen möchten. Ich möchte Sie aber nicht unter Druck setzen."

Sie war nervös. Wie sollte sie sich ihm gegenüber verhalten? Ja? Nein? Vielleicht?

Er schaffte es mit seiner unwiderstehlichen Art, dass bei ihr die Neugier größer war als ihr Verlangen nach Antworten.

„Haben Sie schon einen Plan?", fragte sie eine Spur freundlicher. Mal sehen was er jetzt von sich gibt.

„Wie ich bereits sagte: Kaffeetrinken, Spaziergang am Strand, Bootstour. Probieren Sie aus, ob es das Richtige für Sie ist. Geht es schief, können Sie mich hinterher auseinandernehmen."

Je mehr sie darüber nachdachte, desto reizvoller war dieses gut durchdachte Freizeitangebot. Er war wirklich clever. Das musste sie ihm, wenn auch widerwillig, zugestehen.

„Ich würde mitgehen. Klingt nach einer tollen Idee." Auch wenn sie noch etwas verärgert war. Eigentlich stimmte etwas verärgert nicht. Sie war von seinem Verhalten eher verletzt.

„Da bin ich aber froh. Eine bessere Entscheidung hätten Sie gar nicht treffen können. Ich brauche nur noch Ihre Adresse und warte selbstverständlich brav vor Ihrem Haus. Noch eine Frage, damit mir keine Fehler unterlaufen. Ich will auf Nummer sicher gehen. Gibt es etwas, das Sie nicht mögen?"

„Ich sollte Sie warnen. Es gibt einiges. Ich reagiere allergisch auf Nüsse, stehe nicht auf Grapscherei, hasse langbeinige Spinnen, mag keine On-/Off-Beziehung und ich habe nicht die Absicht, mich in Sie zu verlieben." Sie kam sich ein wenig albern vor.

„Macht nichts", sagte er einlenkend. „Das Gleiche gilt auch für mich. Ich meine, das letzte. Wir treffen uns am Samstag, um fünfzehn Uhr. Abgemacht?" Jonas lächelte in sich hinein. Was hätte er gemacht, wenn sie nein gesagt hätte?

Sie schrieb ihre Adresse auf. Hanna sah ihm an, dass er sie jetzt am liebsten geküsst hätte. Doch sie wich einen Schritt zurück und er verabschiedete sich mit einem Augenzwinkern. Sie ging wieder an ihren Arbeitsplatz und schob mit den Händen energisch einen Stapel Bücher zu Seite. Ihre Gedanken kamen nicht zur Ruhe. Sie mochte Jonas, wollte sich aber nicht übereilt in eine Beziehung drängen lassen. Aber hatte er das überhaupt vor? Worauf lief diese Zweisamkeit hinaus. Unverbindliche Verbindung? Romanze? Mit ihm den Tag zu verbringen, das wäre schon aufregend.

Der morgendliche Dunst hob sich allmählich, und die Sonne brach durch.

Zu Beginn der Woche hatte es noch in Strömen gegossen. Würde ihr heutiges erstes Date mit Jonas reichen, um ihn wirklich kennen zu lernen. Was war mit den vier Monaten? Wie oft hatte sie ihn verflucht? Wollte sie sich noch mal auf einen Mann einlassen? Und zwar auch im körperlichen Sinn? Erst mal sehen, wie sich die Dinge entwickeln. Sie verließ die Dusche, trocknete sich das Haar mit einem Handtuch und föhnte es anschließend. Dann tauchte sie den Finger in einen Tiegel Feuchtigkeitscreme und verteilte ein wenig behutsam auf ihrem Gesicht. Ihre Wangenknochen betonte sie mit etwas Rouge und ihre Lippen mit ein wenig Lipgloss. Sie zog eine hellblaue Jeans, eine weiße Leinenbluse mit Lochstickerei und leichte Sandalen, die aus nichts als ein paar glitzernden Riemchen bestanden, an. Ihre Haare hatte sie zu einem Pferdeschwanz gebunden. Sie schenkte ihrem Spiegelbild ein Lächeln und zwinkerte sich selbst zu.

„Auf geht's, Hanna!", murmelte sie. Überpünktlich stand Jonas vor dem Haus. Sie winkte ihm vom Balkon zu, schnappte sich ihre Leinenjacke und ihre Tasche und schloss die Wohnung ab. Sie hüpfte wie ein junges Mädchen, übermütig, die Stufen runter und hatte Herzklopfen, als sie vor Jonas stand. Er schlang die Arme um sie und drückte ihr ein Küsschen auf die Wange. Hanna wurde etwas verlegen. Hilde, die die beiden von ihrem Balkon aus sah, amüsierte sich köstlich, aber davon ahnte Hanna nichts. Mit einer einladenden Handbewegung öffnete Jonas die Wagentür und Hanna nahm im Auto Platz. Dann stieg Jonas ins Auto ein.

Während der Fahrt sagte er: „Hanna, heute ist ein Traumtag, nicht wahr? Ich freue mich auf die gemeinsamen Stunden. Jetzt haben wir die Chance, uns besser kennenzulernen." Er fügte nach einer kurzen Pause mit seinem jungenhaften, schelmischen Lächeln hinzu. „Du siehst übrigens betörend aus!" Vollkommen ungeniert duzte er Hanna.

„Ist das ein Kompliment?" Sie errötete ein wenig und fingerte nervös an ihrer Korbtasche herum.

„Ich sage nur wie es ist", meinte er fröhlich. „Ich hoffe, es macht dir nichts aus, wenn ich dich duze. Die Unterhaltung läuft wesentlich besser."

„Ist schon in Ordnung.“ Hanna schaute Jonas von der Seite an. Seine Haut war von einer leichten Bräune überzogen. Sie mochte seinen legeren Look. Dunkelblaue Jeans und weißes Polohemd. Ihre Aufregung nahm zu. Mein Gott, Hanna, du bist doch keine achtzehn mehr, rede mit ihm, damit er sieht, dass du locker drauf bist. Sie zögerte kurz. „Hat deine Mutter dir deine Unpünktlichkeit von damals eigentlich verziehen?“

Jonas lachte. „Ja, das hat sie. Ich habe von dir erzählt, weil sie neugierig war. Sie hat ein wenig mit den Flügeln geschlagen, das war es dann auch.“

Hanna war überrascht und seltsam berührt, dass sie ein Gesprächsthema zwischen ihm und seiner Mutter war. Er bog von der Autobahn ab. Sie fuhren eine Landstraße entlang, an der rechts und links hohe Bäume standen, deren dichtes Blätterdach an eine Baumallee erinnerte. Vor einem Waldstück befand sich der Parkplatz und daneben ein uriges Backsteinhaus. Das rötliche Mauerwerk der Gaststätte war teilweise mit Wein bewachsen und strahlte mit der Nachmittagssonne um die Wette. Die Terrasse war voll, dennoch hatten sie Glück und fanden einen Platz. Es wehte ein leichter Wind, der die Fransen der Sonnenschirme flattern ließ.

„Als ich heute Morgen aufwachte, wusste ich gleich, dass alles gut werden würde“, flüsterte er leise. Befangen strich sich Hanna ihr Haar aus der Stirn. Sie versuchte, sich nicht anmerken zu lassen, dass sie auf seine Erklärung wartete. In welchen Schwierigkeiten steckte er?

Er sah Hanna kurz an, schaute dann aber wieder weg.

„Ich war krank“, sagte er mit leiser Stimme. „Ich saß im Rollstuhl, war verzweifelt und habe nicht gewusst, wie es ausgehen wird.“

Einen Moment wusste Hanna nicht so recht, was er damit meinte. Mitfühlend betrachtete sie Jonas.

„Wie ist das möglich? Warum hast du mich nicht angerufen? Ich meine …“ Sie verstummte.

„Es fing alles mit heftigen Bauchschmerzen an. Mal mehr, mal weniger. Es wurde schlimmer.

Ich landete in der Notaufnahme. Ultraschalluntersuchungen und Magenspiegelung brachten keinen Befund. Die Klinikärzte verabreichten mir Schmerzmittel. Doch die machten alles noch schlimmer. Dann versagte die Beinmuskulatur, danach die Arme. Sehstörungen kamen dazu. Binnen einer Woche war ich gelähmt und hatte Todesangst. Endlich stellte ein Arzt die richtige Diagnose. Ich litt an Porphyrie, eine seltene Stoffwechselkrankheit. Ich wurde für drei Tage in ein künstliches Koma versetzt. Zwei Monate nach dem Koma konnte ich wieder sitzen, war zunächst auf den Rollstuhl angewiesen und dann klappte es später mit dem Laufen. Während dieser Zeit wollte ich niemanden dabeihaben und allein klarkommen. Nicht mal meine Mutter. Ich wollte auch nicht, dass du davon erfährst. Ich wollte dir diesen Anblick ersparen. Diese schmerzliche Zeit habe ich nur überstanden, weil ich immer an dich gedacht habe. Natürlich hatte ich panische Angst, dass uns die vier Monate … Ich bin froh, dass du mich nicht vergessen hast. Danke, Hanna." Er hielt in seiner Schilderung inne. Sie nahm alle Energie zusammen und senkte die Stimme.

„Mein Gott, das habe ich nicht geahnt." Sie war völlig durcheinander. Ihr Hals schnürte sich schmerzhaft zu. Tränen stiegen ihr in die Augen. Vier Monate hatte sie ihn verflucht. Zur Hölle sollte er fahren. Der Teufel sollte ihn holen.

„Es tut mir leid, dass ich mich bei der letzten Begegnung so zickig verhalten habe. Das hast du nicht verdient. Ich muss das alles erst mal sacken lassen", sagte Hanna.

„Wohnt deine Mutter in deiner Nähe? Und hast du noch Geschwister?", fragte Jonas, um sie abzulenken.

Hanna versuchte wieder fröhlich zu klingen und daran zu denken, dass er wieder gesund war. Das war das Wichtigste.

„Geschwister? Nein, ich habe nur mich. Meine Mutter Luise wohnt am Rande der Stadt. Seitdem ich die Buchhandlung habe, sehen wir uns nicht mehr so oft. Sie fährt ungern Auto. Was ich sehr schade finde, deshalb fahre ich meistens zu ihr. Sie ist bereits im Ruhestand. Willst du noch mehr wissen?"

„Ich wollte nicht indiskret sein, es hat mich interessiert. Ehrlich gesagt, interessiert mich alles, was mit deiner Person zusammenhängt. Hast du dein ganzes Leben hier verbracht?"

„Oh, nein. Was für eine Frage. Ich lebe doch noch …", sagte Hanna und brach dann ab. Eine ansehenswerte junge Kellnerin kam an ihren Tisch und schenkte Jonas einen aufreizenden Blick.

„Was darf's denn sein?", fragte sie Jonas.

Hanna existierte für sie nicht. Ein Gefühl der Verärgerung durchfuhr sie. Blöde Kuh! Du solltest mal einen Lehrgang, Wie-behandle-ich-einen-weiblichen-Gast, besuchen, dachte Hanna.

Geht denn dieses Affentheater schon wieder los? Blödsinn! Er ist eben ein echter Hingucker und verhält sich nett, neutral und nicht wie Markus. Mach dich nicht lächerlich. Fang bloß nicht an, die beiden zu vergleichen und dich in der Vergangenheit zu verlieren. Nach dem Jonas die Bestellung aufgegeben hatte, lehnte er sich entspannt zurück. Sie beobachtete ihn, wie er sich lässig die Haare aus der Stirn strich.

„Jonas, jetzt erinnere ich mich, was ich dich fragen wollte. Hast du Geschwister? Was machen deine Eltern?"

Er verzog das Gesicht. „Geschwister leider nein. Eltern? Ich habe nur eine Mutter."

„Komisch? Jeder Mensch hat doch einen biologischen Vater", erwiderte Hanna lachend.

Auf seinem Gesicht lag ein jungenhaftes, ziemlich umwerfendes Lächeln.

„Das mag ja sein. Aber ich kenne ihn nicht. Meine Mutter hat mir nie etwas von ihm erzählt. Aber ich habe sie auch nie wirklich danach befragt. Ich wusste, dieses Thema war aus irgendeinem Grund tabu. Es gibt keine Bilder von ihm. Wie gesagt, ich bin ohne Vaterfigur aufgewachsen. War nicht immer ganz einfach. Zum Beispiel habe ich später mitbekommen, wie meine Freunde mit ihren Vätern über ihre erste Freundin gesprochen haben. Ich wusste nie, mit wem ich über solche Dinge sprechen sollte. Das fand ich damals sehr schade."

„Du hast ihn damals als Jugendlicher vermisst. Und danach? Vermisst du ihn noch immer? Bin ich zu neugierig?"

„Nein. Was man nicht kennt, kann man auch nicht vermissen. So einfach ist das! Meine Mutter Finja ist Kosmetikerin und wohnt am anderen Ende der Stadt. Ich gebe es nur ungern zu, sie war für mich all die Jahre Mutter und Vater in einer Person."

„Oh je, das hat funktioniert?" Hanna neigte den Kopf leicht zur Seite und grinste schelmisch.

„Na, schau mich doch mal an", erwiderte Jonas und setzte sich kerzengerade hin. „Sie hat sich stets bemüht, einen guten Menschen aus mir zu machen. Es gab aber auch Zeiten, da hatte ich eine Abneigung gegen zu viel mütterliche Fürsorge. Sie kannte aber auch kein Mitleid, auch nicht gegenüber sich selbst, und wenn einer sagte, irgendetwas sei unmöglich, schnitt sie ihm einfach das Wort ab. Sie ist manchmal schwierig … na schön, meistens", gab er zu. „Aber sie ist nicht herzlos."

„Deine Mutter hat einen ungewöhnlichen Namen. In welchem Kosmetiksalon arbeitet sie?"

„Stimmt. Im Bekanntenkreis wird sie nur Finchen genannt. Wenn ich sie ärgern will, nenne ich sie auch so. Das findet sie nicht sehr amüsant. Sie hat einen eigenen Kosmetiksalon, der sich im unteren Teil ihres Hauses befindet. Das Haus liegt fast außerhalb des Stadtkerns, dennoch scheut das weibliche Geschlecht aller Altersklassen nicht den weiten Anfahrtsweg. Manche Kundinnen träumen von der ewigen Jugend. Sie wird dann häufig gefragt: Welche Cremen bringen Falten zum Verschwinden? Ihre Antwort lautet: Gar keine, denn es gibt keine Wundercremen. Noch haben Wissenschaftler den Jungbrunnen nicht gefunden, können das Älterwerden nicht aufhalten, wissen aber, wie man es hinauszögern kann. Und das ist Finjas Aufgabe. Mit guter Pflege, die individuell auf den Typ abgestimmt wird, lassen sich die Zeichen der Zeit mindern. Finja ist das beste Beispiel dafür. Sie wirkt viel jünger. Ein Teil der Produkte, die sie anbietet, verwendet sie ebenfalls. Es sind bewährte Anti-Aging-Wirkstoffe, die keine Mineralöle, Silikone und Farbstoffe enthalten. Sie stellt auch selbst Naturkosmetik her."

„Meine Güte, was du alles weißt. Kennst du ihre Naturkosmetikprodukte?"

Er schaute Hanna an und lachte.

„Ja, an zwei kann ich mich erinnern. Mit meiner Pubertät kamen auch die ungeliebten Pickel. Finja rührte Naturquark, ein Eigelb und einen halben Löffel Honig zusammen und trug die Masse einmal täglich für fünfzehn Minuten auf mein Gesicht. Danach habe ich es lauwarm abgespült. Es hat geholfen. Finjas Lieblingsprodukt ist eine Avocado-Gesichtsmaske. Eine Maske, die frei von Chemikalien aller Art ist. Sie nimmt eine reife Avocado, einen Teelöffel Naturjoghurt und einen halben Löffel Honig, verrührt alles zu einer Masse, trägt es auf das gereinigte Gesicht auf und lässt es zehn Minuten einwirken. Die Haut ist danach weich und rosig. Die selbst gemachte Kosmetik bewahrt sie im Kühlschrank auf, da ja die Konservierungsstoffe fehlen. Einmal hätte ich fast aus Versehen ihre Avocado-Maske gegessen. Seitdem beschriftet sie alles und hat sich einen extra Kühlschrank zugelegt."

„Was ist mit Hyaluronsäure? Das Geschäft damit boomt. Es gibt keine Werbung mehr ohne Hyaluron, und zum Einsatz kommen natürlich nur junge Frauen. Das ist schon merkwürdig."

„Stimmt! In Cremen kann es von der Haut fast nicht aufgenommen werden. Das wissen viele Frauen nicht. Einige lassen sich deshalb Hyaluronsäure spritzen. Lässt die Wirkung nach, erschlafft die Haut. Also muss neu gespritzt werden. Das Risiko wird dabei häufig unterschätzt."

„Jonas, ich könnte dir stundenlang zuhören. Wohnst du denn noch im Haus deiner Mutter?" Er quittierte ihre Frage mit einem Grinsen.

„Im Hotel Mama? Um Gottes willen, wo denkst du hin! Wir unter einem Dach? Allein der Gedanke daran, lässt meine Haare hochkant stehen. Ich wohne in der Innenstadt, ohne Frau, ohne Hund, ohne Katze, ohne Fische!" Hanna schaute ihn argwöhnisch an und warf den Kopf zurück, sodass ihr Pferdeschwanz hin und her schwang.

159

„Deine Aufzählung klang etwas kurios. Es hätte mich nicht gewundert, wenn du noch Meerschweinchen, Hamster und Vogel aufgezählt hättest."

„Ich wollte damit sagen …", er hörte auf, weil die Kellnerin Kaffee und Kuchen brachte. Sie schenkte ihm erneut strahlende Blicke. Jonas wartete, bis sie wieder allein waren. „Ich liebe dich und werde dich heiraten. Das habe ich meiner Mutter auch gesagt."

Hanna versuchte ihrer Stimme einen gleichgültigen Klang zu geben. Sie wollte nicht den Eindruck erwecken, dass sie neugierig war, aber natürlich war sie hochgradig neugierig.

„Darf ich fragen, wie sie reagiert hat? Sag bitte die Wahrheit. Egal wie ihre Antwort ausfiel." Er nahm seine Kaffeetasse hoch, trank langsam einen Schluck Kaffee und stellte die Tasse wieder ab.

„Soll ich jetzt darauf antworten?"

„Ja, auch wenn ich sie nicht kenne, interessiert es mich schon, wie ihre Reaktion ausfiel."

„Am liebsten möchte sie mich für sich ganz allein haben. Ein typischer Mutterkomplex. Frauen an meiner Seite waren ihr immer ein Dorn im Auge. Sie versteht es hervorragend, auf die Tränendrüsen zudrücken, um mich damit weich zu klopfen. Diesmal, so wahr mir Gott helfe, hat sie keine Chance. Dich gebe ich nicht wieder her." Jetzt musste er über sich selbst lachen. „Na ja, ganz so schlimm ist sie nicht. Sie trinkt noch nicht aus der Schnabeltasse, braucht keinen Rollator, beansprucht noch keinen Platz im Pflegeheim. Sie ist fit wie ein Turnschuh. Schade nur, dass sie allein lebt. Obwohl jemand da ist, der sich ernsthaft um sie bemüht. Er ist gepflegt, liebenswürdig, geht zur Kosmetikbehandlung und hofft, ihr Herz zu gewinnen."

„Wow, du weißt aber über ihn gut Bescheid. Kennst du ihn zufällig?"

„Und ob ich ihn kenne! Er arbeitet im gleichen Unternehmen wie ich und hat vor Jahren seine Frau verloren. Danach hat er sich für über drei Wochen verkrochen und sich mit Alkohol getröstet. Er wollte kein Mitleid und keine Anteilnahme. Er bekam einmal über Nacht eine sehr auffallende gerötete Stelle auf der linken Wange. Tagelang dokterte er mit allen möglichen Salben rum. Zum Arzt wollte er damit nicht gehen. War ihm peinlich! Ich habe ihm Finja wärmstens empfohlen. Nach mehreren Behandlungen sah er wieder glatt und schier aus. Trotzdem taucht er nach wie vor bei ihr auf. Als wir uns später durch Zufall am Kaffeeautomaten trafen, bedankte er sich für meinen Tipp und erzählte, dass er sich in Finja verliebt hat. Ich habe ihm den guten Rat gegeben dranzubleiben und ihm gesagt, dass sie Orchideen liebt. Seitdem ist ihre Wohnstube ein einzigartiges Orchideen Paradies. So glücklich habe ich Finja seit Jahren nicht mehr gesehen. Sie weiß nicht, dass er und ich uns kennen. Wir haben uns geeinigt, dass wir ihr noch nichts sagen. Ich wünsche mir von ganzem Herzen, dass die zwei unzertrennlich werden."

„Herrje, das ist ja fast wie in einem Liebesfilm. So wie du Finja beschrieben hast, ist sie eine attraktive Frau. Hatte sie niemals einen neuen Mann?"

„Das kann ich nicht beantworten. Ich kenne ihr Liebesleben nicht und weiß nicht, wer mit ihr bisher das Bett teilte. Ich möchte es auch nicht wissen. Sie ist, was ihre Person betrifft, ziemlich zurückhaltend." Ihm fiel auf, dass er ihr schon ziemlich viel über Finja erzählt hatte, mehr, als er je zuvor preisgegeben hatte. „Wir sollten das Thema wechseln", sagte er deshalb. Wie wäre es jetzt mit einem Eisbecher? Schokoladeneis mit ganz viel Schlagsahne."

„Das klingt verlockend! Wenn es dir nichts ausmacht, würde ich lieber aufbrechen und noch am Strand spazieren gehen? Gerade um diese Jahreszeit mag ich das Meer besonders gern, auch wenn die Urlauber in Scharen den Strand bevölkern und man sich öfters fragen muss, wo es hier eigentlich zum Wasser geht. Ich liebe das Wellenrauschen, den Seewind, den warmen Sand unter den Füßen und gehe gerne ins Wasser, außer wenn Quallen in Sicht sind."

Beim Aufstehen blieb Hannas Blick am Nachbartisch hängen. Dort saß Markus mit einer blonden Frau. Sie hatte Markus seit ihrer letzten Begegnung nicht mehr gesehen. Er hatte den Kopf in die Hand gestützt und wirkte ganz und gar nicht mehr so anziehend. Jonas fasste nach Hannas Hand, die sie ihm bewusst nicht entzog. Sie lächelte, schob den Arm unter seinen und drückte ihn leicht.

„Ich werde dich nie mehr loslassen", sagte er, als sie gerade Markus Tisch passierten. Das Erstaunen in Markus Gesicht entging Hanna nicht. Sie tat so, als hätte sie es nicht bemerkt. Ob er Jonas Worte vernommen hatte? Sie spürte förmlich seinen Blick in ihrem Rücken. Die unverhoffte Begegnung mit Hanna brachte Markus Herzschlag zwar eine Sekunde lang aus dem Takt, aber sein Verstand funktionierte und ließ ihn blitzschnell erkennen, dass keine Begrüßung angebracht war. In letzter Sekunde hatte er der Versuchung widerstanden. Der Gedanke, dass ein anderer Mann an ihrer Seite war, ärgerte ihn. Die ersten Anflüge von Wut keimten in ihm wieder auf.

Am Strand lagen die Sonnenanbeter wie Ölsardinen in einer Büchse dicht nebeneinander. Jonas und Hanna zogen Schuhe und Strümpfe aus, krempelten die Hosenbeine hoch und spürten, wie das Wasser sanft ihre Füße umspülte. Schweigend spazierten sie nebeneinanderher. Jonas hätte Hanna gerne in seine Arme genommen und geküsst. Aber bis jetzt reagierte sie nicht mal auf den kleinsten Flirtversuch. Seine innere Stimme stachelte ihn an: Warum tust du es nicht? Wovor hast du Angst? Vermutlich will sie es nicht? Woher willst du es wissen, wenn du es nicht versuchst? Du warst doch bei deinen Verflossenen nie schüchtern. Setz dich mit ihr in den warmen Sand, dann geht's los! Er ließ den Blick zu ihrem Mund gleiten. Verschone mich mit Details, warnte er seine innere Stimme, die prompt verstummte. Jonas legte den Arm um ihre Schultern, Hanna schlang ihren um seine Taille. Ein Haufen ausgeflippter Hormone spielte in ihrem Innersten verrückt.

„Weißt du eigentlich, dass unsere nackten Füße das wie Urlaub empfinden? Dass, das Laufen im Sand für die Füße eine Wohlfühlmassage ist", sagte Hanna gutgelaunt. Jonas sah runter und betrachtete stirnrunzelnd seine Füße. Hanna musste sich zwingen, ernst zu bleiben.

„Habe ich was Komisches gesagt?" Sie wusste nie, ob er sich über sie lustig machte oder nicht.

„Nein, nichts Komisches. Ich habe nur runtergeschaut, ob meine Füße das so empfinden. Wir sollten also weiter über den Sand laufen. Mit dir gemeinsam mache ich es gerne. Bist du eigentlich abergläubisch?"

Hanna blickte Jonas argwöhnisch an. „War das eine ernstgemeinte Frage? An und für sich nicht. Mit einer Ausnahme: Nach dem Volksglauben sollte man zwischen Weihnachten und Neujahr weder eine Leine spannen noch Wäsche aufhängen. Es könne sonst in der Familie jemand sterben. Ich habe keine Ahnung, wie dieser Aberglaube zustande gekommen ist. Wie dem auch sei, ich halte mich daran. Wie sieht es bei dir aus?"

„Ich fürchte, ich muss dich enttäuschen. Ich bin es nicht."

Sie waren am Ende des Strandes angekommen, kehrten wieder um und gingen den gleichen Weg zurück. Der Strand hatte sich geleert, bis auf einige Hardliner. Der Wind frischte leicht auf. Langsam näherten sie sich wieder der Promenade. Sie nahmen auf einer Bank Platz, befreiten ihre Füße vom Sand und zogen Strümpfe und Schuhe wieder an. Hanna sah verliebte Paare, die sich laufend küssten und Arm in Arm an ihnen vorbeischlenderten. Der Gedanke war so fort da, ehe sie ihn unterdrücken konnte: Wie fühlte es sich an, so geliebt zu werden. Jonas sah die Paare auch und legte zärtlich seinen Arm um ihre Taille. Hanna spürte Prickelalarm. Mein Gott, wie schnell ihr Körper auf seine Berührung reagierte.

„Hanna, was hältst du davon, wenn wir den Tag bei untergehender Sonne ausklingen lassen und in einem nahegelegenen Strandrestaurant zu Abend essen? Von der Uhrzeit her wäre es der richtige Zeitpunkt. Seeluft macht irgendwie hungrig." Seltsamerweise traf das auch auf Hanna zu.

„Ich hätte nichts dagegen einzuwenden." Malerischer konnte ein Restaurant nicht liegen. Der Platz mit Blick auf das Meer war fantastisch. Ein Hauch von Meeresluft wehte zu ihnen herüber. Sie genoss das Glitzern der verblassenden Sonne auf dem Wasser, die langsam am Horizont verschwand.

„Was für ein Naturschauspiel", flüsterte Hanna.

Er nahm zärtlich Hannas Hand. „Da ist was dran", antwortete er leise.

Ihre Kehle war wie ausgetrocknet und sie befeuchtete ihre Lippen mit der Zunge. Etwas durchströmte ihren ganzen Körper und das, dachte Hanna, bedeutete, dass zwischen ihnen alles Erdenkliche passieren könnte. Alles fühlte sich so neu und ungewohnt an. Sie war überwältigt von den Gefühlen, die da so unerwartet auf sie einprasselten. Eine Weile sagten sie nichts, aber die Stille war nicht unangenehm. Hanna nahm die Speisekarte zur Hand. Sie hatte das Gefühl, alles essen zu können und konnte sich nicht entscheiden. Jonas bestellte daraufhin mexikanisches Hähnchen. Hanna atmete auf, als das Essen kam. Stillschweigend saßen sie vor ihrem Teller, dann war nur das Klappern ihrer Gabeln und Messer zu hören. Jonas war als erster fertig, schob den Teller ein Stück weg und lehnte sich zurück.

„Es hat ausgezeichnet geschmeckt. Leider kann ich nicht gut kochen. Meine Kochkünste hören beim Öffnen des Kühlschrankes auf. Na ja, ist ein bisschen untertrieben. Ich lebe nicht immer gesund. Ich verdrücke schon mal zwei Burger und freue mich über Fast Food zum Frühstück. Alles andere wäre eine Beleidigung für meinen Magen. Wenn ich Bock auf etwas Süßes habe, was nicht selten der Fall ist, dann esse ich Süßes. Klar, mit gesunder Ernährung kann man sein Leben um Jahre verlängern. Es gibt aber auch Gerichte, die mir gelingen. Zum Beispiel Spiegeleier, die brennen nie an."

„Manchmal weiß ich wirklich nicht, ob du es ernst meinst oder mich aufziehst." Sie legte ihr Besteck auf den Teller und wischte sich mit ihrer Serviette genussvoll den Mund ab. „Das Essen war köstlich." Das Restaurant hatte sich geleert, der Geräuschpegel war erträglicher geworden. Jonas winkte dem Ober zu. Als er bezahlt hatte, trat er mit Hanna hinaus und legte seinen Arm um ihre Schulter. Auf der Heimfahrt knisterte die Luft zwischen ihnen wie raschelndes Pergamentpapier.

„Danke", sagte Hanna beim Abschied. „Unser erstes Date hat Spaß gemacht. Ich habe mich sehr wohlgefühlt. Willst du noch kurz mit raufkommen? Auf einen Kaffee? Ein kühles Bier?", fragte Hanna mit einer scheinbaren Lässigkeit. Es war ein mutiges, verlockendes Angebot. Im Stillen stellte Hanna sich die Frage:

Wird er die Herausforderung an nehmen? Himmel noch mal, was ging in ihr vor. Sie war über sich selbst erstaunt. Wie rasch sich alles entwickelt hatte. Aber auch, dass sie ihm so schnell vertraute.

Trotz Hannas scheinbarer Lässigkeit hörte Jonas die Anspannung in ihrer Stimme.

„Wenn ich jetzt dein verlockendes Angebot annehme, dann kann ich für nichts garantieren."

„Du meinst, weil wir nur ein paar Stunden zusammen waren. Ist es das, woran du denkst?", fragte Hanna leise.

„Das ist es nicht. Weil die Anzahl der Stunden oder der Tage für mich nicht ausschlaggebend sind. Aber ich bin wahnsinnig in dich verknallt. Wenn du es genau wissen willst, bin ich süchtig nach deinen Küssen, Umarmungen und was sonst noch dazu gehört."

„Sollten wir jetzt vernünftig sein und uns für heute trennen?", fragte Hanna erstaunt.

„Keine Ahnung, was vernünftig ist." Er grinste, wurde aber gleich wieder ernst. „Ein Teil von mir sagt, sei vernünftig und der andere Teil, das kannst du dir bestimmt denken. Ich möchte dich unbedingt wiedersehen. Du wirst mich nicht mehr los. Für unser nächstes Treffen habe ich mir was ganz Besonderes ausgedacht. Lass dich überraschen. Es macht keinen Sinn, wenn ich es jetzt schon verrate. Ich muss dazu noch einiges klären. Spätestens in vierzehn Tagen weiß ich, ob es klappen wird. Es ist besser, wenn ich jetzt gehe." Hoffentlich ordnete sie sein distanziertes Verhalten nicht falsch ein. Er konnte ihr kaum sagen, wie er sich zwingen musste, sein Lustgefühl unter Kontrolle zu halten. Schweigend standen sie einander gegenüber. Beide grübelte darüber, was wohl im Kopf des anderen vorging.

Schade, dachte Hanna. Es wäre bestimmt ein langer schöner Abend geworden. Ihre innere Stimme signalisierte: Jonas zählte wahrscheinlich nicht zu der Kategorie der geborenen Draufgänger, die niemals was anbrennen ließen. Sie ergriff schließlich die Initiative.

„Dann lassen wir es für heute so bleiben, wie es begonnen hat. Es waren sehr schöne Stunden. Alles war sehr zwanglos und locker. Danke. Und jetzt bitte keine lange Abschiedsszene." Sie stellte sich auf die Zehenspitzen, reckte ihr Gesicht dicht vor seines. Sein Mund war ihrem ganz nah. Zu seiner Überraschung legte sie ihm ihre Hände auf die Schultern, und küsste ihn gefühlvoll. Als seine Zunge in ihren Mund drang, empfand sie ein Lustgefühl, das sie kaum ertragen konnte. Ihre Zungen fanden sich und begannen ein heißes Spiel. Wie lange hatte sie dieses wunderbare Gefühl vermisst. Der Wunsch, ihn ganz nahe bei sich zu spüren, wuchs in ihr. Wann würden die letzten Barrieren zwischen ihnen fallen. O, verdammt! Sie hatte sich in Jonas verliebt. Doch Hanna war vorsichtig genug, nicht zu sehr auf diese Gefühlstiefe zu hoffen. Das Leben hatte sie gelehrt, dass die Zeit zeigen würde, was eine echte, ernsthafte Beziehung war. Als Jonas sich von Hanna verabschiedet hatte, fuhr er auf direktem Weg nach Hause.

Jonas knurrte laut vor sich hin als er Zuhause gerade seine Schuhe ausziehen wollte. „Warum klingelte das verdammte Handy gerade jetzt? Als er sah, wer es war, hätte er das Gespräch beinahe nicht angenommen. Auf dem Display stand schlicht: Finja. Aber wenn er jetzt nicht ranging, würde Finja nicht aufhören, ihn anzurufen. Ein Schwall von erregten Worten drang an sein Ohr.

„Jonas, du bist schon seit Tagen nicht mehr hier gewesen. Ich bin allmählich ziemlich verärgert. Dreimal habe ich angerufen. Wo warst du? Warum gehst du nicht an dein Handy?"

„Ganz einfach, weil ich es nicht bei mir hatte. Können wir jetzt das Telefonat beenden, ich will ein kühles Bier trinken und anschließend ins Bett gehen. Es ist immerhin dreiundzwanzig Uhr."

„Ich bitte dich, das ist wohl nicht dein Ernst. Willst du mir nicht sagen, wie euer Ausflug war? Du erzählst mir doch sonst immer alles und ausgerechnet heute nicht." Sie war beleidigt.

„Ja, ausgerechnet heute nicht. Ich werde nichts dergleichen tun. Ich bin müde und beende jetzt das Gespräch."

„Schade! Sei doch nicht so empfindlich. So wie es aussieht, bringt dich jede Frage auf die Palme. Und wann sehen wir uns? Morgen? Oder bist du wieder mit dieser Frau zusammen?"

„Na, wenn du weißt, mit wem ich zusammen bin, warum fragst du dann. Außerdem hat diese Frau einen Namen. Sie heißt Hanna."

Finja spürte zwei Reaktionen gleichzeitig: Wut auf Jonas und Hass auf Hanna. „Okay! Ich habe verstanden." Sie lachte kurz auf.

„Ich wünsche dir eine geruhsame Nacht! Um diese Zeit liege ich bereits im Bett und sehe meine Augenlider von innen. Ich melde mich wieder." Er versuchte eine Gelassenheit in seine Worte zu legen, die er nicht empfand. Dann schaltete er das Handy aus. Er ging in die Küche, nahm sich eine Flasche Bier aus dem Kühlschrank und setzte sich ans geöffnete Fenster. Er hatte das Bier ausgetrunken, stand auf, duschte und legte sich aufs Bett, aber er fand nicht die nötige Ruhe. Das lag nicht mehr am Telefonat. Jonas verschränkte die Arme hinter dem Kopf und blickte unentwegt die Zimmerdecke an. Jetzt lag er hier und spürte noch immer Hannas Brustspitzen an seinem Oberkörper von vorhin, als er ihren leidenschaftlichen Kuss empfing. Dann der Duft ihrer Haut. Warum hatte er ihr Angebot nicht angenommen. Sie ist ihm doch entgegengekommen. Er hatte versagt, auf ganzer Linie versagt. Wie sollte es jetzt mit ihnen weitergehen? Morgen ist Sonntag. Er könnte sie erneut einladen und stellte sich vor, Hanna dann im Arm zu halten, sie überall zu berühren, sie zu verführen … Herrgott, ihm wurde bewusst, dass er wirklich von einem Hanna-Syndrom befallen war. Mit diesem Gedanken schlief Jonas ein.

# Kapitel 10

Hanna hätte am nächsten Morgen ausschlafen können, aber sie wurde von dem lautstarken Trällern der Vögel geweckt. Sofort musste sie an die wundervollen Stunden denken. Nach dem Duschen und der Beendigung ihrer morgendlichen Verschönerung nahm sie ihr Frühstück auf dem Balkon ein. Sie genoss die ersten Sonnenstrahlen, die Ruhe, bis ihr Handy klingelte.

Jonas Stimme klang fröhlich. „Guten Morgen, Hanna. Wie geht es dir heute an diesem wunderschönen Tag? Hast du gut geschlafen? Vielleicht von mir geträumt? Du kannst es mir ruhig offenbaren, wenn du es nicht getan hast. Ich bin dir bestimmt nicht böse. Erzähl mir, was du jetzt gerade machst. Wie wäre es mit einem gemeinsamen Frühstück?", fragte Jonas.

„Ich sitze auf dem Balkon und genieße bereits mein Frühstück. Ob ich von dir geträumt habe, kann ich nicht sagen, weil ich mich nicht erinnern kann. Und was machst du gerade? Sitzt du auch am Frühstückstisch?"

Jonas lachte. „Ach, ein wenig faulenzen. Ich sitze in der Badewanne und spiele, weil du nicht bei mir bist, einsam und verlassen mit meiner gelben Quietsch-Ente."

Hanna prustete vor Lachen los. „Entschuldige, dass ich gelacht habe. Aber so was Witziges am Sonntagmorgen habe ich bisher noch nie gehört. Du willst mich wohl auf den Arm nehmen?"

„Überraschungen sind meine Spezialität. Habe ich das nicht erzählt! Ich wollte dir noch sagen, was für ein wunderbarer Tag das gestern war. Du fehlst mir. Ich hätte dich gern bei mir. Hast du heute Zeit? Wollen wir was unternehmen? Wir könnten uns ein Boot mieten."

„Ich habe eine Verabredung. Auch wenn ich wollte, kann ich leider nicht mehr absagen."

„Schade! Ist es eine hochinteressante Verabredung?" Seine Stimme klang plötzlich reserviert.

„Großer Gott, Jonas, was sind das denn für Gedanken? Woran denkst du denn? Zu deiner Beruhigung werde ich es dir sagen. Ich fahre zu meiner Mutter."

„Ich muss dir auch was sagen. Ich fliege morgen dienstlich nach Kanada und rufe dich von dort ganz bestimmt an. Egal wie spät es ist. Grüße deine Frau Mama von mir. Wie hieß sie noch mal? Ah, es fällt mir wieder ein. Luise! Also, liebe Grüße von mir an Luise."

„Ich werde deine Grüße ausrichten. Du solltest aber nicht mehr so lange in der Badewanne bleiben, sonst wachsen dir noch Schwimmflossen."

„Und du, fahr vorsichtig und las dich von den Sonntagsautofahrern nicht ärgern. Die können mit ihrem Fahrstil manchmal ganz schön nervig sein."

Als das Telefonat beendet war, durchfloss sie wieder dieses Glücksgefühl. Ihr erstes Date war unbeschreiblich gewesen. Im wahrsten Sinne des Wortes. Es war alles anders gekommen als gedacht. Es gab nicht einen einzigen peinlichen Moment, keine Unsicherheit, kein Missverständnis. Dafür aber jede Menge Glück, Vertrauen und Lust auf Jonas. Während der Fahrt zu ihrer Mutter musste sie unweigerlich an die Quietsch-Ente denken. Hatte er geflunkert oder besaß er wirklich so eine gelbe Ente? Die Hinfahrt verlief störungsfrei. Luise stand vor der Eingangstür. Ihr Gesicht spiegelte das Glück des Wiedersehens. Hanna drückte ihr einen freudigen Kuss auf die Wange.

„Hattest du eine gute Fahrt? Lass dich mal anschauen. Du siehst so strahlend schön aus. Ich freu mich, dass wir ein paar Stunden für uns haben."

„Die Straßen waren nicht überfüllt und ich hatte fast freie Fahrt. Es tut mir leid, dass ich dich nicht öfter besucht habe. Ich bin in letzter Zeit immer erst spät aus der Buchhandlung gekommen."

„Kein Problem, Hanna."

Der Mittagstisch war bereits gedeckt. Das ganze Haus roch nach Hannas Lieblingsessen: Rouladen, Rotkohl, Klöße. Etwas später stand Luise auf, um den Tisch abzuräumen. „Könnten wir jetzt ein Gläschen Wein vertragen?" Sie sah Hanna fragend an.

„Na, das ist eine hervorragende Idee", erwiderte Hanna. „Ich komme mit und gehe dir zur Hand." Luise wollte nicht, dass Hanna ihr half und trug das Geschirr in die Küche. Es kostete Hanna einiges an Überwindung nicht zu helfen. Später ließen sie sich auf der Terrasse nieder. Luise lehnte sich im Korbstuhl zurück. „Was ich dich schon lange mal fragen wollte, wie geht es eigentlich Betti?" Hanna zuckte mit den Schultern.

„Gute Frage. Betti hat sich nicht wieder gemeldet. Sie geht nicht ans Telefon oder ans Handy. Ich habe bei ihr im Betrieb angerufen. Dort sagte man mir lediglich, sie wäre nicht da und wüsste auch nicht, wann sie wiederkommen würde. Es klang reichlich mysteriös. Ich weiß nicht, was mit ihr los ist und warum sie sich nicht wieder meldet. Zweimal stand ich vor ihrer verschlossenen Wohnungstür. Mein gesunder Menschenverstand sagte mir, dass nicht wirklich etwas mit ihr passiert sein könnte. Harald würde mich dann wohl informieren."

„Was gibt es sonst so an Neuigkeiten? Wie läuft es in der Buchhandlung?" Luise lehnte sich entspannt zurück.

„Mitunter kann ich es noch nicht fassen, dass ich eine eigene Buchhandlung besitze. Manchmal muss ich mich kneifen, um nicht zu denken, es wäre alles nur ein Traum. Seitdem gab es nicht einen Tag, an dem ich keine Lust hatte, zur Arbeit zu fahren. Durch die Arbeit behalte ich den Kontakt zum realen Leben. Es gab auch Anfängerfehler. Ich habe zu wenig Angebot und Nachfrage beachtet. Jetzt weiß ich, was ich kann, hake kleine Niederlagen, aber lerne daraus und mach einfach weiter. Ich habe mein Büchersortiment erweitert. Es gibt jetzt auch Sach- und Kinderbücher. Liebesromane gehen gegenwärtig weg wie warme Semmeln. Frauen lieben diese Literatur. Ein bisschen heile Welt tut ihnen offenbar gut. Mittlerweile habe ich einen nicht zu unterschätzenden Kundenstamm. Dreißig Prozent meiner Kundschaft sind Neukunden, aber siebzig Prozent kommen nach ihrem Einkauf aus dem Supermarkt. Mein Geschäft ist ein beliebter Treffpunkt. Ich gehe jeden Tag zufrieden nach Hause. Wenn es so weitergeht, brauche ich bald eine zweite Kraft. Du kennst mich. Ich bin eine Kämpfernatur. Das Einräumen neuer Bücher und die Büroarbeit nehmen viel Zeit in Anspruch. Seit kurzer Zeit bin ich auch im Internet präsent. Meine Kunden können dort Bücher bestellen und innerhalb von drei Stunden in der Buchhandlung abholen. Vor Ort können sie in Ruhe die Bücher anschauen und dann erst bezahlen. Es ist kein Kaufzwang. Wenn ich mich für eine zweite Kraft entscheiden sollte, möchte ich weitere Änderungen angehen. Ich denke an Lesungen mit namhaften Autoren, und ich könnte auch selbst Buchvorstellungen durchführen. Kunden haben mich bereits angesprochen, weil sie dann nicht mehr allein die Bücher durchstöbern müssten. Neuanschaffungen will ich in ein spezielles Regal stellen, damit sie für die Kunden schneller zu finden sind. Zurzeit lese ich im Schnitt zwei Bücher pro Woche und arbeite mich akribisch durch den Berg von Neuerscheinungen."

„Hanna, ich könnte helfen, Bücher auspacken, saubermachen, Schaufensterscheibe putzen und was noch so anfällt. Ich kann das gerne für dich tun. Es macht mir nichts aus."

„Das ist echt lieb von dir. Du hast das Haus und den Garten und das macht auch Arbeit! Wenn ich dich ganz dringend brauche, sage ich Bescheid." Sobald die Worte heraus waren, kam Hanna sich schuldig vor, weil sie den enttäuschten Ausdruck im Gesicht ihrer Mutter sah, aber er wurde rasch von einem verständnisvollen Lächeln abgelöst.

„Verstehe. Es war nur eine Idee. Ich habe wieder angefangen zu gärtnern. Das klappt schon ganz gut. Alle Pflanzen sind noch am Leben. Nun sag mal, was macht denn die Liebe?"

„Ach ja, die Liebe. Schöne Dinge passieren ja oft vollkommen unerwartet. Die Liebe des Lebens trifft man genau dann, wenn man nicht damit rechnet. Ich zerbreche mir noch immer den Kopf darüber, ob es ein Zufall war. Als Jonas und ich uns das erste Mal auf dem Friedhof begegneten, war es noch ein bisschen schwierig. Für ihn war es Liebe auf den ersten Blick. Aber ich brauchte einen zweiten Anlauf. Wir hatten unser erstes Date. Ich habe gespürt, dass ich, wenn alles so bleibt, den richtigen Mann an meiner Seite habe."

„Das ist ja eine frohe Botschaft! Ich freue mich, dass eine neue Liebe in dein Leben getreten ist. Endlich wendet sich alles zum Guten." Die Augen ihrer Mutter strahlten. Wieso eine neue Liebe und was sollte sich zum Guten wenden? Hatte Max ihr doch von Markus erzählt? Vielleicht im Zusammenhang mit dem Unfall? Hatte Luise ihn unter Druck gesetzt?

„Unsere Liebe steckt noch in den Kinderschuhen. Wir werden sehen, was das Leben für uns bereithält und ob man sich eine gemeinsame Zukunft vorstellen kann."

„Nicht allzu langsam, hoffe ich. Erzähl mehr von ihm. Wie ist er denn so, dein Jonas?"

„Ein Wahnsinnstyp! Groß, sportlich, dunkle Haare, strahlend blaue Augen, rauchige Stimme, sinnlich geschwungene Lippen. Du weißt ja, ich hasse schmallippige Männer. Ich liebe seinen Humor, sein freundliches Wesen und seine Ausgeglichenheit. Er ist intelligent, romantisch, loyal – alles was ich mir von einem Mann erhofft habe. Mehr geht nun wirklich nicht. Ich fühle mich an seiner Seite wohl. Er ist nicht nur meine große Liebe, sondern, was manchmal wichtiger ist, auch mein bester Freund. Was kann ein Mann mehr sein? Jetzt weiß ich, wie schön das Leben sein kann."

„Meine Güte, du scheinst dir ziemlich sicher zu sein, was diesen Mann betrifft. Nach dem, was du erzählt hast, bekomme ich ein Prachtexemplar von Schwiegersohn und hoffentlich bald Nachwuchs! Ich kann dem Drang nicht widerstehen, Oma zu werden. Ich hoffe, dass ich ihn bald kennenlernen darf. Keine Angst, ich habe nicht vor, ihn auf Herz und Nieren zu prüfen. Schließlich geht es nicht um den Kauf eines Gebrauchtwagens. Aber neugierig bin ich schon."

„Da bin ich aber beruhigt. Du hast noch genügend Zeit, ihn kennenzulernen. Was gibt es bei dir denn so an Neuigkeiten?" Luise erhob sich plötzlich. Merkwürdig, dachte Hanna.

„Ich hole uns erst mal Kaffee und gefüllten Apfelkuchen. Du gehst raus auf die Terrasse und genießt die Sonne. Wenn

ich mich nicht irre, scheint in der Buchhandlung keine Sonne."
Luise hielt kurz inne, dann lachte sie. Als Luise mit Kaffee und
Kuchen zurückkam, ließ sie sich auf dem Korbstuhl, der Hanna
gegenüberstand, nieder. Der Kuchen war lecker, der Kaffee zu
stark. Hanna sah Luise wartend an.

„Du hast noch nichts über dich erzählt. Ich bin ganz Ohr."

„Eigentlich gibt es nichts Besonderes. Das Wichtigste ist für
mich, möglichst lange halbwegs gesund zu bleiben. In meinem
Alter hat man nur diesen Wunsch. Hilde hat mir gesagt: Hinfal-
len ist keine Schande, Liegenbleiben schon. Ich habe mich lang-
sam aus dem Tal der Tränen herausgekämpft und kann inzwi-
schen auch das Alleinsein viel besser verkraften. Ich freue mich
trotzdem, wenn Hilde oder du zu mir kommen. Von der vollen
Lebensfreude bin ich noch weit entfernt. Mal bin ich glücklich,
mal weniger." Luise griff nach Hannas Hand. „Aber mich be-
drückt noch was und ich weiß nicht, wie ich es sagen soll. Ich
dachte, ich käme allein damit zurecht." Sie holte ein Taschen-
tuch hervor und schnäuzte sich. Hanna sah sie überrascht an.

„Nur Mut, vielleicht kann ich helfen. Warum erzählst du mir
nicht, was los ist?"

„Nichts ist passiert. Warum muss immer was passiert sein?"
Luise schnäuzte sich lautstark und stieß einen abgrundtiefen Seuf-
zer aus.

„Jemand muss vor kurzem am Grab von Max gewesen sein.
Dort lagen rote Rosen. Zuerst war ich verunsichert, dann zor-
nig. Mir jagte ein kalter Schauer über den Rücken. Von wem
die wohl waren? Die Rosen können nur von einer Frau stam-
men. Rote Rosen von einem Mann? Das kann ich mir nicht
vorstellen. Ich habe alle wutentbrannt entsorgt. Danach war ich
tagelang schlechtgelaunt. Jetzt habe ich Gewissheit, es war kei-
ner aus dem Bekanntenkreis." Ihre Stimme war halb schluch-
zend, halb erbittert.

„Gewissheit? Wie um alles in der Welt hast du das heraus-
gefunden", fragte Hanna mit einer leichten Nachdenklichkeit.

„Ich habe alle angerufen, die ihm nahe gestanden sind. Nie-
mand hatte rote Rosen aufs Grab gelegt. Ich muss herausfin-

den, wer die Frau war. Ob Max möglicherweise ...", sie fuhr sich nervös mit der Zunge über die Lippen und schluckte, „eine Geliebte hatte?"

In Hanna sträubte sich etwas. Sie saß regungslos da. Wie sollte sie darauf reagieren, dass Luise allen Ernstes glaubte, dass Max eine Geliebte hatte?

„Das ist doch Unsinn. Vollkommen lächerlich. Beruhig dich! Du darfst dich nicht so aufregen. Du weißt, was der Arzt gesagt hat. Versprich es mir. Wer auch immer es war, er wollte dich bestimmt nicht verletzen. Niemals hatte Papa eine andere Frau! Glaub mir, dass hätten wir doch gemerkt. Manchmal helfen Zufälle und vielleicht erfahren wir irgendwann, wer der Rosenspender war. Mach dir deswegen keine Sorgen." Sie streichelte erneut Luises Hand. Ihre Betonung lag auf Rosenspender und nicht, auf Rosenspenderin.

„Ich weiß nicht, wie du das so ruhig sagen kannst. Du musst doch zugeben, dass das Ganze merkwürdig ist. Aber wenn du das so glaubst, muss ich es wohl auch glauben. Wer weiß, was sich im Leben von Papa abgespielt hat. Ich weiß nicht, was als nächstes kommt." Sie fuhr mit den Händen durch die Luft und sah unglücklich aus.

„He, du musst aufhören, dich damit zu quälen. Versprichst du mir, dir das nicht zu Herzen zu nehmen? Wenn ich was erfahre, rufe ich dich so fort an." Luise nickte. Und sie gingen wieder ins Haus.

„Hanna, ich muss dir noch was sagen." Während Luise sprach, knetete sie ihre Finger im Schoß. Hanna hatte sie schon lange nicht mehr so aufgewühlt erlebt. „Du warst nicht an Papas Tod schuld. Es tut mir leid. Es tut mir so furchtbar leid. Das Letzte, was ich damals wollte, war, dir wehzutun. Aber ich habe es getan. Es hat mich so wütend gemacht, dass ich nachts aufgestanden und draußen rumgelaufen bin. Zur Wut gesellte sich Furcht, dass du mir nicht verzeihen kannst? Ich bin so froh, dass ich so eine Tochter wie dich habe." Hanna legte den Arm um sie und Luise warf sich schluchzend an Hannas Hals. Liebevoll strich Hanna ihr über die Wange.

„Du bist die liebste, die wunderbarste und die stärkste Frau, die ich kenne", sagte Hanna zu Luise, die sich die Tränen aus den Augen wischte. „Wir sollten darüber nie wieder reden und daran denken, dass wir ein sehr gutes Verhältnis haben. Das wichtigste in unserem Leben ist und bleibt die Familie, auch wenn sie kleiner geworden ist."

„Ich wollte dir noch etwas über den Bruder von Max erzählen. Du weißt ja noch, was auf der Beerdigung vorgefallen ist. Die beiden hatten ein gutes Verhältnis. Dann hat er sich von Max Geld geborgt. Eine nicht unerhebliche Summe. Er wollte alles innerhalb von drei Jahren zurückzahlen. Bis heute hat er seine Schulden nicht beglichen. Max war sauer auf seinen Bruder. Als er ihn wieder ermahnte, hat sein Bruder gesagt, er hätte kein Geld bekommen. Es sei denn, Max hätte ein Beweis. Geld gegen Quittung hielt Max unter Geschwistern nicht für notwendig. Er hatte seinem Bruder vertraut und ihm deswegen so das Geld geborgt. Sein Bruder hat sich danach nie wieder gemeldet. Deswegen bin ich so ausgerastet. Gutmütigkeit, auch innerhalb der Familie, zahlt sich nicht aus. Es war eine bittere Lehre für uns. Du warst damals gerade zwei Jahre alt. Hanna, ich habe mir gestern unser Fotoalbum angeschaut. Soll ich es mal holen?" Sie wollte Luise nicht enttäuschen und nickte.

Luises Augen leuchteten, als sie das Album aufschlug. „Kannst du dich erinnern? Schau mal hier, wie hübsch du bei deiner Einschulung ausgesehen hast. So ein süßes Kleidchen und die weißen Ringelsöckchen. Wir waren so stolz auf dich."

„Ja, natürlich! Aber das Foto ist trotzdem furchtbar. Sieh dir nur die Zahnlücken vorne an. Man hätte mir den Mund zu halten sollen. Dann die abstehenden Zöpfe. Ich war zu dick, zu breit, zu groß. Aber die Zuckertüte war gewaltig." Sie sah, dass ihre Worte Luise aus der Fassung gebracht hatte. Luise zuckte die Achseln und versuchte, gleichgültig dreinzuschauen.

„Also, Hanna, viele Kinder hatten Zahnlücken und Zöpfe. Einige hatten ein geflochtenes Vogelnest auf ihrem Kopf. Das sah nun wirklich nicht besonders gut aus. Kinder sehen nun mal so aus, wie Kinder eben aussehen, schmal, rund, dick, dünn. Du warst weder zu dick noch zu breit. Entscheidend ist doch nicht allein das Aussehen, sondern die inneren Werte. Du warst ein liebenswertes Kind."

Sie tauschten weitere Erinnerungen zwischen Lachen vor Glück und rührseligen Momenten aus. Als Hanna aufbrach, war es nach zwanzig Uhr. Die letzten Sonnenstrahlen fielen durchs Fenster. Sie traten vors Haus und hatten gar nicht mitbekommen, dass es zwischenzeitlich genieselt hatte. Hanna sog den Duft der nassen Erde, des satten Grüns und den Geruch der Blumen ein. Luise traten die Tränen in die Augen, als sie Hanna umarmte.

„Ach, es tat so gut, mit dir zu reden. Pass gut auf dich auf. Vergiss vor allem das Essen und deinen Feierabend nicht. Wenn du mich brauchst, sag Bescheid. Grüß Betti und Jonas von mir. Wegen der roten Rosen hältst du mich auf dem Laufenden?"

„Das mache ich natürlich, ganz bestimmt", versprach Hanna. „In dieser Hinsicht brauchst du dir keine Gedanken zu machen." Hanna war überrascht, wie nahe es ihr ging, als sie von Luise Abschied nahm. Sie fuhr mit einem unguten Gefühl nach Hause. Sie musste sich bemühen, ihre Aufmerksamkeit nicht zu sehr auf die roten Rosen zu lenken. Wie konnte Luise nur annehmen, dass Max fremdgegangen war. Was für ein absurder Gedanke! Natürlich wurde Max von Frauen angehimmelt, er war ja ein attraktiver Mann. Sie hatte es öfter miterlebt. Er hatte sich stets korrekt verhalten. Seine große Liebe war immer Luise.

Nach ihrem Besuch bei Luise begann der Montag mit Aufregung. Vor ihrem Geschäft wartete der Filialleiter vom Supermarkt ungeduldig auf sie. Das war unüblich. Es gab bestimmt ein Problem. Er begrüßte sie und legte so fort los. „Ich wollte Sie, sofern Sie es noch nicht erfahren haben, über einen Einbruch in unserer Straße informieren." Hanna schloss eilig die Buchhandlung auf.

„Bitte, kommen Sie rein. Ich habe nichts mitbekommen. Wollen Sie sich nicht hinsetzen? Ich kann auch schnell einen Kaffee kochen."

„Danke, sehr nett. Aber ich muss gleich wieder ins Geschäft. Später mal gerne. Vor drei Tagen wurde ein Laden ausgeraubt, am helllichten Tag. Ein Maskierter betrat den Laden mit einem Elektroschocker. Er jagte dem Besitzer einen Stromschlag durch den Körper, raffte mehrere Hundert Euro aus der Kasse und entkam. Der siebzigjährige Besitzer hat Todesangst ausgestanden und kam verletzt in die Klinik. Die Geräte haben bis zu 500 000 Volt. Der Maskierte brauchte für die ganze Aktion nicht mal fünf Minuten. Die Polizei hat im Nachhinein alle Geschäfte befragt. Niemand hat was mitbekommen, geschweige denn gesehen. Frau Hanna, haben Sie eine Alarmanlage im Geschäft?"

„Nein, habe ich nicht, nur Pfefferspray. Ich kann nicht fassen, was da passiert ist. Solange solche Männer frei rumlaufen, bleibt ein beunruhigendes Gefühl."

„Frau Hanna, passen sie gut auf sich auf. Ein Alarmknopf am Verkaufstisch wäre auch nicht schlecht. Wenn was ist, ich bin immer für Sie da."

„Danke, ich weiß es zu schätzen und werde über eine Alarmanlage nachdenken."

Es gab eine Reihe von kleineren Geschäften in ihrer Straße. Einige Besitzer arbeiteten seitdem mit einem mulmigen Gefühl. Auch Hanna blieb davon nicht verschont. Vier Wochen später passierte es wieder. Diesmal war es ein Kleidungsgeschäft. Der Überfall verlief nach dem gleichen Muster. Keiner hatte was mitbekommen, keiner hatte was gesehen. Es ging wieder alles blitzschnell. Ein paar Tage später bekam sie vom Filialleiter die Information, dass die gesamte Einkaufsmeile überwacht wird. Das beruhigte Hanna etwas und dennoch kam die nächste Überraschung. Sie könnte auch sagen, ein Unglück kommt selten allein. Hanna wollte eine Neuerscheinung ins Schaufenster stellen als ihre Hand mitten in der Bewegung erstarrte. Markus stürmte mit großen Schritten auf die Buchhandlung zu. Je näher er kam, desto mehr spannte sie ihre Schultern an. Sie stand kerzengerade, die Hände in die Hüften gestemmt, da.

Dann betrat Markus die Buchhandlung und kaum auf sie zu. „Meine Güte, Hanna, du siehst aus, als hättest du gerade einen Geist gesehen. Du hast am Sonnabend unglaublich anziehend gewirkt und alte Gefühle sind bei mir wieder aufgeflammt.

Manchmal wird einem erst bewusst, was man Wundervolles hatte, wenn es nicht mehr da ist und sich vor allem hübscher denn je präsentiert. Leider hast du einem anderen Mann den Vorzug gegeben. Das zerreißt mir mein Herz. Schade, dass Duelle aus der Mode gekommen sind. Lebt ihr zusammen? Teilt ihr euch bereits ein Bett?" Hanna schaute an ihm vorbei und sah durch das Schaufenster vorbeilaufende Fußgänger. Er kam schnurstracks auf sie zu und streckte die Hand besitzergreifend nach ihr aus. Sie wollte nicht, dass er sie berührte. Unwillkürlich wich sie zurück.

„Wage es bloß nicht, mich anzufassen. Für wen, zum Teufel, hältst du dich? Ich habe nicht die Absicht ..." Sie brach ab. „Meine privaten Angelegenheiten sind für dich tabu. Du hast kein Recht hier aufzutauchen", reagierte sie empört. Ihre Stimme hatte einen panischen Unterton. Sie hatte sich von ihm aus der Fassung bringen lassen und spürte, wie ihr Herz zu jagen begann.

„Meine Güte Hanna, du hörst dich sehr gefährlich an." Seine Stimme war bedenklich ruhig, sein Blick eiskalt.

„Ja, ich kann gefährlich werden." Das Pfefferspray in der Hosentasche gab Hanna Sicherheit. Es herrschte kurzes eisiges Schweigen.

„Darf ich jetzt weiterreden? Wir waren mal ein Traumpaar, bevor die traurige Trennung kam. Findest du nicht auch, dass unsere Auszeit lange genug gedauert hat? Was hältst du von einem Liebes-Comeback? Dieser Typ hat bestimmt nichts, was ich nicht auch habe."

Hanna war empört. „Ein Vergewaltiger will ein Liebes-Comeback. Deine Arroganz ist kaum zu übertreffen. Geh endlich und lass dich hier nicht wieder blicken."

„Schau an! Da ist jemand vom schnurrenden Kätzchen zum fauchenden Tiger geworden." Seine Stimme klang belustigend.

Hanna fiel ein Stein vom Herzen, als unverhofft ihre Freundin auftauchte. Betti bemerkte so fort die Spannung, die in der Luft lag. Sie hatte die letzten Worte von Markus noch gehört und sah in Hannas angespannte Gesicht. Betti und Hanna warfen sich alarmierte Blicke zu.

„Haben Sie nicht richtig zugehört? Sie sollen so fort von hier verschwinden, auf der Stelle, ansonsten …" Betti zückte ihr Handy.

„Sie sind sehr angriffslustig und sollten nicht zu impulsiv reagieren. Hüten Sie ihre Zunge. Zurückhaltung ist mitunter besser", erwiderte Markus. Er schob sich hoch erhobenen Hauptes bewusst an Hanna vorbei, ehe er zum Ausgang ging. Betti würdigte er keines Blickes.

Betti rief ihm nach: „Ihre Äußerung können Sie vergessen. Wenn es um meine Freundin geht, kenne ich kein Pardon. Vor Männern wie Ihnen habe ich keine Angst! Wollen Sie mir eventuell noch was sagen? Oder mich was fragen?" Er drehte sich zu Betti um.

„Das ist eine Arschkartenfrage! Schönen Tag noch." Dann verließ er hoch erhobenen Hauptes die Buchhandlung.

„Was für eine Freude, dich zu sehen. Dich schickte der Himmel im richtigen Moment! Ich mache uns einen Kaffee." Hannas Herzschlag hatte sich wieder beruhigt. Betti nickte. Sie ließ sich ermattet in einen der Sessel neben dem Tisch nieder. Hanna kam mit zwei Tassen und der Kaffeekanne zurück und setzte sich mit einem erleichterten Stöhnen.

„Ich war gerade in der Stadt und dachte, ich schau mal bei dir vorbei. Wie ich mitbekommen habe, war ich rechtzeitig zur Stelle. Tauchen solche verrückten Typen hier öfter auf? Wobei er ein gutaussehender Mann war. Wollte er dich verführen? Oder deine Einnahmen rauben?" Betti lächelte Hanna schelmisch an.

„Nein! Wir sollten uns über was anderes sprechen. Wir haben wieder einmal lange nichts mehr voneinander gehört. Wie geht es Harald? Hast du heute frei? Oder sogar Urlaub?" Betti reagierte verlegen.

„Nicht direkt. Wer war der umwerfende, begehrenswerte Mann neulich an deiner Seite?" Sie wollte mit ihrer Frage die Aufmerksamkeit von sich lenken." Hanna merkte es nicht.

„Ach, dass verblüfft mich. Woher weißt du von uns?", fragte Hanna. Ihre Augen weiteten sich vor Überraschung.

„Ich musste an der Ampel halten und habe euch auf der anderen Straßenseite gesehen. Er ist sicher einer von diesen charmanten Bücherwürmern, auf die du so stehst. Stimmt's?"

„Falsch geraten. Wir sind uns zufällig auf dem Friedhof begegnet. Bei der Verabschiedung hat er mich einfach geküsst. Aus damaliger Sicht war es tollkühn", sagte Hanna und lächelte versonnen. „Seine lebensfrohe Art und sein gewinnendes Lächeln haben ihn mir sympathisch gemacht. Er hat eine coole Ausstrahlung. Ich habe das Gefühl, dass dieser Mann mir guttut. Nur meine Hormone sind etwas außer Rand und Band geraten. Das hört sich alles ein bisschen verrückt an, ich kann es nicht anders beschreiben. Er heißt Jonas. Ist ohne Vater aufgewachsen. Seine Mutter heißt Finja. Er freut sich schon darauf, dich kennenzulernen."

„Oh, Hanna. Du schwebst ganz oben auf Wolke sieben. Ich freue mich für dich."

„Na ja, ein bisschen schon! Es ist aber nicht der Mann, von dem ich damals geschwärmt habe. Was zwischen uns anfänglich so hoffnungsvoll begonnen hatte … Ich war schrecklich verliebt und habe mich dennoch von ihm getrennt. Es war eine Liebe mit Hindernissen. Er spielte doppelt falsch. Er hatte nebenbei Affären. Im Nachhinein ist man immer schlauer und rückblickend sieht man, welche Fehler man gemacht hat. Er sprach von Liebe. Aber es zu sagen und tatsächlich zu meinen, waren zwei Paar Schuhe. Dieser Mann wollte ein Verhältnis, das etwas vollkommen anderes war als Liebe. Ich habe sein mieses Spiel durchschaut. Zwischen uns lagen unüberbrückbare Welten. Es war übrigens der gutaussehende Mann, der vorhin wie aus dem Nichts auftauchte. Alle Missgeschicke haben am Ende auch immer was Gutes. Das darf man nicht vergessen. Wenn ich etwas aus der ganzen Zeit gelernt habe, dass man aus einer Krise gestärkt herausgehen kann. Das hat geklappt. Es gibt so etwas wie Fügung."

Betti warf ihr einen amüsierten Blick zu. „Na, sowas, du nimmst es nicht besonders tragisch."

„Warum sollte ich? Ich habe eine tiefe Phase der Traurigkeit hinter mir. Nach dem Liebes-Aus wollte ich mich nicht wieder verlieben. Zwei Jahre sind seitdem vergangen. Aber Amor hatte anderes im Sinn. Mit Jonas kam mein Leben wieder ins Lot. Ich bin Optimistin und konzentriere mich auf das Gute im Leben. Bevor du fragst, sage ich es lieber: Wir haben nicht miteinander geschlafen, falls du das glauben solltest."

Betti fiel ihr lachend ins Wort. „Das wollte ich nicht fragen. Nun bin ich neugierig. Warum nicht?"

„Er ist eben anständig und kann warten. Genauso wie ich. Auch wenn es schwerfällt. Wir haben miteinander geknutscht, mehr nicht." Hanna trank ihren Kaffee aus und füllte ihre Tasse erneut auf.

„Du könntest ihn doch verführen." Betti entging nicht, dass Hanna verwundert die Stirn runzelte.

„Betti, ich kann es nicht glauben. Warum sagst du so etwas? Soll er denken, ich will nur Sex haben? Nein, danke! Außerdem finde ich, du solltest dich damit nicht belasten. Können wir nun über was anderes reden?"

„Hanna, das mit Max tut mir unendlich leid. Ich habe die Todesanzeige in der Zeitung gelesen. Es hat mir sehr wehgetan. Du weißt, er war wie ein Vater für mich." Betti konnte sich noch gut daran erinnern, wie Hanna sie das erste Mal mit nach Hause eingeladen hatte. Hannas Mutter war genau die Art von Mutter, wie Betti sie gerne gehabt hätte: warmherzig, liebenswürdig, gutmütig. Luise nahm sie auch in den Arm, wenn sie traurig war. Hannas Vater war sympathisch, humorvoll und immer gutgelaunt. Sie konnten über seine Späße herzhaft lachen. Hannas Eltern liebten Betti wie eine eigene Tochter. Sie überhäuften sie mit Liebe, die sie zu Hause nie bekommen hatte. Ihre Mutter hatte ihr nie ein Gefühl von Liebe gegeben oder ihr Trost gespendet. Auch nicht, als ihr Vater plötzlich an einer Lungenembolie starb. Sie war erst zwölf Jahre alt. Ihre Kindheit hatte mit dem Tod ihres Vaters geendet.

„Was soll ich jetzt noch im Nachhinein sagen. Ich habe rote Rosen auf sein Grab gelegt. Auch von deinem Unfall habe ich erfahren. Ich wollte dich besuchen kommen. Aber …" Betti schluckte und ihre Augen wurden feucht.

„Du musst nichts Weiteres sagen. Ich nehme es dir nicht übel. Nur mit deinen roten Rosen hast du Luise ganz schön verunsichert. Sie glaubte, dass Max vielleicht nicht treu war. Eine andere Frau, wenn du verstehst, was ich meine."

„Mein Gott, wie peinlich. Das wollte ich Luise nicht antun. Er liebte doch Rosen über alles!"

Hanna musste schmunzeln. „Aber gelbe Rosen. Du siehst blass aus, deine Augen wirken müde, du hast dunkle Augenringe und du hast geweint?" Bettis Gesichtsausdruck wirkte augenblicklich wie versteinert.

„Ja, das ist mein neues Hobby." Hanna sah, dass sie nervös hin und her rutschte.

„Was soll das denn heißen? Neues Hobby? Befindest du dich in einer Stressspirale? Geht es dir nicht gut? Hanna schaute Betti aufmerksam an, weil sich ihr Gesicht verfärbte.

„Äh… ja! Mir geht's gut." Betti verschränkte die Arme und schaute verlegen nach unten. Sie wippte plötzlich aufgeregt mit dem Fuß. Hanna hätte gern gewusst, was in ihrem Kopf vorging.

„Mehr hast du nicht zu sagen? Das ist untypisch für dich. Was ist eigentlich los mit dir? Warum bist du so nervös? Du verschweigst doch etwas? Du kennst mich, ich hasse es, wenn ich deswegen nachts nicht schlafen kann."

„Komm mir nicht damit, Hanna." Schließlich sagte sie: „Zwischen Harald und mir ist es aus", weil Hanna sie immer noch fragend anschaute. „Die letzte Auseinandersetzung mit ihm kostete viel Kraft. Es ist nur so …", sie verstummte, machte ein ziemlich betretenes Gesicht und brach den Blickkontakt zu Hanna ab.

„Betti, jetzt beliebst du zu scherzen. Hattet ihr Streit? Oder beging Harald Ehebruch?"

„Ich scherze nicht", erwiderte sie schroffer als beabsichtigt. „Es gibt Dinge, die schiefgelaufen sind, die nicht wieder rückgängig gemacht werden können. Es hat mir den Boden unter den Füßen weggezogen. Nun habe ich endgültig realisiert, dass mein Leben nicht mehr so ist, wie ich es mir vorgestellt habe." Sie senkte den Blick und verkrampfte fortwährend ihre Finger ineinander. Sichtlich erschüttert griff Hanna nach ihrer Tasse, nahm einen Schluck und stellte sie wieder ab.

„Ich bin fassungslos. Hast du darüber mit deiner Mutter gesprochen?"

Betti presste ihre Lippen aufeinander, dann lachte sie bitter auf. „Meine Mutter? Du weißt doch wie sie ist. Ganz egal, welches Argument ich vorbringe, sie wäre grundsätzlich auf Haralds Seite und würde mir die ganze Schuld in die Schuhe schieben. Harald ist für sie der unfehlbare Schwiegersohn. Sie behandelte ihn wie ihren eigenen Sohn und mich, wie das letzte Rad am Wagen. Für meine Mutter spielt es keine Rolle, ob ich da bin oder nicht. Sie hat mich nie geliebt und liebt mich auch jetzt nicht. Nun mach kein so skeptisches Gesicht." Resigniert hob sie die Hände.

„Betti, es gibt kein Gesetz, dass man seine Mutter lieben muss. Mein Gefühl sagt mir, du hast noch etwas auf dem Herzen und willst nur nichts sagen! Läufst du vor irgendetwas davon? Ich werde dich nicht zwingen mir alles zu erzählen." Hanna bemühte sich um einen ungezwungenen Ton.

Betti zappelte nervös auf dem Sitz herum. Ihre Hände und Füße hatten ein regelrechtes Eigenleben entwickelt.

„Wie kommst du auf einmal darauf? Du hast mir schon geholfen, indem du mir zugehört hast. Ich muss wieder los. Ich wünsche dir und Jonas schöne Stunden. Mach dir keine Sorgen, wenn du so schnell nicht wieder von mir hörst. Wenn ich mehr Zeit habe, erzähle ich dir alles. Es würde mir guttun, mein Herz auszuschütten. Irgendwann, nur nicht heute, nicht in den nächsten Tagen. Ich hoffe nur, dass ich danach noch deine Freundin bin." Hanna sprang erregt auf.

„Jetzt komm mal runter. Du solltest dich mal reden hören. Du bist und bleibst meine Freundin. Denkst du, ich spüre deinen Kummer nicht. Wenn du Hilfe brauchst, ich bin immer für dich da. Du hast meine Telefon- und Handynummer, und du weißt, wo ich wohne. Oder komm nach Feierabend zu mir in die Buchhandlung. Wir können uns auch noch heute treffen und du redest dir mal alles von der Seele. Wenn jemand seine Situation als aussichtslos bewertet und das Gefühl hat, in einer Sackgasse zu stecken, sollte er darüber reden. Was hältst du von einem Glas Wein? Ein gemeinsames Essen? Wie in alten Zeiten. Ich lade dich ein. Ist das nicht ein toller Vorschlag? Komm schon, Betti. Nur zwei, drei Stunden."

Sie entlockte Betti damit nur ein müdes Achselzucken.

„Hanna, auch wenn ich wollte, es geht nicht. Ich muss noch etwas Dringendes erledigen. Das kann ich nicht aufschieben."

„Es ist schade, dass du mit mir nicht reden willst. Zweifelst du an meiner Loyalität? Ich weiß gar nicht, wieso ich überhaupt noch frage, als ob mich das interessieren würde."

„Das siehst du verkehrt. Ich will, mit dem was sich bisher ereignet hat, nicht nerven." Sie wollte nicht, dass Hanna sich ihretwegen Gedanken machte. Sie warf einen unruhigen Blick auf ihre Armbanduhr. Hanna legte ihr die Hand auf den Arm.

„Es kommt mir so vor, als wärst du auf der Flucht. Warum schaust du immer auf deine Uhr? Hast du jetzt noch eine Verabredung? Ist es das, was du mir nicht erzählen kannst oder willst?"

„Ich mag nicht darüber reden. Begreif das doch endlich. Sei mir nicht böse. Es ist spät. Ich muss jetzt wirklich gehen."

„Du hast es dir also nicht anders überlegt? Wenn du deine Meinung ändern solltest, ruf mich an. Es war schön mal wieder von dir zu hören." Es drängte sie, Betti in die Arme zu nehmen, sie festzuhalten und zu trösten, aber sie tat nichts von alldem. Warum war Betti nicht bereit, ihre Fragen zu beantworten. Hanna widmete sich wieder ihrer Arbeit. Das Abschalten fiel ihr nicht leicht. Die Äußerungen ihrer Freundin gaben ihr Rätsel auf. Ob Harald und Betti noch unter einem Dach wohnen? Was hatte sie heute noch vor? Warum ist sie ihr monatelang aus dem Weg gegangen? Sie hätte mehr nachhaken sollen. Der Gedanke, Betti nicht helfen zu können, schmerzte sie auf eine Weise, über die sie gar nicht nachdenken wollte. Hanna musste sich ernsthaft zwingen, auf andere Gedanken zu kommen.

Betti verließ Hanna schweren Herzens. Sie ärgerte sich über den untrüglichen Instinkt ihrer Freundin, obwohl sie wusste, dass Hanna ihr nur helfen wollte. Eigentlich hatte sie sich vorgenommen, mit Hanna über ihre finanzielle Situation zu sprechen. Aber als sie Hanna gegenübersaß, verließ sie auf einmal der Mut. Wie hätte sie ihr erklären sollen, dass Harald sie mit seiner Spielsucht an den Rand des Ruins getrieben hat. Er nicht nur das gemeinsame Konto abgeräumt, sondern es auch noch überzogen hatte und ihr deswegen die Bank im Nacken saß, und dass auch seine Kumpels das geborgte Geld zurückforderten. Am Anfang hatte sie noch mutig gesagt, dass sie nicht für Haralds Schulden aufkommen würde. Beim letzten Mal wurde ein Kumpel ausfallend und drohte persönlich vorbeizukommen. Es war einer der schlimmsten Augenblicke ihres Lebens. Sie konnte nächtelang nicht schlafen, weil sie grübelte, wie sie aus dieser Scheißsituation wieder herauskommen sollte. Ihr Gehalt würde niemals ausreichen, um all die Schulden abzutragen. Sie wurde von Albträumen geplagt und, wenn sie stundenlang wach lag, kamen in ihr Zweifel auf, ob sie jemals wieder ein unbeschwertes Leben führen würde. Es zehrte an ihren Kräften. Wenn sie nicht bald wenigstens ein paar Stunden pro Nacht am Stück schlief, würde sie nicht mehr lange durchhalten. Sie hatte mittlerweile alles durchlebt. Liebe, Kummer, Wut. Wie weit war sie herabgesunken? Während sie mit einer Hand über ihre Augen wischte, holte sie mit der anderen Hand ihr Handy aus der Tasche. Ihre Entscheidung stand fest. Ein Zurück wird es nicht mehr geben. Egal was passiert! Egal wie es ablief. Sie brauchte Geld, viel Geld!

# Kapitel 11

Jonas setzte sich umgehend telefonisch mit seinem Freund Georg in Verbindung, um abzuklären, ob er sein Ferienhaus mit Hanna nutzen könne. Nach der Zusage setzte er sich so fort in den Wagen. Diesmal bekam er sogar ganz in der Nähe einen Parkplatz. Es war kurz vor achtzehn Uhr und er sah Hanna von draußen eine volle Bücherkiste schleppen.

„Oh, schön dich zu sehen", rief Hanna voller Freude und stellte die Kiste ab. Sie wischte sich den Schweiß von der Stirn.

„Du brauchst Hilfe. Bitte, lass mich das übernehmen. Hast du keine Sackkarre? Das ist doch viel zu schwer für dich. Ich werde dir eine besorgen." Er nahm die Kiste hoch. „Wohin damit?"

„Ganz nach hinten, wo das leere Regal steht. Ich will die Bücher noch unbedingt schnell einsortieren."

„Ich reiche dir die Bücher zu, dann bist du schneller fertig. Hanna, ich konnte nicht eher kommen. Mein Dienstplan war in den letzten Tagen ziemlich dicht. Hast du Lust, wenn wir hiermit fertig sind, in der Nähe etwas zu trinken und zu essen? Beim Italiener?"

„Prima! Ich bin heute kaum zum Essen gekommen. So, fertig" und stellte das letzte Buch rein. „Du warst eine große Hilfe. Jonas, du siehst so entspannt aus."

„Tatsächlich? Das liegt wahrscheinlich daran, dass ich eine Überraschung für uns habe."

Nach dem Essen hielt sie es vor Neugierde nicht mehr aus. Gerade als sie Jonas fragen wollte, kam der Kellner und räumte die Teller ab. Jonas bezahlte und sie traten den Heimweg an. Hanna hakte sich bei Jonas unter.

Voller Ungeduld fragte sie schließlich: „Wolltest du mir nicht deine Überraschung mitteilen? Spann mich nicht länger auf die Folter."

„Wir könnten ein paar Tage im Ferienhaus meines Freundes verbringen. Es liegt fast am Wasser. In der Nähe gibt es keine Hotels, die den Blick aufs Meer trüben. Es erwartet uns eine Landschaftsschönheit. Vom Haus an den Strand sind es ein paar Schritte. Der Strand punktet nicht nur mit feinem Sand und klarem Wasser, sondern vor allem auch mit der atemberaubende Weite des Meeres. Man frühstückt bei aufgehender Sonne auf der Terrasse, schaut über die Dünen und genießt bei einem Glas Wein, wie sie langsam untergeht. Du wirst es mögen, weil es der schönste Sonnenaufgang und -untergang ist, den man je erleben kann. Die Abenddämmerung ist eine Zeit, in der das Umfeld oft in das schönste Licht getaucht wird, und es entstehen wunderschöne Farbspiele. In Sachen Naturromantik gibt es nichts Besseres."

„Es hört sich verlockend an. Etwas Schöneres kann ich mir gar nicht vorstellen. Bist du etwa ein Romantiker?" Sie gab sich keine Mühe, ihre Begeisterung zu verbergen.

„Ja, das bin ich, und wenn du noch an meiner Seite weilst, dann ist es nicht nur romantisch, sondern die Vorstufe zum Paradies."

„Aha! Und wann bist du im Paradies angekommen?"

„Hanna, das kann ich erst sagen, wenn du mitfährst und wir uns das Paradies gemeinsam erobern. Willst du es wirklich? Und zwar nicht, weil ich es will, sondern weil du es auch willst?"

Obgleich Jonas all das erfüllte, was sie sich wünschte – offen, ehrlich, zärtlich – und sie sich nach seiner Liebe sehnte, war Hanna etwas verunsichert. Sie ertappte sich bei der Frage, wie er wohl im Bett war und untersagte sich selbst, ihre Gedanken in diese Richtung weiter laufen zu lassen.

„Ein verlockendes Angebot, allerdings mit Haken." Sie machte eine Pause. Jonas sah sie betroffen an.

„Was meinst du damit? Haken? Das hört sich nicht positiv an. Eher irgendwie negativ."

„Nur wir beide allein da draußen? Ich muss auf meinen guten Ruf achten." Sie presste ihre Lippen aufeinander, um nicht loszulachen. Egal was er jetzt noch darauf sagte, sie wollte in dieses Traumparadies, nur er und sie unter blauem Himmel, am wunderbaren Puderzuckerstrand. Als er nichts erwiderte, setzte sie ein beschwichtigendes Lächeln auf.

„Hey, es war nicht ernst gemeint. Nur Spaß. Vielleicht in acht Wochen?"

„Habe ich richtig gehört? Erst in acht Wochen? Ich möchte nichts auf die lange Bank schieben." Zweiflerisch schaute er Hanna an. Ein Zucken der Mundwinkel verriet seine Enttäuschung.

„Du bist sehr ungeduldig", erwiderte Hanna. „Wenn alles klappt, vielleicht auch früher. Ich wollte dich nur ein bisschen auf den Arm nehmen."

„Das ist dir hervorragend gelungen. Und es stimmt, ich bin sehr ungeduldig. Ich will es mal so sagen: Ungeduld ist eine meiner besten positiven Eigenschaften."

„Positiv? Aha? Ich muss mit Hilde sprechen, ob sie die Buchhandlung für diese Zeit übernehmen kann. Sie hat eine Reise geplant. Ich weiß nicht, wann und wie lange sie wegbleiben wird. Welcher Zeitraum schwebt dir denn vor?"

„Vier Tage. Am Samstag losfahren und am Mittwoch zurück! Wenn es geht in vierzehn Tagen. Eines muss ich noch loswerden. Nicht, dass du mir später böse bist. Der Strandabschnitt vor dem Ferienhaus ist ein FKK-Strand. Hast du damit ein Problem? Ansonsten müssten wir ein gutes Stück laufen, um zum Textilstrand zu kommen." Er verzog die Lippen zu einem frechen Grinsen, und seine Augen blitzten. Hanna lachte ein wenig unsicher. Eine zarte Röte breitete sich auf ihrem Gesicht aus.

„Okay. Schon verstanden. Du meinst splitterfasernackt? Ich muss dir ein Geständnis machen. Ich war noch nie am FKK-Strand. Aber, wenn es nicht anders geht und alle so rumlaufen, ist man eine von vielen. Oder sehe ich das verkehrt?"

„Das siehst du ganz richtig." Schon der Gedanke, mit ihr nackt am Strand zu liegen und dann die Aussicht auf gemeinsame Nächte, löste in ihm Vorfreude aus. Lieber Gott, lass es nicht zu, dass was dazwischen kommt.

Tage später hatte Jonas gerade den Wagen gestartet und wollte aus der Tiefgarage fahren, als sein Handy klingelte. Ein Blick auf das Display verriet ihm, das der Anrufer nicht Finja sondern diesmal Georg war.

„Jonas, wollen wir heute nach Feierabend bei mir ein Bierchen trinken? Hast du Zeit?"

„Selbstverständlich! Ich dachte schon, du hättest das Biertrinken aufgegeben. Ich bin gegen siebzehn Uhr bei dir." Jonas freute sich auf das Wiedersehen. Es war eine Weile her, dass sie einander persönlich gesehen hatten.

Jonas stand vor Georgs Wohnungstür, klingelte und begrüßte Georg mit Handschlag. Geeorg sah auf seine Uhr. „Na endlich! Ich habe mich schon gefragt, ob du überhaupt noch kommst. Wir waren um siebzehn Uhr verabredet und jetzt ist es achtzehn Uhr."

„Ich habe noch Bier gekauft. Das rechtfertigt doch wohl meine kleine Verspätung." Jonas überreichte Georg augenzwinkernd die gefüllte Tasche.

„Nimm Platz. Ich hole Gläser und gekühltes Bier." Georg stellte alles ab. Nachdem er die Gläser aufgefüllt hatte, fragte er: „Wie ist denn deine Freundin so? Vor allem, was sagt Finja dazu?"

„Trinken wir erst mal etwas", schlug Jonas vor und nahm einen großen Schluck aus seinem Bierglas. Georg trank ebenfalls einen großen Schluck, stellte das Glas ab und sah Jonas nachdenklich an. Jonas atmete erst ein paarmal durch und erwiderte Georgs Blick.

„Hanna ist das Beste was mir je begegnet ist. Sie hat das gewisse Etwas, das sah ich auf den ersten Blick. Wenn du sie mal sehen möchtest, musst du nur in ihre Buchhandlung gehen. Da siehst du das ganze Original, und zwar von oben bis unten. Sie ist eine Augenweide und wir schwimmen auf einer Wellenlänge! Wir haben einen halben Samstag zusammen verbracht und ich konnte mich kaum zügeln."

Georg stützte den Ellbogen auf die Armlehne, legte das Kinn auf die Faust und setzte einen mitleidigen Gesichtsausdruck auf. „Ihr habt nicht ge…? Wer hätte das gedacht! Mich haut es glatt vom Hocker. Ich hätte es ausprobiert. Ich erkenne dich gar nicht wieder."

„Ich weiß, dass hört sich widersprüchlich an. Wenn es nach mir gegangen wäre schon. Mein Körper hat förmlich danach geschrien. Er war bis zum äußersten angespannt. Andererseits bin ich nicht mehr der wilde Verrückte, für den der Sex an erster Stelle steht. Die wilden Jahre sind vorbei! Dennoch war meine Enthaltsamkeit schwer zu ertragen. Das kannst du mir glauben."

„Es klingt fast nach einer Entschuldigung. Unglaublich, was diese Frau aus dir gemacht hat." Georg grinste.

„Das kannst du laut sagen! Damit habe ich nicht gerechnet, dass es mich nochmal so erwischt."

Und wieder grinste Georg. „Vielleicht wollte sie ja mit dir schlafen. Du hast es nicht erkannt und nun ist sie frustriert." Jonas zuckte mit den Schultern.

„Blödsinn. Hanna ist keine von den Frauen, die erwarten, dass man so fort mit ihnen ins Bett geht. Ich habe nach dem Samstag bewusst beschlossen, Hanna ganz romantisch zu erobern." Er lehnte sich lächelnd in seinem Sessel zurück.

„Junge, du legst dich aber wirklich ins Zeug. Da kommt ja das Ferienhaus für dich wie gerufen. Du musst nur Bescheid sagen, wann es so weit ist. Ich rufe Frau Menzel an, damit sie dort noch mal Staub wischt und extra für euch die Rosenbettwäsche aufzieht. Außerdem füllt sie den Kühlschrank auf, holt vom Fleischer was zum Frühstück und was zum Grillen. Holzkohle findest du im Schuppen. Noch ein Tipp von mir: Ihr solltet außer der Dusche auch unbedingt die Badewanne benutzen. Sie ist für zwei Personen wie geschaffen. Im Badschrank findest du jede Menge farbige Teelichter, die du rundum auf den Badewannenrand stellen kannst. Kerzenschein und dann zu zweit in der Badewanne. Alles andere liegt an euch. Übrigens, ich kenne Hanna!"

„Wie bitte? Du kennst meine Hanna? Was willst du damit sagen?" Misstrauisch musterte er Georg.

„Du brauchst nicht unruhig zu werden und musst dir auch nicht den Kopf darüber zerbrechen. Du weißt doch, dass ich ein Bücherwurm bin. Ich war total von den Socken, als ich die Buchhandlung betrat und mich nicht wie sonst der grauhaarige Ritter begrüßte. Diesmal empfing mich eine Traumfrau, mit einem Lächeln, das mein Herz zum Schmelzen brachte. Mich hat es sprichwörtlich umgehauen. Und nun höre ich so ganz nebenbei, dass das ausgerechnet deine Traumfrau ist. Mann oh Mann, hast du ein Glück! Du bist wirklich ein Glückspilz. Bekommst immer die schönsten Frauen! Wie machst du das bloß? Leider war meine Chance gleich Null. Nicht, dass ich sie regelrecht angebaggert habe, aber meine verliebten Blicke hat sie glattweg ignoriert. Ich habe mich damit abgefunden. Mir ist aber aufgefallen, seitdem sie dort arbeitet, halten sich vermehrt Männer ab dreißig aufwärts in der Buchhandlung auf. Das gab es früher so nicht. Merkwürdig ist es schon, dass plötzlich alle zu Leseratten geworden sind. Das kann nur mit deiner Hanna zusammenhängen. Sie ist ein Magnet. Finja habe ich auch in der Buchhandlung gesehen. Sie aber mich nicht. Kann sein, dass sie mich nicht sehen wollte. Ich will ihr um Gottes willen nichts unterstellen, aber weiß sie von euch Turteltauben?"

„Georg, was hast du da gerade gesagt? Kannst du das noch mal wiederholen." Wie von der Tarantel gestochen, sprang Jonas auf.

„Klar doch! Finja saß ebenfalls in der Buchhandlung. Wenn mich nicht alles täuscht, war es an einem Montag und gegen Mittag."

„Du hast Finja wirklich dort gesehen? Hast du dich nicht geirrt?"

„Jonas, hör mal, ich kenne wohl Finja. Ich trage zwar keine Brille in der Buchhandlung, dennoch habe ich voll funktionsfähige Augen."

„Ich brauche noch ein Bier?" Jonas hielt seine leere Bierflasche hoch. „So ein hinterhältiges Frauenzimmer. Ich habe ihr von Hanna erzählt und unglücklicherweise auch wo sie arbeitet. Angeblich wäre sie auf Hanna nicht neugierig. Nun stellt sich das Gegenteil raus. Es ist nicht zu fassen! Da ist Gesprächsbedarf zwischen ihr und mir angesagt. Noch heute!"

„Sag ihr um Gottes willen nicht, dass du das von mir weißt. Ansonsten habe ich ein Problem. Ich möchte sie nicht gerade zur Feindin haben! Du weißt, ich bin wegen meiner Haut bei ihr Kunde. Nachher schmiert sie mir was aufs Gesicht und am nächsten Tag sehe ich wie ein echter pickliger Teenager aus, der sich voll in der Pubertät befindet. Und das in meinem Alter!"

„Ich gebe dir mein Wort! Nochmals danke und wir hören wieder voneinander."

# Kapitel 12

Haralds Schulden abzubauen, löste bei Betti kein Pflichtgefühl aus. Aber die Angst vor seinen drohenden Kumpels schon. Sie wurde weiterhin unter Druck gesetzt, wurde zur Zielscheibe und war dank Harald hochverschuldet. Konnte es noch schlimmer werden? Eine ehemalige Arbeitskollegin, die sich in einer ähnlichen Situation befand, gab ihr den entscheidenden Tipp: Nutzung einer Escort-Agentur. Sie meldete sich so fort an und hinterlegte ein Foto. Keine Nacktaufnahme, sondern ein ganz normales Ganzkörper-Foto. Sie bekam mit, dass auch Studentinnen diesen Service nutzten. Wenn ein Mann sich unangemessen verhielt, sollte sie es der Agentur unbedingt mitteilen. Er erhielt kein Angebot mehr. Ihre erste Verabredung ließ nicht lange auf sich warten. Es war ein regnerischer Abend. Er war Mitte fünfzig und sie trafen sich bei ihm Zuhause. Er sagte bei der Begrüßung spontan: „Ich habe dein Foto gesehen. Du siehst in Echt viel hübscher aus."

Betti wurde rot und ehrlicherweise informierte sie ihn, dass es ihr erstes bezahltes Treffen war. Er hatte damit kein Problem und stellte keine Fragen.

„Du brauchst keine Angst zu haben. Ich bin ein netter Kerl und sehr einfühlsam. Mir fehlt eine Frau zum Reden. Mir fehlt ihr Geruch. Und mir fehlt ein bisschen Liebe." Er bezahlte gut.

Betti bekam weitere Angebote und es funktionierte. Sie setzte auf Freundlichkeit, Charme, schwarzen Spitzen-BH und seidigen Tanga. Das kam gut an. Für sie war es eine Dienstleistung. Eine Entscheidung aus reiner Vernunft, mehr nicht! Sie wollte es nicht, aber aus der Not heraus musste sie es tun. Von fremden Männern berührt zu werden, erschauderte sie anfangs. Bei allem was sie tat, ließ sie keine Gefühle zu. Physisch war sie anwesend, aber mental befand sie sich wo anders. Am Anfang verdiente sie dreihundert bis fünfhundert Euro pro Stunde, später mehr. Sie hing ihren Job an den Nagel, weil sie zeitlich unabhängig sein wollte. So viel Geld hätte sie nie bei ihrer alten Anstellung verdient. Es war für sie eine andere Welt. Aber keine beschmutzte, lüsterne Welt, in der sich nur verdorbene, sexsüchtige Menschen aufhielten. Es gab keine abfälligen Bemerkungen oder Anspielungen. Sie gab vielen Männern etwas, dass sie vermisst hatten. Die Männer haben auch ihr was gegeben. Geld! Die meisten ihrer Kunden waren wohlhabend, gepflegt und kamen vorwiegend aus der Politik und Wirtschaft. Sie versuchte Leidenschaft vorzuspielen und sich auf den Kunden einzustellen, um die Sache zu beschleunigen. Es gab auch Kunden, die sich mit ihr nur zu Dinner-Dates verabredeten, ohne Intimkontakt. Das war ihr am liebsten. Einmal hatte ein Kunde sie sogar für zwei volle Tage gebucht und zahlte Zweitausend Euro. Ihm ging es nicht primär um Sex. Er nahm sie zu einer Veranstaltung mit, zu einem Geschäftsessen, zu Spaziergängen. Er behandelte sie wie eine gute Freundin. Von zwei Männern musste sie sich am Anfang distanzieren. Obwohl beide von der Agentur wussten, dass Kondome Pflicht und Küssen nicht erlaubt war, wollten sie es nicht einsehen. Sie boten ihr sogar mehr Geld. Sie blieb standhaft. Sie wusste inzwischen sehr genau, was für sie ging und was nicht. Sowohl sexuell, da gab es für sie klare Tabus, als auch zwischenmenschlich. Sie machte für Geld nicht alles. Bisher hatte sie auch nichts aus ihrem Privatleben preisgegeben.

Wenn sie abends das Haus verließ, achtete sie darauf, nicht gesehen zu werden. Dennoch hatte sie das ungute Gefühl, dass ihr Nachbar in der ersten Etage sie beobachtete. Er fragte sich sicher, wo sie um diese Zeit hinging. Zumal er das von ihr nicht gewohnt war. Wenn sie wieder heimkam, schloss sie die Haustür extrem vorsichtig auf. Sie schlich sich wie ein Dieb die Treppen hoch, öffnete die Wohnungstür so leise es ging. Ein einziges Mal fiel ihr die Tür laut ins Schloss. Vor Schreck blieb ihr fast das Herz stehen. Die erste Zeit fuhr sie mit öffentlichen Verkehrsmittel nach Hause, dennoch musste sie ein Stück zu Fuß gehen. Im Dunkeln bekam sie öfter Angst. Es gab unangenehme Situationen und Momente, in denen sie bestimmte Geräusche kaum ertragen konnte. Wenn sie plötzlich schnelle Schritte hinter sich hörte oder ein lautes, energisches Klappern, dann raste ihr Herz. Oder wenn sie vor aufdringlichen Männern flüchtete, die betrunken aus einer Bar kamen. Sie wusste noch, wie schockiert sie gewesen war, als in der Presse berichtet wurde, dass eine 33-jährige Frau auf dem Nachhauseweg überfallen, vergewaltigt und ermordet worden war. Wenn man sowas las, dachte man so fort: Wie furchtbar! Bisher war bei ihr alles gut gegangen. Dann ging es nicht gut Es war kurz vor Mitternacht, als sie nach Hause kam. Betti stand vor der Haustür, öffnete ihre Handtasche und wollte den Haustürschlüssel rausholen. Dazu kam es nicht mehr. Heißer Atem streifte ihren Nacken und im Rücken spürte sie einen harten Gegenstand. Eine Pistole? Sie erschauderte, die Härchen an ihrem Arm richteten sich auf.

„Du tust genau, was ich dir sage. Mach die Tür auf. Wir gehen zu dir. Ich weiß, dass du allein wohnst", sagte eine männliche Stimme.

„Ich muss erst den Schlüssel rausholen." Was wollte er? Sie vergewaltigen? Ausrauben? Töten?

Sie nahm allen Mut zusammen, griff in die Tasche, bekam ihr Pfefferspray zu fassen. Blitzartig besprühte sie seine Augen.

„Meine Augen", schrie er auf. „Du Schlampe! Ich kann nicht mehr sehen."

Noch nie hatte sie so schnell die Haustür aufgeschlossen und wieder zugemacht. Erst in der Wohnung begannn sie am ganzen Körper zu zittern. Wie betäubt sank sie auf einen Stuhl. Dann brach sie in eiskaltem Schweiß aus. Ihr wurde so speiübel, dass sie die Toilette aufsuchte und sich übergeben musste. Irgendwann legte sie sich erschöpft ins Bett, aber sie wurde sehr früh wieder wach. Seit Tagen schlief sie ohnehin nicht viel. Wenn sie jetzt abends um zwanzig Uhr das Haus verließ, blickte sie immer misstrauisch die Straße hoch und runter. Früher hatte sie das nicht getan. Sie eilte, so schnell sie konnte, die Straße hinunter zur nächsten Straßenbahn. Der einzige Luxus, für den sie nun zusätzlich Geld ausgab, war nachts ein Taxi für die Heimfahrt. Die Angst blieb dennoch und hatte sich tief in ihr Gedächtnis gebrannt.

Als Tage später wieder einmal das Telefon gegen achtzehn Uhr klingelte, ahnte sie wer der Anrufer war.

„Nein", antworte Betti, „Harald ist nicht wieder aufgetaucht."

„Ich brauche dringend meine Zehntausend Euro. Meine Frau entbindet in drei Wochen unser erstes Kind."

„Ich kann Ihnen Achttausend Euro geben und den Rest in vierzehn Tagen. Wir treffen uns morgen um fünfzehn Uhr im Café um die Ecke." Er war einverstanden.

Er steuerte am nächsten Tag direkt auf Betti zu, die bereits Platz genommen hatte. Betti war überrascht. Woher kannte er sie? Soll ich ihn fragen? Lieber nicht. Er war freundlich, kein Schlägertyp und gab ihr die Hand. Er bestellte für sie beide Kaffee.

„Haben Sie wirklich nichts von Harald gehört?" Betti schüttelte den Kopf. „Sie müssen es jetzt ausbaden, stimmt's? Woher nehmen Sie das Geld?"

„Darüber möchte ich nicht sprechen", antwortete Bettie leise.

„Verstehe! Harald hat uns alle aufs Schlimmste belogen, um an Geld ranzukommen. Unsere Clique bestand aus fünf Freuden einschließlich Harald. Einer hat sich geweigert, Geld zu verborgen. Harald darf sich nie wieder bei uns sehen lassen, das können Sie mir glauben."

Betti übereichte ihm den Briefumschlag. Er zählte nicht nach, bezahlte den Kaffee, stand auf und wünschte Betti viel Glück. „Sie sind eine sehr schöne Frau und haben was Besseres verdient als Harald." Mitgefühl klang in seinem Tonfall mit.

# Kapitel 13

Nach dem Gespräch mit Georg war Jonas so wütend, dass er einen Augenblick in Betracht zog, so fort zu Finja zu fahren. Aber so erregt, wie er gegenwärtig war, könnte es zwischen ihnen böse enden. Er schaute auf die Uhr, der Zeitpunkt war nicht ideal. Sie könnte noch im Kosmetiksalon arbeiten. Gegen neunzehn Uhr klingelte er bei ihr. Finja empfing ihn gut gelaunt und lud ihn gleich zum Abendessen ein.

„Danke, unter normalen Bedingungen ja, aber ich habe gegenwärtig keinen Appetit."

„Möchtest du was trinken, vielleicht ein kühles Bier? Nimm doch wenigstens Platz." Er machte keine Anstalten sich hinzusetzen, sondern sah sie bloß mit entnervter Miene an.

„Nein, mir ist nicht danach. Ich muss mit dir ein ernstes Wort reden."

„Was ist dir denn über die Leber gelaufen?" Finja sah ihn herausfordernd an.

„Du, Finja, nur du allein. Warum machst du es mir so verdammt schwer? Warum drängst du dich ungefragt in mein Leben? Mit welchem Recht hängst du dich da rein? Hast du etwa angenommen, ich bekomme das nicht raus?", fragte er ohne Umschweife.

Oh, oh, dachte Finja. Er hat schlechte Laune. Jonas finstere Miene genügte, um dieses ungute Gefühl zu verstärken. Was soll's. Ich werde mich nicht von ihm entmutigen lassen. Georg hat geplaudert. Warum konnte er es nicht für sich behalten, das er mich in der Buchhandlung gesehen hat? Typisch Mann! Na, warte mein Lieber, du liegst ja bald wieder bei mir auf der Liege. Dann wirst du schon sagen, ob du derjenige warst, der mich verpfiffen hat. Finja war innerlich außer sich vor Zorn.

„Hör mal, Jonas. Du bist aufgeregt, das ist verständlich. Was soll dieser Vorwurf? Das wird doch nicht so ein Mutter-Sohn-

Gespräch. So sprichst du nicht mit mir! Schon gar nicht in diesem Ton. Ich bin deine Mutter und du der Sohn." Jonas begegnete ihrem hasserfüllten Blick, den er lächelnd erwiderte.

„Wie könnte ich das jemals vergessen. Ich bin nur … sehr enttäuscht. Das ist alles. Ich möchte wissen, was in Gottes Namen dich veranlasst hat, so etwas zu tun."

„Ich habe keine Ahnung, was du meinst. Auch nicht warum du enttäuscht bist?"

Er schnaufte. „Warum? Du fragst, als ob du nicht genau wüsstest, warum. Es ist nicht zu fassen. Das ist doch nicht normal!"

„Jonas, wenn ich es wüsste, würde ich nicht fragen. Nicht normal? Was ist in unserer Familie schon normal."

„Finja, man muss kein Genie sein, um eins und eins zusammenzuzählen und zu dem Schluss zu kommen, dass du deine Finger im Spiel hattest. Also, dann noch einmal von vorne: Warum warst du in der Buchhandlung? Erzähl mir nicht, dass du Bücher kaufen wolltest. Es ging dir hierbei nur um Hanna. Kannst du es nicht abwarten, bis ich sie dir offiziell vorstelle?"

„Jonas, du glaubst also ich war dort. Wer hat dich denn informiert? Ich habe dort keine Bekannten gesehen", schleuderte sie ihm wütend entgegen. Wenn Finja zutiefst beleidigt war, kam ihre unangenehmste Seite zum Vorschein. Jonas kannte diese Ausbrüche.

„Spielt das für dich eine Rolle? Mir reicht es schon, dass du dort warst. Ich bin echt sauer, hochgradig wütend."

„Ich habe deine Hanna nicht angesprochen, sondern lediglich ein Buch gekauft. Du kennst mich doch. Ich traue nur dem, was ich selbst sehe. Sie weiß nicht, dass ich deine Mutter bin. Unabhängig davon, kann ich dir nur eins sagen, lass die Finger von dieser Frau. Du wirst sie nie für dich allein haben. Sie ist nicht gut genug für dich. Das ist auch so eine, die sich in dem Alter passend für einen Mann macht. Du verschließt deine Augen vor der Realität."

„Woher willst du das wissen? Du siehst doch nicht mit meinen Augen oder irre ich mich? Ich bin durchaus in der Lage, auf mich selbst aufzupassen."

„Junge, du musst mir glauben, ich will dich nur vor einem weiteren Fehler bewahren. Du bist einer der begehrtesten Junggesellen in der Stadt. Das solltest du nicht vergessen. Ich weiß, wovon ich rede, schließlich habe ich meine geistige Kapazität noch nicht eingebüßt. In einer Kleinstadt bleibt nichts verborgen. Hier werden die Augen offengehalten. Da redet jeder mit jedem und über jeden. Und ich sage nur, was ich gehört habe." Der Blick, mit dem sie ihn betrachtete, war alarmierend. Er sprang auf, lief wie ein Tiger im Käfig auf und ab.

„Mach dir keine Mühe, mich umzustimmen. Und Schwätzer gibt es überall. Das weißt du genauso gut wie ich."

„Deine Hanna war vorher mit einem Geschäftsmann liiert. Er betreibt eine Spedition und soll sehr vermögend sein. Warum hat er sich wohl von ihr getrennt? Das kann doch kein dummer Zufall sein? Überleg mal wie ein vernünftiger Mensch."

Jonas Stimmung verschlechterte sich von einer Sekunde zur nächsten.

„Jetzt weiß ich wenigstens, woher der Wind weht. Warum versuchst du, sie mies zu machen? Ich will verdammt sein, wenn ich tatenlos mitansehe, wie du Hanna verunglimpfst. Nutzt du jetzt die Gelegenheit, um boshaften Klatsch zu verbreiten? Um eins endgültig klarzustellen: Hanna ist finanziell unabhängig, schreibt keine roten Zahlen und nicht, wie du glaubst, an einem wohlhabenden Mann interessiert. Die Gründe für die Trennung sind mir egal. Zerbrich dir also nicht den Kopf darüber, ob sie für mich die richtige ist oder nicht. Das bekommt dir nämlich nicht! Es kann sein, dass du dann an Migräne leidest. Ich lasse es nicht zu, dass du mit absurden Verdächtigungen unsere junge Liebe zerstören willst. Wie kommst du darauf, dass ich einer der begehrtesten Junggesellen der Stadt bin. Hast du etwa eine Umfrage gestartet? Oder sagen dir das deine Kundinnen?"

„Was? Was soll das? Das kann ich nicht so einfach beantworten. Das ist etwas schwieriger und komplizierter."

Er zog die Augenbrauen leicht hoch. „Bei dir ist alles kompliziert! Verflucht noch mal, warum bist du wie eine Klette?"

Ein bitteres Lachen stieg Finjas Kehle hoch. „Du brauchst mir keine Vorhaltungen zu machen. Ich bin nun mal eine besorgte Mutter." Sie war sich sehr wohl darüber im Klaren, dass er ein erwachsener Mann war. Sie sorgte sich als Mutter eben ihr Leben lang um ihren Sohn. Er war sehr gutgläubig, und eine Frau, wie Hanna, konnte das zu ihrem Vorteil nutzen.

„Jonas, ich will nicht, dass du auf die Nase fällst. Es täte mir nur leid um dich, weil du mein Einziger bist und mich jetzt mit deinem Verhalten enttäuschst."

„Oh Gott, wer hat wen enttäuscht? Ich dich oder du mich? Ich glaube, diese Frage ist wohl berechtigt ", erwiderte Jonas. Er sah sie an und bemerkte die Anspannung in ihrer Haltung.

„Mag schon sein", reagierte sie gereizt. „Bringt dich deine Hanna gerne zum Lachen? Und hat sie dich schon jemals enttäuscht? Ich frage nur wegen, nun ja… es betrifft meinen Seelenfrieden."

„Seelenfrieden nennst du das?", konterte er zurück. „Ich nenne es pure weibliche Neugierde. Sie bringt mich nicht zum Weinen und hinterlässt auch keine Sorgen- oder Zornesfalten, zufrieden?"

Es war keine Frage, sondern eher eine Feststellung.

„Wie redest du denn mit mir", entgegnete sie gekränkt. „Was soll …" Finja suchte nach Worten.

„Was soll diese Antwort?", fragte sie entrüstet.

Er zögerte einen Augenblick. „Was soll diese Frage? Ich sehe keinen Sinn darin. Genug ist genug. Was ich tue und lasse, geht dich nichts an. Was ich will, ist, mir nicht reinreden zu lassen, was ich nicht … Es reicht! Hast du auch nur ein einziges Mal daran gedacht, wie ich mich fühle. Ich hasse sinnlose Streitigkeiten."

„Darf ich jetzt auch was sagen? Ich habe dich nicht geboren, um mir solchen Schwachsinn anzuhören. Am besten tue ich so, als hätte ich das alles nicht gehört. Mich so zu behandeln, nach allem, was ich für dich getan habe. Es ist, als hättest du etwas gesucht, um mir weh zu tun. Ich erwarte keine Dankbarkeit aber Achtung. Vor allem mehr Rücksicht auf meine Gefühle, auf unsere Familie." Er konnte nicht glauben, was sie gerade gesagt hatte.

„Der Konfrontationskurs, den du fährst, führt demnächst zu einem Kleinkrieg zwischen uns.Ich soll Rücksicht auf deine

Gefühle nehmen? Und meine Gefühle? Rücksicht auf die Familie? Die Familie, die du gernhättest, nur du und ich, die gibt es nicht mehr! Eine letzte Frage hätte ich noch. Wenn du was versprichst, hältst du es dann? Komm mir nicht mit Ausreden, sonst flippe ich aus."

„Rede nicht mit mir, wie mit einem einfältigen Wesen. Selbstverständlich halte ich es, sonst wäre es ja kein Versprechen. Ist deine Frage damit beantwortet?" Sie kniff dabei die Augen zusammen.

„Okay. Dann wird es höchste Zeit, dass du dich ab so fort aus meinem Leben raushältst."

„Ja, Jonas! Ich werde mich zukünftig beherrschen. Aber ob mir das immer gelingt? Ich will es versuchen. Ein hundertprozentiges Versprechen ist das aber nicht."

„So stellst du dir das vor? Das ist ja wohl vollkommen lächerlich. Das ist mal wieder typisch für dich. So funktioniert das nicht zwischen uns. Ich möchte eine eindeutige Antwort."

Jonas Auftreten gefiel ihr nicht und sie wollte es so nicht hinnehmen. Sie zog die Stirn hoch, so wie sie es immer tat, wenn sie sich einer unangenehmen Situation stellen musste.

„Ach tatsächlich? Tja, wenn das alles ist, worauf es dir ankommt. Ich verstehe es nicht. Ich kann nur wiederholen, was ich bereits dazu gesagt habe. Außerdem reagierst du etwas dramatisch und überspannt und das wegen einer Frau, die dich bereits fest im Griff hat."

„Jetzt reicht's mir aber. Ich wäre dir dankbar, wenn du Hanna endlich aus dem Spiel lassen würdest", fiel er ihr mit schneidender Stimme ins Wort. „Hanna und ich gehören zusammen. Ich habe die Frau gefunden, mit der ich den Rest meines Lebens verbringen möchte. Es gibt nichts, das mich davon abhalten könnte. Wir sind glücklich und nichts und niemand kann uns aufhalten. Auch nicht du! Wenn sich alle so verstehen würden, wie ich mich mit Hanna, wäre die Welt ein friedlicher Ort. Das gilt letzten Endes auch für dich! Wie wäre es, wenn du dich um deine eigenen Angelegenheiten kümmern würdest?", fauchte er. „Du solltest langsam akzeptieren, dass ich mein eigenes Leben führe."

Sie war fest davon überzeugt, dass irgendwann der Tag kommt, an dem er ihr gestand, dass all ihre Mutterinstinkte und Vorurteile in Bezug auf Hanna richtig gewesen waren. Es kostete sie Mühe, den Zorn in ihrer Stimme zu unterdrücken.

„Und du hörst damit auf, mir Vorwürfe zu machen. Zu meiner Zeit haben Familien noch zusammengehalten. Die Harmonie, die bisher zwischen uns existierte, hast du heute aufs Spiel gesetzt. Du hast viel mehr Verständnis für deine Hanna als für mich. Als ich sie sah, wusste ich, dass eure Begegnung ein Fehler war. Ein schrecklicher, verhängnisvoller Fehler. Es tut mir leid. Sie passt nicht zu uns."

„Wieso uns? Was gibt dir das Recht, solche Dinge zu sagen? Du bist gegenwärtig die übelgesinnteste Person, die ich kenne. Es ist höchste Zeit, dass jemand es dir einmal so deutlich sagt. Du drängst dich auf unangenehme Weise immer mehr in mein Leben. Kümmere dich um dich selbst und lebe deine Muttergefühle woanders aus. Das Leben dreht sich nicht ausschließlich um dich." Die Stimmung war mehr als angespannt! Finja war auch jetzt nicht um eine Antwort verlegen.

„Solche Worte aus deinem Mund! Was auch immer das heißen soll. Wir können nicht alle vollkommen sein." Das war das Letzte, was er hören wollte. Er stand auf, um das Gespräch zu beenden, ging aus dem Zimmer und ließ leise die Tür ins Schloss fallen. Dann atmete er einmal tief durch und ging nach draußen. All diese Anschuldigungen, er hatte einfach keine andere Wahl als zu gehen. Es dauerte nicht lange und er konnte nichts dagegen tun, dass ihm so einiges durch den Kopf schwirrte. Er fragte sich, was als nächstes kam und was mit Finja los war? Ihre scheinbare Fürsorge hatte doch nichts mit Mutterliebe zutun. Sie war eifersüchtig auf Hanna. Jawohl, das war der wahre Grund. Bisher waren sie nie im Ärger auseinandergegangen. Schlaflos wälzte er sich später im Bett umher. Er stand wieder auf, ging ins Wohnzimmer und schaltete den Fernseher ein. Er zappte wütend zwischen den Kanälen herum. Am nächsten Morgen wachte er auf der Couch auf. Der Fernseher lief noch immer. Ihm tat das Genick weh und er hatte Kopfschmerzen. Er sprang unter die Dusche, ließ das kalte Wasser über seinen Körper laufen. Seine Lebensgeister kehrten zurück. Er warf ein paar Eier in die Pfanne und kochte sich einen starken Kaffee.

Hanna griff zum Telefon und rief Luise an.

„Ich habe doch versprochen, dich zu informieren, wenn ich etwas über die roten Rosen erfahre. Du wirst es nicht glauben." Hanna hörte Luise vor Aufregung laut atmen. „Im Leben passieren oft unwahrscheinliche Dinge. Es war Betti. Sie hatte sich dabei nichts gedacht und möchte sich dafür entschuldigen."

„Ich kann es einfach nicht glauben, dass damit das Thema erledigt ist. Mich überrascht gar nichts mehr. Danke, Hanna. Wie geht es dir und Jonas? Ist bei euch alles in Ordnung?"

„Es ist alles in Ordnung. Ich genieße nach wie vor die Zweisamkeit und merke täglich, wie viel glücklicher und ausgeglichener ich mit Jonas bin." Hanna unterließ es, noch näher darauf einzugehen.

Sicher hätte es Luise interessiert, wenn sie mehr über Jonas und sich erzählt hätte: Das Jonas nach Markus der erste Mann war, mit dem sie sich eine richtige Beziehung vorstellen konnte. Ihre Gespräche immer vertrauter, die Blicke intensiver wurden. Das sie sich bei jeder Gelegenheit küssten. Es bis jetzt das Einzige war, was zwischen ihnen ablief. Auch das sie beide spürten, wie ein Feuer ihr Innerstes versengte.

Mitten in der Woche tauchte Jonas bei Hanna auf. Er begrüßte sie mit Küsschen rechts und Küsschen links.

„Schön, dass es dich zu mir treibt", sagte Hanna und unterbrach ihre Arbeit. Als sie ihn ansah, erkannte Hanna in seinem Blick Liebe und Begehren.

„Die Sehnsucht hat mich ermutigt, dich einfach am Arbeitsplatz zu besuchen."

„Sehnsucht? Bist du sicher? Oder willst du mir beichten, dass es mit dem Ferienhaus nicht klappt?"

Ihre Stimme verriet eine gewisse Belustigung. Jonas verdrehte die Augen, sein Lachen klang warmherzig.

„Ganz im Gegenteil. Ich habe schon alles eingepackt und sogar das Auto in die Waschanlage gefahren. Und du? Wie sieht es bei dir aus? Hast du auch bereits alles eingepackt?"

„Noch nicht. Ich habe noch fast drei Tage Zeit dafür und freue mich schon darauf."

„Was ist mit der Buchhandlung? Hast du eine Vertretung? Eventuell deine hübsche Freundin?"

„Meine hübsche Freundin heißt Betti? Aber du kennst sie doch gar nicht."

„Ich bin mal hier vorbeigegangen und konnte euch von draußen sehen. Ihr habt in der Leseecke gesessen. So wie es aussah, dachte ich mir, es muss Betti sein."

„Ja, es war Betti. Warum bist du nicht reingekommen? Hast du etwa Angst vor uns gehabt?"

„Irgendetwas hielt mich davon ab. Ich glaube, es waren eure ernsten Gesichter. Ihr habt auf mich einen traurigen Eindruck gemacht, da wollte ich nicht stören."

„Du hast eine gute Beobachtungsgabe. Meine Freundin Betti scheint im Moment keine Glückssträhne zu haben. Das ganze Ausmaß ihrer Probleme kenne ich nicht. Sie deutete einiges an und wollte sich wieder melden. Ich warte ständig auf ihren Anruf. Wegen meiner Vertretung brauchst du dir keinen Kopf zu machen. Ich habe noch meine Nachbarin Hilde. Heute Abend bin ich bei ihr und werde fragen, ob sie mich in der Buchhandlung vertreten kann."

„Hoffentlich klappt es. Dir hier einen Kuss zur Verabschiedung zu geben, wäre wohl nicht angebracht?", fragte er schmunzelnd.

„Lieber nicht, hier sind mir zu viele Augen. Das heben wir uns für Samstag auf!"

Kurz vor Feierabend rief Hanna Betti an. Es war vergebens, keiner nahm den Hörer ab. Eine Stunde später rief sie erneut an. Merkwürdig, dass weder Betti noch Harald ans Telefon gingen. Noch sorgte sie sich nicht ernsthaft um Betti und beschloss, es in den nächsten Tagen wieder zu versuchen.

Hanna schaute auf die Uhr. Es war kurz vor zwanzig Uhr, als sie bei Hilde klingelte.

„Natürlich übernehme ich die Buchhandlung. Du kennst mein Motto: wer rastet, der rostet. Und ich habe nichts zu tun. Außerdem macht es mir Spaß und ich komme aus meinem Alltagstrott raus. Nutze deine Zeit mit Jonas und macht euch ein paar schöne Tage."

„Danke Hilde! Ich würde dir aber gerne die Zeit vergüten und möchte nicht, dass du wieder umsonst arbeitest." Hilde schüttelte energisch den Kopf.

„Mein Gott! Wie kannst du mir das anbieten. Ich verfüge über genügend Geld. Ich mache es, weil es mir Spaß macht. Die Arbeit hält jung und gibt meinem Leben wieder Struktur. Die Gespräche mit den Kunden sind Balsam für meine Seele und die Erlebnisse unbezahlbar. Sag sowas also nie wieder." Ihr Ton klang unnachgiebig und Hanna erkannte so fort, dass es keinen Sinn hatte, darüber zu debattieren.

„Wie wäre es mit einem Schlummertrunk?" schlug Hilde vor. „Ich hole die Flasche und du holst die Gläser aus der Vitrine. Es ist ein lieblicher Wein. Beim ersten Schluck denkst du, ein Engel hat dir auf die Zunge gepullert."

Hanna sah ihr nach, wie sie davoneilte. Später erzählte Hilde von ihrem Urlaub. Hanna hörte aufmerksam zu und betrachtete Hilde etwas genauer. Nachdem Hilde fertig war, nahm Hanna ihre Hand.

„Darf ich dich mal was fragen. Geht es dir gesundheitlich gut? Du hast auffallend abgenommen und dein Gesicht ist schmal geworden. Das stimmt mich nachdenklich."

„Mir geht es gut. Danke der Nachfrage", entgegnete Hilde trocken. „Bist du jetzt erleichtert?

Warum machst du dir solche Sorgen?" Es klang gar nicht überzeugend.

„Ich wünschte, ich könnte mir da sicher sein. Du würdest mir doch die Wahrheit sagen. Beantworte meine Frage noch einmal ehrlich und schau mir dabei in die Augen. Sag, wie geht es dir wirklich?" Mit hochgezogenen Augenbrauen schaute sie Hilde an.

„Es geht mir gut. Ich sehe keinen Anlass, dich zu belügen."
Hanna bezweifelte das.

„Hast du dir zu viel zugemutet? Machst du etwa eine Diät
und willst es mir nicht sagen? Muss ganz schön anstrengend sein,
mit so einem Geheimnis herumzulaufen. Du bist noch nie sehr
gesprächig gewesen, wenn es um dich geht."

„Hanna, komm, lass die Witze." Hilde versuchte eine neutrale Miene aufzusetzen und warf Hanna ein leichtes Lächeln zu.
Hanna grinste. So schnell wollte sie nicht aufgeben.

„Hilde, du kannst nichts dagegen machen, dass ich deinetwegen besorgt bin. Ich werde nicht zuschauen, wie du weiterhin abbaust. Ich frage mich ernsthaft, ob ich etwas von dir nicht
wissen darf?" Sie merkte, dass Hilde sich plötzlich ein wenig
unbehaglich fühlte.

„Schon gut, schon gut. Also, ich habe lediglich jedes Gramm
Zucker von meinem Speiseplan gestrichen. Ich war ein Zuckerjunkie. Überall lauerten diese verfluchten Kalorien. Du kannst
mir glauben, diese süßlichen Köstlichkeiten sind eine Erfindung
des Teufels höchstpersönlich. Wenn es dich beruhigt, werde ich
demnächst meinen Hausarzt aufsuchen. Ich verspreche es. Damit ist alles geklärt." Was sollte Hanna darauf erwidern. Hilde
würde sich nie anmerken lassen, wie es wirklich in ihr aussah.
Hanna stand auf, streckte sich und umarmte Hilde.

„Das hört sich schon besser an. Vergiss trotzdem nicht, was du
mir versprochen hast. Ich möchte mir keine Vorwürfe machen."
Um Worte verlegen, nickte Hilde ihr nur kurz zu.

„Genieße dein Wochenende mit Jonas. Ihr seid jung und die
schönste Zeit liegt euch zu Füßen."

# Kapitel 14

Ein Bilderbuchtag!

Jonas war zufrieden und summte vor sich hin. Im Badezimmer rieb er sich etwas von seinem Aftershave auf die Wangen. Mein Gott, war er nervös und gleichzeitig aufgeregt.

Zur selben Stunde stieg Hanna aus der Dusche, rubbelte sich die Haare trocken und stellte sich vor den großen Spiegel. Sie taxierte ihren nackten Körper und betrachtete kritisch ihre vollen Brüste und ihren Bauch und stellte seufzend fest, dass sie etwas zugenommen hatte. Früher war ihr Bauch flacher. Dann legte sie eine weiße Capri Hose, ein rotes Top und Spitzenunterwäsche aufs Bett. Slip oder Tanga? Laut einer Umfrage lieben Männer angeblich eher einen Tanga. Also legte sie den Slip wieder zurück. Sie holte ihre Kosmetiktasche und als sie zurückkam, wurde gerade im Radio das Lied von Andrea Berg gespielt: Die Gefühle haben Schweigepflicht. Meine Güte, warum ausgerechnet dieser Titel? Nein, auch wenn sie das Lied mochte, fand sie es für heute nicht gerade passend und stellte das Radio ab. Sie verstaute ihre Sachen, zog den Reißverschluss der Tasche zu und setzte sich aufs Bett. Ihr blieb noch eine Viertelstunde. Sie stand auf und kontrollierte noch einmal, ob auch alle elektrischen Geräte ausgeschaltet waren. Hanna schnappte sich ihre Reisetasche, schloss die Wohnung ab und wartete auf den Stufen vor der Haustür. Fünf Minuten später kam Jonas. Wie ein übermütiger Junge sprang er aus dem Wagen, nahm sie in die Arme und küsste sie stürmisch. Er packte ihre Tasche in den Kofferraum und hielt ihr galant die Beifahrertür auf.

„Dann wollen wir uns mal ins Abenteuer stürzen!", sagte er strahlend und fuhr los.

Jonas sah elegant und dennoch sportlich aus: Khakifarbene Hose und ein weißes Polo-Shirt, das seine Bräune voll zur Geltung brachte. Man sah seinen Sachen an, dass sie nicht in einem x-beliebigen Geschäft gekauft worden waren, auf keinen Fall bei den Billigketten. Sie ließen den Autoverkehr hinter sich und der Stadt-Trubel war vergessen. Sie fuhren an sanften Hügeln, Getreidefeldern und Weiden mit Schafen und Kühen vorbei.

Während der Fahrt sprachen sie über Gott und die Welt. Plötzlich bog er links ab und es ging auf einem schmalen Waldweg weiter. Immer wieder blitzte die Sonne durch das Blätterdach hindurch. Eine gewisse Vorfreude überfiel Hanna. Was für ein Tag, wie geschaffen dafür, alles hinter sich zu lassen. Sie fühlte sich unbeschwert und so glücklich wie schon lange nicht mehr. Die ersten Häuser, mit ihren reetgedeckten Dächern tauchten auf. Jonas verlangsamte die Fahrt, damit Hanna sich in Ruhe alles ansehen konnte. Hanna bewunderte die blumenberankten Fachwerkfassaden, die liebevoll gestalteten Vorgärten und die großen und kleinen Hunde, die träge im Schatten lagen. An einigen Häusern waren Tafeln angebracht mit dem Hinweis: Ferienwohnung frei oder belegt. Ganz am Ende stand ein einzelnes Haus. Bei strahlendem Sonnenschein und mit bester Urlaubsstimmung hielt Jonas genau davor. Die Fahrt hatte gerade mal eine Stunde gedauert. Sie sah sich gespannt um. Schon auf den ersten Blick erfüllte alles ihre Erwartungen. Die Lage des Hauses traf sie gänzlich unvorbereitet. Es lag etwas erhöht am Dünenrand, unweit des Strandes und gut geschützt hinter Nadelbäumen.

„Oh, das ist einfach perfekt. Es ähnelt fast einer Märchenidylle. Gerade erst angekommen und schon vergisst man den Alltag." Hanna sog die salzige frische Luft tief ein. Das Haus war eine Sehenswürdigkeit. Die blaue Eingangstür war mit dekorativen Blumenornamenten verziert. Noch ahnte sie nicht, welche Pracht sich da hinter verbarg. Die Fensterläden strahlten auch in blau, ein zauberhafter Kontrast zum schneeweißen Haus. Ringsum standen Rhododendren und Rosen voller Knospen und Blüten.

„In dieser atemberaubenden Naturpracht fühle ich mich wie im Paradies", rief Hanna verzückt und stieg die breiten Verandastufen hoch. Im Schatten der überdachten Naturholzveranda stand eine gemütliche Sitzgarnitur aus Korbgeflecht und auf dem Tisch ein bauchiger Tonkrug mit frischen duftenden Rosen.

„Jonas, kann es sein, dass du vorher hier warst und für die Rosen gesorgt hast?" Hanna lachte.

„Ich muss dich enttäuschen, das hat Georg organisiert. Ja, so ist er nun mal." Er schloss die Tür auf und Hanna stieß einen Pfiff aus.

„Ein Traum, im wahrsten Sinne des Wortes. Mit sowas habe ich überhaupt nicht gerechnet. So ein großer Wohnbereich. Was für ein ländlicher Charme." Sie ließ die Hand über die Ledergarnitur gleiten, die vor einem rustikalen Kamin stand. „Ich bin hin und her gerissen." Langsam drehte Hanna sich einmal um sich selbst, um alles in sich aufzunehmen.

Jonas lachte. „Hanna, stell dir einen Wintertag hier vor. Der Wind rüttelt an den Fensterläden, und du sitzt mit mir am Kamin. Wir trinken Glühwein und schauen auf die hohen stürmischen Wellen der Ostsee. Das wäre doch der blanke Wahnsinn", flüsterte er ins Ohr. Überrascht sah Hanna ihn an. Jonas schob die weißen Leinenvorhänge beiseite, öffnete die Fenster und die Sonnenstrahlen fielen auf den hellen Holzfußboden. Er drehte sich um und ehe sie seine Absicht erahnen hätte können, hatte er seine Hände um ihre Taille gelegt und sie an sich gezogen. Ihre Lippen fanden sich fast von allein.

„Komm, nun zeige ich dir den oberen Bereich." Er eilte die geschwungene Holztreppe hinauf. Oben führte er sie in einen Flur mit drei Türen. Jonas öffnete mit einem vielsagenden Blick die erste Tür. Als Hanna hineintrat, stockte ihr der Atem.

„Wow", entfuhr es Hanna, als sie das große einladende Doppelbett mit der romantischen Rosenbettwäsche sah. Sie spürte sofort das Adrenalin in ihren Adern. Jonas öffnete das riesige Fenster. Hanna konnte nicht an sich halten.

„Was für ein traumhafter Ausblick. Blauer Himmel, das Meer in voller Schönheit. Ein Bilderbuchwetter. Schau nur, wie die Sonne das Wasser funkeln lässt. Man möchte am liebsten gleich reinspringen." Ihre Stimme klang wie die eines aufgeregten kleinen Mädchens.

„Ja, es stimmt. Ich zeige dir noch die anderen Räume." Bevor sie den Raum verließen, ertappte sich Hanna noch dabei, wie ihre Augen kurz zum Bett schweiften.

Jonas deutete auf die zweite Tür. „So, das ist das Gästezimmer, ebenfalls für zwei Personen." Die Betonung lag auf Gästezimmer und in ihren Ohren klang es wie: nur für Gäste, wir sind keine.

„Das ist das Badzimmer." Ihm fielen Georgs Worte ein: Nutze mit Hanna die Badewanne, denk an die Teelichter. Sie gingen wieder hinunter. Er zeigte ihr die Küche, die mit weißen Holzmöbeln ausgestattet war. An den Fenstern hingen rot-weiß karierte Gardinen, die den Landhausstil vervollständigten.

„Meine Güte, es ist alles so stilvoll eingerichtet! Ich fühle mich wie in einem Traum", sagte Hanna.

„Wollen wir erst die Sachen auspacken oder auf der Veranda ein Gläschen Sekt trinken?"

„Ich bin dafür erst ein Glas Sekt zu trinken, und ich möchte den Meerblick genießen. Hier fühlt man sich freier als in der Stadt. Hier könnte man den ganzen Sommer verbringen. Hat Georgs Frau die Inneneinrichtung ausgesucht? Das sieht alles nach einer Frauenhand aus. Es gibt nichts, was mir nicht gefällt."

Jonas fing herzhaft an zu lachen. „Georg ist nicht verheiratet und hat auch keine Freundin. Dieses Haus gehörte seinen Eltern, die nach Spanien ausgewandert sind. Georg hat es geerbt. Es ist sein Ein und Alles. Die Inneneinrichtung stammt von Georg. Er ist Innenarchitekt und Buchautor. Zwei Werke von ihm sind hier entstanden. Er hat in dem einen Buch seine Lebensgeschichte niedergeschrieben und es unter einem Pseudonym veröffentlicht. Es ist eine Lebensbeichte und zum Teil eine echte Tragödie. Es geht ans Herz", sagte Jonas leise.

„Eine Lebensbeichte? Wie alt ist denn Georg? Oder ist das ein Geheimnis?"

„Nein, wir Männer haben damit kein Problem. Georg ist genau ein Jahr älter als ich."

„Jonas, das ist keine tolle Antwort. Wie alt bist du?", fragte sie mit einem schalkhaften Blick.

„Ich werde demnächst zweiundvierzig, also ich meine damit noch dieses Jahr. Wenn wir schon dabei sind, darf ich auch wissen, wie jung du bist?"

„Ich werde demnächst fünfunddreißig, also ich meine damit auch noch dieses Jahr." Sie sahen sich an und prusteten vor Lachen los.

„Okay, nun wissen wir wie alt wir sind und schaffen es vielleicht noch, den genauen Tag und Monat preiszugeben. Was hältst du davon, wenn ich uns eine Kleinigkeit zum Essen einpacke und wir runter zum Strand gehen? Allmählich wird es auf der Veranda zu warm. Die Taschen können wir auch hinterher auspacken. Ich geh in die Küche und fülle die Kühltasche auf. Du kannst die Badelaken und Handtücher aus dem oberen Badschrank holen."

„Ja, ich nehme meine Reisetasche gleich mit nach oben." Oben angekommen überlegte sie, in welchem Zimmer sie die Tasche abstellen sollte. Schlafzimmer oder Gästezimmer? Leise öffnete sie die Tür zum Schlafzimmer. Sie wollte die Tasche abstellen, aber ihr Gewissen signalisierte so fort: Nein, tue es nicht, du drückst damit bereits was aus! Lass dich einfach überraschen, weil du nicht weißt, wie der Abend für dich enden wird! Platziere sie einfach zwischen den beiden Türen! Mit den Badetüchern unter dem Arm ging sie in die Küche und schaute Jonas zu, wie er gerade die Kühltasche verschloss. Neben dem Grundstück schlängelte sich ein kleiner Strandzugang.

„Warum ist es hier fast menschenleer? Bei diesem tollen Wetter?", fragte sie verdutzt.

„Ganz einfach, weil es hier in der Nähe kaum Ferienhäuser und offizielle Parkplätze gibt. Die Einheimischen sind nicht bereit, Autos auf ihrem Grundstück parken zu lassen, und wie einige Strandgänger nun mal sind, scheuen sie weite Wege vom Parkplatz bis zum Strand. Deshalb spielt sich alles weiter vorne ab. An diesem Strandabschnitt halten sich in der Regel nur die Sommergäste auf, die in den vermieteten Unterkünften ihr Domizil haben und natürlich die Einheimischen. Man kann also hier in Ruhe ein Buch lesen, ohne dass einem ein Ball die Sonnenbrille von der Nase fegt.

So herrlich es hier auch war, sah Hanna mit gemischten Gefühlen einige nackte Frauen und Männer. Gütiger Himmel! Jonas stellte die Kühltasche etwas abseits ab und fing an, sich auszuziehen. Hanna breitete die Badehandtücher aus und schielte verstohlen zu Jonas. Zum Vorschein kamen ein knackiges, braungebranntes Hinterteil, ein breiter Rücken und jede Menge Muskeln. Was für ein knackiger Body. Was für ein Sex-Appeal! Ihr fiel es schwer, die Hüllen fallenzulassen. Sie genierte sich ein bisschen, nackt vor Jonas zu stehen. Nun los, schalt sie sich selbst. Du bist eine erwachsene Frau. Auch Jonas war nervös, obgleich er sich alle Mühe gab, es sich nicht anmerken zu lassen. Hanna öffnete ihren BH und er sah, wie ihre Brüste sich verlockend hoben, als sie tief einatmete. Er blickte auf diesen verführerischen Tanga, der mehr enthüllte, als er verbarg. Langsam ließ er den Blick an ihrem Körper hinabwandern und so fort wurde ihm heiß. Jonas zwang sich, den Blick von Hanna zu wenden. Als Hanna nackt war, ließ sie sich, wie Jonas jetzt auch, auf ihrem Bauch nieder. Eine gewisse Verlegenheit breitete sich zwischen ihnen aus.

„Na, wie gefällt es dir hier? Ist es nicht herrlich, den Großteil des Tages draußen zu verbringen? Habe ich zu viel versprochen?"

„Gefallen?", fragte sie erstaunt. „So würde ich es nicht gerade nennen. Das ist untertrieben. Es ist ein paradiesisches Fleckchen Erde. Der Strand ist einzigartig, so ein feiner Sand. Hier hat man Luft zum Durchatmen!"

„Ich bin ganz deiner Meinung und manchmal vergesse ich, wie schön es hier ist", sagte Jonas. Gleichzeitig bewunderte er die flirrenden Lichtreflexe der Sonne in ihren blonden Haaren. Unerwartet richtete sich Hanna etwas auf, stützte ihren Kopf in die Händen und schaute gedankenversunken aufs Wasser. Jonas war wie elektrisiert! Sie ahnte es bestimmt nicht, aber in dieser Haltung konnte er erneut ihre Brust sehen. Oh mein Gott! Wie schön sie ist, so unglaublich sexy. Seine Hände zuckten, aber er hatte der Versuchung widerstanden, sie zu streicheln. Er spürte so fort dieses heiße, erregende Gefühl. Sie war die ungewöhn-

lichste und bezauberndste Frau, die ihm je begegnet war. Ob
sie schon viele Männer vor ihm hatte? Junge, lass deine selbst-
quälerischen Gedanken. Du bist doch nicht etwa eifersüchtig?
Starr sie nicht so ungeniert an, bleibe cool, sonst kannst du vor
Erregung nicht aufstehen. Das würde dich in eine peinliche
Lage bringen. Zum Glück behielt sein Verstand die Oberhand.

„Hanna, wollen wir zunächst etwas essen oder erst ins Was-
ser springen? Du hast die freie Wahl."

„Wir gehen erst baden und essen anschließend, das ist ge-
sünder."

„Jawohl, Frau Doktor." Jonas sprang auf, lief runter zum Was-
ser, spritzte sich nass und stürzte sich übermütig in die Wellen.
Er wollte es ihr leichter machen, nachzukommen, ohne dass sie
sich gleich nackt gegenüberstanden. Hanna schaute weder nach
rechts noch nach links und verschwand Hals über Kopf im Was-
ser, was für sie untypisch war. Eigentlich brauchte sie eine ge-
wisse Zeit, bis sie im Wasser eingetaucht war. Gemeinsam lie-
fen sie zu ihrem Platz zurück. Zum ersten Mal standen sie sich
splitternackt gegenüber. Jonas ließ seinen Blick erneut über ih-
ren Körper, über die üppigen Brüste, über ihren Bauch, über
ihr verführerisches Dreieck, über ihre straffen Schenkel hinab
bis zu den Füßen mit den rot lackierten Nägeln, wandern. Was
für eine körperliche Vollkommenheit. Nie hätte er gedacht,
dass der nackte Anblick von Hanna ihn dermaßen scharf ma-
chen könnte. Er schluckte, da in ihm bei ihrem Anblick heiße
Gedanken aufkamen.

Hanna spürte, dass seine Augen auf ihr ruhten, und fühlte
sich befangen. Sie bemerkte das kurze Aufblitzen in seinen Au-
gen. Sie musterte Jonas verstohlen, als er das Essen auf einem
Geschirrtuch ausbreitete. Der Blick weiter nach unten ließ sie
leicht erröten. Noch hatten sie körperlichen Abstand gehalten.
Jetzt saßen sie Seite an Seite aneinandergeschmiegt. Sie spürte
sein Bein an ihrem Oberschenkel und hielt den Atem an, als sein
warmer Mund über ihr Schlüsselbein fuhr. Er streckte die Hand
aus und strich ihr mit einem Finger den Oberarm hinab bis zur
Armbeuge. Ihr Puls begann zu rasen, und jede Berührung lös-

te kleine Impulse aus, die durch ihren Körper rieselten. Jonas zog sie eng an sich, bis ihr Kopf an seiner Schulter lag. Hanna spürte die erotische Anziehung. Tief in ihrem Körper fühlte sie ein ziehendes Verlangen nach mehr. Ob er von ihren Gefühlen, die sie so plötzlich überkamen, etwas merkte? Jonas schob seine Finger zwischen ihre, so saßen sie still da und ließen sich von den Sonnenstrahlen umhüllen. Knisternde Spannung lag plötzlich zwischen ihnen. Nichts davon konnte Jonas richtig genießen. Dazu ging ihm zu viel durch den Kopf. Er hielt die Spannung nicht mehr aus.

„Weißt du eigentlich, wie schön du bis?. Du bist zwar angezogen auch sehr schön, gar keine Frage, aber nackt noch viel schöner. Nie im Leben wäre mir in den Sinn gekommen, dass ich mal mit dir hier sitzen werde."

„Die Rolle des charmanten Verführers ist dir auf den Leib geschrieben. Hand aufs Herz, ist das deine Lieblingsrolle? Hast du sowas auch zu meinen Vorgängerinnen gesagt?"

„Einmal war meine Ex-Freundin mit hier. Georg hatte mich gebeten, mal nach dem Rechten zu schauen, weil er selbst keine Zeit hatte, und ich sollte ihm ein vergessenes Buch mitbringen."

„Das heißt, ihr habt nicht übernachtet? Auch nicht, so wie wir jetzt, am Strand gesessen?" Ein klitzekleiner Funken an Eifersucht tauchte in ihr auf. Er musterte Hanna aus den Augenwinkeln, während er seine Hände tief in den warmen Sand grub.

„Großer Gott, natürlich nicht! Das kannst du mir glauben und ich bin so ehrlich wie die Nacht schwarz ist. Überzeugt dich das oder möchtest du noch was von früher wissen? Frag mich, ich habe keine Geheimnisse vor dir. Es gibt aber etwas, dass ich ansprechen wollte. Du hast viel Aufmerksamkeit erregt, leider nicht nur bei mir, sondern auch bei vielen anderen männlichen Kunden. Suchen dich wirklich verstärkt männliche Kunden in der Buchhandlung auf?"

„Ja, vielleicht. Aber es kommen auch Frauen, Kinder und Hunde", verteidigte sie sich fast ein wenig aufsässig. „Ich hinterfrage deine Äußerung nicht. Aber was willst du damit kundtun?"

„Hey, ich mache dir keine Vorwürfe. Es war nur ein Scherz", versuchte Jonas sie mit ruhiger Stimme zu besänftigen. Hanna hob humorvoll drohend den Zeigefinger.

„Bist du etwa eifersüchtig?", fragte sie lachend mit gespielter Empörung.

„Ob du es glaubst oder nicht, ja, das bin ich, aber nicht krankhaft und auch nur, wenn es um dich geht." Jonas merkte, dass er sich mit seiner Frage zu weit aus dem Fenster gelehnt hatte. So oft war er gar nicht in der Buchhandlung, um das beurteilen zu können und das wusse Hanna auch. Er konnte wohl schlecht Georg in die Pfanne hauen. So ein verfluchter Mist! Prompt kam Hannas skeptische Frage.

„Woher weißt du das? Wer hat geplaudert? Oder ist es eine reine Vermutung?"

„Äh …" Er schluckte. „Mein Mundwerk geht öfter mit mir durch. Entschuldige." Jonas grinste zerknirscht.

„Du entschuldigst dich dafür, ich frage mich nur, wie um aller Welt du darauf gekommen bist. Am Anfang konnten manche Männer nicht ihre Finger bei sich behalten. Einige wollten ein bisschen mehr, das spürte man. Aber ich habe mich dem entzogen. Ich habe Nein gesagt und das wurde respektiert. Meine jetzigen Kunden sind männlich, weiblich, jung, alt, vom Akademiker bis zur Hausfrau. Die Männer benehmen sich ganz normal. Sie lassen sich beraten und kaufen Bücher. Es gibt keine obszönen Bemerkungen, kein echtes Anbaggern. Ich bin auch nicht der Typ, der auf sowas reinfällt. Verstellen kann ich mich auch nicht. Man muss mich so nehmen wie ich bin."

„Und wie bist du, Hanna, wenn ich fragen darf?"

Sie zwinkerte ihm zu, er zwinkerte zurück. „Dann will ich mal alles aufzählen: Herrschsüchtig, Pessimistin, überheblich, launisch. Quatsch, das bin ich natürlich nicht. Eher schüchtern. Ich war schüchtern in Situationen, in denen ich mich nicht wohlgefühlt habe. Das ist heute manchmal auch noch so, aber ich weiß damit besser umzugehen. Ich bin Optimistin, sehe meist das Positive um mich herum und glaube an das Gute. Ich rede gern mit Menschen und bin neugierig auf andere. Es bereichert doch das

Leben, etwas über andere Menschen zu erfahren und sich auszu-tauschen. Das beschränkt sich nicht nur auf meinen Beruf." Herz-haft lachend fügte sie hinzu: „Aber es ist natürlich praktisch, wenn man damit auch seinen Lebensunterhalt verdienen kann. Am bes-ten, du findest alles Weitere noch selbst heraus! Zeit genug haben wir ja! Und, nun zu dir! Wie bist du denn, Jonas?" Sie vergrub ihre Füße im warmen Sand und hielt ihr Gesicht in die Sonne.

„Das beantworte ich so fort, wenn du noch sagst, welche menschlichen Eigenschaften für dich schwer erträglich sind? Bit-te, keine falsche Aufzählung."

„Unehrlichkeit, Undankbarkeit, Missgunst und Perfektions-wahn. Perfekt ist für mich ein Tabuwort. Ich strebe nach guten Gefühlen und innerem Frieden. Ich hasse Schönheitswahn. Ob man schön genug ist, muss jeder mit sich ausmachen. Aber wer sich selbst mag, so wie er ist, strahlt das auch aus. Und das ist dann Schönheit." Jonas streichelte ihr liebevoll die Wange.

„Okay, nun bin ich dran. Ich bin schon von Geburt an ein liebevoller Mann und eine umwerfend witzige Person. Im Ernst! Ich bin immer zum Scherzen aufgelegt. Meine Freunde würden das so fort bestätigen. Ich bringe auch gerne andere zum Lachen, singe gerne unter der Dusche und habe eine quietsch-gelbe Ente, aber das weißt du ja bereits." Er machte eine kurze Pause. „Ich bin ein Mann mit Ecken und Kanten, lass mich ungern unter Druck setzen und bin ein ausgesprochen fürsorglicher Papa."

„Was, du hast ein Kind?", fragte Hanna verblüfft. Ihre Stirn legte sich blitzartig in Falten. Jonas, nahm ihr Gesicht in bei-de Hände.

„So habe ich das nicht gemeint. Es ist eine vorrausschauende Eigenschaft, wenn wir beide mal Kinder haben werden. Außer-dem habe ich eine Zahnarzt-Phobie. Es gibt für mich wahrlich schönere Orte als einen Zahnarztstuhl. Wozu brauchen wir ei-gentlich Weisheitszähne? Die einzigen Menschen die Weisheits-zähne brauchen und daran verdienen, sind Kieferchirurgen."

„Lieber Gott, nicht das Thema Zahnarzt." Hanna legte die Hand über die Augen, um sie gegen die tiefstehende Nachmit-tagssonne zu schützen.

Er zögerte. „Sag mal, worauf schaust du bei Männern als Erstes."

„Keine Ahnung, was du damit konkret meinst." Sie löste sich aus seinen Armen und streckte sich. „Ich schaue ihnen zuerst ins Gesicht, dann auf die Zähne, die Hände und die Statur. Die Körpergröße spielt natürlich eine Rolle. Ich habe aber nichts gegen kleine Männer. Nur für mich sind sie nicht relevant. Alles andere ist weniger interessant. Wie sieht es bei dir aus? Frauenbeobachten ist in jedem Männeralter doch bestimmt ein beliebtes Hobby."

„Ich habe dich, deswegen schließe ich Frauenbeobachten aus und die inneren Werte müssen stimmen."

„Nun gut, Jonas. Dann will ich mal Licht ins Dunkel bringen. Männer sagen immer, es kommt auf die inneren Werte an. In Wirklichkeit schauen sie ganz woanders hin."

„Was soll ich darauf antworten. Frauen und Männer ticken nun mal anders. Komm, wir gehen ein Stück am Strand spazieren. Ein bisschen Bewegung kann nicht schaden. Und du wirst überrascht sein. Die Jungs am Strand zeigen stets Muskeln, wenn sie eine schöne Frau erblicken. Ist die Schöne vorbei, geht es wieder ans Dampfablassen. Das machen fast alle Männer."

Der Sand prickelte zwischen ihren Zehen. Sie beobachteten die kreischenden Möwen und malten mit den Füßen Herzen in den Sand, bis die nächste Welle kam und alles wegspülte. Jonas warf einen Blick auf die Uhr.

„Wir sollten umkehren und unsere Sachen einpacken."

Gemütlich schlenderten sie zurück. Während Hanna die Handtücher zum Trocknen aufhängte, heizte Jonas den Grill an. Dieser Duft von lodernder Holzkohle machte ihnen plötzlich Heißhunger. Nachdem das Fleisch und die Würstchen vor sich hin brutzelten, deckten sie gemeinsam auf der Veranda den Tisch. Der Fleischgeruch löste bei Hanna einen wahren Speichelreflex aus.

„Du bist ein erprobter Grillmeister. Alle Achtung! Es schmeckt hervorragend", sagte sie später.

„Danke für die nette Anerkennung. Was macht man nicht alles besonders gut, wenn man verliebt ist. Du kennst doch das Sprichwort: Liebe geht durch den Magen!"

Sie tranken Rotwein, genossen die Stille, das sanfte Wellenrauschen. Jonas hatte mehrere Kerzen angezündet und der Kerzenschein verbreitete einen Hauch von Fantasie und Verträumtheit. Die Dämmerung senkte sich über die Dünen. Der Tag begann sich zu verabschieden und langsam versank der glutrote Sonnenball im Wasser.

„Ich habe mich immer noch nicht an diesen Anblick gewöhnt, obwohl ich dieses Naturschauspiel sehr oft erlebt habe. Mir bereitet es stets neues Vergnügen, den Blick weit über die unendliche Wasserfläche zu werfen. Es gibt nichts Herrlicheres als die Gedanken dabei schweifen zu lassen", sagte er leise.

Für Hanna lag ebenfalls eine sinnliche Stimmung in der Luft an diesem Abend. Sie konnte immer noch nicht glauben, dass sie tatsächlich hier mit Jonas auf der Terrasse am Meer saß. Der Alltag rückte in weite Ferne und es fühlte sich an, als wären sie schon ewig hier.

„Sag mal Jonas, bist du oft mit Georg zusammen hier draußen?"

„Ja, soweit es unsere Zeit erlaubt. Wir entfliehen gerne dem Häusermeer, dem Stadtverkehr und dem Lärm. Das Meer ist unsere große Liebe und wir versuchen, uns oft einen Tag am Strand zu gönnen." Jonas nahm sein Glas und trank einen Schluck.

„Offenbar eine wahre Männerfreundschaft?" Hanna verkniff sich ein Lachen. Dennoch sah Jonas das leichte Zucken ihrer Mundwinkel.

„Hanna, nach was hört sich das denn jetzt an? Weiß der Himmel, an was du dabei denkst."

„Na ja, was ich meinte … sag du es mir!" Sie setzte sich aufrecht hin und umfasste ihr Glas mit beiden Händen. Augenzwinkernd blickte sie Jonas an. Jonas räusperte sich verlegen.

„Gütiger Gott, Georg und ich haben doch kein homosexuelles Verhältnis. Oder hast du angenommen, dass wir heimlich nebenbei eine Beziehung pflegen? Wir schlafen immer separat. Mein Domizil ist das Gästezimmer. Bis auf ein einziges Mal. Da haben wir uns so voll gedröhnt, dass wir am nächsten Tag sogar in einem Zimmer aufgewacht sind. Wir lagen wie Eheleute nebeneinander. Ich wurde als erster wach, weil Georg seinen Arm auf meine Nase gehauen hat. Wir sollten doch lieber das Thema wechseln!"

„Reine Neugierde! Gab es denn einen handfesten Grund dafür, dass ihr euch so zu gedröhnt habt?"

„Georg und seine Freundin hatten sich getrennt. Der Abschiedsschmerz saß bei ihm tief. Er brauchte eine Betäubung. Am nächsten Tag ging es uns sehr schlecht. Nicht mal das Frühstück schmeckte uns. Wir waren echte Alkoholleichen!"

„Sehr einfallsreich war das aber nicht." Hanna sah, wie Jonas feixte und dachte sich ihren Teil.

Über ihnen zog ein funkelnder Sternenhimmel auf. Jonas schaute nach oben.

„Mich fasziniert es jedes Mal aufs Neue, das da oben etwas leuchtet, das man gar nicht so richtig begreifen kann, zig Lichtjahre von uns entfernt."

„Eine atemberaubende Nacht", erwiderte Hanna leise. Sie zog ihre Beine an ihren Körper und umschlang sie mit den Armen.

„Ist dir kalt? Wir könnten ins Haus gehen." Lieber wäre mir ins Bett, sagte er im Stillen zu sich selbst.

„Ich würde gerne das Salzwasser von meiner Haut spülen. Vorher räume ich den Tisch ab."

„Gut, in der Zeit bringe ich meine Tasche nach oben." Erstaunt blickte er auf Hannas Reisetasche. Aha, sie hatte sich nicht für ein Zimmer entschieden. Jonas ging ins Bad, füllte die Badewanne mit Wasser auf und ließ drei Badeölrosen ins Wasser gleiten. Er holte die Teelichter aus dem Schrank, platzierte sie auf dem Badewannenrand und zündete alle an. Dann begutachtete er zufrieden sein Werk und legte ein flauschiges übergroßes Badehandtuch bereit. Er schloss leise die Badezimmertür und ging zum Treppenabsatz.

„Hanna, es ist angerichtet. Du kannst das Salzwasser abspülen", rief er nach unten. Seine Stimme war voller Verheißung.

„Oh, hast du das für mich angerichtet? Ich wollte doch nur duschen. Dieser unglaubliche, verführerische Rosenduft und die vielen Kerzen, märchenhaft."

Hanna streifte ihre Sachen ab, stieg in das warme, duftende Wasser und verschwand ganz langsam in dem Schaumberg. Jonas setzte sich auf den Badhocker, der neben der Badewanne stand und schaute ihr eine Weile zu. Außer ihrem Kopf gab es nichts zu sehen, weil der Badeschaum ihren ganzen Körper bedeckte. Aber er wusste ja, was sich unter dem Schaum verbarg. Er knabberte an ihrem Ohr, so dass sie vor Erregung schauderte. Seine Hände glitten ins Wasser und berührten sanft ihre Brust. Hanna hielt die Augen geschlossen. Eine heftige Woge durchfuhr sie, als er eine Hand zwischen ihre warmen, nassen Schenkel schob. Sie versuchte nicht, ihn abzuwehren. Er ahnte, dass alles an ihr auf ihn wartete. Der Zauber der flackernden Teelichter, der Kerzenschein, der sich in den Fliesen widerspiegelte und seine Hände lösten Lust aus. Durch ihren Körper floss ein Kribbeln bis in die Finger und Fußspitzen.

„Weißt du, wie lange ich davon geträumt habe? Weißt du eigentlich, wie verdammt schwer es mir gefallen ist, mich bei unserer ersten Begegnung zurückzuhalten. Ich wollte dich in die Arme nehmen, dich an mich drücken und dich küssen. Ich will dich", flüsterte Jonas ihr ins Ohr. Jetzt war raus, woran er bereits die ganze Zeit dachte. Jonas zog sie hoch und schlang das Badehandtuch um sie.

„Wie gut du riechst", sagte er zärtlich und trug sie ins Schlafzimmer.

Überwältigt von Ungeduld, Begierde und Verlangen fielen sie aufs Bett. Jonas schob sein Gesicht zwischen ihre Brüste und sog den Duft tief ein. Sanft und verführerisch spielte er anschließend mit ihnen, mal mit den Fingern und mal mit der Zungenspitze. Er ließ sich viel Zeit. Prickelnde Stromstöße flossen durch ihren Körper. Er rutschte langsam runter. Keiner von ihnen schien die geringsten Zweifel zu haben über das, was nun passieren würde. Er trieb sie fast in den Wahnsinn. Mit Finger und Zunge löste er Explosionen aus und sie verlor allmählich die Kontrolle über ihren Körper. Diese Art von Liebe und Erfüllung war erregend. Jonas war selbst nahe daran, jegliche Beherrschung zu verlieren. Hannas Hände waren überall. Sie ließ ihre Fingerspitzen über seinen Bauch tiefer und tiefer hinab gleiten. Sie streichelte sein steifes Glied und Jonas stöhnte laut auf. Seine Lust war so groß, dass er es kaum ertragen konnte. Er fuhr die Innenseite ihrer Oberschenkel hinauf und Hanna bog sich ihm entgegen. Sie spreizte die Beine und Jonas sah das Flackern in ihren Augen. Er küsste sie voller Hingabe und glitt in sie bis er völlig in ihre feuchte Wärme eingetaucht war. Hanna fühlte das Auf und Ab über ihr, reckte ihm das Becken entgegen und krallte vor Erregung ihre Finger in seinen Rücken. Lust, Liebe und Hemmungslosigkeit hatten sich vereint. Sie trieben zeitlos dahin. Alles versank in einem Meer der Gelöstheit. Beide probierten all das aus, was sie sich schon lange erträumt hatten. Irgendwann kehrten sie in die Realität zurück. Hanna schmiegte sich an Jonas und strich ihm zärtlich über die Brust. Was für ein einfühlsamer Mann. Was für ein Ausbruch wilder Leidenschaft. Sie schaute aus dem weitgeöffneten Fenster in den glitzernden Sternenhimmel. „Mein ganzer Körper stand unter Strom", sagte sie leise.

Jonas stützte sich auf die Ellbogen und betrachtete ihr erhitztes Gesicht, dessen Züge so weich und zärtlich waren. Seine Finger zeichneten liebevoll die Konturen ihrer Lippen nach.

„Nichts, was ich je erlebt hatte, ist damit vergleichbar. Du besitzt eine verführerische Fraulichkeit. Jeder Zentimeter deines Körpers hat mich in Ekstase versetzt. Ich liebe dich! Ich bin besessen von dir und habe jede einzelne Sekunde genossen." Dann sprang er übermütig aus dem Bett.

„Ich hole uns eine Flasche Sekt." Hanna hörte, wie er jede zweite Stufe tollkühn übersprang.

„Hast du schon vielen Männer den Kopf verdreht?", fragte Jonas einige Zeit später. Hanna stopfte das Kissen hinter ihrem Rücken zurecht und lehnte sich gemütlich zurück.

„Wie sieht es denn bei dir aus? Warst du ein Schürzenjäger? Ein Weiberheld? Hast du vielen Frauen den Kopf verdreht? Bitte, Jonas, ehrlich antworten."

Sie wechselten einige Blicke und lachten.

„Im Grunde wirfst du gleich zwei Fragen auf. Um deine erste Frage zu beantworten, nein. Nun zu deiner zweiten Frage.

Was verstehst du unter viele? Das ist ein dehnbarer Begriff! Es gab einige Frauen. Bevor ich eine Beziehung mit einer Frau anfing, war ich immer zuerst mit ihr befreundet. Es waren zum Teil Begegnungen und auch Beziehungen, für die keine Fortsetzung vorgesehen war. Bis auf eine Ausnahme. Das liegt schon lange zurück. Soll ich dir mal erzählen, wer mich zum allerersten Mal verführt hat? Eine ehemalige Freundin meiner Mutter, fast zwanzig Jahre älter. Ich war siebzehn. Sie hat mich sehr umsichtig in die Geheimnisse der Liebe eingeweiht. Niemand hat was mitbekommen. Nicht einmal Finja. Wir haben es nur einmal wiederholt, weil sie mir Nachhilfe in Sachen Liebe gab. Sie wohnt nicht mehr hier. Kann ich dich was fragen?" Sie sahen einander an, tauschten belustigte Blicke aus und brachen erneut in schallendes Gelächter aus.

„Kommt auf die Frage an. Obwohl ich mir bereits denken kann, was du wissen willst."

„Wie war es bei dir oder traust du dich nicht darüber zu sprechen?"

Hanna schloss kurz die Augen. Sie hatte nicht damit gerechnet, dass Jonas sie sowas fragen würde. Was sollte sie antworten? Eine tiefe Röte schoss ihr ins Gesicht. Zu keiner Zeit hatte sie jemals darüber gesprochen. Sie überging diesen Teil ihres Lebens seit Jahren. Auf ihren Zügen lag eine Anspannung, ihr Blick verhärtete sich. Einen Moment sprach keiner von ihnen. Jonas sah sie an. Sie wirkte so ernst, so nachdenklich, dass er ein wenig bestürzt war. Er zog sie an sich.

„Bitte, du musst nicht darauf antworten. Ist schon okay!"

Hanna zögerte. „Ich weiß nicht, ich habe noch nie …" Ihre Stimme zitterte. „Es gibt intime, beschämende Erlebnisse. Darüber zu reden, fällt mir nicht leicht. Es gibt Dinge, die man besser nicht erlebt. Ich habe zwei böse Erfahrungen gemacht. Ich war sechzehn. Wie sagt man so schön, eine pubertierende Jugendliche, ohne sexuelle Erfahrungen und auf einer Geburtstagsparty einer Freundin wurde getanzt, gelacht und später viel getrunken. Einige tranken die alkoholischen Getränke wie Wasser und verloren alle Hemmungen. Wer nicht genug getrunken

hatte, den hielt man fest und er bekam gewaltsam Schnaps ein-
geflößt. Ich hatte genug von dieser wilden Party, trank meinen
Wein aus und wollte nur noch nach Hause. Kurz danach wur-
de mir schwindlig. Ich spürte meine Beine kaum, sah alles ver-
schwommen. Robert, ein Geburtstagsgast, wir hatten einmal zu-
sammen getanzt, kümmerte sich um mich. Er brachte mich in
einen separaten Raum. Ich war kein Kind mehr, aber noch kei-
ne Frau, als er mich sexuell missbrauchte. Ich war hilflos, wie
traumatisiert. Der Schmerz und der Zorn haben mich über Jahre
nicht losgelassen. Ein Taxi brachte mich dann nach Hause. Ich
habe mich danach gefragt: Ob ich mich jemals verlieben werde?
Ob ich jemals jemandem vertrauen werde? Ob ich jemals mit ei-
nem Mann intim sein kann? Ich wusste, dass das Leben nie wie-
der so sein würde, wie es einmal war. Die Hanna, die ich zuvor
war, gab es nicht mehr. Ich habe die Tat aus Scham verschwie-
gen. Ich konnte mit niemandem darüber sprechen und konn-
te mich selbst nicht ausstehen. Am Anfang dachte ich, es wür-
de mir gelingen, die Sache einfach zu verdrängen. So zu tun, als
wäre nie etwas Derartiges passiert. Aber das funktionierte nicht.
Es hat sich in mein Bewusstsein eingebrannt. Ich habe eine ge-
fühlte Ewigkeit gebraucht, um zu verstehen, dass ich nicht selbst
schuld daran war. Seitdem hatte ich ein gehemmtes Verhältnis zu
Männern und hielt das männliche Geschlecht auf Distanz. Ich
konnte mein Herz für keinen Mann mehr öffnen und keine Ge-
fühle zeigen. Da war immer noch die Angst, dass sich so etwas
wiederholen könnte. Mein Leben danach war ein ständiges Auf
und Ab. Irgendwann ging der Schmerz vorbei. Nie zuvor habe
ich das jemandem erzählt.“

Bestürzt schwieg Jonas für einen Moment und die Zeit stand
still. Sie lagen schweigend da, jeder in die eigenen Gedanken ver-
sunken. Jonas hielt ihre Hand immer noch fest umklammert. Er
brauchte Zeit, ehe er etwas darauf sagen konnte. Er suchte nach
den richtigen Worten.

„Tut mir leid, dass du so etwas Abscheuliches erleben muss-
test. Bist du diesem Robert noch einmal begegnet?“

„Nein! Ich hoffe, dass das auch nie passieren wird.“

„Hat es irgendwann später einen Mann gegeben, dem du dich nahe gefühlt hast?" Hanna setzte sich aufrecht hin, befreite sich von Jonas Hand und winkelte ihre Beine an.

„Ja", gab sie offen zu. „Jahre später schon. Ich war mit dem falschen Mann zusammen. Ich habe schöne und weniger schöne Erinnerungen an diese Zeit. Am Anfang ist eine Beziehung wie eine Reise, bei der keiner weiß, wohin es geht. Leider endete diese in einer Katastrophe. Erst habe ich ihn geliebt und dann gehasst. Es war eine der negativen Erfahrungen, wie sie das Leben mit sich bringt. Sein Anspruchsdenken war außer Kontrolle geraten. Es kann immer passieren, dass sich zwei Partner so verändern, dass sie getrennte Wege gehen. Was heute gut ist, muss morgen nicht gut sein. Eine Art Liebesformel gibt es nicht. Man muss selbst herausfinden, wie viel Harmonie und Zärtlichkeit man als Paar braucht. Und was dafür sorgt, dass eine Beziehung länger hält. Sex allein ist nicht das Geheimnis dauerhafter Liebe. Wozu an die Vergangenheit denken, wenn die Gegenwart doch umso vieles wahrhaftiger und traumhaft schön ist."

Jonas war überrascht. Dieser Satz kam aus tiefstem Herzen, und ihre Offenheit erstaunte ihn. Ihr Bekenntnis hatte aber weit mehr Fragen aufgeworfen als beantwortet. Er senkte den Kopf. Es war eine Geste reiner Verlegenheit. Schließlich hob er den Kopf und schaute sie an.

„Du hast nicht viel Gutes erfahren. Jetzt verstehe ich auch, warum du bei unserer Zufallsbekanntschaft so zurückhaltend warst. Wir sollten noch mal ans Wasser gehen. Du kannst dir nicht vorstellen, wie schön es nachts am Strand ist. Wir ziehen uns nicht an und legen nur die Badehandtücher um", sagte Jonas leise.

Hand in Hand schlenderten sie über den Sand, der nun nicht mehr so warm war. Das Wasser war spiegelglatt und weit und breit war keine Menschenseele zu sehen. Sie verursachten mit ihren Füßen kleine Wellen im kühlen Wasser. Hanna ließ das Badehandtuch fallen. Sie wusste genau, dass er sie nicht aus den Augen ließ. Es erregte Jonas, sie nackt im Mondlicht zu sehen.

„Komm, Jonas, lass uns ins Wasser gehen. Ich bin noch nie nackt im Mondschein geschwommen." Hanna nahm ihn bei der

Hand und zog ihn mit sich ins Wasser. „Puh, ist das Wasser kalt, aber erfrischend."

„Das kann man so sagen", erwiderte er. Hanna war die erste, die aus dem Wasser stieg. Er sah die Wassertropfen auf ihrer Haut, die im Mondlicht glänzten. Verführerisch! Aufregend! „Hanna, wollen wir uns ein Stück weiter oben an den Dünen noch hinsetzen. Oder bist du sehr müde?" Er schaute sie erwartungsvoll an.

„Nein, Jonas. Ich bin zu aufgewühlt, um ans Schlafen zu denken. Wann bekommt man so eine Gelegenheit wieder?"

Sie legten ihre Badetücher an einem nicht einsehbaren Dünenrand ab. Mit Sand zwischen den Zehen und Salz auf den Lippen ließen sie sich nieder. Unaufhaltsam kam neue Lust und neues Verlangen in ihnen auf, und das Liebesspiel begann von neuem.

„Spürst du, wie sehr ich dich begehre. Ich bin verrückt nach dir", flüsterte Jonas ihr ins Ohr. Er atmete schnell und unterdrückte ein Stöhnen. Hanna drückte ihm erneut ihr Becken entgegen und spürte seine pralle Männlichkeit. Es am Strand, unter dem sternenübersäten Himmel erneut zu tun, war prickelnd, aufregend, einzigartig. Es fühlte sich herrlich unanständig und ein bisschen verrucht an. Das Dünengras um sie herum tanzte leicht im Wind. Oh mein Gott, dachte Hanna, was für eine Liebesnacht! Es ist wie im Märchen, wenn die Leidenschaft einem Flügel verleiht und man zu allem bereit ist.

Am nächsten Morgen wurde Hanna von der Sonne geweckt, die durch das weitgeöffnete Fenster hereinschien. Sie öffnete die Augen, blinzelte in das grelle Licht und machte sie wieder zu. Einen Moment lang lag sie noch still. Jonas war dicht an ihrer Seite. Seine Atemzüge waren gleichmäßig, ein sicheres Zeichen, dass er noch schlief. Seit Ewigkeiten war sie nicht mehr morgens neben einem Mann aufgewacht. Ihre Augen betrachteten liebevoll den Mann, mit dem sie eine stürmische, heiße Nacht verbracht hatte. Erstaunlich, wie toll der Sex mit einem Mann war, der was davon verstand. Nie zuvor hatte ihr jemand das Gefühl vermittelt, derart begehrt zu werden, nicht mal Markus. Ihr war es vorgekommen, als habe er ihre geheimsten Sehnsüchte erkannt. Das Leben kann so schön sein und die Liebe auch! Vorsichtig löste sie sich von seiner Seite. Sie stand auf, trat ans offene Fenster, genoss den Anblick des Meers und sog die frische, nach Salz duftende, Luft ein. Auf Zehenspitzen verließ sie das Schlafzimmer. Im Bad, wo es noch immer nach Rosen duftete, sprang sie unter die Dusche. Sie ließ zuerst das warme Wasser und anschließend das kalte Wasser über ihre Haut fließen und zog sich danach an. Ihr feuchtes Haar hatte sie zu einem Zopf geflochten. Trotz der wenigen Stunden Schlaf fühlte sie sich erfrischt. Leise schlich sie die Treppe hinunter und begann das Frühstück auf der Terrasse vorzubereiten. Es war sieben Uhr morgens. Am Horizont ging die Morgensonne auf. Sie ließ das Wasser glitzern, tauchte den Strand in goldenes Licht und die Wellen rauschten leise. Was für ein Traum. Ein paar Strandjogger drehten ihre Runden. Hanna stellte Brötchen, Eier, Wurst und Käse auf den Verandatisch und dann noch eine Schale mit Tomaten und eine Flasche Orangensaft dazu. Sie bereitete die Kaffeemaschine vor und nachdem sie den vertrauten Sound der Maschine hörte, lauschte sie nach oben. Sie hörte Jonas singen. Gerade als sie hochsteigen wollte, sprang er ausgelassen die Treppen herunter.

„Einen schönen guten Morgen, Hanna. Du scheinst eine Frühaufsteherin zu sein."

„Ja, dir auch einen schönen guten Morgen. Ich habe wunderbar geschlafen. Tief und fest. Wie sieht's aus, hast du schon Appetit auf Frühstück? Ich dachte, nach so einer Nacht könnten wir beide ein ausgiebiges Frühstück vertragen und habe den Kaffee etwas stärker gemacht", sagte sie fröhlich.

„Wow, was für ein schöner Frühstückstisch, was für eine schöne Frau an meiner Seite, einfach perfekt."

Er küsste sie so heftig, dass sie taumelte. Er duftete nach Aftershave. Sie mochte es, wenn er frisch rasiert war und gut roch. Nach dem Frühstück brachen sie zu einem Deichspaziergang auf. Plötzlich hielt Jonas an.

„Hanna, was gestern zwischen uns beiden passierte, hat sich tief in mein Gedächtnis eingebrannt. Das, was ich mir heimlich gewünscht habe, hast du wahr gemacht. Ich möchte für den Rest meines Lebens mit dir zusammen sein, zusammenleben, nie mehr ohne dich sein. Du wirst immer das Wichtigste in meinem Leben sein. Wenn du nicht ja und nicht nein sagen willst, könntest du mir wenigstens ein definitives vielleicht anbieten?" Er lächelte Hanna nachsichtig an.

„Die Vorstellung ist zu überwältigend. Noch leben wir in einer Beziehungsphase und nicht in einer Entscheidungsphase. Zusammensein ist okay, zusammenleben noch zu früh. Oder hast du dir das so vorgestellt, dass wir eine Woche bei mir und die darauffolgende Woche bei dir leben?"

Als er nicht reagierte, suchte sie in seinem Gesicht nach einer Reaktion. Sie sah die Enttäuschung in seinen Augen. Klangen ihre Worte möglicherweise herzlos? Sie brauchte Zeit für sich. Ob sie es wollte oder nicht, sie dachte an Markus und sein zweifelhaftes Angebot. Würde Jonas ihr früher oder später auch Bindungsangst vorwerfen? Ach was, das war totaler Unsinn. Die beiden Männer konnte man nicht vergleichen.

„Mach dir bitte keine Gedanken. In gewisser Weise hast du ja Recht und es war den Versuch wert. Habe ich jetzt etwas falsch gemacht? Ich war zu schnell, stimmt's? Ich will dich nicht zu irgendetwas drängen oder unter Druck setzen. Entscheide dich erst, wenn du so weit bist." Seine Stimme klang unsicher. Hanna schüttelte den Kopf.

„Jonas, ich laufe dir nicht weg! Wir können, wann immer wir es wollen, unsere Freizeit miteinander verbringen und Sex und weitere Höhepunkte miteinander erleben. Mal bei dir, mal bei mir."

„Das letztgenannte Argument war gerade ermutigend. So weit habe ich nicht gedacht. Es klingt einleuchtend und nach einer Menge Spaß." Jonas verdrehte hingebungsvoll die Augen. „Verrätst du mir, wo du dieses Jahr deinen Urlaub verbringen wirst."

Hanna überlegte kurz. „Keine Ahnung. Ich habe noch nicht darüber nachgedacht. Auf keinen Fall steige ich in einen Flieger oder klettere Berge hoch." Sie sagte nicht: Es ist schon ewig lange her, dass ich Urlaub gemacht habe. Ich würde gerne mal richtig ausspannen, aber ich brauche für so einen langen Zeitraum eine Vertretung. Das kann ich meiner Nachbarin Hilde nicht zumuten.

Er unterbrach ihre Gedanken. „Würdest du wieder mit mir ein Wochenende hier verbringen?"

„So was musst du nicht fragen, und nichts lieber als das. Ich halte das für eine großartige Idee. Vielleicht kann ich aber auch das Haus mieten und meinen Urlaub mit dir hier verbringen. Was hältst du denn davon?"

„Grandiose Idee! Ich habe gehofft, dass du das sagst. Aber ich miete das Haus für uns und spreche das mit Georg ab. Du musst mir nur noch sagen, wann wir Urlaub nehmen wollen. Unabhängig davon, genießen wir jede freie Minute zusammen." Sein Gesicht hellte sich auf und seine Augen bekamen ihren alten Glanz zurück.

„Es wäre schön, wenn ich deinen Freund kennenlernen darf." „Abgemacht! Ich werde es organisieren und Georg wird sich freuen." Auch die nächsten Tage verliefen wunderschön. Sie schliefen miteinander, lagen am Strand und unternahmen ausgedehnte Spaziergänge. Nun hieß es Abschied nehmen. Sie räumten gemeinsam alles auf. Jonas kümmerte sich um die Küche und sie ums Bad. Anschließend zog sie die Betten ab und schaute ein letztes Mal auf das große Liebesbett. Dann kam der Augenblick, in dem Jonas endgültig das Haus abschloss.

„Viel lieber würde ich mit dir hierbleiben. Aber wir kommen wieder", rief er enthusiastisch. Sie sah den Schalk in seinen Augen, bevor sie im Wagen Platz nahm.

Auch die beste Zeit geht leider zu Ende. Kann man nicht ein Stück dieser schönen Zeit in den Alltag hinüberretten, überlegte Hanna wehmütig und schloss während der Fahrt die Augen. Sie dachte an das warme Gefühl seines Körpers, an seine Zärtlichkeit und an die heißen Liebkosungen. Dass Jonas ähnliches dachte, ahnte Hanna nicht. Sie seufzte. Es war ein tiefes, vielsagendes Seufzen. Zuhause angekommen, küssten sie sich ein letztes Mal. Bevor Hanna im Haus verschwand, drehte sie sich kurz um und warf Jonas schnell noch einen koketten Augenaufschlag und eine Kusshand zu. Sie klingelte bei ihrer Nachbarin, um sich noch einmal zu bedanken, die aber anscheinend nicht da war, weil sie ihre Tür nicht öffnete. Zweimal versuchte sie anschließend Betti zu erreichen, aber sie meldete sich nicht. Mein Gott, wo steckt sie?

Der Alltag hatte sie wieder und Hanna schloss gutgelaunt die Buchhandlung auf. Sie fand in ihrem Büro einen handgeschriebenen Zettel von Hilde.

*Hallo, liebe Hanna, ich wünsche dir einen schönen Wochenanfang!*
*Es lief alles Bestens. Zwei Frauen haben sich nach dir erkundigt. Eine*
*so Anfang oder Mitte sechzig. Sehr elegant, sehr gepflegt. Sie wollte wissen, ob du auch da bist. Komische Frage, ich beschränkte mich auf ein nein. Darauf machte sie auf dem Absatz kehrt und verließ so fort die Buchhandlung allerdings mit einem Gesicht, das zum Fürchten war. Die andere war jünger, blonde Haare, unsympathisch, eine überhebliche Zicke. Sie hatte ein ähnliches Anliegen. Auf meine Frage, ob ich helfen kann, erwiderte sie mit spitzer Zunge, nein, dafür käme ich nicht infrage. Gruß Hilde*

Merkwürdig! Hanna musste so fort an die Kundin denken, bei der sie auch ein eigenartiges Gefühl hatte. Sie fühlte sich von ihr beobachtet. Sie war elegant angezogen. Was will diese Frau von ihr? Bestimmt keine Buchberatung, ansonsten hätte sie ihr Anliegen auch mit Hilde klären können. Plötzlich keimte in ihr ein beängstigender Verdacht auf. Vielleicht Jonas Mutter, die sehen wollte, mit wem ihr Sohn am Wochenende zusammen war? Warum gab sie sich nicht zu erkennen? Was führte sie im Schilde? Ob sie mit Jonas darüber sprechen sollte? Oder sollte sie ihre Vermutung erst einmal für sich behalten? Auf die andere jüngere Frau konnte sie sich gar keinen Reim machen. Nicht, dass sie übermäßig neugierig war, aber eigenartig fand sie es schon. Wenn es jemand aus dem Bekanntenkreis gewesen wäre, hätte sie bestimmt eine Nachricht hinterlassen. Mal sehen, wenn es so wichtig war, werden sie schon wiedercauftauchen. Kurz danach erhielt Hanna einen Anruf und war entsetzt.

Betti soll sich angeblich für Geld an Männer verkaufen. Hanna versuchte, den Sinn der Nachricht zu begreifen. Sie konnte es einfach nicht glauben. Sie wollte es nicht glauben und beschloss, mit Betti Kontakt aufzunehmen.

Kurz nachdem Hanna nach Hause gekommen war und ihr Abendessen vorbereitet hatte, klingelte das Telefon.

„Hallo, mein Herzblatt, wie geht es dir? Wie verlief der erste Arbeitstag? Vermisst du mich auch so, wie ich dich vermisse?" Sie hörte sein herzhaftes Lachen.

„Ach, hör doch auf, Jonas. Mir kommen gleich die Tränen."

„Wirklich, ich vermisse dich und meine Gedanken sind nur bei dir, egal was ich mache!"

„Ich vermisse dich auch. Mein Arbeitstag war ein bisschen stressig, dennoch geht es mir gut. Unabhängig davon, muss sich mein Körper von so viel unerwartetem Sex erholen."

„Aber es war gut, oder nicht? Du bist so schweigsam. Bist du gedanklich abwesend?" Hanna zögerte kurz. „Jonas, es war himmlisch. Ist es das, was du hören willst?"

„Das kann man so nicht sagen. Mit uns ist etwas Wunderbares geschehen. Leider muss ich morgen in aller Herrgottsfrühe vertretungsweise auf Dienstreise. Ein Kollege ist krank und ich komme erst am Freitag zurück. Ich bin darüber traurig, weil ich viel lieber mit dir zusammen wäre."

„Schade! Ich bin auch traurig. Aber wir werden es beide überleben. Ich liebe dich!"

„Ich liebe dich auch und ich träume jetzt schon davon, dass wir bald wieder zusammen sind!"

Damit war ihre Entscheidung, Jonas nichts von der älteren Frau zu erzählen, gefallen. Wenn er hiergeblieben wäre, hätte sie ihren Verdacht geäußert. Aber per Telefon hielt sie es nicht für angemessen. Auch das verhängnisvolle Telefonat über Betti erwähnte sie nicht. Sie wollte erst mit ihr Kontakt aufnehmen. Einen Tag später besorgte sie nach Feierabend Blumen, Pralinen und Wein. Sie beschloss, da es noch nicht allzu spät war, bei Hilde zu klingeln.

„Je später der Abend umso schöner der Gast", sagte Hilde schmunzelnd. Kaum ausgesprochen, fasste Hilde nach ihrer Hand und zog sie förmlich rein. „Komm rein, trink mit mir ein Gläschen Wein. Dafür ist es ja noch nicht zu spät, oder? Allein schmeckt es nicht gut."

„Gut, aber nur auf ein Gläschen. Störe ich dich auch nicht? Ich wollte nochmals danke sagen." Sie überreichte Hilde die Geschenke und nahm im Wohnzimmer Platz.

„Das ist sehr aufmerksam, aber das lässt du in Zukunft bleiben. Ich hole noch ein Glas und mache den Fernseher aus. Das gegenwärtige Programm ist was zum Abschmatzen. Vor allem diese Sendungen *Frauentausch* oder *Schwiegermutter gesucht*, sowas unrealistisches. Ach, lassen wir das, sonst rege ich mich nur unnötig auf."

Hanna sah auf dem Beistelltisch ein aufgeklapptes Fotoalbum und erkannte auf dem Foto Hilde.

Sie trug ein geblümtes Sommerkleid und sah fantastisch aus. Der Mann neben ihr war muskulös und hatte ein weißes Freizeithemd an. Sein Arm lag um ihre Taille. Für Hilde muss es in diesem Moment die schönste Umarmung der Welt gewesen sein, so sehr strahlte sie in die Kamera. Auf dem Foto sahen beide entspannt und glücklich aus. Wer war er? Sie hörte Hilde kommen und wechselte so fort ihre Blickrichtung.

Hilde stellte das Glas ab und klappte nebenbei das Fotoalbum zu. Bei einem Glas Wein erzählte Hanna, dass ihr die zwei Frauen einfach nicht aus dem Kopf gingen.

„Ich glaube, dass die ältere Dame die Mutter von Jonas gewesen sein könnte. Ich bin mir aber nicht sicher. Frag mich bloß nicht, wie ich darauf gekommen bin."

„Du könntest Recht haben. Manchmal können Mütter es nicht abwarten, bis ihre Söhne ihnen die Freundin vorgestellt haben. Das haben die meisten Mütter so an sich. Sie möchten schon vorher wissen, wie die Freundin aussieht. Das würde einer Mutter, die eine Tochter hat, nie im Traum einfallen. Wenn es so sein sollte, kommt auf dich was zu. Dann ist sie eifersüchtig auf die Freundin ihres Sohnes und kann nicht loslassen."

„Jonas hatte mal sowas angedeutet, aber ich habe dem keine weitere Beachtung geschenkt. Jetzt überlege ich, ob ich mit ihm darüber sprechen sollte. Was meinst du? Soll ich es tun?"

„Ich habe zwar auch meine Lebenserfahrung, aber dazu kann ich dir keinen Rat geben. Hör auf dein Herz! Du weißt, dass ich in jeder Hinsicht hinter dir stehen werde. Und was denkst du über die andere Frau?", warf Hilde schnell ein.

„Keine Ahnung! Irgendwie sehr mysteriös? Wie dem auch sei, bin ich fest davon überzeugt, es wird schon nicht so schlimm sein, sollte sie wiederauftauchen. Alles wird sich in Luft auflösen." Beide sahen sich an und brachen in schallendes Lachen aus.

„Lass die zwei Frauen. Erzähl lieber, wie euer kleiner Urlaub war? Vom Wetter ausgesehen, hattet ihr großes Glück."

„Es war fantastisch." Innerhalb dem Bruchteil einer Sekunde sah sie wieder alles vor sich: das Traumhaus, den feinen Sand, die Dünen, den tiefblaue Himmel. Und sie dachte, an das unglaublich unbeschwerte Lebensgefühl. „Wir haben leidenschaftliche Stunden verbracht. Jonas ist meine erste große Liebe. Er ist nicht autoritär, beeinflusst nicht mein Denken und Handeln und erhebt keinen Anspruch auf Status und Macht. Wir sind ein Paar auf Augenhöhe. Unseren Urlaub wollen wir wieder dort zusammenverbringen."

„Du musst mich nur rechtzeitig informieren. Im Prinzip freue ich mich jetzt schon darauf."

„Hilde, du bist für mich ein herzensguter Mensch und dazu eine wahre Freundin. Was habe ich für ein Glück, dass du meine Nachbarin geworden bist."

„Das trifft aber auch auf dich zu. Was ist los? Du wirkst auf einmal so bedrückt. Das kann doch nicht mit Jonas zusammenhängen oder doch?" Hanna schüttelte den Kopf.

„Zwischen uns ist alles okay! Es geht um Betti." Es fiel ihr sichtlich schwer, weiterzusprechen.

„Es hat ja keinen Sinn, um den heißen Brei herumzureden. Ich habe erfahren, dass Männer Betti über eine Agentur buchen können. Deswegen bin ich etwas niedergeschlagen und muss laufend daran denken."

Hilde stand auf, ging zu ihrer Hausbar und goss für Hanna und sich einen Kaffeelikör ein. Hanna hob ihr Likörglas und beide tranken mit einem Zug aus.

„Ich verstehe das gut", sagte Hilde sanft. „Aber was willst du tun? Spekulieren ist müßig. Durch Nachdenken zu einer Lösung zu kommen, führt schnell zu Grübelschleifen."

„Ich weiß", antwortete Hanna gedrückt. „Das ist ja mein Problem. Ich muss mit Betti reden."

Hilde machte eine Pause, bevor sie fortfuhr. „Von wem hast du es eigentlich erfahren?"

„Eine ehemalige Arbeitskollegin hat mich angerufen. Bei unserem letzten Treffen war Betti nicht wie sonst. Sie hat erzählt, dass ihre Ehe nicht mehr funktioniert. Jetzt frage ich mich, ob irgendetwas schiefgelaufen ist. Hängt es vielleicht mit Harald zusammen? Durch das neue Glück mit Jonas habe ich Betti aus den Augen verloren. Ich will am Sonnabendnachmittag versuchen, der Sache auf den Grund zu gehen. Ich bin mir sicher, dass ich sie dann erreiche. Ich möchte ihr helfen, auch wenn ich noch nicht weiß, wie ich das handhaben soll."

„Darauf würde ich mich nicht verlassen. Wäre der Vormittag nicht besser? Da sind die meisten Leute noch daheim. Für mich ist es ein Vergnügen, wenn ich in der Buchhandlung arbeiten kann. Abgemacht! Nimm dir das nicht so zu Herzen. Es gibt für alles eine Lösung. Jeder steht mal in einer Sackgasse im Leben. Sie braucht dafür eine hilfreiche Hand und das ist deine. Ich helfe auch. Sie wird von mir nichts erfahren. Kennt Jonas Betti und weiß er darüber Bescheid?"

„Er hat sie mal bei mir gesehen und weiß, dass sie meine Freundin ist. Ich bin mir noch nicht sicher, ob ich ihn darüber informiere. Ich muss erst einmal eine Nacht darüber schlafen."

„Komm, lass uns noch mal anstoßen und mach bitte ein anderes Gesicht. Es macht mich sonst noch unglücklich, wenn ich dich so sehe. Auf uns", sagte Hilde und hob ihr Weinglas. „Auf uns", antwortete Hanna und trank den letzten Rest Wein aus.

Freitagabend, kurz nach achtzehn Uhr! Je näher Jonas ihrem Zuhause kam, desto mehr wuchs sein Verlangen nach Hanna. Eine viertel Stunde vor neunzehn Uhr traf Hanna vor ihrem Haus ein und Jonas wartete bereits. Er trug ein weißes Hemd, dessen Ärmel hochgekrempelt waren, und eine schwarze Hose. Sein Sakko hing lässig über seiner Schulter. Bevor sie aus dem Wagen stieg, hatte Jonas bereits die Fahrertür geöffnet.

„Da staunst du, dass ich schon da bin. Ich habe das Gaspedal durchgedrückt, um ganz schnell bei dir zu sein. Ein Glück, dass ich unterwegs nicht geblitzt wurde. Du kannst dir nicht vorstellen, wie sehnsüchtig ich auf dich gewartet habe. Ich komme einfach nicht mehr ohne dich aus. Es ist wie eine Sucht. Ich habe dich so vermisst."

„Ja, mir geht es ebenso. Bevor wir hochgehen, muss ich noch meine Einkaufstasche aus dem Kofferraum holen", sagte Hanna. In der Wohnung schloss er Hanna in seine Arme. Sie verspürte das bekannte Kribbeln im Bauch.

„Wir waren lange allein." Seine Stimme war leise und … verführerisch. Als er sie küsste, da spürte sie, wie ein Zittern Welle für Welle ihren Körper durchlief. Hanna fuhr mit den Händen unter sein Hemd, ihre Fingerspitzen bewegten sich abwärts. Seine Bauchmuskeln zuckten und sie spürte seine Erektion. Sie öffnete den Reißverschluss seiner Hose, während Jonas eine Hand in ihre Jeans gleiten ließ. Seine Finger landeten in ihrem feuchten Spitzenhöschen, und Hanna spürte, wie seine hauchzarte Berührung sie in Erregung versetze. Es war, als hätte sie seit Tagen darauf gewartet. Er zog sie eng an sich und schlang beide Arme um sie. Allmählich verloren sie den Boden unter den Füßen, landeten auf dem Teppich und nichts würde diesen absolut einmaligen Augenblick jemals übertreffen können. Später, beim Abendessen erzählte er kurz von seiner Dienstreise. Aber auch, dass er gerne dieses Wochenende mit ihr verbringen möchte.

„Ich bin Samstagvormittag kurz bei Betti und weiß nicht, wann genau ich wieder zurück bin. Deshalb möchte ich, dass du heute Nacht bei mir bleibst. Außerdem ist mein Bett fast genauso groß wie das im Ferienhaus." Er warf ihr einen spitzbübischen Blick zu.

„Aber hallo, willst du mich locken? Dabei war mir schon klar, dass ich heute bei dir bleibe. Wegen Morgen brauchst du dir keine Sorgen machen. Ich bin zwar sehr anhänglich, aber kein Klammeraffe und kann auch mal schweren Herzens loslassen. Kommst du nach Bettis Besuch zu mir?"

„Ich denke schon. Soll ich auch über Nacht bleiben?"

„Was für eine unanständige Frage, natürlich bleibst du über Nacht bei mir."

Nach dem Abendessen gingen sie auf den Balkon raus. Jonas trank ein Bier, Hanna eine Weinschorle. Sie plauderten über die vergangenen Tage. Jonas kniff auf einmal die Augen zusammen, weil ihn die untergehende Sonne blendete.

„Ehe ich es wieder vergesse, Georg kennt dich. Er gehört zu deiner Stammkundschaft und schwärmt von dir in den höchsten Tönen. Er mochte zwar den alten Herrn Ritter, findet dich aber viel attraktiver." Seine Stimme klang amüsiert.

„Was für ein Vergleich. Ich fühle mich geehrt. Wie sieht er denn aus?", fragte Hanna neugierig.

Jonas lachte. „Eine typische Frauenfrage. Er ist groß, blond, Stoppelfrisur, blaugraue Augen, sportliche Figur." Hanna überlegte kurz, zuckte die Schultern.

„Tut mir leid, im Moment fällt mir dazu absolut keiner ein!" Jonas grinste leicht unverschämt.

„Tja, das kommt wohl davon, dass zu viele männliche Kunden bei dir ein- und ausgehen." Stille!

„Wie dem auch sei", sagte Hanna, um einen möglichen Streit zu vermeiden, „es klingt gerade so, als wenn keine Frauen zu mir kommen würden. Was aber nicht stimmt. Außerdem hatten wir doch das Thema bereits. Vielleicht sollte ich doch mal eine Strichliste führen. Dann kann ich dir genau sagen, wie hoch der Anteil der beiden Geschlechter ist. Pro Tag, pro Woche und pro Monat." Erschrocken blickte Jonas zu Hanna. Er stieß einen tiefen Seufzer aus.

„Um Himmels willen, das war ein Scherz!" Er trank eilig einen Schluck Bier.

„Ach ja? Keine Sorge, von meiner Seite auch", antwortete Hanna kichernd.

„Jedenfalls habe ich mit Georg gesprochen. Er möchte dich gerne einladen. Du wirst begeistert sein, weil er ein echter Kumpel ist. Mein bester Freund und das seit Jahren. Ich bin natürlich dabei. Ihr zwei allein, das geht gar nicht." Er blinzelte Hanna zu.

„Ich habe verstanden. Und wann soll es starten?" Sie nippte nachdenklich an ihrem Wein.

„Im Laufe des Monats. Ich sage Georg Bescheid, dann stimmen wir den Termin ab."

Nach einer stürmischen Nacht saßen sie Samstagvormittag in der Küche. Nach dem Frühstück plauderten sie über dies und das und Jonas schenkte sich noch Kaffee ein.

„Willst du außer Georg auch mit Finja Kontakt aufnehmen?", fragte er überraschend. Hanna sah ihn entgeistert an.

„Ich soll das entscheiden? Ich allein?"

„Ach du und deine Gegenfragen. Ich wusste, dass du das sagen würdest. Aber es hätte ja sein können, dass du es willst und dich wunderst, weil ich es noch nicht angeboten habe."

„Als ich letztens bei Luise war, hat sie mich ausgefragt und kann es kaum erwarten, dich zusehen. So sind Mütter nun mal. Trifft das auch auf deine zu?"

„Nicht direkt! Aber es gehört irgendwie dazu. Ich muss dir noch was beichten. Sie kennt dich bereits. Ich habe ihr von unserer ersten Begegnung erzählt und unglücklicherweise auch gesagt, wo du arbeitest. Ich habe mir wirklich nichts dabei gedacht und ihre Neugierde total unterschätzt. Sie hatte natürlich nichts Eiligeres zu tun, als Montagmittag bei dir aufzuschlagen, ohne mir auch nur ein Wort darüber zu sagen. Im Gegenteil, sie versicherte mir sogar, dass sie nicht in die Buchhandlung gehen würde, nur um dich zu sehen."

„Mach dir deswegen keine Vorwürfe. Ich glaube, ich weiß wer sie ist. Ich hatte eh das Gefühl, dass sie mich die ganze Zeit nicht aus den Augen ließ. Auch ihre gezielten Fragen nach Herrn Ritter, fand ich ungewöhnlich. Ich sollte Grüße von ihr bestellen, aber sie nannte ihren Namen nicht. Das machte mich dann doch argwöhnisch. Wenn wir schon bei diesem Thema sind, hat mir Hilde eine Frau beschrieben, die am Samstag in der Buchhandlung auftauchte und auch deine Mutter gewesen sein könnte. Das interessante an der Sache war, dass sie wissen wollte, ob ich da wäre. Wusste sie nicht, dass ich das Wochenende mit dir verbracht habe? Verschweigst du mir was? Du brauchst gar nicht so erstaunt zu gucken."

Jonas stand auf, ging zum Küchenfenster und blickte nach draußen. Hanna schaute auf seinen breiten Rücken und überlegte, ob sie zu ihm gehen sollte. In dem Moment räusperte er sich und drehte sich zu ihr herum.

„Das habe ich nicht geahnt. Ich sollte dich ein wenig auf sie vorbereiten oder anders ausgedrückt, einstimmen. Finja ist eine sehr eigensinnige, willensstarke Frau. Manchmal ist sie auch eine Frau mit Hörnern auf der Stirn, die sehr stur sein kann. Sie diskutiert und überzeugt Leute gerne vom Gegenteil. Solange es nach ihrem Willen geht, ist sie lieb und nett. Neuerdings ist sie auch noch unsensibel. Nachdem ich erfahren habe, dass sie am Montag bei dir war, gab es ein ernstes Gespräch zwischen uns. Ich habe ihr unmissverständlich gesagt, sie soll gefälligst warten, bis ich dich offiziell vorstelle. Für ihr erneutes Auftauchen am Samstag habe ich leider keine Erklärung. Selbstverständlich habe ich ihr nicht gesagt, dass wir das ganze Wochenende gemeinsam verbringen. Warum auch? Ich hielt es nicht für notwendig, mich bei ihr abzumelden. Sicher hat sie am Samstag bei mir angerufen. Vielleicht war sie auch bei mir zu Hause, da sie mich telefonisch nicht erreichen konnte und vielleicht ist sie dann zur Buchhandlung gefahren, um zu sehen, ob du da bist. Spätestens von da an, hat sie sich garantiert alles zusammengereimt und wird mir demnächst wieder ein Ohr abkauen. Sie macht mir manchmal das Leben nicht leicht." Es wäre ein günstiger Moment gewesen, mehr von Finja zu erzählen, aber er schwieg.

„Tust du deiner Mutter jetzt nicht unrecht? Es ist doch normal, dass sie neugierig auf die Freundin ihres Sohnes ist." Jonas schob die Schultern nach oben.

Er strich sich geistesabwesend über das Haar, und Hanna spürte, dass er mit den Gedanken ganz woanders war. Eine Menge Grübeleien schienen ihm durch den Kopf zu gehen, denn sein Gesicht wurde mit jeder Sekunde ernster. Hanna schwieg ebenfalls und saß regungslos auf ihrem Stuhl:

Jonas war erleichtert, als Hanna aufstand und die Küche verließ. Er ging erneut zum Fenster und schaute auf die Straße. Seine Gedanken kamen nicht zur Ruhe. Ein Zusammentreffen aus jetziger Sicht bringt gar nichts. Es hilft nicht, er muss mit Finja Klartext reden. Egal wie es zwischen ihnen ausgeht. Diesmal würde er aufs Ganze gehen.

# Kapitel 15

Es war am späten Samstagvormittag, als Hanna an Bettis Haus vorbeifuhr. Sie warf einen kurzen Blick auf das dreistöckige Haus. Betti wohnte in der zweiten Etage und das Wohnzimmer ging zur Straßenseite raus. Hanna sah das geöffnete Wohnzimmerfenster. Sie suchte sich einen Parkplatz, stellte den Wagen ab und stand vor dem verschlossenen Haus. Sie klingelte mehrmals hintereinander, ohne Erfolg. Während sie gottergeben vor der Haustür wartete, weil Betti nicht auf ihr Klingeln reagierte, hörte sie schlurfende Schritte und die Tür wurde geöffnet. Eine ältere Frau, mit Hund an der Leine, sah sie misstrauisch an.

„Wollen sie ins Haus?" Hanna nickte und ließ den Hund nicht aus den Augen. Er schnüffelte an ihren Schuhen, was ihr nicht behagte. Vielleicht hebt er noch ein Bein und erleichtert sich in Form eines gezielten Strahls an ihrem Hosenbein. Hanna war nervös, das war deutlich zu spüren, obgleich sie sich alle Mühe gab, es sich nicht anmerken zu lassen. Sie wurde mal als Kind von einem Hund gebissen und seitdem hatte sie mit Hunden nichts am Hut. Dieser schnüffelnde Hund könnte wieder Ärger machen. Hoffentlich bemerkte der Hund ihre Angst nicht.

„Ein hübsches Tier", sagte Hanna. „Zu welcher Rasse zählt er denn?", fragte sie aus reiner Höflichkeit und ging vorsichtshalber einen Schritt zurück.

„Ein Golden Retriever und ja, er ist hübsch, klug ist er auch noch und sehr artig", erwiderte die Frau voller Stolz. Dass er gerne fremde Schuhe anpinkelte, behielt sie lieber für sich.

Hanne hatte gelesen, dass man nicht vor Hunden Angst haben musste, sondern vor ihren Besitzern. Die Frau hielt ihr die Tür auf. Hanna bedankte sich und verschwand schnell im Haus.

Betti riss bereits nach dem ersten Klingeln die Wohnungstür auf. Sie sah viel angeschlagener aus als Hanna erwartet hatte.

Sie trug alte verwaschene Jeans, ein grünes Sweatshirt, das zwei Nummern zu groß war und ihr Haar war nicht gekämmt. Hanna ahnte, dass dies die ersten Anzeichen von Resignation waren.

„Wenn du nicht mehr zu mir kommst, dann komme ich eben zu dir", sagte Hanna zur Begrüßung. Betti hielt ihr die Tür auf. „Komm rein."

„Entschuldige, dass ich dich so früh störe. Ist deine Klingel unten kaputt?"

„Vielleicht? Du störst nicht! Hast du was auf dem Herzen?" Hanna stieg der Geruch von Kaffee in die Nase.

„Betti, das fragst ausgerechnet du mich. Wie geht es dir?" Betti reagierte mit einem beleidigten Blick und holte tief Luft.

„Eine andere Frage? Wie sehe ich denn aus? Warum bist du hier? Gibt es ein Problem?"

„Das wollte ich eigentlich dich fragen", erwiderte Hanna in einem lockeren Ton. Sie legte ihre Tasche auf einen Stuhl und begann, ihre Jacke auszuziehen und warf sie über die Tasche. Hanna folgte Betti ins Wohnzimmer und ließ sich auf die Couch fallen.

„Kann ich dir was anbieten?"

„Danke! Ich habe gerade gefrühstückt. Ich möchte mit dir reden, um einiges zu verstehen."

Betti sagte nichts, sondern setzte sich bloß in den Sessel ihr gegenüber. Hanna beobachtete ihr Gesicht, das sich von Sekunde zu Sekunde veränderte. In der Wohnung war es still, man hörte nur das Ticken der Wanduhr.

„Schweigen hat etwas Magisches", sagte Hanna, weil Betti stumm blieb. „Jetzt sitzen wir schon mindestens fünf Minuten hier und du hast noch kein Wort gesagt. Ich empfinde die Stille als bedrückend und wir sollten endlich reden."

„Nein", erwiderte Betti. „Ich empfinde Stille als wohltuend." Sie schüttelte den Kopf, als wäre sie verwundert über sich selbst.

„Willst du nicht mit mir reden?" Hannas Frage sollte unbefangen wirken, aber tat es nicht. „Es tut gut, über die Dinge, die einen bewegen oder beunruhigen zu sprechen."

„Nein. Nochmals, nein?" Betti sah Hanna mit einem tief-traurigen Ausdruck in den Augen an.

„Schade", meinte Hanna leichthin. „Ich kann mir nichts Schö-neres vorstellen, als an einem herrlichen Morgen hier zu sein und zu schweigen. Wir kennen uns seit Jahren, bisher haben wir über alles gesprochen und dir fällt nichts Besseres ein, als mir zu sagen, dass du mit mir nicht sprechen willst. Du willst mir nichts erklä-ren. Betti, Freundschaft ist keine Einbahnstraße." Betti zuckte unschlüssig mit den Schultern.

„Was willst du von mir hören? Ich hätte mir früher ge-wünscht, dass man mich zum Reden auffordert. Glaubst du, dass Reden jetzt meinen Kopf freimacht? Das ändert nichts mehr. Wieso sollte ich das ausgerechnet jetzt tun? Nichts wird mehr so wie früher." Ihre Stimme bebte, als halte sie sich nur mehr mit Mühe zurück.

„Weil du meine beste Freundin bist und mir eine Erklärung schuldest. Höchstwahrscheinlich möchtest du etwas zur Spra-che bringen. Hat sich in unserer Freundschaft etwas verändert?"

Betti lehnte sich zurück, zog die Beine hoch und plötzlich bekam ihre ausdruckslose Fassade einen Riss. Wieder vergin-gen Minuten.

„Ja, wenn du es unbedingt wissen willst. Es hat sich etwas verändert. Aber nicht zwischen uns. Deine Freundschaft be-deutet mir mehr, als du dir jemals vorstellen kannst. Du bist meine Freundin. Sogar die beste, die ich jemals hatte. Es ist al-les schwierig. Ich möchte, dass das, was ich jetzt erzähle, unter uns bleibt. Du musst mir versprechen, zu niemandem ein Wort! Wirklich niemandem! Weder zu Luise noch zu Jonas!" Abrupt hielt sie inne.

„Natürlich tue ich das nicht. Mach dir deswegen keine Sor-gen", erwiderte Hanna.

„Ich freue mich nicht gerade auf dieses Gespräch." Mit hoch-rotem Kopf begann Betti, sich ihren Kummer von der Seele zu reden. Die Worte sprudelten nur so aus ihr heraus. Sie sprach schnell und sackte immer weiter in sich zusammen, desto länger sie redete. Schweigend und bewegt hörte Hanna zu.

„Es gab eine Menge Katastrophen in meinem Eheleben. Man kann sie kaum alle aufzählen. Das Schicksal, das sich Leben nennt, ist furchtbar ungerecht. Vor allem dann, wenn vermeintliches Glück plötzlich scheitert. Du glaubst, du hast alles im Griff und eines Tages musst du feststellen: Alles war nur eine Lüge. Ich hasse mich, weil ich es nicht geahnt habe. Stundenlang habe ich mich gefragt, ob ich das Unglück magisch anziehe. Ich habe Jahre meines Lebens an einen Traum verschwendet, den Traum vom liebevollen Partner, der nie wirklich existiert hat, nur in meinen Träumen. Ich habe bei meinem letzten Gespräch mit Harald erkannt, dass ich mich nie wieder von ihm in Angst versetzen lassen will. Verstehst du, ich hatte Angst vor meinem eigenen Mann. Als er gegangen ist, habe ich nur noch eine grenzenlose Wut verspürt. Wut darüber …" Betti versank erneut in ein langes Schweigen. Hanna wagte nicht, es zu brechen.

„Er hat sich in Luft aufgelöst und einen sehr großen Schuldenberg hinterlassen. Schulden bestimmen mein derzeitiges Leben. Schuldeneintreiber kleben förmlich an meine Schuhsohlen. Ich musste die Sache jetzt selbst in die Hand nehmen, um über die Runden zu kommen. Ich begann mein Leben, meine Situation zu überdenken und war gezwungen, irgendwie Geld zu beschaffen."

„Willst du damit sagen, dass du allein für seine Schulden aufkommst und er sich nicht daran beteiligt?", fragte Hanna entsetzt und verstummte, als hätte sie schon zu viel gefragt.

„Ja", entgegnete Betti mit einem bitteren Lachen. „Ich arbeite als Escort-Girl. Im Klartext: Ich verdiene mein Geld mit Männern, mal mehr, mal weniger. Nicht weil es mir Spaß macht, sondern weil ich muss. Meinen Job habe ich aufgegeben. Beides auszuüben, war nicht mehr tragbar. Ich verdiene in einer Woche mehr Geld als in meinem alten Job im ganzen Monat. Nur so kann ich Haralds Schulden, Summe für Summe, zurückzahlen. Für meine Kunden, sie sind in der Regel Akademiker, Geschäftsleute, Besserverdienende, heiße ich Lea. Sie können mich zu Dinner-Dates und Begleitungen buchen. Während dieser Zeit bin ich entweder Freundin oder Gesprächspartnerin.

Ich will nicht verheimlichen, dass es auch unangenehme Erlebnisse gab. Damit musste ich erst mal klarkommen. Ich begleite auch Männer auf Geschäftsessen. Mal mit Sex, mal ohne Sex. Die Agentur weiß immer, mit wem ich mich wo treffe. Weitere Einzelheiten möchte ich nicht darlegen. Dieser Job ist meine dunkle Seite. Ich habe das alles nicht gewollt. Jetzt weißt du im Großen und Ganzen, wie ich mein Geld verdiene. Mehr möchte ich dazu nicht sagen." Betti saß auf der Kante ihres Sessels, die Hände auf den fest zusammengepressten Knien. Ihre Pupillen waren geweitet.

Hanna konnte nichts tun, als tatenlos dazusitzen und abzuwarten. Sie hielt es nicht mehr aus.

„Mein Gott! Hattest du keine Angst?"

„Angst? Angst ist ein schlechter Ratgeber. Ängstlichkeit hätten die Männer gespürt, das wäre nicht gut gewesen. Was ich tue, macht mich nicht glücklich. Es nimmt mir aber die Angst vor den Schuldeneintreibern. Ich weiß selbst, wie tief ich gesunken bin."

„Herrgott noch mal, du hast ein normales Leben geführt. Plötzlich passiert etwas, dass dein Leben von Grund auf verändert. Ich verstehe das alles nicht. In was für eine Scheiße bist du da hineingeraten? Einfach schrecklich." Zur Beruhigung holte Hanna ein paarmal Luft. Betti riss die Augen auf.

„Du nennst es schrecklich, für sein eigenes Überleben zu sorgen? Du hast keinen blassen Schimmer. Was für eine Wahl habe ich denn gehabt? Was in Gottes Namen hast du denn erwartet? Sollte ich in die Kirche gehen und um die letzte Ölung bitten? Und ich bin nicht die Jungfrau Maria. Wäre dir ein Banküberfall lieber gewesen? Ich hätte mich auch als Bedienung in einem Striplokal durchschlagen können. Für weniger Geld." Ihre Stimme klang aufgewühlt. Sie sahen sich schweigend an.

„So meinte ich das doch nicht. Deine Beichte hat mein Herz unwahrscheinlich berührt. Es treibt einem die Tränen in die Augen. Es tut mir alles so leid. Das musst du mir glauben."

„Hanna, für mich gibt es nicht Schlimmeres, als bemitleidet zu werden", presste Betti hervor. „Ich wünschte, ich wäre Harald nie begegnet und versuche ihn aus dem Kopf zu bekommen, aber schaffe es nicht." Hanna starrte Betti wie vom Donner gerührt an.

„Du bist doch von allen guten Geistern verlassen und solltest dir das Gehirn amputieren lassen.

Was redest du da? Das ergibt doch keinen Sinn. Wach endlich auf!" Hannas Stimme bebte. Betti warf ihr einen grimmigen Blick zu.

„Das siehst du vollkommen verkehrt. Meine Liebe zu ihm ist längst gestorben. Das ist vorbei. Ich begreife einfach nicht, wie er mich in so eine Situation bringen konnte. Wegen ihm muss ich diesen steinigen Weg gehen."

„Eines will mir nicht in den Kopf! Warum hast du mich nicht angesprochen? Ich hätte helfen können. Ich dachte, unsere Freundschaft basiert auf gegenseitigem Vertrauen. Letztendlich ist es jetzt auch egal! Man kann das Rad nicht wieder zurückdrehen."

„Weil ich mich in Grund und Boden geschämt habe. Das Bewusstsein, so tief gesunken zu sein, legte sich auf mein Gemüt. Ich wollte mit dir darüber reden. Zweimal habe ich es versucht. Ich wollte niemandem zur Last fallen. Auch nicht dir." Ihr versagte die Stimme und sie kämpfte mit ihren Empfindungen. „Endlich ist alles raus! Es hat mich furchtbar belastet, fast krank gemacht.

Ich habe mich noch nie so unglücklich gefühlt. Was habe ich bloß aus meinen Leben gemacht?" Es klang wie ein herzzerreißender Hilferuf. Hanna schüttelte betroffen den Kopf.

„Betti, nicht du, sondern Harald oder besser gesagt, dein Ex Mann. Ich kann dir helfen. Vertrau mir diesmal. Du brauchst unbedingt einen Neuanfang und ich eine rechte Hand in meiner Buchhandlung. Bisher habe ich das Geschäft im Alleingang gestemmt. Ich habe kaum noch Zeit zum Ordnen und Katalogisieren der Bücher. Die letzten Monate haben Spuren hinterlassen und die Erschöpfung wurde allmählich zum ständigen Begleiter. Ich mag meinen Alltag und ich mag meine Arbeit. Trotzdem brauche ich dringend eine zweite Kraft. Was hältst du davon? Du kannst in vierzehn Tagen bei mir anfangen. Ich bringe dir alles Erforderliche bei, unter einer Voraussetzung, dass du dich umgehend bei dieser Agentur abmeldest. Glaube mir, ich nehme das ernst."

„Es ... es ist einfach ... unfassbar", stotterte Betti überwältigt. „Ich bin dir so dankbar, dass du mich nicht verurteilst und mir helfen willst. Allein, dass ich zum ersten Mal darüber reden und endlich meine Emotionen herauslassen konnte, ist wie ein Befreiungsschlag. Danke Hanna!"

„Gemeinsam werden wir es packen. Du und ich. Auch wenn du eine verkehrte Entscheidung getroffen hast, musst du dir selbst treubleiben. Es wäre nicht gut, über die Fehler nachzudenken, die man gemacht hat. Entscheidend ist doch, aus dem, was jetzt ist, das Beste zu machen. Man muss den Weg, den man notgedrungen gegangen ist, konsequent abbrechen und wieder in sein eigenes Leben zurückrudern. Das habe ich damals, als ich mich von Markus getrennt habe, auch getan. Man muss immer positiv denken. Du hast mir noch nicht gesagt, wie hoch die Restschulden sind?"

Betti senkte die Stimme. „Das meiste ist bezahlt. Jetzt sind es noch etwa sechstausend Euro von dreißigtausend."

„Du bekommst das Geld von mir." Betti starrte Hanna ungläubig an.

„Ich ... ich weiß gar nicht was ich dazu sagen soll. Das kann ich nicht annehmen. Das kommt nicht infrage", wehrte sie verlegen ab. „Du bist nicht für mich verantwortlich."

„Oh, mach nicht so ein Gesicht, Betti. Es ist nichts, wofür man sich schämen müsste. Wofür sind denn Freundinnen da? Jeder braucht eine beste Freundin, die einem hilft zu lächeln, wenn man denkt, man könnte es nie wieder. Es heißt Freundschaft, weil man mit Freunden alles schafft. Jetzt hätte ich nichts gegen einen Kaffee, wenn es dir nichts ausmacht. Wobei ein Schnaps auch nicht schlecht wäre, geht aber nicht, ich bin mit dem Wagen da." Betti schniefte und wischte sich hastig eine Träne aus dem Augenwinkel.

„Danke! Mit dem Zurückzahlen wird es etwas dauern," flüsterte sie mit tränenerstickter Stimme.

„Darüber reden wir jetzt nicht. Wir treffen uns in zwei Wochen in der Buchhandlung. Um acht Uhr. Ich freue mich auf unsere Zusammenarbeit." Betti trat von einem Fuß auf den anderen, bevor sie Hanna umarmte.

„Das werde ich dir nie vergessen. Das ist zu schön, um wahr zu sein. Ich weiß gar nicht, wie ich das wieder gutmachen kann", sagte sie gerührt.

Es war Mittag, als Hanna Betti wieder verließ und zu Jonas fuhr. Wieder allein fühlte sich Betti plötzlich wie ein Mensch, der soeben ein völlig unerwartetes Geschenk bekommen hatte. Alles um sie herum kam ihr so unwirklich vor. Sie ließ sich auf den Sessel fallen, zog die Beine an, umschlang sie mit den Armen und ließ die Tränen fließen. Bisher hatte sie sich selbst für all das gehasst und nun musste sie lernen, sich wieder selbst zu lieben.


Hanna klingelte und der Türöffner summte.

„Fühl dich hier wie zu Hause – unser Zuhause", sagte Jonas freudestrahlend. In der Diele, die größer war als Hannas Schlafzimmer, schlang er seine Arme um sie.

„Ich bin verrückt nach deinen Kusslippen", murmelte er und küsste sie so stürmisch, dass Hanna fast die Luft wegblieb.

„Ich habe für uns ein leckeres Menü vorbereitet. Aber erst zeige ich dir alles."

Nachdem sie das großzügige Bad und Schlafzimmer bewundert hatte, fragte Hanna neugierig: „Und was verbirgt sich hinter den anderen zwei Türen?"

„Das ist kein Geheimnis. Das ist mein Arbeitszimmer und das soll das Kinderzimmer werden. Ich will nicht nur Samenspender sein, sondern auch Kinder haben. Nicht so fort! Nicht, dass ich dich zu was drängen möchte. Versteh mich nicht falsch. Aber später mal." Ein kleines verschmitztes Lächeln umspielte seine Lippen.

„So, so, wenn wir beide Kinder haben. Ein sehr interessantes Thema. Du steckst voller Überraschung und verwirrst mich immer wieder aufs Neue! Am besten, du schließt ganz schnell die

Tür." Sie liebte Kinder und hatte dennoch nicht ernsthaft über eigene Kinder nachgedacht. Noch nicht!

„Hanna, was hältst du von einer gemeinsamen Zukunft? Hochzeit inbegriffen?", fragte Jonas. Hanna gab sich keine Mühe, ihr Staunen zu verbergen. Hatte er Angst, dass sie ihn mal verlassen könnte?

„Heiraten? Vielleicht? Es kommt darauf an, ob mir jemand begegnet, der das Heiraten wert ist. Falls es dich beruhigt, du bist meine Nummer eins, aber ohne festen Termin." Im Stillen hatte sie sich öfters ausgemalt, wie es wäre, wenn sie gemeinsam vor dem Traualtar stehen würden.

„Ich gehöre noch zu den Männern, die die Ehe nicht für altmodisch und überholt halten. Ich betrachte auch den Ehering nicht als Fangeisen der Liebe. Die Hochzeit wäre tatsächlich so etwas wie die Krönung unserer Beziehung. Das ist nicht nur so dahergeredet", versicherte Jonas und schob die nächste Glastür auf. Hanna war entzückt und sah sich bewundernd um. Einen solchen Wohnraum, wie diesen hier, hatte sie noch nie gesehen. Was sie jetzt zu sehen bekam, lag jenseits ihrer Vorstellungskraft. Sie wusste gar nicht, wo sie zuerst hinschauen sollte. Sie betrachtete die bodentiefen Fenster rundherum, die viel Tageslicht hineinließen und eine fantastische Aussicht boten. Ihr Blick fiel auf eine Fülle blühender Pflanzen, die auf einer Dachterrasse standen. Egal wo sie hinschaute, es herrschte eine tolle Wohnzimmeratmosphäre: große, weiche Ledersitzecken, dick gepolsterte Cocktailsessel, kleine Couchtische, flauschige Teppiche, viele Kissen, warme Farben. Auf dem Couchtisch stand, üppig arrangiert in einem schlichten Kupfertopf, ein Blumenstrauß und erfüllte den Raum mit einem Sommerduft. Die Rückzugsecken, umrahmt von offenen Bücherregalen, fand sie gemütlich, stylish, gesellig und dennoch ruhig.

„Du hast ein ausgesprochenes Faible für schöne Möbel", sagte Hanna bewundernd. „Der Stil der Einrichtung ist außergewöhnlich."

„Ich bin froh, dass es dir bei mir gefällt. Bist du sehr überrascht?", fragte Jonas. Hanna nickte.

„Ein wenig schon. Wohnst du zur Miete?"

„Nein, das ist eine Eigentumswohnung. Ca. einhundertachtzig Quadratmeter, für mich allein viel zu groß! Es könnte auch dein Zuhause werden."

„Lass den Quatsch, du willst mich nur necken und aus der Reserve locken." Im Augenblick war es für sie überflüssig, darüber nachzudenken.

„Das war kein Spaß und die Schlafstube ist groß genug für einen zweiten Kleiderschrank, der dann nur dir gehört. Die Betthälfte neben mir ist so einsam und traurig. Und das Einzige, was in der Schlafstube gegenwärtig auf sechs steht, ist mein Wecker." Die Hände in den Hosentaschen vergraben, stand er mit einem grinsenden Gesicht vor ihr. Hanna schoss nach dieser Bemerkung das Blut in die Wangen. Sie holte geräuschvoll Luft.

„Danke, für dieses lukrative Angebot. Ich brauche noch etwas Zeit. Auch wenn es mir hier sehr gefällt."

„Das hört sich schon mal gut an. Ich kann warten und werde aber erst zufrieden sein, wenn du jede Nacht in meinem Bett schläfst. Nun setz dich endlich hin. Ich hole noch unser Menü."

Sie setzte sich in einen riesigen Sessel, legte den Kopf in den Nacken, schloss kurz die Augen und in ihrem Kopf begann es zu arbeiten: Zweiundvierzig Jahre alt, eine riesige Eigentumswohnung, ein unaufdringlicher, erlesener Luxus. Wie hat er das bloß geschafft? Kam er schon reich auf die Welt? Oder hat seine Mutter ihn finanziell unterstützt? Verdient er ein Vermögen? Soll ich ihn fragen? Lieber nicht, sonst denkt er, dass ich geldgierig bin. Dich interessiert der Mann und nicht das materielle Umfeld! Du liebst ihn, nur das zählt! Sie verdrängte die Gedanken. Jonas räusperte sich, als er den Wohnbereich betrat und riss Hanna aus ihren Überlegungen. Ihm war Hannas Rundumblick nicht entgangen. Er trug ein Tablett mit einer Flasche Sekt und zwei hohen Gläsern. „Komm, lass uns am Esstisch Platz nehmen. Worauf wollen wir trinken?" Die Flasche war bereits geöffnet, er schenkte ein und reichte ihr ein gefülltes Glas. „Hanna, ich würde sagen, wir trinken auf uns."

Hanna stellte ihr Glas ab und fragte: „Wie viele Leute wohnen hier im Haus?".

„Unter mir wohnt ein älteres Ehepaar, die viel unterwegs sind. Beide haben ihre Liebe für Schiffsreisen entdeckt und fahren auf den verschiedensten Luxuslinern um die halbe Welt. Neben mir wohnen zwei Männer, Mitte vierzig, die demnächst heiraten. Einer von ihnen ist ein leitender Bankier und der andere Immobilienmakler, zwei lustige Typen! Wenn sie verreisen, kümmere ich mich um ihre Pflanzen. Sie haben mich zu ihrer Hochzeit eingeladen und freuen sich jetzt schon, dich kennenzulernen. Du schaust mich so ungläubig an. Du brauchst keine Bedenken zu haben, dass auf der Hochzeit nur Männer vertreten sind. Die beiden haben einen großen Bekanntenkreis, zu dem auch das weibliche Geschlecht zählt. Unten links wohnt ein jüngeres Ehepaar. So wie es aussieht, erwartet die Frau ein Baby."

„Danke, für die umfangreiche Darstellung der anderen Bewohner des Hauses. Hast du keine Angst, dass die schöne Aussicht mal verbaut wird?"

„Nein, weil die Freifläche nicht als Bauland ausgewiesen wurde. Ich habe mich vorher sachkundig gemacht. Was nützt eine Dachterrasse, wenn jeder seine Augen darauf schmeißen kann." Jonas nahm Hannas Hand und ging mit ihr raus. Zwischen riesigen Blumenkübeln stand ein großer runder Marmortisch mit vier wuchtigen Sesseln und etwas abseits zwei Liegen. Der freie Blick von hier oben war umwerfend.

„Hanna, du kannst dich hier nackt der lieben Sonne aussetzen. Niemand kann dich sehen."

„Willst du mir schon wieder etwas schmackhaft machen? Erst das Kinderzimmer, dann einen extra großer Kleiderschrank nur für mich allein und nun noch das nackte Sonnenbaden."

„Es war nur so eine Idee", sagte er hastig. „Man tut, was man kann, um dich zu locken. Vielleicht fällt mir noch was ein. Ja, ich! Ich bin der letzte Joker!" Jonas klopfte sich dabei auf die Schulter und schaute sie hoffnungsvoll an.

„Hanna, in meinem Bauch findet gerade eine Revolution statt."

„Um Himmels willen, wie macht sich das denn gerade bemerkbar?", fragte sie belustigt.

„Meine Schmetterlinge tanzen gerade Ballett und schlagen aufgeregt mit ihren zarten Flügeln."

„Zarte Flügel?" Hanna bemühte sich mit aller Macht, ein Lachen zu unterdrücken. „Weißt du, damit die Schmetterlinge wieder zur Ruhe kommen, suchen wir ein Eiscafé auf."

Das Abendessen nahmen sie auf der Terrasse ein und später zündete Jonas ein Windlicht an und sie tranken Wein. Hanna spürte eine innere Unruhe. Lag es an der ungewohnten Umgebung? Sie stand auf und reckte und streckte sich. Jonas sah auf seine Armbanduhr.

„Es ist spät geworden. Geh du zuerst ins Bad? Ich decke derweil die Betten ab. Schläfst du lieber rechts oder links?"

„In welchem Bett schläfst du denn?", fragte Hanna leise. Wieso schlafen? War er müde?

„Ich schlafe immer im rechten Bett, kann aber auch links schlafen."

„Das Bad ist frei", rief Hanna später und huschte in die Schlafstube. Sie schlüpfte unter die Decke, knipste nervös die Nachttischlampe aus und dann wieder an. Die Bettwäsche roch angenehm frisch und fühlte sich wohltuend kühl auf ihrem warmen Körper an. Die Tür ging auf, und Jonas stand in kurzer Pyjamahose, aber mit freiem Oberkörper, vor dem Bett. Hanna hob ein wenig die Bettdecke hoch.

„Gütiger Gott, du bist nackt. Damit habe ich nicht gerechnet." Er dimmte das Licht der Nachttischlampe so weit herab, dass alles um sie herum geheimnisvoll wirkte. Danach sprang er förmlich aus seiner Pyjamahose. Er war nackt, erregt und legte sich dicht an ihren Körper und von dem Moment an, wurde ihr Atem hastiger. Es dauerte nur ein paar Sekunden, bis er die Bettdecke beiseite warf und zu ihren Füßen runterrutschte. Seine Hände streichelten zärtlich ihre Fersen. Aufreizend und langsam ließ er seine Hände höher wandern. Es war, als würde er ihren Körper Zentimeter um Zentimeter zum Leben erwecken. Hanna schloss die Augen und überließ sich ganz dem, was Jonas tat. Er öffnete ganz langsam ihre Schenkel und berührte sie an ihrer empfindsamsten Stelle. Das Gefühl war so stark, dass sie vor Lust zitterte. Sie war dem Höhepunkt zum Greifen nahe. Er begann die Konturen ihrer Brustwarzen mit seiner Zunge nachzuzeichnen. Sofort reckten sie sich ihm entgegen und voller Verlangen drängte sich Hanna an Jonas. Sie berührte seine harte Männlichkeit und Jonas stöhnte lustvoll auf. Als sich ihre Zungen erneut berührten, spürten beide den leidenschaftlichen Zauber des Kusses, das rauschhafte Glücksgefühl und dann das endlose Versinken in dem Moment, als Hanna und Jonas sich vereinten. Es war, als würde die Zeit plötzlich stillstehen. Sie gaben sich ganz diesem unvorstellbar schönen Gefühl wilder Leidenschaft hin.

„Wie viele Künste der Betörung beherrschst du noch?", fragte Hanna später leise und ließ ihre Finger über seine muskulöse Brust gleiten.

„Es gibt Liebesspiele, die man unbewusst und zum ersten Mal macht", sagte Jonas mit einem schelmischen Lächeln.

Mit geöffneten Beinen setzte sie sich auf ihn. Als er die Feuchtigkeit zwischen ihren Schenkel auf seiner Haut wahrnahm, traf es ihn wie ein Stromschlag, der bis in seine Lenden hineinfuhr.

„Jonas, ich will ... ahnst du ..." Ihre Stimme bebte. „Weißt du, was ich jetzt vorhabe?" Sein Blick glitt zu ihrer Brust, die sich hob und senkte.

„Nein, aber was immer es ist – tu es. Willst du mich etwa verführen?", flüsterte er zärtlich.

Hanna sah das Verlangen in seinen Augen und spürte erneut seinen starken Penis. Irgendwie erregte sie das.

„Ich möchte dich auch verwöhnen." Hanna bewegte sich hin und her und ließ ihren Unterkörper immer schneller kreisen und merkte, dass sie ihn damit reizte. Als sie ihn in sich spürte, murmelte er etwas unverständliches, sein Atem wurde schneller und seine Stöße härter. Er seufzte vor Lust laut auf. Ihre vollen Brüste mit den erregt aufgerichteten Brustspitzen schaukelten auf und ab und versetzten Jonas in einen unglaublichen Erregungszustand. Er zog Hanna zu sich, so dass er zärtlich an ihren Brustspitzen saugen konnte. Ermattet sank Hanna auf seine Brust. Ihr Herz pumpte rascher und kräftiger. Ihr

Körper war feucht. Er legte seine Arme um sie und drückte sie an seinen Oberkörper.

„Noch nie wurde ich derart verführt. Von dir komme ich nicht mehr los."

„Du versuchst, mich zu beschwatzen. Ich bin nicht sicher, ob ich verwirrt oder geschmeichelt bin – aber es war auch meine Absicht", murmelte Hanna.

Sie hatte den Kopf in seine Armbeuge gelegt und kuschelte sich an ihn. Sie dachte an die vergangenen Stunden – daran, dass sie alles ausprobiert hatten und trotzdem nicht voneinander lassen konnten.

# Kapitel 16

Ob Betti ihr Wort hält und sich heute meldet? Hanna bereitete den Kaffee vor. Betti kam pünktlich. Sie trug eine enganliegende weiße Bluse, eine weit geschnittene schwarze Hose und sah glücklich aus.

„Guten Morgen, Hanna! Azubi Betti steht zur sofortigen Einarbeitung bereit."

„Guten Morgen, Betti, na du bist ja superlocker drauf."

„Ja. Vor zwei Wochen wusste ich nicht einmal, dass ich heute hier stehen würde. Du ahnst gar nicht, wie viel besser ich mich gegenwärtig fühle. Was du für mich getan hast …" Sie blickte zu Boden. „Ich bin dir von ganzem Herzen dankbar, dass ich hier arbeiten darf. Ich … ich …" Ihr fehlten die Worte. „Du wirst es nicht bereuen. Ich werde mein Bestes geben."

„Betti, das weiß ich doch. Ich werde dich dabei unterstützen und lasse dir freie Hand. Für mich zählt, dass die Kunden sich wohlfühlen, gut beraten werden und wiederkommen. Wenn du irgendetwas entdeckst, was ich aus Betriebsblindheit bisher nicht bemerkt habe, dann sage es ruhig. Die Buchhandlung ist sicher nicht so perfekt, dass man nichts verbessern kann."

Betti erwies sich in den kommenden Wochen als Glücksgriff. Sie startete so routiniert durch, als hätte sie nie etwas anderes gemacht. Sie war eine begnadete Verkäuferin. Selbst beim Dekorieren des Schaufensters bewies sie ein glückliches Händchen. Hanna bemerkte auch, dass Betti bei der Herrenwelt gut ankam. Der liebe Gott hatte sie mit einem fröhlichen, bisweilen überschäumenden Temperament gesegnet. Jonas und Betti mochten sich auf Anhieb. Drei Monate später tauchte Betti überraschend mit einer neuen Frisur in der Buchhandlung auf.

„Na, was sagst du zu meinem neuen Outfit?" Sie drehte sich gutgelaunt im Kreis.

„Du siehst toll aus. Ich hätte nie gedacht, dass du dich jemals von deinen langen Haaren trennst. Wenn sich eine Frau die Haare abschneidet, steckt meistens die Liebe dahinter."

„Eine neue Liebe ist wie ein neues Leben", trällerte Betti so fort los. „Und wenn du so fragst, bin ich wahrlich verliebt. Aber nur ein klein wenig."

Hanna blinzelte Betti zu. „Na sowas! Ist es der schüchterne Mann mit den schwarzen Haaren, der dreimal in der Woche hier auftaucht und sich nur an dich wendet? Oder doch der große Blonde, der dich fast mit seinen Blicken verschlingt? Egal wer, so was schubst man nicht von der Bettkante. Wer es auch ist, ich freue mich für dich. Warum sollst du dich nicht noch einmal verlieben. Warum allein bleiben? Außerdem hast du ein Recht darauf, wieder glücklich zu sein. Jeder muss, wenn er beim ersten Mal Pech hatte, sich ein zweites Mal verlieben können." Betti rieb sich verlegen die Arme.

„So einfach, wie du es darstellst, ist es nicht. Ich habe eine Vergangenheit. Was ist, wenn einer der Männer davon erfährt? Die lassen mich doch wie eine heiße Kartoffel fallen."

„Meine Güte! Du hast wahrlich ein Talent zum sehr-traurig-Sein! Wichtig ist, die Vergangenheit ruhen zu lassen, um die Gegenwart zu genießen. Sei einfach du selbst, und wer dich nicht haben will, der hat dich auch nicht verdient. Hast du Angst, dass du jemals einem der Freier von damals wieder begegnen könntest? Wo bleibt deine Risikobereitschaft?"

„Ach Hanna, bei dir hört sich das so leicht an. Mein Selbstwertgefühl hat leider einen Knacks abbekommen. Letzte Woche kam alles wieder in mir hoch. Ich konnte nichts dagegen tun und habe mir die Seele aus dem Leib geheult. Vielleicht habe ich Glück und keiner von denen läuft über meinen den Weg. Die Angst ist mein ständiger Begleiter. Ich vermeide es, Männern ins Gesicht zu schauen."

„Die kennen dich doch nur mit Perücke. Jetzt bist du wieder du selbst. Sollte jemals einer von denen seinen Fuß in die Buchhandlung setzen, musst du über dich hinauswachsen. Lächle und in Gedanken sagst du: Na, du bist vielleicht verheiratet und deine Frau weiß nicht, was du abends so treibst. Wenn das nicht hilft, musst du dir den Typ in Unterhosen vorstellen, das soll auch funktionieren. Meine Mutter gab mir den Rat meinen Chef, wenn er mal tobt, obwohl ich nichts verbockt habe, splitternackt vorzustellen." Betti lachte.

„Gütiger Gott, hast du das einmal praktiziert?"

„Nein, er war ein wirklich guter Chef, insofern hatte ich großes Glück. Betti, mal angenommen, dass du einen neuen Mann kennenlernst. Du liebst Kinder. Dafür brauchst du auch einen Mann." Betti wollte eigentlich nicht lachen. Sie versuchte, ihr Lachen zu unterdrücken. Heraus kam ein komisches Gekicher.

„Hanna, wechsle bloß das Thema."

„Okay! Denk daran: Je weniger Raum wir negativen Gedanken geben, desto ausgeglichener und fröhlicher kommen wir durch den Tag, desto besser bewältigen wir schwere Situationen. Sag mal, hast du schon darüber nachgedacht, dein Wohnungsschloss zu wechseln?"

„Nein! Harald ist doch nicht wieder aufgetaucht. Warum sollte ich?"

„Ich würde es an deiner Stelle tun. Du bist dann vor unwillkommenen Überraschungen sicher. Außerdem schläfst du bestimmt ruhiger. Du hast ja einen netten Hausmeister. Was ist mit deinem Konto?"

„Du willst wissen, wie viel Geld drauf ist. Es ist auf keinen Fall blank. Ich lebe sehr sparsam."

„Betti, das wollte ich nicht wissen. Du und Harald, habt ihr nicht ein gemeinsames Konto?"

„Nein. Jetzt nicht mehr. Ich habe ein eigenes Konto. Das alte existiert nicht mehr. Sonst wäre ich weiterhin seine Bank. Ich könnte jetzt etwas Unfeines sagen, aber ich lasse es lieber."

„Versprich mir, dass du nicht klein beigibst, sollte er mal auftauchen. Schon gar nicht, wenn er um Geld betteln sollte. Denk daran, was du seinetwegen durchgemacht hast."

„Seine Reue käme sowieso zu spät. Ich empfinde für ihn nichts mehr, rein gar nichts! Im Gegenteil, ich hasse ihn grenzenlos. In meinem jetzigen Leben gibt es für ihn keinen Platz mehr. Nie wieder! Ich muss noch was fragen und du willst es vielleicht nicht hören. Aber es ist für mich wichtig. Weiß Jonas etwas über meine Vergangenheit?"

„Wie kommst du denn darauf? Wir haben doch eine Abmachung getroffen? Daran ändert sich auch nach dem heutigen Gespräch nichts. Ich werde ihm nichts erzählen", sagte Hanna und blickte ihre Freundin beruhigend an. Betti entfuhr ein erleichtertes Seufzen.

Hanna und Jonas verbrachten so viel Zeit wie möglich miteinander. Es gab aber auch Tage, mitunter Wochen, die er auf Dienstreisen verbrachte und dann war das Telefon ihre einzige Verbindung. Das tat ihrer Liebe keinen Abbruch. Wenn sie wieder zusammen waren, gaben sie sich ihrer Leidenschaft hin und genossen die Zweisamkeit in vollen Zügen. Jonas schlief oft bei Hanna. Wenn sie morgens ins Bad kam und sein Rasierzeug dastehen sah, vernahm sie ein beglückendes Zusammengehörigkeitsgefühl ein. Zwischen ihnen stimmte die Chemie.

Endlich lernte sie Georg kennen. Irgendwie kam er ihr bekannt vor. Ach ja, dann fiel es ihr ein. Das war doch einer von Bettis heimlichen Verehrern. Der große Blonde, wie sie ihn heimlich nannte, der nur von Betti beraten werden wollte und fast nie ohne Buch ging. Sie hatte sehr wohl bemerkt, dass er um Betti herumschlich, wie eine Maus um den Käse. Ein Hüne von Mann mit eigenwilliger Stoppelfrisur. Sein Händedruck war enorm und konnte einen schon in die Knie zwingen. Unter seinem T-Shirt zeichneten sich enorme Muskelstränge ab.

„Hanna, schön dich persönlich kennenzulernen. Ich kann dir gar nicht sagen, wie ich mich auf das heutige Treffen gefreut habe. Ich bin Georg."

„Hallo, Georg, danke für die Einladung und dafür, dass wir dein schönes Ferienhauses nutzen durften. Ich bin Hanna."

„Habt ihr denn gut geschlafen?", fragte Georg ohne Hintergedanken.

„Sagtest du geschlafen? Richtig geschlafen haben wir nicht", antwortete Jonas grinsend.

„Jonas, mein Freund, das habe ich nicht damit gemeint und auch so nicht gefragt."

„Aber gedacht! Ich kenne dich nicht erst seit gestern," sagte Jonas humorvoll.

Hanna studierte indessen sein Bücherregal. Sie legte den Kopf schief, um die Titel auf den Buchrücken entziffern zu können.

„Hast du die alle gelesen?", fragte sie wissbegierig.

„Nicht ganz", erwiderte Georg lachend. „Aber die meisten schon. Es ist eine reine Zeitfrage."

Jonas betrachtete ebenfalls die Buchreihe, die Georg ordentlich in sein Regal gestellt hatte. Nachdem Hanna und Georg festgestellt hatten, dass sie beide ausgesprochene Lese-Freaks waren, tauschten sie sich über neue Bücher aus. Sein Bücherwissen löste bei Hanna Bewunderung aus.

„Hallo, ihr zwei, ich bin auch noch da. Könntet ihr etwas freundlicher sein und mich in eure Unterhaltung mit einbeziehen?", rief Jonas mit einem fragenden Blick dazwischen. Georg grinste.

„Du bist doch wohl nicht eifersüchtig? Obwohl du allen Grund dazu hättest. Ich würde gerne mit dir tauschen und Hanna an meiner Seite haben. Was glaubst du wohl, warum ich öfter in ihrer Buchhandlung auftauche?"

„Mein lieber Georg, das kannst du vergessen. Hanna gebe ich nicht mehr her. Aus! Basta! Auch wenn du mein bester Freund bist. Du kannst deinen Charme abstellen. Hanna ist immun dagegen." Hanna konnte sich ein Lächeln nicht verkneifen.

„Schade", erwiderte Georg, „ich bin zu spät gekommen." Er sah Hanna an. „Ich hätte eine Frage. Sag mal, was für Bücher kaufen die weiblichen und männlichen Kunden in der Urlaubszeit?"

„Mir ist aufgefallen, dass Frauen mehr Romane als Männer lesen. Jedenfalls kaufen sie mehr. Wobei nicht jeder Roman ein Liebesroman ist. Männer dagegen lesen Krimis und Thriller."

„Bezahlen auch alle ihre Bücher oder verschwindet jemand, ohne zu bezahlen?", fragte Georg.

„Ab und an passiert es schon, wenn viele Kunden anwesend sind. Bisher handelte es sich nicht um teure Bücher. Ich habe einen Verdacht. Ein alter griesgrämiger Mann kommt regelmäßig, schlägt Bücher auf, liest darin und verschwindet wieder. Er hat noch nie ein Buch gekauft. Aber wie gesagt, es ist nur ein Verdacht."

„Aha! Noch eine Frage! Hanna, wer ist neuerdings die Frau an deiner Seite? Jedes Mal, wenn ich die Buchhandlung betreten habe, war ich hin und weg. Einmal streifte ihre Hand zufällig meine und ich verspürte sofort einen Stromschlag. Klingt albern. Vielleicht liegt es daran, dass ich lange keinen Frauenkontakt mehr hatte. Oder auch, weil ich Angst habe, mich an das Alleinsein zu gewöhnen. Jedenfalls kann ich nicht aufhören an sie zu denken. Dazu ist sie noch sehr hübsch, genau wie du."

„Oh, nicht doch! Ja, die Frau an meiner Seite ist Betti, meine beste Freundin, und sie ist wirklich attraktiv. Sie hat alles, um Männerherzen höher schlagen zu lassen. Sie ist aber noch mehr. Sie ist willensstark, intelligent, einfühlsam – eine Frau mit Herz und Verstand."

„Was meinst du, kann ich sie so ohne weiteres einmal ansprechen und zum Kaffee einladen? Ein gemeinsames Essen wäre auch gut. Oder lässt sie mich sofort abblitzen?"

„Ich denke nicht, wenn du ihr diesen Vorschlag nett und liebenswürdig unterbreitest. Sie ist aber nicht der Typ, der dir deswegen gleich um den Hals fällt. Sei also nicht enttäuscht."

„Ist sie verheiratet? Ich habe zwar keinen Ring gesehen, aber das hat ja nichts zu sagen."

„Alles was du auf dem Herzen hast, solltest du mit ihr selbst besprechen", erwiderte Hanna.

„Nicht ganz einfach. Es kommt auf den richtigen Moment an, und man muss vorsichtig sein mit großen Worten. Ich bin nicht gerade schüchtern, eher zurückhaltend. Wenn es einen erwischt, dann erwischt es einen richtig. Wenn ich es mir recht überlege, ist mir das bisher nur einmal passiert. Das ist schon lange her. Ich kann einfach meine Augen nicht von ihr lassen und meine Hände bald auch nicht mehr. Das ist die Wahrheit."

„Sowas gibt es. Ich habe es auch erlebt", sagte Jonas. Hanna sah Jonas an und sie fingen an herzhaft zulachen.

Beim Abschied sagte Georg: „Hanna, du bist einmalig. Wenn Jonas dich mal ärgern sollte, ruf mich einfach an. Ich bin ab sofort dein bester Freund." Jonas lächelte über die Bemerkung. Hinter Hannas Rücken zeigte er Georg seinen erhobenen Mittelfinger.

„Georg ist sehr überschwänglich, was Betti betrifft. Hat sie ihren Job aufgegeben, um bei dir zu arbeiten?", fragte Jonas später, als sie allein waren. Hanna druckste herum. Sie wollte ihn nicht belügen, aber auch nicht bis ins kleinste Detail gehen und ihr Versprechen brechen.

„Nicht ganz. Betti ist noch verheiratet. Ihr Mann ist auf und davon und damit geriet sie buchstäblich über Nacht in einen Teufelskreis. Jetzt hat sie ihre Vergangenheit hinter sich gelassen und von vorn angefangen. Betti ist auf einem guten Weg, davon bin ich überzeugt. Du erzählst Georg aber nichts."

„Ich kann ihn doch nicht anlügen", stammelte Jonas und neigte sich leicht zu ihr herüber.

„Wer sagt denn, dass du lügen sollst. Du sollst bloß nichts sagen, nichts erzählen."

„Aha, aber du verschweigst etwas. Georg hat vor einer Absage Angst. Kannst du die Sache nicht etwas beeinflussen, Georg zuliebe? Er ist doch mein bester Freund. Bitte Hanna, mir zuliebe."

„Nein, das muss er schon selbst machen. Ich könnte es tun, aber ich will nicht und habe dafür meine Gründe. Ich besitze keine Vermittlerinstinkte. So, wie ich ihn kennengelernt habe, ist er ein Charmeur. Bei den Frauen ein Gewinnertyp, da wird er das doch wohl selbst auf die Reihe bekommen. Mal ehrlich, hat er dich etwa um Unterstützung gebeten?"

„Herrgott noch mal, natürlich nicht. Ich stimme dir ja zu. Er wird es schon packen!"

„Jonas, sich in Liebesdinge einzumischen, ist heikel. Das kann auch nach hinten losgehen!"

Am Tag danach. Am späten Vormittag stand Hanna mit einem Stapel Bücher vor einem Regal und fuhr vor Schreck zusammen, als zwei Hände sich um ihre Taille legten. Mit einem Aufschrei drehte sie sich entrüstet herum. Betti, die abseitsstand, fing anzulachen.

„Verflixt noch mal, ich hätte bald die Bücher fallen gelassen. Jonas, was um alles in der Welt führt dich denn um diese Zeit hierher?" Er schlang die Arme so fest um Hanna, dass er ihr beinahe die Luft abschnürte und küsste sie. „Jonas, bist du verrückt. Hier sind Kunden, man kann uns von allen Seiten beobachten."

„Kunden? Was für Kunden? Ich sehe keine. Ich sehe nur neidische Männerblicke. Ich wollte dich ja nicht hier verführen. Es war nur ein klitzekleiner Kuss, weil ich dich liebe", flüsterte er ihr ins Ohr. „Verzeih mir, ich wollte dich auch nicht erschrecken. Finja hat vorhin angerufen. Sie hat uns für Samstag zum Kaffee eingeladen. Sie ist ganz versessen darauf, dich näher kennenzulernen. Ich habe ihr gesagt, dass ich das erst mit dir absprechen muss. Was hältst du davon? Wenn ja, hast du Zeit? Wenn du es noch nicht möchtest, verstehe ich das. Niemand kann dich zwingen, etwas zu tun, das du nicht willst. Weder Finja noch ich."

„Ja, ich habe morgen frei. Betti übernimmt die Buchhandlung. Nun zu deiner Frage, was ich davonhalte? Ich kann wohl schlecht nein sagen. Sie will mich also besichtigen. Oder anders gesagt, mich testen. O mein Gott! Ich habe ein mulmiges Gefühl, aber du bist ja an meiner Seite. Zu welcher Uhrzeit sollen wir bei ihr erscheinen? Was ist mit Blumen?"

„Fünfzehn Uhr, keine Minute früher und keine Minute später! Die Blumen besorge ich und ich hole dich auch ab. Ich muss wieder ins Büro." Er setzte ein entschuldigendes Lächeln auf.

„Es ist doch Mittagszeit. Hast du schon was gegessen? Wenn nicht, könnte ich Pizza bestellen."

„Ich kann leider nicht länger bleiben. Wir arbeiten momentan an einem Großauftrag. Ohne Überstunden geht es nicht." Er warf einen Blick auf die Uhr und stieß ein Geräusch, das eine Mischung aus Stöhnen und Fluchen war, aus.

### Samstagmittag

Jonas hatte ein zauberhaftes Blumengesteck für Finja anfertigen lassen. Für Hanna kaufte er rote Rosen. Um vierzehn Uhr klingelte er an Hannas Wohnungstür.

„Wunderschöne Rosen, vielen Dank. Gibt es dafür einen Anlass?"

„Den gibt es. Ein Dankeschön dafür, dass du die Einladung angenommen hast."

„Du kommst gerade richtig. Ich habe vor einer Stunde meinen Kleiderschrank geöffnet und festgestellt, dass ich nichts Passendes zum Anziehen habe. Ich bin etwas unschlüssig. Was soll ich deiner Meinung nach anziehen?" Hanna wandte sich erneut ihrem Kleiderschrank zu und schob die Kleiderstangen hin und her."

„Irgendetwas Legeres. Wir werden auf der Terrasse sitzen, aber egal was du anziehst, du siehst immer schön aus. Am liebsten mag ich es, wenn du gar nichts trägst", fügte er leise hinzu.

„Oh, oh, mein lieber Jonas, das habe ich genau gehört." Sie kicherte und entschied sich für enge, weiße Jeans, ein, mit kleinen Strasssteinen verziertes, blaues Top und High Heels. Ihre Haare hatte sie zu einem Zopf zurückgebunden. Hanna drehte sich von einer Seite zur anderen und betrachtete sich erneut im Spiegel. Jonas Augen leuchteten auf.

„Es ist perfekt. Du siehst umwerfend aus."

„Ich fühle mich geschmeichelt. Hoffentlich sieht das deine Frau Mama auch so!" Sie warf sich ihre Tasche locker über die Schulter und ihr geflochtener Zopf hüpfte hin und her.

„Warum nimmst du deine große Tasche mit?", fragte Jonas und grinste.

„Vorsichtshalber habe ich mehrere Päckchen Tempotaschentücher eingepackt. Man kann nie wissen, wie der erste Besuch ausgeht. Ich bin nervös und das schon den ganzen Morgen. Du hast doch gesagt, dass sie eine eigensinnige, willensstarke Frau ist." Jonas musste erneut grinsen.

„Also, weißt du ..." Sein Grinsen verschwand. „Es geht nur um uns. Lass uns fahren."

Sie ließen die Stadt hinter sich und er steuerte den Wagen auf eine baumgesäumte Straße. Es war eine ländliche Idylle, Wiesen und Felder hinter schönen Einfamilienhäusern, bevor Jonas in eine Straße einbog. Er fuhr auf einer kiesverfestigten Zufahrt hoch und parkte direkt vor einem weißen Haus.

„Hier bin ich aufgewachsen", sagte er fröhlich. „Wir sollten aussteigen, die magische Stunde hat geschlagen." Er schaute auf die Uhr. Sie waren fünf Minuten zu spät.

Das rötliche Ziegeldach leuchtete in der Sonne. Der Eingangsbereich war von zwei Säulen geschmückt. Die Eingangstür bestand aus massivem Holz und flößte Respekt ein. Neben dem Eingang standen zwei bepflanzte Blumenkübel. Rechts und links blühten an Spalieren rote und gelbe Rosen, die einen betörenden Duft verströmten.

Jonas wollte gerade den Klingelknopf betätigen, als die Tür aufging und Finja heraustrat. Hanna wusste, dass sie eine schöne Frau war. Ihr Gesicht war ebenmäßig und ihre Haare dunkel, wenn auch vereinzelt von silbergrauen Strähnen durchzogen.

Sie hatte, wie Jonas, schöne Augen. Ihr Kleid war enganliegend, figurbetont und sehr geschmackvoll.

„Besser spät als nie", merkte sie spitz an und sah demonstrativ auf ihre Uhr. Dann begrüßte sie Jonas überschwänglich.

„Ich habe dich so vermisst, mein Junge." Sie breitete die Arme für Jonas aus, als ob er ein zehnjähriger Junge wäre und küsste ihn auf beide Wangen. Jonas überreichte ihr die Blumen.

„Wir dachten, der Strauß könnte dir gefallen."

„Danke. Das wäre nicht notwendig gewesen." Sie zwinkerte Jonas übertrieben zu. „Du siehst mager aus. Ich wette, du isst nicht genug. Hast du nicht genug zu essen im Haus, um Leib und Seele zusammenzuhalten? Ich wünschte, du kämst öfter vorbei." Sie tätschelte ihm die Wange.

„Nun ist genug. Hör bitte auf. Du hast noch einen Gast oder hast du das noch nicht bemerkt?"

„Ach ja! Tatsächlich!" Sie musterte Hanna von Kopf bis Fuß und empfing sie mit solch offensichtlicher Abneigung, dass Hanna nichts Gutes ahnte. Dieser Frau bloß nicht den Rücken zukehren, schoss es ihr durch den Kopf. Dennoch ließ sie sich nichts anmerken.

„Ich danke für die Einladung und freue mich, Sie näher kennenzulernen", sagte Hanna und reichte Finja, mit einem unguten Gefühl in der Magengrube, die Hand.

Finja dachte: Ich freue mich aber nicht. Sie versuchte sich ein Lächeln abzuringen, aber das diente nur dem Schein und fiel ihr nicht leicht. Doch der Schein musste unbedingt gewahrt werden.

„Darf ich mich bei dir unterhaken?", fragte sie Jonas.

„Nein! Spiel bei mir nicht die alte Frau." Er schaute seine Mutter vorwurfsvoll an. Finja zuckte mit den Schultern und wandte sich Hanna zu.

„Bitte, kommen Sie doch rein. Mein Sohn hat mir schon viel von Ihnen erzählt."

In Hannas Kopf überschlugen sich die Gedanken und Fragen drängten sich auf: Wer ist diese Frau? Was verbirgt sich hinter ihrer gutaussehenden Fassade? Ist sie böse, obwohl sie ganz normal aussieht? Wenn sie mich nicht mag, dann mag sie mich eben nicht. Aber mit meiner Vermutung lag ich nicht daneben. Sie war in der Buchhandlung gewesen. Jetzt tut sie so, als ob sie mich nicht erkennt oder erkennen will. Hanna bezweifelte, dass sie sich schnell mit dieser Frau anfreunden würde. Diese Frau wird mich nicht bedingungslos akzeptieren. Mein Gott, womit habe ich das verdient? Hanna wappnete sich für das Kommende.

„Es ist so ein schöner Tag und da dachte ich, wir sollten auf der Terrasse sitzen. Geht schon mal vor. Ich komme gleich nach", sagte Finja.

Hanna spürte ihren bohrenden Blick im Rücken. Auf der großzügigen Terrasse standen Sitzgruppen und in steinernen Töpfen leuchtend rote Geranien. Überall hingen Ampeln mit dunkelroten Petunien. Hanna sog den Geruch der Blumen tief ein. Sie ließen sich in den Korbsesseln nieder. Hanna blickte sich neugierig um. Sie genoss die Aussicht, die sich ihr von der Terrasse aus bot. Eine Steintreppe führte in einen tiefer gelegenen prächtigen Blumengarten. Im hinteren Teil stand ein offener Holzpavillon und davor eine steinerne Bank. Auf dem Dach saßen zwei Tauben und schnäbelten sich. Als eine dritte Taube dazu kam, wurde sie verjagt. Die beiden Turteltauben wollten wohl unter sich bleiben.

„Hier ist es sehr schön. Jonas, glaubst du, Finja mag mich?", fragte Hanna leise. „Ich fühle mich nicht gut, wie du vielleicht gemerkt hast." Ein Hauch von Bitterkeit lag in ihrem Ton. Sie saß da, mit zurückgelehntem Kopf und verschlang die Finger ineinander.

„Aber ja, auch wenn sie sich bei der Begrüßung frustrierend verhielt. Ich pass auf dich auf. Macht es dir was aus, wenn ich dich frage …?" Er sprach nicht weiter, weil Finja zu ihnen kam.

Finja trug ein Tablett, auf dem Kuchen, ein Kännchen mit Milch, drei Tassen und eine Kaffeekanne standen. Das Tablett in ihrer Hand zitterte leicht.

„Sprecht nicht über mich, als wäre ich nicht anwesend", sagte sie überraschend. Sie setzte alles ab und goss den Kaffee selbst ein.

„Warum strahlst du plötzlich negative Energie aus? Hast du etwa gelauscht?", fragte Jonas. Finja blickte Jonas strafend an. Die erste halbe Stunde verlief reibungslos. Die nächste nicht mehr! Finja war in Höchstform.

„Ich war damals überrascht, als Jonas mir erzählte, dass Sie sich auf dem Friedhof, einem sehr ungewöhnlichen Ort, kennengelernt haben und nun bereits eng befreundet sind. Sie scheinen eine sehr mutige Frau zu sein. Als ich Jonas Vater kennengelernt habe, war ich noch Jungfrau. Sie gehören natürlich zu einer ganz anderen Generation. Die jungen Leute von heute kann man eben nicht mehr mit früher vergleichen." Jonas blinzelte nervös zu seiner Mutter rüber.

Hanna fragte sich, ob dies wohl der richtige Moment war, das Gespräch in eine andere Richtung zu lenken. Sie überging die boshaften Äußerungen, setzte sich kerzengerade hin und stellte ihre Tasse ab. Hanna, du darfst jetzt keine Schwäche zeigen, ansonsten bekommt sie mehr Aufwind, redete sie sich gut zu.

„Ich habe ehrlich gesagt keine Ahnung, worauf das hinauslaufen soll", sagte Hanna spitz. „Könnte es sein, dass Ihnen etwas an mir nicht gefällt? Außerdem haben meine Eltern mir genügend Anstand beigebracht. Ich muss also nicht über Verhaltensweisen und Lebensformen Ihrer Generation nachdenken." Jonas erkannte die Situation sofort und reagierte sehr verärgert.

„Finja, was willst du damit andeuten? Denk an unser letztes Gespräch und überlege dir gut, was du noch sagen willst." Ein missbilligender Zug legte sich um Finjas Lippen. Sie ließ sich durch seinen Einwand nicht aus der Ruhe bringen.

„Mein Sohn redet nur noch von Ihnen. Bisher war er ein äußerst begehrenswerter Junggeselle, was er jetzt wohl nicht mehr sein wird, da Sie ja nun an seiner Seite sind. Wie haben Sie es geschafft, sein Herz zu erobern und vor allem so schnell? Oder darf ich das nicht wissen? Heutzutage stehen ja One-Night-Stands an der Tagesordnung. Ich hoffe, Sie nehmen mir meine Offenheit nicht übel." Ihre Stimme klang auf einmal brüchig.

Hannas Unbehagen nahm zu und sie dachte: Was geht denn jetzt hier ab? Diese Frau empfindet in der Tat keine Sympathie für mich und steckt voller Vorurteile. Eine anmaßende, unberechenbare Frau. Will sie das heutige Zusammentreffen nutzen, um mich bloßzustellen?

Jonas warf Finja einen wütenden Blick zu. Man merkte ihm an, dass er kurz davor war, die Beherrschung zu verlieren. Er sprang auf und machte einen Schritt auf Finja zu.

„Mit welchem Recht stellst du solche Fragen? Was sollen deine absurden Bemerkungen? Noch ein unpassendes Wort und wir stehen auf und gehen. Du hattest bisher an jeder Frau etwas auszusetzen. Das habe ich dir erst letztens gesagt. Das ist keine Kommunikation auf Augenhöhe. Das sollte zwischen dir und Hanna selbstverständlich sein, aber ist es offensichtlich nicht."

Finjas Reaktion bestand aus einem Schulterzucken. Jonas nahm wieder Platz und Hanna legte beruhigend ihre Hand auf seinen Arm. Sie schlug ihre Beine übereinander, lehnte sich zurück und schaute Finja an. Hoffentlich merkte Finja nicht an ihrer Stimme, wie aufgewühlt sie war.

„Sie wollen mich loswerden. Warum sagen Sie das nicht offen? Was für eine Frau erhoffen Sie sich für Ihren Sohn? Wen darf Ihr Sohn mit nach Hause bringen? Das eine Mutter ihr Kind beschützen will, ist ein Urinstinkt, nichts ist natürlicher. Aber Jonas ist kein Kind mehr."

Finja blieb einen Augenblick stumm, sah Hanna mit weit aufgerissenen Augen an.

„Was soll das denn? Meine Güte, diese Aussage ist doch völlig aus der Luft gegriffen."

„Das sehe ich anders. Ihre Sorge um Jonas kann ich nicht begreifen, da Jonas Mann genug ist selbst zu entscheiden, ob er Junggeselle bleiben möchte oder nicht", sagte Hanna mit überzeugter Stimme. „Irgendwann muss jeder sein Leben selbst gestalten dürfen, ohne ständig die Eltern im Nacken zu haben. Und Sie brauchen keine Angst zu haben, dass ich unbedingt Ihre Schwiegertochter werden will. Nach dieser Begegnung bestimmt nicht! Man sucht sich den Mann aus, den man liebt, aber nicht die Schwiegermutter, die bekommt man gratis dazu. Ein Glück, heute braucht es keine Zustimmung der Eltern mehr. Wenn man sich verliebt und gemeinsame Sachen machen möchte geht das auch ohne Trauschein." Finjas Körper war gespannt wie ein Bogen. Hanna fürchtete, dass Finja kurz vor einem Nervenzusammenbruch stand. Sie irrte sich. Diese Frau spie erneut Gift und Galle.

„Gibt es möglicherweise einen triftigen Grund, dass Sie und Jonas so schnell …" Sie hielt inne.

Unwillkürlich wechselte Hanna einen Blick mit Jonas.

„Ja, weil wir uns lieben", war Jonas klare Antwort. „Durch nichts und niemanden lasse ich mich davon abhalten, meinen Weg mit Hanna zu gehen. Ich weiß, dass so eine Aussage für dich schwer zu akzeptieren ist. Oder hast du gedacht, dass Hanna schwanger ist?" Jonas lächelte.

Finja runzelte lediglich die Stirn und meinte: „Oh nein, an sowas habe ich nicht gedacht."

Die ruhige Fassade, die Hanna nach außen zeigte, war vorgetäuscht. Ihre Schläfe begann zu pochen und sie konnte ihren eigenen Herzschlag hören. Finja ließ sie nicht aus den Augen. Nun entstand zwischen ihnen ein Schweigen voller unausgesprochener Vorwürfe, das Hanna als unangenehm empfand. Aber warum sollte sie sich schuldig fühlen?

„Jonas hat Recht. Ich bin nicht schwanger. Meine Gebärmutter hat bis heute noch nicht angeklopft", sagte Hanna ernst. „Jonas ist aber der Mann, der bei mir dieses Ich-will-ein-Kind-

Gefühl ausgelöst hat. Wie Sie bereits wissen, verdiene ich mein eigenes Geld und bin finanziell nicht von einem Mann abhängig, also auch nicht von Jonas, falls Sie das befürchtet haben! Außerdem ist man in meinem Alter kein junges Mädchen mehr, und ich weiß schon, wie ich mich in Bezug auf Männer und in der Liebe zu verhalten habe. Ob Sie es glauben oder nicht, ich hatte bisher keinen One-Night-Stand. Bei Jonas hätte ich unter Umständen eine Ausnahme gemacht. Nur geht man nach einem One-Night-Stand meistens auseinander. Man sieht sich nicht wieder und das wollte ich nicht. Auch reine Sex-Dates kann ich mir nicht vorstellen. Ich könnte mit niemandem Zärtlichkeiten austauschen, den ich danach nie wiedersehen will. Ich war auch noch nie auf einer Online-Dating-Seite. Obwohl ich hörte, dass das durchaus funktionieren kann. Es kam für mich nicht infrage, weil die Stimme und die ganze Ausstrahlung fehlt. Ich stehe mehr aufs Kennenlernen im echten Leben. Eine Begegnung im wahren Leben ist nicht zu toppen. Ich traf Männer, die ich interessant fand, aber nur bei Jonas hat es klick gemacht. Es gibt ihn also noch, den guten alten Zufall, der zwei Menschen zusammenführt. Ich hoffe, ich habe Ihre Fragen damit ausreichend beantwortet. Wenn Sie noch was über mich wissen wollen, fragen Sie. Sie müssen nicht, wie damals, als Sie bei mir in der Buchhandlung waren, um den heißen Brei herumreden. Ich stehe Ihnen gerne Rede und Antwort, weil ich nichts zu verbergen habe. Auch nicht vor Ihnen! Und ich habe nicht die Absicht, bei Ihnen Pluspunkte zu sammeln. So wie es aussieht, werden wir ein distanziertes Verhältnis haben."

Jonas grinste! Seine Mutter warf ihm einen vorwurfsvollen Blick zu. Er dachte, wenn Blicke töten könnten …! Finja wandte sich von Jonas ab, der jetzt lässig mit den Schuhen wippte.

Sie sah Hanna entgeistert an und schnappte wie ein Karpfen nach Luft. Ihre Miene überraschte Hanna nicht. Es war dieser ich-platze-gleich-vor-Wut-Ausdruck.

„Was dagegen, wenn ich noch etwas frage?", entgegnete Finja und stieß gegen den Tisch. Sie verschüttete etwas Kaffee auf der Tischplatte und machte keine Anstalten es wegzuwischen.

„Was dagegen, wenn ich nicht antworte?", sagte Hanna ruhig. Sie trank einen Schluck Kaffee aus der dünnen Porzellantasse und dachte: Ich muss lernen, ihre Angriffe zu ignorieren.

Finja blieben fast die Worte im Hals stecken und rang mühsam um Haltung. Sie hob in einer hilflosen Geste die Hände.

„Könnte es sein, dass Sie Haare auf den Zähnen haben? Und auch in mir eine Gegnerin sehen?", fügte Finja mit etwas Bitterkeit in der Stimme hinzu.

„Haare auf den Zähnen? Ich? Bisher jedenfalls nicht. Verstehen Sie mich nicht falsch. Sie haben mich doch bewusst, wenn nicht sogar respektlos, herausgefordert. Nun müssen Sie mit meinen ehrlichen Antworten und mit meiner Reaktion leben. Schließlich musste ich mit ihrem provokanten Verhalten auch fertig werden. Außerdem bin ich nicht streitsüchtig und auf keinen Zickenkrieg aus, weder heute noch morgen. Ich sehe Sie nicht als Gegnerin. Ich habe halt einfach eine andere Meinung zu einigen Dingen. Jonas, könntest du mir ein Glas Wasser bringen? Leitungswasser genügt vollauf. Dieser Schlagabtausch hat mich durstig gemacht."

Jonas holte ein Glas Wasser und Hanna trank es halb aus, bevor sie es mit Schwung abstellte.

Finja richtete sich auf und lächelte hintersinnig. „Ich bin neugierig. Tragen Sie immer solche hautengen Jeans? Ganz schön mutig. Es soll auch nicht gesund sein. Ihnen stehen enge Kleider viel besser und die wären auch angemessener in der Buchhandlung", sagte Finja nach einer Weile.

Na, toll, dachte Hanna. Die nächste Runde stand an.

Finja ging ihr langsam auf die Nerven, aber sie liebte Jonas, nicht seine Mutter. Welche Rolle spielte es da, was Finja von ihr dachte?

„Soll ich das als Kompliment oder als Beleidigung auffassen? Meine Identität hängt nicht davon ab, wie ich angezogen bin. Ich zwänge mich nicht in knappe enge Kleider, die nur dazu da sind, die Blicke der Männer auf sich zu ziehen. Und warum sollte ich nicht hautenge Jeans tragen? Mit Mut hat das nichts zu tun. Nur weil ich nicht Größe sechsunddreißig trage, sondern vierzig? Und manchmal auch zweiundvierzig? Ich stehe zu meinem

Körper. Die meisten Menschen sind eben nicht dünn und wollen auch keine Barbie-Puppe sein. Ich trage, was ich will und unterliege nicht dem Schönheitsideal. Für Karl Lagerfeld wäre ich ein bisschen zu fett. Abnehmen würde ich nur aus gesundheitlichen, niemals aus optischen Gründen. Dieser gegenwärtige Diätenwahnsinn ist kaum zum Aushalten und kommt für mich nicht infrage. Auch wenn die Medien sagen, je schlanker, desto besser. Ich glaube mittlerweile, dass es schon an Gehirnwäsche grenzt." Hanna griff nach dem Wasserglas, trank es leer und lehnte sich zurück. Sie schlug die Beine übereinander und zwinkerte Jonas zu.

Finja trank ihren Kaffee aus und stellte die Tasse zurück auf das Tablett. Die Atmosphäre war noch immer etwas angespannt, als Finja geschickt und unerwartet umschwenkte. Sie erkannte die Situation und wusste, dass sie hoffnungslos verloren hatte. Außerdem wollte sie es sich nicht mit Jonas verscherzen und retten was zu retten war.

„Schließen wir Frieden?" Finja schaute Hanna fragend an. „Ich versuche mich nicht zu rechtfertigen, auch wenn ich nervig reagiert habe. Ich gehe davon aus, nachdem alles gesagt wurde, dass ich dich mit Hanna ansprechen darf? Zudem, wenn alles gut geht, wirst du meine zukünftige Schwiegertochter sein. Die Schwiegermutter Rolle ist nichts für mich, aber ich arbeite daran. Ich erwarte nicht, dass wir so schnell Freundinnen werden, aber vielleicht können wir in irgendeiner Form miteinander auskommen. Mein Name ist Finja." Sie lachte. Es war ein gepresstes Lachen, das ihr fast in der Kehle stecken blieb. Bittend streckte sie ihre Hand Hanna entgegen.

Hanna wechselte einen kurzen Blick mit Jonas, der sein schadenfrohes Grinsen nicht unterdrücken konnte. Ihm war klar, dass Finja erkannte, dass sie das Duell mit Hanna haushoch verloren hatte. Erstaunlich, wie schnell sie ihre Einstellung ändern konnte. Eine Kehrtwendung um einhundertachtzig Grad. Hanna traute dem Frieden noch nicht. Finja war ihr ein Rätsel.

„Ich habe mich getäuscht, sie scheint doch in Ordnung zu sein", flüsterte Finja Jonas beim Abschied ins Ohr. Sie war klug genug, sich von ihrer besten Seite zu zeigen, damit kein Verdacht auf sie fiel. Ihr Ziel, die Trennung der beiden, war noch lange nicht erreicht. Sie musste nur Augen und Ohren offenhalten und auf die richtige Gelegenheit warten. Ihr Groll auf Hanna brannte ihr förmlich in der Kehle. Sie hätte Hanna gern aus Jonas Leben entfernt, so wie sie es bei seinen Ex-Freundinnen erfolgreich getan hatte. Sie musste sich etwas einfallen lassen, um Jonas von Hanna abzubringen.

„Ich hoffe, dass du es mit Hanna ehrlich meinst. Denke an das Sprichwort: Tue Gutes, dann wird dir Gutes widerfahren!", erwiderte Jonas ebenfalls leise.

„Wer hätte gedacht, dass wir nach allem, was vorher war, so glücklich sein könnten. Wann besucht ihr mich wieder?", fragte Finja.

„Schauen wir mal", erwiderte Jonas und ahnte nichts von Finjas Absichten.

Finja strich ihr Kleid glatt, lächelte Hanna gewinnend an und hakte sich bei ihr unter, als stünden sie einander tatsächlich nahe.

„Jetzt hast du dir den bestaussehendsten Mann, meinen Sohn, eingefangen. Du bist eine schöne Frau und Jonas hatte immer schöne Frauen im Arm. Soll ich dir beim nächsten Besuch mal erzählen, wie viele es bisher waren?", sagte Finja in einem gespielt lässigen Tonfall. Auf diesen Seitenhieb konnte sie einfach nicht verzichten. Erwartungsvoll suchte sie im Gesicht von Hanna nach Anzeichen von Überraschung oder Bestürzung. Verdammt, tu doch nicht so, als hättest du mich nicht verstanden, dachte Finja.

„Was ist? Bist du nicht neugierig?" Es gelang Hanna nur mit äußerster Mühe, ihre Fassung zu wahren. Sie schenkte Finja einen bedauernden Blick und ließ sofort ihren Arm los. Nach ein paar Schritten blieb sie wie angewurzelt stehen.

„Wie kannst du es wagen, so mit mir zu reden? Ich weiß, worauf du hinauswillst." Hanna sah Finja erneut an, und in ihren Augen war ein solcher Ausdruck des Abscheus, dass Finja befürchtete, diesmal wirklich zu weit gegangen zu sein. Sie hielt es für klüger, jetzt lieber den Mund zu halten.

Hanna eilte zu Jonas und ahnte, dass diese Frau erbarmungslos auf ihre Charakterschwächen lauern würde. Finja ist eine, Gift verspritzende, Frau!

„Tschüss, gute Heimfahrt", rief Finja ihr winkend nach. Und dachte: Die Schwiegertochter, die mir gefallen könnte, muss erst noch geboren werden. Und du bist es nicht!

Jonas war bereits vorausgegangen und sah den geistesabwesenden Ausdruck auf ihrem Gesicht nicht. Sie fuhren in Schweigen versunken heim, bis Jonas in schallendes Gelächter ausbrach.

„Was ist denn nun los? An was hast du eben gedacht?", fragte Hanna verwundert.

„Um des Friedenswillen habe ich mich nicht in das Gespräch eingemischt. Das wird sich in dieser Form nicht wiederholen. Ich habe deine Entschlossenheit, deine Ehrlichkeit und deinen Mut bewundert. Du bist die erste Frau, die Finja auf charmante und bestimmende Weise die Leviten gelesen hat. Einfach großartig! Das hat sie gebraucht. Wir müssen nur aufpassen, dass sie uns nicht ständig sehen will. Sie ist schon etwas dominant und will hin und wieder bestimmen, wo es lang geht. Aber sie mag dich. Fass es als Kompliment auf."

Hanna hatte eine andere Auffassung und dachte: Finja war unberechenbar und exzentrisch. Mit ihrer Einladung hat sie versucht, mich bloßzustellen. Finja konnte es nicht ertragen, dass sie ein Paar waren. Hanna sah Jonas von der Seite an.

„Du meinst, dass ich die erste Frau war, die ihr Paroli geboten hat. Ich hatte teilweise das Gefühl, in einer Kampfarena zu stehen. Am Anfang war Finja nicht gerade zimperlich und zeigte eine Kälte, die mich frösteln ließ. Ich wurde nicht gerade mit offenen Armen empfangen. Auf keinen Fall möchte ich zwischen dir und Finja stehen. Das wäre für uns nicht gut. Schließlich ist sie deine Mutter." Dass sie über Finjas letzte Äußerung noch sehr verärgert war, behielt sie für sich.

„Ich mache nicht alles, was Finja will. Ich akzeptiere auch nicht alles von ihr. Hanna, du musst mir vertrauen. Das wird sich nicht wiederholen. Ich möchte, ob mit oder ohne Finja, dass du mit mir glücklich bist."

„Nun …", Hanna zögerte. „Wer sagt denn, dass ich unglücklich bin. Sehe ich etwa so aus?"

„Eigentlich nicht. Hanna, wir haben nie über Geld gesprochen. Willst du wissen, was ich verdiene?", fragte Jonas.

„Nein", sagte Hanna energisch. „Nachdem ich deine Eigentumswohnung gesehen habe, kann ich es mir denken. Und dann habe ich noch Finjas Worte in meinem Ohr: Du bist einer der begehrtesten Junggesellen der Stadt."

„Denk nicht mehr an ihre Worte. Seitdem ich mit dir zusammen bin, fühle ich mich nicht mehr wie ein Junggeselle, auch wenn wir mehr oder weniger nur eine Wochenendbeziehung führen. Du glaubst gar nicht, wie du mein Leben bereits verändert hast. Ich frage mich manchmal, wie es wäre, wenn wir zusammenziehen würden und gewissermaßen in einem Boot säßen und der ganz normale Alltag bei uns einziehen würde. Mein Angebot gilt nach wie vor. Ich will dir nichts vorschreiben und dir nichts aufdrängen."

Hanna zögerte kurz. „Um ehrlich zu sein, habe ich mich auch schon damit beschäftigt, wie ein Alltagsleben für uns aussehen könnte, wenn wir tatsächlich zusammenziehen. Ich wünsche mir eine stabile, liebevolle Beziehung und dazu gehören für mich traditionelle Werte: Ehrlichkeit, Treue und Vertrauen. Aber auch Nähe und Geborgenheit sind für mich lebensnotwendig. Was meinst du, sind meine Erwartungen und Ansprüche zu hoch?"

„Nein, Hanna, ich habe keine andere Auffassung. Ich wünsche mir, wie du, eine liebevolle Beziehung, in der jeder gleichberechtigt seinen Platz hat. Ich möchte, dass wir eine schöne Zeit zusammen verbringen und beide nehmen und geben. Sind meine Erwartungen und Ansprüche zu hoch?"

„Nein, Jonas, ich habe keine andere Auffassung."


Ein normaler Montagmorgen und dann doch kein Montagmorgen wie jeder andere!

Es war nicht das, womit Hanna gerechnet hatte. Als sie die Buchhandlung betrat, wartete Betti schon sehnsüchtig auf sie.

„Nun sag schon, wie war es bei deiner zukünftigen Schwiegermutter? Hattet ihr Spaß?" Sie hob erwartungsvoll die Augenbrauen.

„Guten Morgen, Betti. Möchtest du zuerst Kaffee trinken oder Antworten auf deine Frage bekommen?"

„Beides, Hanna, wenn das möglich ist. Wir haben nicht viel Zeit zum Quatschen. Ich bin doch heute nur bis vierzehn Uhr hier."

„Ich mache es kurz. Finja fing ziemlich früh an, mich in die Mangel zu nehmen. Mir wurde schnell klar, worauf es hinauslief. Sie liebt Jonas abgöttisch und ließ keinen Zweifel daran, dass sie mich niemals akzeptieren wird. Sie versuchte mehrmals, mich bloßzustellen und wird mir nie verzeihen, dass ich ihr ihren Sohn weggenommen habe. Jonas stand mir zur Seite und warnte Finja mehrmals. Das hat Finja zum Anlass genommen, das Gespräch in eine völlig unerwartete Richtung zu lenken."

„Meine Güte, diese Frau ist ja gefährlich. Sie wird euch bestimmt noch Schwierigkeiten bereiten. Ich sage nur: Das Schwiegermonster. Du kannst dich bestimmt an den Film mit Jane Fonda erinnern. Diese Frau hat auch alles unternommen, um ihre zukünftige Schwiegertochter zu vergraulen. Vielleicht hat sie diesen Film auch gesehen und nutzt ihn als Anleitung."

Hanna wurde ernst. „Das kann gut sein."

Das Leben könnte, mal abgesehen von Finja, so einfach sein, wenn es nicht die berühmten Zwischenfälle geben würde. Dieser Zwischenfall kam ohne Vorwarnung auf Hanna zu, nachdem Betti die Buchhandlung bereits verlassen hatte. Sie unterhielt sich gerade mit einem Kunden, als eine schlanke, hübsche Frau mit einem auffallenden Kurzhaarschnitt die Buchhandlung betrat. Sie schaute sich kurz um, nickte Hanna zu und nahm in der Leseecke Platz. Sie schlug gekonnt ihre langen, schlanken Beine übereinander. Ihr Rock rutschte dabei nach oben, was sie nicht im Geringsten störte. Sie musterte Hanna vom Scheitel bis zur Sohle, verzog den Mund zu einem geringschätzigen Lächeln.

Hanna wandte sich wieder dem Kunden zu. Als sie frei war, ging sie zielbewusst auf die unbekannte Frau zu.

„Guten Tag, was kann ich für Sie tun?", fragte sie betont höflich.

„Sie können für mich nichts tun, aber ich für Sie. Ich bin nicht gekommen, um Bücher zu kaufen." Ein dunkles Gefühl der Vorahnung beschlich Hanna. War das eine von den Frauen, die damals bei Hilde aufgetaucht waren? Von Hildes Beschreibung her könnte es sein.

„Können wir hier ungestört reden? Es dauert nicht allzu lange", sagte sie forsch. Hannas Antwort war für sie bedeutungslos, da sie sofort loslegte! „Sie sind doch mit einem gewissen Jonas liiert und haben sich an Ihm, wie viele andere Frauen vor Ihnen, festgebissen. Ich wollte Ihnen nur sagen, dass Sie Jonas nicht für sich alleine haben. Wenn Sie verstehen, was ich damit meine."

Hanna verspürte einen Kloß in ihrem Hals. Welche Abgründe taten sich da auf?

„Ich … ich verstehe nicht. Zudem bin ich nicht diejenige, die Sie warnen müssen. Sie verwechseln mich bestimmt mit jemandem. Ich habe mich an niemandem festgebissen."

„Sie lügen, ich sehe es Ihnen förmlich an. Außerdem habe ich Sie zusammen gesehen und zwar eng umschlungen. Mir machen Sie also nichts vor. Es ist doch nur zu Ihrem Besten." Sie lehnte sich zurück und schaute Hanna aufmerksam an.

„Wie bereits gesagt, Sie irren sich. Ich lege kein Wert darauf, unser Gespräch fortzusetzen", antwortete Hanna schroff. Nur mit größter Selbstbeherrschung blieb sie ruhig.

„Nein, ich irre mich nicht. Was ich Ihnen deutlich machen will, ist, dass Jonas jede schöne Frau zu Fall bringt, wenn sie nicht schnell genug davonläuft. Er kann seine Finger nicht von anderen Frauen lassen. Er liebt solche Abwechslungen, denn er vertreibt sich gern die Zeit mit Frauen wie Ihnen. Sie sind eine von vielen und Ihre Liebe ist ein hoffnungsloser Fall. Ich habe mich deswegen von ihm getrennt. Ich wollte nicht eine von vielen sein. Aber solche Typen, wie Jonas, kleben leider wie Kaugummi an Schuhsohlen. Man wird sie nicht wieder los! Zu mir kommt er nach wie vor für Sexspielchen. Ich schäme mich nicht, es zuzugeben. Sie haben sich in den falschen Mann verliebt. Wollen Sie wissen, wie es jedes Mal ablief?"

„Wie kommen Sie eigentlich darauf, dass es mich interessiert?" Hanna versuchte, ihre innerliche Erregung zu verbergen, dennoch fingen ihre Augenlieder an zu flattern. Ihr Versuch, eine Unschuldsmiene aufzusetzen, misslang gründlich.

„Nun stellen Sie sich nicht so an. Ich sehe doch, dass Sie bereits angefressen sind."

„Also, haben Sie immer noch miteinander Sex? Sagen Sie nur ja oder nein!" Hanna versuchte, ihre Beherrschung nicht zu verlieren, obwohl sie bereits innerlich vor Empörung kochte.

„Warum sind Sie auf einmal so interessiert? Wo Sie ihn doch angeblich gar nicht kennen?"

„Das sage ich Ihnen, wenn unser Gespräch beendet ist." Vor Nervosität biss sie sich auf die Lippe, und das Entsetzen, das sich in ihrem Magen angesammelt hatte, stieg ihr fast in die Kehle.

„Jonas ist ein typischer Frauenflüsterer, ein Mann vieler Frauen. Er ist zu keiner Bindung fähig. Wenn er Ihnen sagte, er ist auf Dienstreise, dann lügt er. Er war bei mir. Ich kann Sie trösten, er sucht nur den heißen Sex und liebt nach wie vor unsere On/Off-Beziehung. Seine Sexsucht wird ihn noch zum Verhängnis."

„Und Sie haben jedes Mal bereitwillig mitgemacht. Wie heißen Sie eigentlich?" Hannas Stimme klang gepresst.

„Habe ich es versäumt, mich vorzustellen? Mein Name ist Elke."

Jonas Ex-Freundin! Sie überlegte krampfhaft: Ist diese Frau eifersüchtig? Will sie Jonas eins auswischen? Oder ihn wieder für sich haben? Aber er war in letzter Zeit oft auf Dienstreise. War er es wirklich? In was für eine ungeheuerliche Situation war sie da hineingeraten? Ihr Gedankenstrudel beruhigte sich und ihr Puls normalisierte sich wieder. Dennoch glaubte sie, nicht eine weitere Sekunde mit dieser Frau ertragen zu können.

„Gut, Sie warten noch auf meine Antwort. Sie können Jonas weiterhin behalten. Sind wir fertig? Ich habe noch einiges zu tun." Sie war froh, dass es ihr gelang, äußerlich gelassen zu bleiben.

„Nein, wo denken Sie hin! Ich will ihn nicht mehr und kann genug andere Männer haben. Mein Interesse an Jonas ist erloschen! Falls Sie aber glauben, dass Jonas Sie für immer will, dann irren Sie sich. Sie sind nicht sein Typ. Jonas wollte mich sogar heiraten. Ich war aber von vornherein der Meinung, dass es eine blöde Idee war." Sie lachte kurz auf, nahm ihre Handtasche und ging zur Tür. Es fehlte nicht mehr viel und Hanna wäre drauf und dran gewesen, ihr ein Buch ins Kreuz zu werfen. Bevor sie ging, drehte sie sich noch einmal kurz um.

„Schönen Tag noch", meinte sie schnippisch. Mit einem Knall fiel die Tür hinter ihr ins Schloss. Draußen zog sie ihre Jacke fester um sich, zündete sich hastig eine Zigarette an und zog den Rauch tief ein. Sie warf noch einen letzten Blick durch die Scheibe und sah Hanna an der Kasse stehen. Sie musste sich zwingen, nicht laut loszulachen und merkte, wie sich die Schadenfreude allmählich in ihrem Körper ausbreitete. So, mein lieber Jonas, jetzt habe ich dir eins ausgewischt, und wir sind quitt. Mich serviert man nicht so einfach ab. Das war's dann mit deiner Hanna! Du wirst sie so schnell nicht überzeugen, dafür habe ich heute hundertprozentig gesorgt. Und wenn doch nicht? Dann lasse ich mir was anderes einfallen.

Nachdem der erste Schreck überstanden war, versuchte Hanna, ruhig zu bleiben. Sie musste sich zusammenreißen, denn das war das Einzige, was sie gegenwärtig machen konnte. Sie fühlte sich benommen, ihr war übel, und sie fürchtete, sich jeden Moment übergeben zu müssen. Die Worte dieser Frau hatten sie tief verletzt. Sie war heilfroh, als sie Zuhause war. Mit der prallen Einkaufstüte in der einen Hand und der Umhängetasche noch auf der Schulter, warf sie den Wohnungsschlüssel auf den Beistelltisch, als das Telefon klingelte. Es war sieben Uhr abends.

Luise legte sofort los. „Früher haben wir in regelmäßigen Abständen telefoniert. Es ist lange her. Wie geht es dir? Ist alles in Ordnung? Warum sagst du nichts?"

„Du bist lustig! Ich würde gerne antworten, wenn du mich zu Wort kommen lässt."

„Oh, das hört sich wirklich nicht freundlich an. Ich schweige ab sofort und höre dir zu."

„Mir geht es gut ", sagte sie, obwohl es ihr beschissen ging! „Es ist alles in bester Ordnung. Ich habe momentan viel um die Ohren. Ich weiß, ich hätte mich trotzdem mal melden können."

„Ist schon gut. Was macht die Liebe? Kann ich nun bald auf einen Schwiegersohn hoffen? Was ist mit dem netten Jonas."

„Was soll ich jetzt darauf antworten? Mit dieser Frage verursachst du bei mir ein schlechtes Gewissen, weil ich dich nicht belügen will. Ausgerechnet heute bin ich an dem Punkt angelangt, an dem ich mich entschieden habe, Schluss zu machen. Ich möchte das jetzt nicht am Telefon kommentieren. Es ist auch so schon schwer genug für mich."

Luise seufzte schwer. „Mein Gott, das hört sich gar nicht gut an. Das habe ich nicht geahnt. Du warst doch so euphorisch! Liegt es an Jonas oder an dir? Verhältst du dich vielleicht zu prüde? Darauf reagieren Männer sehr empfindlich. Darüber gibt es sogar eine wissenschaftliche Abhandlung!"

„Ha, ha, ha", meinte Hanna mit übertriebenem Sarkasmus. „Ich glaube, ich höre nicht richtig. Schreib mir nicht vor, wie ich mich zu verhalten habe. So dämlich bin ich auch wieder nicht. Auch wenn du eine offene Mutter bist, musst du mir sowas nicht sagen. Und was meinst du damit, ob ich mich vielleicht zu prüde verhalten würde? Willst du nun wissen, ob wir genug Sex haben? Darauf gebe ich keine Antwort. Wenn ich deinen Rat für mein Liebesleben brauche, werde ich mich melden. Leider bin ich nicht die Einzige, die Jonas bewundert und liebt. Oder anders ausgedrückt, weiß ich nicht, wie viele Frauen noch Jagd auf ihn machen? Ich möchte wirklich nicht weiter darüber reden und wenn alles klappt, komme ich dich demnächst besuchen. Möglicherweise bin ich dann bereit, über alles zu sprechen." Hanna konnte sich lebhaft vorstellen, wie ihre Mutter jetzt den Kopf hängen ließ.

Während Hanna den Einkauf auspackte und verstaute, konnte sie keinen klaren Gedanken fassen. Im Gegenteil, ihre Gedanken überschlugen sich in ihrem Kopf. Der Stachel saß tief! Sehr tief! Ihr Gedankenkarussell begann sich zu drehen. Was war da zwischen dieser Frau und Jonas? Was war sie für Jonas? Eine Affäre zum Zeitvertreib? Wut kochte in ihr hoch. Ihr wurde kalt. Sie ging ins Bad und fixierte ihr Gesicht im Spiegel. „Ich sehe beschissen aus. Oder siehst du das anders", fragte sie ihr Spiegelbild, das stumm blieb. Sie sprang unter die Dusche. Eingehüllt im Bademantel, goss sie sich einen Holundertee auf und schlürfte ihn vorsichtig,. Er erwärmte ihre Seele. Sie kam etwas zur Ruhe und nahm Platz auf der Couch. Sie wollte einfach nicht mehr an das Gespräch und auch nicht an Jonas denken. Aber die Äußerungen von seiner Ex ließen sich in ihrem Kopf nicht so leicht löschen. Sie hasste es, dass sie nichts dagegen unternehmen konnte. Noch mehr hasste sie, dass diese Frau sehen konnte, wie ihre Worte sie getroffen hatten. Ihr Handy klingelte, aber sie machte keinen Anstalten nachzusehen, wer anrief. Kurze Zeit später klingelte es wieder. Sie wartete bis es aufhörte, aber dann sah sie doch aufs Display. Eine Nachricht von Jonas: Hanna, wo bist du? Später läutete das Festnetztelefon. Sie wartete einen Moment, als es verstummte, nahm sie ihr Taschentuch, wischte sich die Tränen ab und schniefte. Herrgott noch mal! War Jonas tatsächlich zu so was fähig? Und dann … kam alles wieder in ihr hoch. Der Tag, an dem sie sich kennengelernt hatten. Sie musste an das Wochenende im Ferienhaus denken. Wie lustvoll er sie geliebt und sie sich ihm hingegeben hatte. Monatelang wollte sie nichts lieber als mit diesem Mann zusammen sein und jetzt am Ende ihrer Liebe wollte sie ihn am liebsten niemals wiedersehen. Dann brach sie erneut in Tränen aus. Vor Wut? Oder aus Selbstmitleid? Was machte es schon für einen Unterschied. Aber sie konnte auch die Stimme in ihrem Kopf, die sie anbrüllte und schrie, sie solle auf ihr Bauchgefühl hören, nicht mehr ignorieren.

Hanna, du bist eine erwachsene Frau. Denk nach! Warum bist du sofort auf hundertachtzig? Warum kannst du nicht vernünftig denken? Ist diese Person glaubwürdig? Vielleicht war das ein Racheakt und du fällst darauf rein? Was aber, wenn er noch andere Frauen an seiner Seite hatte oder hat? Genau wie Markus. Verdammt noch mal, du musst mit ihm reden. Du bekommst deinen Kopf erst wieder frei, wenn du der Sache auf den Grund gegangen bist. Für den Bruchteil einer Sekunde dachte sie an Finja. Oh mein Gott! Steckte etwa Finja dahinter? Würde sie absichtlich Ärger zwischen Jonas und mir stiften? „Wenn ich darüber intensiver nachdenke, werde ich verrückt", sagte Hanna laut zu sich. Dann erinnerte sie sich an Hildes Worte: Wenn man sich ein Stück Schokolade auf der Zunge zergehen lässt, macht das die Seele glücklich. Hanna nahm eine Tafel Schokolade aus dem Schrank. Vor lauter Unglück, blieb es nicht bei einem Stück. Als dann auch das letzte in ihrem Mund verschwand, hatte es nicht wirklich geholfen. Sie starrte schuldbewusst auf die leere Verpackung und zerknüllte das Silberpapier. Sie beschloss, schlafen zu gehen, sonst würde sie den morgigen Tag nur schwer überstehen. Hanna wälzte sich von einer Seite auf die andere. Die innere Unruhe raubte ihr den Schlaf. Sie war erst gegen Morgen in einen unruhigen Schlaf gefallen und nun schmerzten ihre Augen vor Müdigkeit. Sie stand wie gerädert auf und hatte gerade ihre Morgentoilette beendet, als das Telefon klingelte. Seufzend erkannte sie, dass es Jonas war. Er klang erregt. „Mehrmals habe ich gestern Abend bei dir angerufen. Das letzte Mal um dreiundzwanzig Uhr. Wo hast du gesteckt? Am liebsten wäre ich vorbeigekommen, aber das ging nicht, ich bin noch in München. Morgen bin ich wieder da. Was ist los? Sag es mir. Bist du dir tatsächlich darüber im Klaren, dass ich mir ernsthafte Sorgen gemacht habe. Kannst du das nicht verstehen?"

„Es stand nicht in meiner Absicht, dich zu beunruhigen. Ich habe im Augenblick nicht die Energie, mit dir darüber zu sprechen. Es gibt Augenblicke im Leben, da muss man gewissermaßen allein sein. Ich wollte mit niemanden reden. Aus diesem Grund habe ich es klingeln lassen", antwortete Hanna müde.

„Nicht mal mit mir? Ich spüre, dass etwas passiert ist. Sag doch was."

„Wie man's nimmt. Entschuldige, ich habe keine Zeit mehr, ich beende jetzt das Gespräch", antwortete sie resigniert und schaute wiederholt auf ihre Uhr.

„Also, willst du nicht, dass wir uns morgen treffen? Gut. Ich komme trotzdem vorbei. Unbewaffnet, mit friedlichen Absichten und will nur mit dir reden. Ist das eine gute Idee?"

„Ich glaube nicht, dass das viel Sinn hat. Es tut unserer Beziehung sicher gut, wenn wir für eine bestimmte Zeit getrennte Wege gehen." Sie war versucht, ihm zu sagen, er solle sich zum Teufel scheren, tat es aber nicht. Kurz herrschte Stille.

„Darf ich überhaupt zu fragen wagen, meinst du morgen? Oder meinst du das generell? Ich verstehe dich nicht. Hanna …"

Sie unterbrach das Gespräch und war sich bewusst, was sie Jonas jetzt angetan hatte und verabscheute es. Sie konnte es nicht ertragen, jetzt darüber zu sprechen. Es war nicht der richtige Zeitpunkt. Hanna lehnte sich an die Wand, starrte für einen Moment auf das Telefon und schloss die Augen. Sie hasste seine Ex-Freundin ebenso sehr wie Jonas. Ihr Verhalten gegenüber Jonas war nicht normal, aber die Situation war ja auch nicht normal. Warum, gottverdammt noch mal, hatte sie gedacht, dass er perfekt war.

Jonas verstand die Welt nicht mehr. Er war sich bisher immer sicher gewesen, dass er Hanna in- und auswendig kannte. Jedes Mal, wenn er daran dachte, wie gut sie zusammenpassten, erfüllte ihn das stets mit Wärme. Aber jetzt erkannte er sie überhaupt nicht wieder. Es musste etwas passiert sein, das Hanna unglücklich machte.


Hanna war nicht aufgefallen, dass Betti pitschenass die Buchhandlung betreten hatte. Erst jetzt bemerkte sie, wie der Regen gegen die Schaufensterscheibe schlug. Betti ahnte, dass mit Hanna etwas nicht stimmte. Sie schaute auf die Uhr, noch eine halbe Stunde Zeit bis zur Öffnung. Sie ging auf Hanna zu.

„Habe ich was verpasst? Was ist geschehen?" Hanna zuckte mit den Schultern.

„Kannst du oder willst du nicht reden?" Hanna verzog ihren Mund zu einem schmallippigen Lächeln und schüttelte den Kopf, doch Betti gab nicht auf.

„Da ist wohl jemand mit dem falschen Fuß aufgestanden! Du hast schlechte Laune, bist gereizt und siehst übernächtig aus. Du müsstest doch eigentlich verstehen, dass ich mir Sorgen mache. Ein Vertrauensbeweis ist das nicht." Um Ruhe bemüht, atmete sie tief durch. Hanna nahm das heftige Blitzen in Bettis Augen wahr.

„Es ist nur …" Sie schniefte, dann lächelte sie, aber es war ein trauriges Lächeln. „Ich fühle mich heute nicht besonders. Nach einer schlaflosen Nacht ist meine Stimmung auf dem Tiefpunkt. Mich quälen schreckliche Gedanken. Außerdem habe ich einen scheinbar schlechten Morgen hinter mir. Erst habe ich mir beim Aufstehen den Fuß gestoßen und dann meinen Kaffee verschüttet und musste mich erneut umziehen. Mehr Pech geht nicht." Hanna hielt inne und schwieg. Sie wollte nicht mehr in ein weiteres Gespräch verwickelt werden. Betti baute sich in voller Größe vor ihr auf.

„Deswegen hast du schlechte Laune und denkst, es könnte heute noch mehr schiefgehen. Da ist noch mehr, aber wenn du es mir nicht sagen willst, dann lass es sein." Sie spürte Hannas kurzes Zögern. „Nun, was?", hakte sie provozierend nach und stampfte mit dem Fuß auf.

„Ich bin doch nicht blöd", erwiderte Betti.

Hanna wandte sich ab. Betti konnte im Grunde nichts dafür, dass sie schlechte Laune hatte.

„Ich …", begann Hanna zögerlich, „ich bekam, nachdem du gestern weg warst, unangenehmen Besuch. Jonas Ex-Freundin tauchte auf, um mich vor Jonas zu warnen. Sie erzählte mir einige schockierende Sachen über ihn. Es war gemein und verletzend. Das traf mich unerwartet, wie ein Keulenschlag. Unterm Strich kam heraus, dass ich angeblich nicht die einzige Frau an Jonas Seite bin. Diese Aussage brachte meine ganze Welt zum Einsturz. Erst war ich geschockt. Dann traurig. Dann wütend. Zum Schluss packte mich auch noch ein Gefühl der Demütigung." Betti riss die Augen auf und fluchte.

„Mein Gott, wie verrückt ist das denn? So etwas Beknacktes kann ich gar nicht glauben. Woher weißt du, dass es seine Ex war?"

„Sie hat ihren Namen genannt. Elke. Jonas hatte diesen Namen mal beiläufig erwähnt."

„Hat er dir jemals erzählt, warum sie nicht mehr zusammen sind?" Hanna schüttelte den Kopf.

„Nein. Ich habe nie danach gefragt. Für mich war es nicht relevant."

„Hm, hast du Jonas schon alles erzählt?"

„Er kommt heute Abend vorbei, obwohl ich das nicht möchte. Ich bin zu deprimiert und kann keinen klaren Gedanken fassen. Ich brauche eine Weile, um alles zu verdauen."

„Was für ein Irrsinn! So wie es scheint, hast du wohl nicht viel Vertrauen in Jonas Liebe? Meine Güte, du hast dich von dieser blöden Kuh verwirren lassen. Du darfst ihr kein Wort glauben. Sie hat dich genau da, wo sie dich haben will. Du bist emotional ganz schön aufgeladen. Wenn es Jonas nicht ernst mit dir wäre, hätte er dich niemals mit zu seiner Mutter geschleppt. Ich bin mir ziemlich sicher, dass sich alles zum Positiven wenden wird. Sie wollte dich nur benutzten, mit dem Ziel, dich gegen Jonas aufhetzen. Leg ihre Worte nicht auf die Goldwaage. Jonas würde nie fremdgehen. Er würde eure Liebe nie und nimmer aufs Spiel setzen. Er liebt dich viel zu sehr. Er ist ein wunderbarer Mann", versuchte Betti sie zu trösten.

„Du hältst also zu ihm?", schnaubte Hanna schwach und schüttelte wütend den Kopf.

„Ja! Ich sehe es eben mit anderen Augen. Ich bin Optimistin und glaube an das Gute im Menschen. Das hast du mir doch beigebracht."

„Wo nimmst du nur diese Weisheit her? Und würdest du bitte aufhören, mir zu sagen, wie wunderbar er ist. Du hast keine Ahnung, wie ich mich fühle. Ich werde deine Hinweise berücksichtigen, auch wenn meine Gedanken immer wieder außer Kontrolle geraten. Außerdem gehöre ich nicht zu den Frauen, die mit dem Nudelholz hinter der Tür stehen und nur darauf warten, wann sie das Ding anwenden können. Am liebsten möchte ich heute Abend noch wegfahren. Nicht, weil ich Angst vor einem Gespräch habe, sondern, um Abstand zu gewinnen. Ich versuche, das alles zu verarbeiten. Mein Kummer ist zu frisch. Bisher war er der starke Mann an meiner Seite, das kann ich jetzt vergessen. Ich brauche einfach eine Auszeit von Jonas."

Betti war überrascht von Hannas bitterem Tonfall. „Hey, werd nicht dramatisch. Was redest du da? Das bringt überhaupt nichts. Durch Bitterkeit löst du kein Problem und du solltest keine vorschnellen Entscheidungen treffen." Hanna tat Bettis Einwand mit einer Handbewegung ab.

„Niedergeschlagen ist doch jeder mal, oder nicht? Eine Frage geht mir nicht aus dem Kopf: Was-wäre-wenn?"

„Das wirst du nicht rausbekommen, wenn du das Weite suchst. Du kannst doch nicht Hals über Kopf verschwinden! Davonlaufen ist keine Lösung. Dir bleibt nichts anderes übrig, als mit Jonas zu reden. Du kannst das nicht einfach so abtun."

„Ich überlege es mir noch. Sollte ich heute Abend noch fahren, rufe ich dich vorher an. Ist es in Ordnung, wenn du für ein paar Tage allein in der Buchhandlung bleibst? Oder soll ich Hilde um zusätzliche Unterstützung bitten?"

„Natürlich nicht! Ich bin deine beste Freundin", schnaufte Betti verärgert. „Du kannst dich auf mich verlassen. Es stimmt mich traurig, wenn ich dich so sehe."

Sie schlang die Arme um Hannas Nacken und umarmte sie ganz fest.

„Erbarmen, du brichst mir noch das Genick. Ich schließe jetzt auf."

Betti überlegte krampfhaft, wie sie Hanna unterstützen könnte. Je mehr sie darüber nachdachte, desto klarer wurde ihr: Sie muss Jonas informieren. Als sie sich am späten Nachmittag unbeobachtet fühlte, holte sie ihr Handy raus. Ihre Stimme klang panischer als beabsichtigt.

„Jonas, deine Ex war hier. Bei den scheußlichen Geschichten, die sie über dich erzählt hat, läuft es mir noch immer kalt den Rücken runter. Hanna ist völlig aufgelöst, sieht nicht gut aus. Das hat sie alles sehr mitgenommen. Vielleicht fährt sie heute Abend weg." Totenstille am anderen Ende. „Jonas, bist du noch da?" Die Panik in Bettis Stimme hatte eine heftige Reaktion bei ihm ausgelöst.

„Wie weg? Wohin? Warum hat sie mir das heute Morgen nicht gesagt?"

„Jonas, ich muss Schluss machen, weil Hanna auf mich zukommt."

Erst jetzt begriff er das ganze Ausmaß dessen, was Betti gerade erzählt hatte. Er sah auf die Uhr, verließ das Büro und seine Tür fiel mit einem lauten Knall ins Schloss. Seine Gedanken wandten sich seiner Ex zu: Du hinterhältiges Biest, das wirst du mir büßen. Du kommst mir nicht ungeschoren davon. Er klingelte bei seiner Ex. Anscheinend war sie noch nicht zu Hause. Er stellte sich schräg gegenüber von ihrem Haus in eine Nische, von dort konnte er die Straße überblicken. Es dauerte eine ganze Weile, bis er sie kommen sah. Gerade als sie ins Haus treten wollte, packte er sie von hinten hart am Arm. Sie wollte sich losreißen, und versuchte, sich seinem Griff zu entziehen.

„Lass mich los, du tust mir weh, wenn du so an mir zerrst. Wer hat dich denn von der Leine gelassen?", kreischte sie wie eine Verrückte.

„Halt deinen Mund und schließ sofort die Haustür auf, sonst vergesse ich mich noch hier auf der Straße. Du bist doch völlig durchgeknallt, lebst nur in einem Scheißhaufen. Du bist der schlechteste Mensch, den ich je in meinem Leben kennengelernt habe."

Sie schloss die Wohnugstür auf und Jonas stürmte wütend in die Wohnung.

„Wenn du noch einmal deinen Fuß in die Buchhandlung setzt, erlebst du mich, wie du mich noch nie erlebt hast. Wenn du es noch einmal wagst, dich meiner Freundin zu nähern, mache ich dir die Hölle heiß, so wahr ich vor dir stehe. Ist die Warnung bei dir angekommen?"

Jonas knallte die Wohnungstür hinter sich zu.

„Das wirst du noch bereuen. Du hast keine Ahnung, wozu ich noch fähig bin", rief sie ihm nach. Ihre Drohung hatte er nicht mehr gehört. Jonas überlegte, ob er gleich zu Hanna fahren sollte. Bloß was würde das bringen? Mit ihr in der Buchhandlung zu reden, wäre wohl kaum möglich. In ihrer Wohnung zu warten, ging nicht. Er besaß keinen Schlüssel. Warum eigentlich nicht? Seit Monaten kannten und liebten sie sich und hatten nicht mal ihre Schlüssel ausgetauscht. Was blieb ihm anderes übrig, als im Wagen vor ihrem Haus zu warten. Er blieb einen Moment im Wagen sitzen, stieß dann die Autotür auf, stieg aus und lief nervös ein paar Schritte hin und her. In seinem Blickfeld tauchte Hannas Nachbarin auf. Er lief die Stufen zur Haustür hoch und Hilde drehte sich verwundert um.

„Was für eine Überraschung! Sind Sie nicht der Freund von Hanna? Natürlich sind Sie es. Haben Sie schon bei ihr geklingelt?"

„Habe ich, aber anscheinend ist sie noch nicht zu Hause. Ich sehe auch ihr Auto nicht."

„Freut mich, Ihre Bekanntschaft zu machen. Ich bin Hilde." Sie streckte ihm ihre Hand entgegen.

„Möchten Sie, solange bei mir warten? Sie brauchen keine Angst zu haben, ich beiße nicht. Auch wenn ich glücklicherweise noch alle Zähne habe. Ich könnte uns einen Kaffee zubereiten? Außerdem höre ich es, wenn Hanna nach Hause kommt. Meine Augen sind zwar nicht mehr so gut, aber mein Gehör funktioniert dafür einwandfrei. Was ist junger Mann? Wollen Sie hier Wurzeln schlagen?"

„Danke, ich nehme ihr Angebot an." Beim Kaffee erzählte Hilde frisch und frei von der Leber weg und Jonas hörte aufmerksam zu.

„Hanna ist für mich wie eine Tochter, die ich leider nie hatte", sagte sie in halb entschuldigendem Ton. „Sie ist ein so ehrliches und warmherziges Menschenkind, das man sie einfach liebhaben muss. Aber wem sage ich das."

Jonas nickte ihr zu. „Ja, das ist sie und deswegen liebe ich sie auch."

„Von Hanna weiß ich auch, dass ihre Mutter Finja einen eigenen Kosmetiksalon betreibt. Das ist aber auch das Einzige, was sie mir erzählt hat. Ich bin echt am Überlegen, ob ich mich nicht auch einmal dahin bewegen sollte. Kann es sein, dass Sie eben über mich geschmunzelt haben?"

„Nein, wo denken Sie hin! Das würde ich mir nie erlauben. Ich höre ihnen konzentriert zu."

„Dann ist ja gut. Glauben Sie mir, in diesem Alter verfalle ich in keinen Beauty-Wahn mehr. Ich ärgere mich auch nicht mehr über diese Faltencreme-Werbung, in der die Creme von zwanzig-jährigen Models präsentiert wird. Aber eines mache ich nicht mehr so schnell, nämlich meine Stirn runzeln, wegen der Falten. Ich schaue auch nicht ständig in den Spiegel und schon gar nicht in einen Vergrößerungsspiegel. Das habe ich ein einziges Mal getan und mich bis heute davon nicht erholt." Hilde fing herzhaft anzulachen. Was dazu führte, dass Jonas mitlachen musste, obwohl ihm nicht danach war.

„Sie können mir glauben, Altwerden ist nichts für Feiglinge. Oh, Hanna hat gerade ihre Wohnungstür aufgeschlossen. Es war nett mit Ihnen zu plaudern, obwohl ich die ganze Zeit geredet habe."

„Hanna hat mir viel Gutes von Ihnen erzählt. Es war mir eine Freude, dass ich Sie heute näher kennenlernen durfte", sagte Jonas und drückte Hildes Hand.

„Ganz meinerseits! Wenn mal was ist, können Sie jederzeit bei mir klingeln."

Hanna ahnte nicht, dass Jonas sich bei Hilde aufhielt. Sie schloss die Wohnungstür auf und zog sie mit einem Ruck wieder zu, bevor sie ihre Schuhe und Tasche in die Ecke feuerte. Sie beschloss, doch wegzufahren. Gerade als sie Betti anrufen wollte, klingelte es an der Wohnungstür. Sie sah Jonas an. Entschlossen trat er vor, und Hanna hatte keine andere Wahl, als ihn einzulassen. Er wollte ihr einen Kuss geben. Doch irgendetwas hielt ihn zurück. Es war dieser Blick. Er nahm sie etwas zurückhaltender in die Arme, hielt sie eine Armlänge von sich entfernt fest und betrachtete sie eingehend. Sie sah blass aus. Er ahnte, was in ihr vorging. Danach nahm er im Sessel Platz. Hanna lehnte sich an die Wand und verschränkte die Arme vor der Brust. Er sah die Zornesfalte zwischen ihren Augenbrauen.

„Hanna, du kannst dem Ganzen sofort ein Ende machen. Bevor du es tust, hör mir zunächst nur zu. Möchtest du dich nicht hinsetzen?" Er warf ihr einen ermutigenden Blick zu. Sie schüttelte den Kopf, und Jonas sah ihr an, wie schwer ihr das alles fiel.

„Wie konntest du nur annehmen, ich habe …" Er brach ab. Hanna hörte die Verzweiflung in seiner Stimme. „Hanna, ich versuche nicht, mich zu rechtfertigen. Wenn du dir deiner Gefühle für mich, auf Grund dieser Situation, nicht ganz sicher bist, kann ich das sehr gut verstehen. Ich habe nicht geahnt, dass dir das so nahe geht." Hanna schnappte nach Luft.

„Jonas, du musst dich nicht entschuldigen. Bitte, sag mir einfach die Wahrheit über diese Frau. Ich hasse es, wenn ich belogen werde. Es macht alles nur noch schlimmer." Er richtete seinen Blick auf Hanna. Im Zorn war sie noch hübscher als sonst. Das konnte er ihr aber kaum sagen.

„Ob du es glaubst oder nicht, was meine Ex dir auch erzählt haben mag, davon ist nichts wahr. Ich war mit ihr ein dreiviertel Jahr zusammen. Ich habe sie beim Seitensprung erwischt und habe mich sofort von ihr getrennt. Das ist fast zwei Jahre her. Vielleicht bin ich in dieser Beziehung altmodisch, aber mit so etwas kann ich nicht umgehen und das kann ich auch nicht verzeihen. Sie wollte, dass wir eine Auszeit nehmen, was ich kategorisch abgelehnt habe. Mittlerweile ist sie überkandidelt, unberechenbar, eine Psychopatin! Sie lungerte vor meiner Arbeitsstelle und vor meinem Haus rum. Mitten in der Nacht wurde ich durch das Klingeln meines Telefons geweckt. Ich hatte erst von dem Zeitpunkt an Ruhe, als ich mir eine neue Telefonnummer besorgt hatte. Meine Handynummer, Gott sei Dank, kannte sie nicht. Sie ist eine Frau mit vielen Gesichtern. Eine bösartige, niederträchtige Frau, die nun versucht hat, ihre Rache auch auf dich auszuweiten. Irgendwann hat sie uns zusammen gesehen und das hat ihren Hass neu entfacht. Mehr kann ich dazu nicht sagen. Jede weitere Diskussion über diese Frau ist sinnlos und sie ist es nicht wert, dass du auch nur eine Träne vergießt. Du hast dir das viel zu sehr zu Herzen genommen. Sie wird deine Buchhandlung nicht mehr aufsuchen. Du solltest mir vertrauen, wenn ich sage, sie wird dich nie wieder belästigen. Du bist die Nummer eins in meinem Leben. Du bist das Beste was mir je passiert ist! Aber das weißt du ja bereits. Seit wir uns kennen, habe ich keine andere Frau angefasst und bin mit keiner anderen Frau ins Bett gegangen."

Hanna stand einfach nur da. Sie schluckte und setzte mehrmals zum Sprechen an. Jonas stand auf. Einen Arm um ihre Taille gelegt, strich er mit den Fingern durch ihr Haar. Sie sträubte sich, aber Jonas hielt sie so fest, dass sie sich nicht befreien konnte. Die Zornesfalte zwischen ihren Augenbrauen und die angespannte Mimik verschwanden langsam. Sie wehrte sich nicht mehr gegen die Arme, die sie umschlungen hielten.

„Hanna, ich lasse es niemals zu, dass dir jemand wehtut. Wenn einmal etwas zwischen uns stehen sollte, dann müssen wir darüber reden. Probleme sind oft leichter zu bewältigen, wenn man sie gemeinsam angeht. Ich möchte nicht noch einmal so eine angstvolle, schlaflose Nacht verbringen. Es hätte mir das Herz gebrochen, wenn du ohne ein klärendes Gespräch weggefahren wärst. Ich will immer für dich da sein, in guten wie in schlechten Zeiten."

Hanna hatte schweigend zugehört. Als sich die erste Wut gelegt hatte, sah sie Jonas an.

„Ich möchte mich für mein Verhalten entschuldigen. Ich habe einfach dichtgemacht, war wie betäubt und fühlte mich erniedrigt. Ich wollte dir nicht absichtlich wehtun. Ich hasse es, Menschen weh zu tun, die mir nahestehen."

„Hanna, ich bitte dich, immer daran zu denken, dass du dich mit allen Dingen und allen Sorgen an mich wenden kannst. Was passiert ist, ist passiert. Lass es uns vergessen und einen Schlussstrich ziehen?" Er schenkte ihr sein unwiderstehliches Lächeln – eins von der Sorte, dass sie auf der Stelle dahinschmelzen ließ. Dennoch zog sie fragend die Augenbrauen zusammen.

„Wer hat dir alles erzählt? Vor allem, dass ich wegfahren wollte? Von wem weißt du das? Betti?

Es kann nur Betti sein?"

„Ja, es war Betti. Du hast den begehrenswertesten Mund, den ich je gesehen habe." Er fasste sie zärtlich am Hinterkopf und küsste sie heftig. Hanna rang nach Luft, als sich sein Mund um ihre Lippen schloss. Einen Moment lang widersetze sie sich. Dann gab sie auf und schmiegte sich an ihn.

„Es gibt nur noch dich und mich", flüsterte er zärtlich. In dieser Nacht liebten sie sich voller Leidenschaft.

„Hast du manchmal nicht auch das Gefühl, das sich Probleme so einfach in Luft auflösen können?", sagte Hanna am nächsten Morgen. Betti empfing sie mit frisch aufgebrühtem Kaffee und Kuchen.

„Begrüßt du mich jetzt jeden Morgen so? Hast du etwa ein schlechtes Gewissen? Willst du mir, bevor wir öffnen, noch etwas gestehen?" Betti presste die Lippen aufeinander und versuchte, ein trauriges Gesicht zu machen.

„Komm schon her, ich will dich einfach nur mal umarmen und danke sagen. Was für eine verständnisvolle Freundin ich doch habe. Das habe ich dir gar nicht zugetraut, dass du so schnell Jonas informierst. Du kannst mir glauben, ich war drauf und dran wegzufahren."

„Genau das, wollte ich verhindern! Und das war das mindeste, was ich tun konnte. Du hättest dich irgendwo vergraben und an Herzschmerzen gelitten. Der Erfolg gab mir recht!"

Sie lachten herzhaft, tranken ihren Kaffee, und den Kuchen hoben sie sich für den Nachmittag auf. Hanna wollte gerade zur Tür gehen, um aufzuschließen. Als sie aber sah, wer bereits vor der Tür stand, gab sie Betti den Schlüssel. Es war Georg!

„Lass dir ruhig ein wenig Zeit", sagte Hanna grinsend. Sie hatte bemerkt, dass Bettis Augen jedes Mal aufs Neue strahlten, wenn er die Buchhandlung betrat und dann lief sie dir ganze Zeit verträumt umher. Hannas Gefühl sagte ihr, dass hier weitaus mehr entstehen könnte. Verstohlen winkte Georg ihr hinter Bettis Rücken zu. Betti bekam es nicht mit. Das war eine Abmachung zwischen ihr und Georg. Betti wusste auch nicht, dass sich Georg und Jonas kannten. Das wollte Hanna ihr erst später sagen, wenn es zwischen Betti und Georg richtig funkte. Leider stellte sich später heraus, dass diese Entscheidung falsch war.

Als Georg wieder, mit einem neuen Buch unter dem Arm, die Buchhandlung verließ, wandte sich Hanna lächelnd Betti zu.

„Na, was sagst du zu dem großen Blonden? Er könnte der Glücksfall in deinem Leben werden", sagte Hanna und hakte sich zwinkernd bei Betti ein.

„Ich habe nicht die leiseste Ahnung, wovon du sprichst, Hanna."

„Na hör mal, dir ist ja wohl bestimmt aufgefallen, dass er dich nicht eine Sekunde aus den Augen gelassen hat. Mein Tipp für dich: Rauf auf die Flirtmeile! Du solltest nicht zögern."

„Ja, also, ich muss immer noch daran denken, wie er das erste Mal auftauchte und ich mich wie elektrisiert fühlte. Ein Mann wie ein Kleiderschrank und mit eindrucksvollen Muskeln bepackt. Es ist schon erstaunlich, was der liebe Gott so erschaffen hat. Wenn ich ihn anfassen würde, könnte ich die Finger nicht mehr von ihm lassen." Betti fuhr sich verlegen mit der Hand durchs Haar.

„Wow, hat er schon mal einen Versuch gestartet und dich leicht berührt?", wollte Hanna wissen.

„Wie berührt? Worauf willst du hinaus? Ich verstehe deine Frage nicht", erwiderte Betti.

„Na, angefasst? Am Arm? Deine Hand genommen? Eine erste zärtliche Anbahnung! Der Beginn einer neuen Liebe. Betti, nun stell dich nicht so an."

„Seine Annäherungsversuche hielten sich bisher in Grenzen. Ich bin mal gestolpert und er hat mich aufgefangen. Das zählt wohl, deinem Gesicht nach zu urteilen, nicht dazu, oder?"

„Betti, du bist nicht gut drauf, obwohl du ganz genau weißt, was ich meine. Ich glaube, ich reagiere heute auf dich allergisch, aber das vergeht wieder." Betti machte den Mund auf, aber es kam kein Wort heraus.

## Vierzehn Tage später

Samstagvormittag! Der Tag hatte so vielversprechend begonnen. Hanna arbeitete nur noch bis elf Uhr, weil Betti es so wollte, damit sie und Jonas mehr Zeit miteinander verbringen konnten. Noch war es ein ganz alltäglicher Vormittag und kurz vor zehn Uhr. Dennoch sollten die Dinge nicht so ablaufen wie sonst. Hanna schaute auf, als die Tür aufging und als sie sah, wer die Buchhandlung betrat, hätte sie am liebsten laut aufgeschrien. Es war Robert. Hanna hatte nie vergessen, was dieser Mann ihr angetan hatte. Nur Jonas kannte ihre Geschichte. Sie hatte Jonas in ihrer ersten gemeinsamen Nacht im Ferienhaus erzählt, was vor Jahren auf einer Geburtstagsparty passiert war und das Robert sie dort missbraucht hatte. Hanna umklammerte das vor ihr liegende Buch so fest, dass das Weiß ihrer Knöchel zu erkennen war.

„Endlich sehen wir uns wieder. Meine Güte, du siehst toll aus! Du bist eine Schönheit. Ich habe gehört, dass das deine Buchhandlung ist. Alle Achtung, du bist also eine Geschäftsfrau? Wer hätte das gedacht."

Nach dem ersten Schock warf Hanna ihm einen eisigen Blick zu.

„Was willst du? Ein Buch kaufen? Dann wende dich an meine Kollegin."

Obwohl es viele Jahre zurück lag, fühlte sie sich sofort in die Vergangenheit zurückversetzt und es kam alles wieder hoch. Er hatte ihr die Unbeschwertheit ihrer Jugend genommen und sie auf schamlose Weise benutzt. Hanna zwang ihre Gedanken in die Gegenwart zurück.

„Halt, bleib stehen!", rief sie empört, als er auf sie zukam. „Bei deinem Anblick bekomme ich allergische Reaktionen."

Er feixte übers ganze Gesicht. „Wie bitte? Ich bin nur zur Abwechslung hier. Ich … also, ich wollte dich nur wiedersehen. Also reg dich nicht auf und lass uns ganz pragmatisch darüber reden, was damals schieflief. Auch wenn Jahre vergangen sind. Was zwischen uns damals passierte, war ein Desaster."

„Ein Desaster? Du scheinst ein sehr schlechtes Gedächtnis zu haben. Hast du nach mir auch noch anderen Mädchen etwas ins Glas getan. Oder war ich die Einzige? Zufällig ausgewählt?" Er wich ein paar Schritte zurück und sein Gesicht wurde blass.

Sie verzog ihren Mund, als sie sah, dass sie einen Treffer gelandet hatte.

„Du vergeudest hier nur deine Zeit", sagte sie mit fester Stimme. „Auf meiner Glücksskala stehst du auf der untersten Stufe. Nein, stimmt nicht, dich habe ich damals sofort gelöscht. Am besten du machst jetzt einen Abflug. Ich bin absolut nicht bereit, noch weiter mit dir zu reden. Lass dich hier nie wieder blicken", sagte sie scharf.

Er baute sich bedrohlich vor Hanna auf, aber da kam mit lautlosen Schritten Betti heran. Überrascht drehte er sich um, als sie sich hinter seinem Rücken räusperte.

Betti sah ihn an und fragte: „Wer hat dich denn von der Leine gelassen? Wie ich sehe, machst du Ärger. Raus mit dir!" Zum richtigen Zeitpunkt klingelte auch noch Hannas Handy.

„Hallo, Jonas, kannst du vorbeikommen? Wenn du Glück hast, kann ich dir jemanden vorstellen. Ich habe dir doch von damals alles erzählt. Es sei denn, er ist bis dahin verschwunden."

Bevor Robert die Tür aufmachte, drehte er sich um und streckte Hanna den Mittelfinger entgegen.

„Wie geschmacklos", rief Hanna ihm zu. „Pass bloß auf, dass du nicht noch stolperst."

„Weißt du, wie der Typ aussah? Krawallgebürstet! Klärst du mich auf, warum du so frustriert reagiert hast. Was hat er dir ins Glas geschüttet?", fragte Betti. Hanna stieß einen übertriebenen Seufzer aus.

„Nein. Ich möchte nicht darüber sprechen. Das gehört zu einer ekelhaften Vergangenheit." Sie sagte diese Worte mit solcher Bitterkeit, dass Betti sofort erkannte, das weiteres Nachfragen sinnlos wäre.

„Tut mir leid. Ich wollte keine schmerzlichen Erinnerungen in dir wachrufen."

Kurze Zeit später kam Jonas.

„Na, ihr hübschen Frauen, wie geht's denn so? Wie ich sehe, ist der Typ verschwunden und hier alles bestens." Hanna strich sich die Haare aus der Stirn.

„Ganz so schlimm war es nun auch wieder nicht. Nicht im Traum hätte ich gedacht, dass du so schnell hier bist. Und wie geht es dir?", fragte Hanna. Jonas verdrehte kurz die Augen.

„Wenn da nicht Finja wäre, würde ich sagen, hervorragend."

„Hat sie wieder was ausgeheckt? Dich geärgert? Lass mal hören." Sie grinste unwillkürlich.

„So kann man es nicht sagen. Also gut – sie hat uns kurzfristig zum Kaffee eingeladen, was mir nicht gefällt. Wir wollten doch heute noch zum Baden fahren. Außerdem hasse ich es, wenn sie so geheimnisvoll tut. Ich bekomme dann immer ein flaues Gefühl im Magen."

„Ich verstehe. Du kannst sie nicht vor dem Kopf stoßen. Hat sie angedeutet, um was es geht?"

„Eben nicht! Müssen wir wirklich ihrer Einladung Folge leisten und da antanzen?"

„Jonas, komm schon. Sie ist nun mal deine Mutter. Es wird bestimmt alles gut ausgehen." So recht glaubte Hanna aber nicht daran.

„Du bist unglaublich verständnisvoll." Er umfasste ihr Gesicht und küsste sie. „Unglaublich", wiederholte er. Jonas verzog scherzhaft das Gesicht und war wieder ganz der Alte.

„Betti, ich wünsche dir ein schönes Wochenende und wenn etwas sein sollte, rufst du mich sofort an. Man weiß ja nie, was noch so an Kunden am Sonnabend auftauchen." Hanna blinzelte ihr bedeutungsvoll zu.

„Sollte aber der große Blonde auftauchen, bestell ihm schöne Grüße von mir", rief Jonas ihr zu.

Bettis Augen weiteten sich und sie stand wie erstarrt da, ohne ein Wort zu sagen. Erst blickte Betti verblüfft Hanna und dann Jonas an, bis sie aufgebracht die Arme verschränkte.

„Ja, vielleicht mache ich das sogar", erwiderte Betti. Ihre Augen schleuderten wütende Blitze.

„Mein Gott! Betti, es tut mir so leid, dass ich das gesagt habe. Du solltest noch gar nicht erfahren, dass er mein Freund ist. Der reißt mir den Kopf ab, wenn er das rausbekommt oder kündigt mir die Freundschaft. Ich wollte ..." Für einen Moment sah es so aus, als ob Jonas noch was sagen wollte, aber er zog es vor, sich nicht weiter zu äußern. Bettis Gesichtsausdruck sah nicht gut aus.

„Was? Spuckt es aus! Was verschweigt ihr mir? Warum durfte ich das nicht wissen? Ihr wollt doch jetzt nicht wegfahren und mich ahnungslos zurücklassen. Ihr braucht nicht mit mir zu reden wie mit einer Gehirnamputierten." Sie sah zwischen den beiden hin und her. „Hängt es mit mir zusammen? Weiß er etwas von mir?" Betti ließ hilflos ihre Arme hängen. Hanna und Jonas tauschten einen wer-soll-es-ihr-sagen-Blick aus.

„Nein, weder noch", sagte Hanna darauf, weil Jonas den Kopf schüttelte.

„Was heißt das genau", fauchte Betti zurück. Ihr Zorn zog sich über ihr ganzes Gesicht.

„Ach, komm schon, sei nicht so pessimistisch. Ich erkläre dir alles am Montag", sagte Hanna.

In einem Anfall plötzlicher Entschlossenheit drehte Betti sich zu Hanna rum.

„Typisch, Hanna. Du hast gut reden. Ihr verheimlicht irgendetwas, das steht fest. Wie heißt denn der Mensch eigentlich mit Vornamen?"

„Er heißt schlicht und einfach Georg!"

„Und wo hat er sein Zuhause?" Hanna zögerte kurz und sah Betti nachdenklich an. Sie wusste nicht so recht, was sie davon halten sollte.

„Betti, du bist erstaunlich. Das solltest du besser selbst herausfinden. Also dann, bis Montag."

Für einen kurzen Augenblick war es still im Wagen. Nervös räusperte sich Jonas und blickte verstohlen zu Hanna rüber.

„Ich glaube, ich habe einen großen Fehler begangen", sagte Jonas.

„Hast du nicht. Ich habe damals für mich beschlossen, Betti nicht zu sagen, dass Georg sich ernsthaft für sie interessiert. Ich wollte abwarten, wie sich das zwischen den beiden entwickelt. Nun reimt sie sich irgendetwas zusammen. Sie geht bestimmt davon aus, dass ich deine Freunde kenne und somit auch Georg, aber immer so tue, als wenn er für mich ein Fremder wäre. Hast du denn mit Georg irgendetwas vereinbart?"

„Eigentlich nicht. Wir haben uns vor kurzem getroffen. Er wollte uns und Betti zu einem gemeinsamen Wochenende ins Ferienhaus einladen."

„Ich halte es für besser, wenn Georg und Betti sich erst einmal dort ganz allein finden."

„Aha, ich ahne bereits, woran du denkst und werde das Georg plausibel rüberbringen."

„Nein, das ahnst du nicht. Mehr möchte ich dazu nicht sagen. Es kommt, wie es kommt."

Hanna war heilfroh, als sie das Haus von Finja erreichten und sie sich nicht weiter äußern musste. Jonas holte den Blumenstrauß aus dem Auto, den sie unterwegs gekauft hatten.

Finjas Gesichtsausdruck war so ernst und ausdrucksvoll, als stünde sie kurz davor zu explodieren.

„Von euch hört und sieht man gar nichts mehr. Habt ihr was gegen mich?", fragte sie vorwurfsvoll.

Jonas antwortete auf ihre Anspielung nicht und sagte: „Wenn du hier jemanden kritisieren möchtest, knöpfst du dir lieber mich vor. Du hast es nämlich Hanna zu verdanken, dass wir deine kurzfristige Einladung angenommen haben. Wir wollten eigentlich ans Wasser fahren." Jonas überreichte ihr den Blumenstrauß, sie bedankte sich und begrüßte ihn total überspannt. Er wunderte sich, sagte aber zunächst kein Wort. Sein sechster Sinn offenbarte ihm, hier stimmte was nicht. Anschließend reichte Finja Hanna die Hand.

Von einer herzlichen Umarmung war Finja wieder einmal weit entfernt. Hanna ließ sich nichts anmerken und dachte sich bloß: Meine Güte, ist Finja launisch? Oder will sie damit ausdrücken, dass sie als Schwiegertochter nun doch nicht infrage kommt und sie nicht die Richtige für Jonas wäre. Auf so eine grässliche Schwiegermutter kann sie gut und gerne verzichten.

„Wo wollt ihr Platz nehmen? Terrasse oder Wohnzimmer? Jonas, was meinst du?"

„Warum fragst du nicht Hanna, was sie gerne möchte?" Finja reagierte etwas gereizt.

„Nun gut, wir gehen raus. Nehmt Platz, ich bringe alles hinaus."

Jonas und Hanna nahmen auf der Terrasse Platz. Hanna beugte sich zu Jonas.

„Es muss etwas passiert sein, sie wirkt hochgradig frustriert. Das kann nur mit mir zusammenhängen. Sie gibt mir wieder einmal das Gefühl, dass ich nicht die Richtige an deiner Seite bin", flüsterte Hanna.

In dem Moment kam Finja wieder raus. „So, hier ist der Kaffee, Kaffeesahne, Zucker und auch Kuchen." Sie goss allen Kaffee ein. Hanna nahm das Milchkännchen und gab etwas Milch in ihre Tasse. Zucker nahm sie nicht.

„Wie geht es euch? Ist alles in Ordnung?"

„Warum sollte es uns nicht gut gehen", erwiderte Jonas erstaunt. „Und wie ist es bei dir?"

„Ich habe ein paar schwere Tage hinter mir." Jonas sah genervt zu ihr rüber. Jetzt kommt wieder die gleiche Leier, sie wird sich wieder als Opfer hinstellen. Er hatte sich gewaltig geirrt, es kam schlimmer. Finja wandte sich nun Hanna zu?

„Wie läuft denn deine Buchhandlung so?"

„Danke der Nachfrage, alles bestens. Ich bin zufrieden, es könnte nicht besser sein."

„Na, dann ist ja alles gut." Finja nahm die Kaffeekanne, füllte die Tassen auf und lehnte sich zurück. Sie fächelte sich mit einer Hand Luft zu und schaute Hanna dabei eigenartig an.

„Also habe ich euch heute vom Baden abgehalten? Das war nicht meine Absicht. Wobei das Wetter gar nicht so gut ist. Ich war schon seit einer Ewigkeit nicht mehr am Wasser. Allein macht es auch keinen Spaß. Sag mal, Hanna, was ich bereits beim letzten Mal fragen wollte, siehst du auch ab und zu in den Spiegel?"

„Ich denke schon, wie jede andere Frau auch", erwiderte Hanna. „Warum fragst du?"

„Nun, wegen deiner Falten. Tut mir leid, aber die Wahrheit ist manchmal nicht sehr angenehm. Entweder man akzeptiert es oder tut was dagegen." Finjas Augen schweiften über Hanna, als wäre sie eine schleimige Nacktschnecke.

Hanna, die gerade ihren Kaffee trinken wollte, stellte vorsichtshalber die Tasse wieder ab. Wie überaus anmaßend von Finja? Hanna war zu entsetzt, um gleich zu antworten. Welche Taktik sollte sie anwenden? Verteidigung oder Angriff? Sie zwang sich ruhig zu bleiben.

„Finja, es reicht. Es ist weder leicht noch schmerzfrei, dir gegenüber zu sitzen. Für mich gehören Falten zum Leben dazu! Ich liebe meine kleinen Lachfalten um die Augen sogar. Ich muss nicht mehr so jugendlich wie ein Teenager aussehen, wenn ich mir die Bemerkung erlauben darf. Ich finde mich ganz passabel. Die Leute aus der Kosmetikbranche erfinden immer wieder irgendeinen Mist gegen Falten. Gleichzeitig haben sie die dreiste Verlogenheit, uns vorzumachen, dass dies das gelobte Mittel der Verjüngung sei."

Jonas entgleisten sämtliche Gesichtszüge. Wie vom Blitz getroffen, sprang er auf, so heftig, dass er beinahe den Tisch umgeworfen hätte. Er verschränkte die Hände hinter dem Rücken, wippte von den Fersen auf die Fußsohlen und wieder zurück. Er schäumte vor Wut.

„Schon deine Begrüßung ließ erahnen, dass du was im Schilde führst. Wechselst du bei jedem Besuch deine Gefühle? Rein, raus, gerade so wie es dir in den Sinn kommt? Ich habe dir wer weiß wie oft gesagt, dass du Hanna in Ruhe lassen sollst. Ich warne dich heute zum letzten Mal! Lass deine weiblichen Muskelspiele. Überspann den Bogen nicht. Beim letzten Besuch hast du uns Sympathie vermittelt, freust dich, dass Hanna an meiner Seite ist. Heute das genaue Gegenteil. Deine Haltung ist für mich, nein für uns, nicht mehr nachvollziehbar. Es ist besser, wenn wir jetzt gehen, bevor ich endgültig die Fassung verliere."

Finja nahm die Zurechtweisung eindrucksvoll auf. Aber das Gefühl, dass ihr eben Unrecht getan worden war, ließ in ihr Gift und Galle aufsteigen. Ihre Stimme klang frostig.

„Ich weiß nicht, wovon du redest. Du hast kein Recht, so etwas zu sagen. Rede nicht mit mir, als ob ich senil wäre. Ich lasse mich nicht einfach abschieben." Jonas starrte sie fassungslos an. „Ich habe sehr wohl das Recht dazu. Ich bin dein Sohn, Gott weiß warum. Du solltest zumindest versuchen, mich zuverstehen. Und was heißt hier abschieben! Wir schieben dich nicht ab. Vergiss es", erwiderte Jonas. „Wir gehen und zwar sofort, ob dir das passt oder nicht. Bis jetzt war das hier mein zweites Zuhause, aber das ist jetzt nicht mehr so. Ich hasse es, so etwas zu sagen. Aber es ist Zeit, dass wir offen miteinander sind."

Als Jonas und Hanna aufstanden, wirkte Finja nicht mehr so gefasst. Unfähig, etwas darauf zu sagen, saß sie einige Minuten schweigend da. Dann gab sie sich einen Ruck.

„Jonas, ich fand vor ein paar Tagen einen Brief im Briefkasten."

„Wirklich geistreich. Dafür ist ein Briefkasten da. Obwohl es ja noch Brieftauben geben soll."

„Lass deine unangebrachten Witze. So einfach ist das nicht. Das ist unfair", sagte Finja, und für den Bruchteil einer Sekunde verfinsterte sich ihr Gesicht. Es gelang ihr nur schwer, ihren Ärger zu verbergen. Sie strich sich ein paarmal nervös über das Haar.

„Okay, es geht um einen Brief. Vom Finanzamt? Vom Notar? Hast du geerbt? Einen Unfall gebaut, anschließend Fahrerflucht begangen? Was ist nun? Weswegen hast du uns hergeholt? Mach es nicht so spannend. Oder ist heute dein Rätseltag?"

„Ich bin gleich zurück." Sie stand auf und ging ins Haus. Jonas schaute Hanna an und legte einen Finger auf seine Lippen. Sie nickte ihm zu, weil sie sein Zeichen verstanden hatte. Mit einem gefalteten Zettel kam Finja zurück. Er sah ihr an, dass es mit dem Brief eine besondere Bewandtnis haben musste.

„Soll ich ihn laut vorlesen?" Sie faltete den Brief auseinander und strich das Papier glatt.

„Nein! Ich lese ihn selbst." Nachdem Jonas ihn gelesen hatte, zerknüllte er wütend den Zettel zu einer runden Kugel.

„Ja und? Das kann doch nicht wahr sein!", stieß er ungläubig hervor. „Nun setz mal deine Hormone ab, damit du wieder normal wirst. Was hat das alles mit vorhin zu tun? Ehrlich gesagt weiß ich nicht, inwieweit das relevant sein soll. Der Brief und deine Frage an Hanna, wegen Auszeit vor dem Spiegel und ihren angeblichen Falten? Warum lässt du deinen Frust wieder an Hanna aus? Wie lange willst du diese Spielchen noch treiben?", schnaubte er voller Verachtung. „Du bist eine intelligente Frau und glaubst an solchen Schwachsinn? Ich bin verdammt enttäuscht von dir. Buchstaben aus der Zeitung rausgeschnitten, wie im Krimifilm. Hast du schon mal versucht, das aus einem anderen Blickwinkel zu sehen? Kannst du dir nicht denken, wer dahintersteckt? Warum das Ganze im Beisein von Hanna? Warum hast du mich nicht gestern angerufen? Eine Klärung unter vier Augen wäre tausendmal besser gewesen. Aber nein, du musstest ja wieder eine Show abziehen. Dir mangelt es wirklich an Fingerspitzengefühl. Dieser Wisch stammt eindeutig von meiner Ex-Freundin. Sie hat es sogar fertiggebracht und war bei Hanna in der Buchhandlung, hat da voll vom Leder gezogen. Erreicht hat sie damit gar nichts. Jetzt hat sie nochmal nachgelegt. Da ihre erste Rache misslungen ist, wollte sie nun dich benutzen. Es ist ihr gelungen. Mehr möchte ich zu diesem Wisch nicht mehr sagen. Nimm aber zur Kenntnis, solltest du Hanna noch einmal verletzen, in welcher Art auch immer, dann siehst du mich in diesem Haus nicht mehr. Das ist keine Drohung, sondern ein Versprechen!"

Er konnte sich nicht verkneifen, sarkastisch zu werden. Es trat eisiges Schweigen ein. Die Stimmung war am Boden. Die wortgewandte Finja rutschte nervös auf ihrem Stuhl hin und her, als würde sie auf glühenden Kohlen sitzen. Sie erkannte, dass sie verloren hatte und überlegte krampfhaft, wie sie aus dieser grässlichen Situation wieder rauskommen könnte. An ihrem Hals zeichneten sich kleine, rote Flecken ab. Sie wirkte völlig verwundert, dass er in diesem Ton mit ihr gesprochen hatte. Sie öffnete den Mund, als wollte sie widersprechen. Dann senkte sie den Blick. Schweigend biss sie sich auf die Lippen und rank nervös die Hände.

„Es tut mir leid. Eigentlich wollte ich so etwa nicht glauben , es klang alles so überzeugend. Ich habe ... äh ... die Fassung verloren und bin im Moment etwas labil. Seid mir nicht mehr böse, auch wenn ich es verdient habe. Ich habe mich hereinlegen lassen", kam es beschämend über ihre Lippen. „Für meine fehlende Sensibilität könnte ich mich selbst ohrfeigen. Ich werde meine Zunge zukünftig im Zaum halten." Sie saß auf ihrem Stuhl, wie ein Häufchen Elend. Jonas holte tief Luft, dann sah er Finja an. Plötzlich sah sie älter aus. Ihm war bisher nicht aufgefallen, dass sie mehr graue Haare hatte. Es bedrückte Hanna, Finja so zu sehen, und sie hatte beschlossen, anders mit der Situation umzugehen und legte einen Arm um Finjas Schulter. Finja schloss für einen Augenblick die Augen. Es tat ihr gut, umarmt und getröstet zu werden. Tränen der Rührung traten ihr in die Augen.

„Danke, von dir habe ich das am allerwenigsten erwartet. Jonas, willst du was unternehmen?"

„Wozu? Warum? Zwischen mir und Hanna ist hinsichtlich meiner Ex alles gesagt. Sollte sie wieder auftauchen, werde ich sie mir vornehmen. Dann kommt sie nicht so ungeschoren davon. Wir sollten die Kaffeerunde beenden. Außerdem hast du schon das zweite Mal auf die Uhr geschaut. Willst du weg? Oder erwartest du noch jemanden?"

„Ja, aber erst in ein paar Minuten. Ihr würdet mir eine große Freude bereiten, wenn ihr nicht geht. Eigentlich wollte ich es noch für mich behalten. Ich möchte euch eine Überraschung präsentieren! Das ist das Mindeste, was ich in dieser Situation tun kann."

„Eine positive oder eine negative Überraschung?", fragte Jonas. „Du weißt, unser Bedarf an negativen Mitteilungen ist für heute gedeckt."

„Es ist eine Art Wiedergutmachung für mein Verhalten." Sie eilte ins Haus. Jonas nutzte die Gelegenheit, legte sein Arm um Hanna und zog sie zu sich heran. Seine Stimme klang aufgewühlt.

„Finja neigt leider dazu, die Dinge ein wenig zu übertreiben. Hoffentlich hat sie mitbekommen, wie man sich zukünftig taktisch klug verhält. Wenn nicht, werden wir bei ihr nicht mehr auftauchen."

„Jonas, sie meinte es mit ihrer Entschuldigung wirklich ernst, lass es gut sein! Finja war sehr bestürzt über deine offenen Worte, ich denke es reicht!"

„Ich habe von ihren Eskapaden mittlerweile die Schnauze gestrichen voll! Das hält ja auf Dauer kein normal Sterblicher aus. Sie ist wie eine Schlangenbeschwörerin. Weißt du was, ihr fehlt einfach ein Mann! Ein Mann, der ihr hin und wieder mal die Flügel stutzt."

Plötzlich stand Finja und ein Mann auf der Terrasse. Sie hatte sich wieder vollkommen unter Kontrolle und wirkte gelöst.

„Darf ich bekannt machen, das ist Frank. Und das ist mein Sohn Jonas und seine Freundin Hanna, die bald meine Schwiegertochter sein wird." Jonas und Frank lachten lautstark los. Finjas Gesicht drückte Erstaunen aus. Sie starrte beide mit zusammengekniffenen Augen an.

„Warum lacht ihr Kerle auf einmal so ungeniert?"

„Wir kennen uns", reagierte Jonas gelassen. Finja blickte Jonas und dann Hanna an. „Ich bin selbst überrascht, ehrlich!" Hanna hob bejahend die Hände hoch.

„Es bewahrheitet sich immer wieder, die Welt ist ein Dorf. Ihr verschweigt mir doch nichts?"

„Iwo, alles purer Zufall", erwiderte Frank und reichte Hanna die Hand.

„Wo denkst du hin. Dir was zu verschweigen ist aussichtslos. Du hörst Flöhe husten, wo keine sind", erwiderte Jonas.

Finja schaute Jonas an, lächelte und drohte ihm scherzhaft mit dem Zeigefinger.

„Du nimmst mich doch nicht auf den Arm?" Dass Jonas die Augen verdrehte, ignorierte sie. Bei einem Glas Sekt lobte Finja ihren Frank, der mit Verlegenheit reagierte.

„Ich kann euch auch sagen, warum? Weil er ein Charmeur der alten Schule ist, ein guter Gesprächspartner und wir liegen auf der gleichen Wellenlänge. Ist doch schön, dass es sowas noch gibt. Ihr könnt mir glauben, man bereut was man gemacht hat, sondern auch was man nicht gemacht hat. Außer das von vorhin natürlich. Das bereue ich schon. Aber damit das nicht auf mich zutrifft, habe ich mir ein Herz gefasst und Frank gesagt, dass ich ihn sehr mag. Sein Erfolgsrezept, um bei mir zu landen, war sein besonderer Charme und sein Lächeln, das mich sofort verzaubert hat. Außerdem sind wir beide in einem Alter, in dem man sich nicht mehr verstecken muss. Zeit ist das Einzige, von dem wir in unserem Leben nicht mehr genug haben." Frank griff nach Finjas Hand.

„Ich bin froh, dass ich Finjas Herz erobert habe. Dennoch lassen wir uns Luft zum Atmen und haben uns nicht täglich an der Backe." Es klang fast wie eine Entschuldigung und sein Gesicht verzog sich zu einem schelmischen Grinsen.

„Nicht täglich an der Backe, was für eine kuriose Aussage." Jonas wollte noch etwas hinzufügen, was ihm nicht gelang, er brach in einen Lachanfall aus, bevor er was sagen konnte. Frank sprang erschrocken auf und klopfte Jonas auf den Rücken, bis er wieder richtig Luft bekam.

„Und? Alles wieder in Ordnung?", fragte er sorgenvoll.

„Bestens, und ich wollte noch zum Abschluss sagen, dass ich es famos finde, wenn alte Eisen noch mal Funken schlagen. Außerdem ist das Leben wie eine Wundertüte. Man weiß nie, was drin ist oder rauskommt." Frank grinste und Finja schraubte ihre Augen nach oben.

„Meine Güte, Jonas, du hast aber auch eine Art und Weise die Dinge beim Namen zu nennen."

Finja und Hanna standen auf und räumten den Kaffeetisch ab.

„Hanna, ich habe echte Schuldgefühle, weil ich dich nicht von Anfang an in mein Herz geschlossen habe. Ich habe dich spüren lassen, wie enttäuscht ich war, weil du und Jonas …" Sie zuckte nervös mit der Schulter und presste kurz die Lippen zusammen.

„Ich wollte es einfach nicht akzeptieren. Meine Gedanken galten nur Jonas. Ich hatte Angst, ihn zu verlieren. Das war egoistisch von mir. Es tut mir entsetzlich leid. Ich weiß auch nicht, warum ich heute so abscheulich war. Natürlich hast du ein Recht darauf, wütend zu sein. Du bist doch nicht nachtragend? Oder?", fragte sie mit einer Spur von Angst. Sie sah Hanna mit einem besorgten Blick an.

„Ich? Nachtragend? Nie im Leben. Es liegt in der Natur der Sache, Finja, dass Kinder erwachsen werden, sich verlieben und ihre eigenen Wege gehen. Trotzdem bleibst du ein Teil von Jonas. Du darfst jetzt ruhig wieder glücklich aussehen und musst dir keine Sorgen machen." Finjas erste Reaktion war Verlegenheit.

„O Hanna! Das aus deinem Mund! Danke! Du machst es mir sehr leicht." Sie druckste eine Weile herum. „Ich möchte dich noch was fragen. Es geht um Frank. Wie findest du ihn?" Hanna sah ihren erwartungsvollen Blick.

„Nun, so gut kenne ich ihn noch nicht. Er sieht gepflegt aus, wirkt sympathisch und hat noch volles dichtes Haar, einfach beneidenswert." Hanna sah, wie die Spur eines Lächelns ihr Gesicht verzauberte.

„Willst du deine Wohnung eigentlich aufgegeben? Ich denke, dass du inzwischen mehr oder weniger bei Jonas wohnst."

„Wir wohnen nicht zusammen. Ich übernachte nur hin und wieder dort und umgekehrt Jonas bei mir." Finja sah Hanna verdutzt an.

„Warum denn nicht? Ihr seid doch füreinander bestimmt."

„Jonas sagt öfter, dass er das möchte. Seine Wohnung ist ein wahrer Traum, gar keine Frage. Er spricht auch von Hochzeit. Noch bin ich aber nicht bereit, obwohl ich mit Jonas sehr glücklich bin."

„Du würdest aber eine Hochzeit mit Jonas nicht infrage stellen? Habe ich das so verstanden?"

„Du hast es richtig verstanden. Die Eheschließung ist nicht ausgeschlossen und Kinder auch nicht. In der nächsten Woche lade ich erst einmal Luise ein. Sie ist sehr neugierig auf Jonas."

„Toll, dann kommt ihr alle zu mir. Wir nehmen Frank dazu und machen uns einen schönen Grillabend. Mein Haus ist groß genug, um uns alle unterzubringen. Du kannst mir glauben, das ist jetzt keine durchgeknallte Idee von mir, sondern ich meine es ganz aufrichtig. Na, was sagst du zu meinem Vorschlag?"

„Ich weiß nicht. Ich denke, Luise will bestimmt mit uns erst einmal allein bleiben. Es läuft uns ja nicht weg." Hanna entging nicht, dass Finja leicht ihre Augenbrauen nach oben zog. Oh, oh, hoffentlich war sie jetzt nicht ins Fettnäpfchen getreten. Hanna hatte sich fest vorgenommen, ihre eigenen Entscheidungen zu treffen, auch wenn es Finja vielleicht gut meinte. Außerdem kannte sie ihre Mutter gut genug und würde es verstehen, wenn sie zunächst nur Jonas in Augenschein nehmen möchte.

„Nimmst du bitte die Flaschen und ich die Gläser, damit wir auf unser Glück anstoßen können." Sie gingen wieder nach draußen. Finja verhielt sich wie immer und Hanna merkte ihr nicht an, ob sie enttäuscht war oder nicht. Wenn sie es war, konnte sie es gut verbergen. Es wurde noch ein schöner Abend, auch wenn es Stunden vorher nicht vielversprechend angefangen hatte. Auf dem Nachhauseweg war Jonas ein wenig verwundert, dass Hanna nicht fragte, was konkret auf dem Zettel stand, der beinahe für einen Familienstreit gesorgt hätte.

Hanna wartete Montagmorgen mit gemischten Gefühlen auf Betti. Wie würde Betti wegen Georg reagieren? Hanna hatte keinen Plan und Jonas konnte ihr auch keinen Rat geben. Das Glöckchen an der Tür schlug an und eine gutgelaunte Betti spazierte herein.

„Guten Morgen, was für ein schöner Tag, wenn bereits am Morgen die Sonne lacht. Wie verlief der Tag bei deiner zukünftigen Schwiegermutter?", fragte sie sofort.

„Guten Morgen, Betti. Du wirst es nicht glauben, es gab einen handfesten Anlass für die kurzfristige Einladung. Jonas Ex-Freundin muss über mich irgendetwas Boshaftes geschrieben haben und schickte es an Finjas Adresse."

„Gottverdammich, gibt diese Verrückte nie auf? Was gibt es bloß für hinterhältige Weiber?"

„Keine Ahnung! Am Anfang war Finjas Verhalten mir gegenüber wieder jenseits von Gut und Böse. Jonas war stinksauer auf Finja, aber sie wird sich zukünftig, was mich betrifft, sensibler verhalten. Mit Tränen in den Augen hat sie sich bei mir entschuldigt. Sie will unbedingt, dass Jonas und ich heiraten. Sie hat neuerdings einen Freund und ist hoffentlich nun anderweitig beschäftigt. Wie lief es am Sonnabend? Gab es Ärger?"

„Nein. Die Buchhandlung war gut besucht. Langeweile kam nicht auf. Kurz vor Feierabend bekam ich noch einen besonderen Kunden. Willst du wissen, wer es war?" Einen Moment schien es, als wollte Betti noch was sagen. Hanna entging das Strahlen in ihren Augen nicht.

„Was für eine Frage! Nach deinem Gesichtsausdruck muss es ein erfreulicher Besuch gewesen sein. Lass mich raten? Georg?" Betti schob schmollend die Unterlippe vor.

„Bingo! Das ist … beeindruckend. Aber wie bist du darauf gekommen? Woher weißt du es?"

„Weiblicher Instinkt! Ach Betti, wir kennen uns schon so lange und es war nun wirklich nicht schwer, das zu erraten. Möchtest du wegen Sonnabend noch eine Erklärung von mir?"

„Ich denke, das ist nicht mehr notwendig. Das Ganze war ja gar nicht so schlimm. Georg hat mich am Sonnabend aufgeklärt. Dass du mir vorher nichts gesagt hast, sei einmal dahingestellt, aber in Ordnung. Ich werfe dir also nichts vor. Georg hat mich zum Essen eingeladen. Ich habe vor Aufregung mit dem Kopf geschüttelt, weil …" Hanna unterbrach Betti sofort.

„Du hast was? Du hast ihn abblitzen lassen", rief sie laut. „Ich dreh noch durch! Das kann doch nicht wahr sein. Du hast diesen tollen Mann abblitzen lassen?"

„Hanna, nun komm mal runter. Ich wollte ja weitererzählen, du hast mich sofort unterbrochen. So war es nicht. Es kam mir irgendwie nicht richtig vor. Unter seinem leidenschaftlichen Blick wurden aber meine Knie weich. Wenn ich dir jetzt ein Geheimnis verrate, würdest du es dann für dich behalten?"

„Ich behalte alles für mich, wenn du es möchtest."

„Nun …", meinte Betti und zog das Wort dabei ungewöhnlich in die Länge. „Georg hat es tatsächlich geschafft und mich zum Abendessen eingeladen. Ich habe ihm aber gesagt, dass ich ein bisschen aus der Übung bin, was das Ausgehen mit einem Mann betrifft. Er erwiderte trocken, dass er mit mir Essen wolle und nicht auf Sex aus war. Ich wurde knallrot. Wir waren essen und als ich die Gabel mit Fleisch zum Mund führte, habe ich festgestellt, dass ich mächtigen Hunger hatte. Anschließend waren wir bei ihm zu Hause. Alles sehr gediegen und Bücher ohne Ende. Es war wunderschön. Das Zusammensein, sein Lächeln und seine netten Worte taten mir so unsagbar gut und ich war die ganze Zeit glücklich. Meine Vergangenheit kennt er aber nicht. Dabei wäre es die Gelegenheit gewesen, ihm reinen Wein einzuschenken."

„Du hast dich verliebt. Daher das Leuchten in deinen Augen. Du wirkst locker und gelöst."

„Ja, bis über beide Ohren. Manchmal trifft die Liebe einen wie ein Blitz. Er ist einfach der erste Mann, zu dem ich mich wieder hingezogen fühle und … und dem ich je nahe gewesen bin. Mit Georg habe ich es geschafft, wieder Vertrauen zu einem Mann aufzubauen. Ich konnte seiner Zuneigung nicht widerstehen, als er den ersten Schritt wagte. Sich auf etwas Neues einzulassen war nicht einfach, doch der Gedanke, dass das noch nicht alles gewesen sein kann, gab mir Kraft. Ich habe mich nach Liebe und nach zärtlichem körperlichem Kontakt gesehnt." Betti war plötzlich schrecklich wehmütig zumute, und eine Träne lief ihre Wange hinunter. Doch dann kamen sie rascher und Betti hob die Hand, um sie fortzuwischen. „Entschuldige. Ich wollte nicht losheulen."

„Nicht schlimm." Hanna zögerte, ehe sie fortfuhr. „Das ist manchmal besser, als Tränen mit Gewalt zu unterdrücken."

„Ich habe mit ihm geschlafen. Wir wollten es beide und es überkam uns wie eine riesenhafte Welle. Ich versank in seiner Zärtlichkeit. Seine starken Hände ließen mich alles vergessen. Es war schön und erfüllend. Diese Hochstimmung hielt auch noch am nächsten Morgen an, als ich neben Georg aufwachte. Neben einem Mann aufzuwachen, der ebenso spärlich bekleidet war, wie ich, hatte etwas Berauschendes. Er war der erste Mann nach dieser unglückseligen Escort-Geschichte. Nun weiß ich wenigstens, dass ich noch echte Gefühle aufbringen kann. Ich hatte schon angenommen, dass das alles bei mir abgestorben ist. Noch nie habe ich so eine Leidenschaft erlebt. Um nichts auf der Welt möchte ich diese Erfahrung jemals missen. Ich fühlte mich so lebendig wie schon lange nicht mehr. Ich finde, das stand mir auch zu, ein bisschen Glück und ein bisschen umschmeichelt zu werden. Ich liebe diesen Mann und es ist auf keinen Fall ein flüchtiges Abenteuer. Jedenfalls nicht für mich. Ach, Hanna, wie kann man sicher sein, ob jemand wirklich die richtige Person für einen ist." Hanna überlegte kurz.

„Ich habe mich damals auch mit dieser Frage auseinandergesetzt. Wenn du auch nur den geringsten Zweifel hast, lass es bleiben."

„Nein, ich habe nicht den geringsten Zweifel. Ich hätte mir nie vorstellen können, dass aus meinem Unglück mit Harald nochmals Glück wird. Natürlich habe ich auch mit dem Gedanken gespielt, mich Georg gegenüber zu outen und über meine Vergangenheit zu sprechen. Ich habe es versucht", gestand sie. Ihre Stimme wurde plötzlich ganz leise, „aber ich habe es nicht übers Herz gebracht. Er wirkte so glücklich! Bestimmt war es ein Fehler." Hanna nahm sie in die Arme und streichelte ihr behutsam über ihre Wange.

„Fehler hin oder her! Ihr versteht euch und es überrascht mich nicht, dass ihr euch gefunden habt. Man soll sich selbst glücklich machen, dann kommt das Glück auch zu einem zurück. Genau das ist dir passiert und das Leben hat nun bestimmt Besseres mit dir vor. Wollen wir nach Feierabend gemeinsam etwas essen gehen? Ich würde mich freuen und schließe jetzt auf, da bereits der erste Kunde vor der Tür steht."

Während Hanna öffnete und den ersten Kunden begrüßte, kreisten ihre Gedanken bereits um Georg und Betti. Sie kannte Georg noch nicht gut genug, um einzuschätzen zu können, ob er das Vorleben von Betti so einfach wegstecken würde. Sollte Betti es für sich behalten, in der Hoffnung, dass es nie ans Licht komm? Kann sie selbst damit leben? Oder wird sie von Schuldgefühlen geplagt? Was ist, wenn es schief geht? Übersteht das ihre Liebe? Nach Feierabend suchten sie eine kleine Gaststätte auf. Sie nahmen eine Kleinigkeit zu sich und Betti sprach erneut über ihre gegenwärtige Gefühlswelt.

„Ich sehe die Zukunft mit Georg noch nicht optimistisch. Was ich damals gemacht habe, entspricht nicht der Norm. Manchmal frage ich mich aber auch, was normal und was nicht? Wozu gehört die Frau, die oft One-Night-Stands hat? Wozu gehört die Frau, die die Männer schneller wechselt als ihr Hemd. Oder Frauen, die im Bordell arbeiten. Sind sie deswegen abnormal oder abartig? Im Grunde meines Herzens weiß ich, dass ich es aus der Not herausgetan habe. Aber es hilft mir nicht wirklich! Wie wird Georg reagieren, wenn ich mich ihm gegenüber offenbare? Allein der Gedanke daran löst bei mir Gänsehaut aus. Ich leide noch immer an Panikattacken. Nachts habe ich Albträume und wache schweißgebadet auf. Einmal aufzuwachen, ohne Erinnerungen an meine Vergangenheit, wäre für mich ein Glückstag. Vom ersten Tag an habe ich mich wirklich in Georg verliebt und mich magisch zu ihm hingezogen gefühlt. Ich habe es aber auch zugelassen, dass er sich in mich verliebt, ohne die Konsequenzen zu bedenken." Hanna spürte, dass die ganze Sache Betti unsicher und nervös machte.

„Ich stehe zu dir und respektiere dich so wie du bist. Das weißt du auch. Du bist kein schlechter, sondern ein liebenswerter Mensch. Du musst lernen, deine Angst zu besiegen. Auf gar keinen Fall darfst du dich selbst hassen, das frisst nur deine Seele auf. Wer sich selbst nicht liebt, kann auch keine Verantwortung für sich übernehmen. Es wird nicht einfach für dich werden. Georg nimmt an, dass du unverheiratet bist. Du solltest ihn einweihen, aber nicht bis ins kleinste Detail! Vertraue dir und vertraue Georg. Wenn er danach eure oder seine Liebe anzweifelt, dann weißt du woran du bist. Du wirst zwar sehr verletzt und traurig sein, aber je länger du wartest, umso schwerer wird es für dich, gerade weil du ihn so liebst. Jonas kennt Georg schon viel länger. Ihn zu fragen, ob Georg damit umgehen kann, wäre eine Möglichkeit. Ich möchte dir unbedingt helfen, aber nichts ohne dich entscheiden. Lass es dir durch den Kopf gehen." Betti wirkte niedergeschlagen. Hanna überlegte, ob sie zu weit gegangen war, mit ihrem Vorschlag, Georg andeutungsweise die Wahrheit zu sagen.

„Ich glaube, es wäre besser gewesen, wenn ich mich zurückgehalten hätte. Du musst für dich allein entscheiden und nicht auf mich hören. Denk in Ruhe nach und vergiss alles, was ich zu dir gesagt habe. Es tut mir leid."

„Was redest du da für einen Blödsinn. Das braucht dir nicht leidzutun. Du hast vollkommen Recht. Die Frage ist nur, wann und wo ich es machen soll. Es ist alles schrecklich kompliziert und ein bisschen Angst spielt auch eine Rolle. Kann doch sein, dass ich ungebremst vom Himmel in der Hölle lande. Wenn du verstehst, was ich damit meine."

„Natürlich verstehe ich es. Ich verschließe auch meine Augen nicht vor deinem Kummer. Schön ist es nicht, wenn man mit der Angst leben muss und wer möchte schon seine rosa, rote Wolke freiwillig verlassen. Wenn du nicht lernst, dein Leben wieder zu genießen, wirst du immer unglücklich bleiben. Die Vergangenheit kann lange wehtun, ich habe es am eigenen Leib gespürt. Handle nach dem Motto meines Vaters, der immer gesagt hat: Nach vorne denken, nie aufgeben, nicht zurückdenken. Dann kommt die Lebenskraft zurück."

Betti widerstrebte es zuzugeben, dass Hanna Recht hatte. Sie reagierte mit einem Achselzucken.

„Dagegen ist auch nichts einzuwenden. Ich scheue mich nicht davor, ihm die Wahrheit zu sagen. Aber mein Bekenntnis wird unsere Liebe zerstören und wie eine Seifenblase in der Luft auflösen. Das fühle ich und dann werde ich wieder am Boden zerstört sein."

„Glauben heißt, nicht Wissen. Kennst du den Film mit Julia Roberts? Auf den ersten Blick ähnelt dieser Film ein bisschen deiner …" Betti unterbrach sie sofort.

„Hanna, schau mich nicht so an! Und wie passe ich jetzt in diese Geschichte? Was für eine Beziehung besteht da zu mir? Ich habe mir diesen Film sogar zweimal angeschaut. Es ist ein Film, mehr nicht." Sie zuckte trotzig mit den Schultern. Es dauerte ein paar Sekunden, dann platzte es aus Hanna heraus: „Betti, spiel nicht die Beleidigte. Das einzig Ärgerliche an dir ist, dass du alles so wörtlich nimmst. Sollte mir jemals dein Ex-Mann unter die Finger kommen, drehe ich ihm nachträglich noch den Hals um. Gottverdammich, solche Typen wie er, dürfen sich niemals vermehren, niemals fortpflanzen. Man muss sie zeugungsunfähig machen!" Betti lachte zum ersten Mal richtig herzhaft.

„Oh Gott! Hanna, hör auf, denk jetzt nicht an sowas, sonst bekomme ich gleich Schreikrämpfe. Ich werde mit Georg zurechtkommen. Ich versuche, das Beste aus allem zu machen. Ich kann das Geschehene nicht ungeschehen machen. Das muss man akzeptieren. Aber reden darüber hilft vielleicht." Sie entspannte sich ein wenig, zumindest für diesen Moment.

„Betti, was du auch tust, tu es mit deinem Herzen. Das hat Max mir auch einmal gesagt. Ich wünsche mir nur eines für euch: ein Happy End", sagte Hanna zum Abschied.

# Kapitel 17

„Hanna, wie wollen wir die Zusammenführung der beiden Mütter organisieren?", fragte Jonas.

„Ich denke, das hat noch Zeit. Wir müssen nichts überstürzen. Finja sprach mich beim letzten Besuch deswegen auch an und hatte sogar schon einen Plan. Ich habe ihr gesagt, dass das keine gute Idee ist, weil es noch zu früh ist." Jonas druckste rum und fühlte sich in seiner Haut nicht wohl.

„Was ist los? Hat sie etwa das Grillfleisch für uns alle schon bestellt?" Jonas nickte.

„Sie hat mich unter einem Vorwand angerufen und nebenbei erwähnt, dass sie bereits mit den Vorbereitungen begonnen hat. Ich habe sie sogar dafür gelobt. Von einem Gespräch zwischen euch hat sie nichts erwähnt. Das ist der Hammer! Was machen wir nun? Was schlägst du vor?"

Hanna war wieder einmal sehr verwundert, wie perfekt Finja ihr doppeltes Spiel spielte.

„Jonas, verlang jetzt nicht von mir eine Entscheidung. Ich habe die ernsthafte Befürchtung, dass Finja sich tatsächlich in unser Leben einmischt. Ich bin ein bisschen traurig über ihr Verhalten und will es nicht gutheißen. Sicherlich meinte sie es gut, aber sie muss doch auch meine Entscheidung akzeptieren. Wenn wir wirklich mal zusammenziehen, sitzt sie dann unter Umständen jedes Wochenende bei uns am Tisch? Sagt mir vielleicht, was ich zu tun oder zu lassen habe? Ihre Autorität ist keine gute Ausgangsbasis für uns beide. Vielleicht ist sie auch noch ein Kontrollfreak? Finja bereitet mir wieder einmal Unbehagen."

„Hanna, wir machen folgendes: Du rufst erst einmal Luise an und klärst ab, ob sie überhaupt Zeit hat und kommen möchte. Wenn ja, sage ich Finja ab. Auch auf die Gefahr hin, dass sie wieder ihre Flügel ausfährt und damit wie wild um sich schlägt", versuchte Jonas Hanna zu beschwichtigen. „Bei ihr muss man immer auf der Hut sein, sie ist wirklich eine wandelnde Katastrophe! Für die Zukunft, damit sie uns nicht noch einmal gegeneinander ausspielt, stimme ich zu nichts zu, ohne mich vorher mit dir zu beraten zu. Außerdem werde ich ihr unmissverständlich sagen, dass wir unser Leben so leben, wie wir es für richtig halten. Und sie soll auch nicht wie eine Glucke über uns wachen. Ich möchte mit dir allein das Leben in vollen Zügen genießen. Einverstanden?"

„Danke, das ist eine tolerante Einstellung! Danke, für dein Verständnis. Du bist jetzt aber nicht mehr wütend auf sie?"

„Nicht wütend! Wut ist keine gute Regung, sie trübt das Denkvermögen. Nein, das macht mich eher traurig. Ich weiß nicht, warum sie sich abermals so verhält."

„Ich werde jetzt Luise anrufen", sagte Hanna. Es dauerte eine Ewigkeit bis Luise das Telefon abnahm. „Was hältst du davon, wenn wir uns am Wochenende mit Jonas treffen? Soll ich dich abholen?"

„Ach, das brauchst du nicht. Ich komme mit dem Auto."

„Was? Du fährst wieder Auto? Ich bin sprachlos. Wie kam es denn dazu?"

„Hilde hat mit mir geübt. Bis bald Hanna." Jonas kam rein, als Hanna gerade das Handy weglegte.

„Gibt es Neuigkeiten? Kommt Luise?"

„Luise hat unsere Einladung angenommen und fährt sogar wieder Auto."

„Oh, das ist natürlich eine Neuigkeit. Nun werde ich ein Telefonat mit Finja führen, dann sind wir mit dem Thema durch." Hanna verließ vorsichtshalber das Zimmer.

„Ich wollte mich wegen der Grillparty melden. Wir kommen nicht, weil Luise uns besucht. Hanna hat es dir beim letzten Gespräch gesagt. Nur noch mal zur Erinnerung!"

„Also, das kann ich keineswegs akzeptieren. Ich habe bereits das Fleisch gekauft und die Zutaten auch. Jetzt wollt ihr mich eiskalt im Regen stehenlassen? So geht das nicht. Das könnt ihr mit mir nicht machen! Überlegt es euch noch einmal! Ich hatte mich so auf ein Wiedersehen gefreut."

„Erstens: Du stehst nicht im kalten Regen, da die Sonne scheint. Zweitens: Du kannst nicht verlangen, dass wir alles stehen und liegen lassen und uns nur noch um dich kümmern. Wir machen manches eben etwas anders. Hanna und ich möchten die Stunden mit Luise verbringen. Damit musst du leben, ob es dir nun gefällt oder nicht. Du hast noch Frank und stirbst ja wohl nicht an Einsamkeit."

„Das ist mir zu kompliziert. Was mache ich mit dem Fleisch? Kannst du mir das verraten? Wenn ich es mir recht überlege, habt ihr was gegen mich. Ja, ihr habt was gegen mich", sagte sie mürrisch.

Jonas lachte. „Das Problem ist, ich habe das unerträgliche Gefühl, dass du recht haben könntest? Außerdem glaube ich, du betreibst jetzt Haarspalterei. Du hast doch einen Tiefkühlschrank, also nutze ihn!" Jonas legte das Handy beiseite als Hanna ins Zimmer kam.

„Alles erledigt? War es schlimm? Wie hat Finja es aufgenommen?"

„Na, zähneknirschend! Sie hat aber keine andere Wahl und wird schon drüber wegkommen. Und wenn nicht, was soll's. Außerdem kann sie sich jetzt bei Frank austoben, der hält das aus. So wie ich ihn einschätze, mag er Frauen, die wie wild Funken versprühen. Hoffe ich jedenfalls."


## Freitagmorgen

Als Hanna die Buchhandlung betrat stand Betti Gedankenverloren am Bücherregal.

„Betti? Du machst ja einen entsetzlichen Eindruck. Du siehst zum Fürchten aus. Was ist los?", fragte Hanna besorgt.

„Georg hat mich fürs Wochenende ins Ferienhaus eingeladen." Dann sprudelte es nur so aus ihr heraus. Die Themen Schuldgefühle und Pessimismus gewannen bei ihr wieder die Oberhand. Nie im Leben hätte Hanna sich vorstellen können, auf welche Geduldsprobe Betti sie stellte. Sie konnte es kaum noch ertragen und hatte die Hände in die Seiten gestemmt.

„Herrgott nochmal, dein Selbstmitleid ist nun wirklich nicht angebracht. Entweder du kämpfst dagegen an oder du akzeptierst es. Wir machen alle mal schlechte Erfahrungen. Schlechte Erfahrungen sind die Lehren des Lebens. Sie schärfen das Urteilsvermögen und machen uns stark für die Zukunft. Es hat keinen Zweck darüber nachzudenken, warum die Dinge so sind, wie sie sind. Du ziehst dich selbst runter, hör endlich damit auf und lass dich nicht hängen. Es ist alles eine Frage der Einstellung. Das ist das A und O. Es kommt darauf an, dass man das Glas eher als halb voll sieht. Wenn du etwas willst, schaffst du das auch. Tu das, was dich glücklich macht, nicht das, was am besten ist. Ich koche uns jetzt einen Kaffee."

Eine Stunde später trat Betti von einem Fuß auf den anderen.

„Hanna, hast du etwas dagegen, wenn ich mal kurz um die Ecke verschwinde? Morgen komme ich doch nicht dazu. Ich will nur schnell noch ein paar Einkäufe tätigen. Nichts Besonderes! Normale Unterwäsche im Dreierpack, du weißt doch, wie sparsam ich bin."

„Das ist vollkommen in Ordnung. Lass dir ruhig Zeit! Ich komme hier ohne dich zurecht."

„Es wird bestimmt nicht lange dauern." Ehe Hanna noch was fragen konnte, schnappte sich Betti ihre Handtasche. „Bis dann", rief sie Hanna zu und rannte durch die Tür.

Betti kam mit einer Einkaufstüte wieder, die vermuten ließ, dass darin keine billige Unterwäsche im Dreierpack war, sondern Luxuswäsche. Hanna kannte die Werbung auf der Einkaufstüte, weil sie in diesem exklusiven Geschäft auch schon öfter eingekauft hatte.

„So, so, billige Unterwäsche im Dreierpack? Verstehe", murmelte Hanna und musste sich auf die Unterlippe beißen, um nicht zu lachen. „Na, dann zeig doch mal, was du eingekauft hast? Meine Güte, das ist ja eine einzigartige Sünde." Zwei winzige spitzenbesetzte Seidenslips und Seidenhemdchen kamen zum Vorschein. Bettis Gesicht lief merklich rot an.

„Wie soll ich dir das jetzt erklären oder besser gesagt, begreiflich machen?", sagte sie verlegen und packte die Sachen schnell wieder in die Tüte.

„Ich weiß, woran du gedacht hast. Seidenwäsche soll auf Männer erotisierend wirken. Als ich mit Jonas dorthin fuhr, habe ich meinen roten und schwarzen Tanga mitgenommen. Ich dachte, es wäre das richtige, um Jonas zu verführen. Gebraucht habe ich sie beide nicht. Wann fahrt ihr los?"

„Sonnabend um sieben Uhr und kommen Sonntagabend zurück."

Nach achtzehn Uhr verabschiedete sich Hanna von Betti und nahm sie noch einmal in die Arme.

„Ich wünsche dir und Georg schöne Stunden. Denk daran, wenn es nicht angebracht ist, dann verschiebe deine Entscheidung, Georg zu informieren. Du musst nicht an diesem Wochenende, deinem Herzen Luft machen und alles darlegen. Der Preis wäre zu hoch. Seid einfach nett zueinander! Kopf hoch, es wird alles gut."

„Und was macht ihr am Sonnabend und Sonntag?"

„Luise, Jonas und ich verbringen die Tage gemeinsam. Ein Programm haben wir uns noch nicht überlegt. Mal sehen, was Luise sich wünscht. Ich bin Hilde so dankbar, dass sie am Sonnabend wieder einspringt. So können wir alle das Wochenende genießen. Betti, denk daran: Kopf hoch! Alles wird gut."

Jonas konnte seine Ungeduld kaum bezwingen. Er hatte sich noch sorgfältiger als sonst rasiert und seine Kleidung mit Bedacht ausgewählt. Hanna hatte ihn beobachtet und neckte ihn.

„Meine zukünftige Schwiegermutter soll auf den ersten Blick einen positiven Eindruck von mir haben. Der erste Eindruck ist entscheidend", sagte Jonas ernsthaft. Hanna grinste, weil Jonas, selbst wenn er zu Hause war und bequeme Kleidung eigentlich liebte, nie im Schlapperlook rumlief.

Dann standen sich Jonas und Luise endlich gegenüber. Jonas war fassungslos. Die Ähnlichkeit zwischen Hanna und Luise war nicht zu übersehen.

Luise schoss es sofort durch den Kopf: Dieser Mann ist wahnsinnig attraktiv. Schwiegersohn mit fünf Sternchen.

„Junge, du bist der Traum aller Schwiegermütter!", sagte sie spontan bei der Begrüßung.

Jonas reagierte schlagfertig. „Jetzt weiß ich, von wem Hanna ihre Schönheit geerbt hat. Aber der Traum aller Schwiegermütter? Da lege ich energisch Protest ein. Ich will nur dich als Schwiegermutter und zwar für immer."

„Mein Gott, nun hört mal langsam wieder auf. Wovon redet ihr denn bloß?", rief Hanna lachend dazwischen. Wir sollten jetzt einen Happen essen, etwas trinken und entspannen."

Jonas erzählte Luise von Finja und ihrem Kosmetiksalon. Er fände es gut, wenn sich die zwei Mütter irgendwann einmal beschnuppern könnten und eine gemeinsame Sprache finden würden.

„Ich habe kein Problem damit. Vielleicht bekomme ich den einen oder anderen Tipp für meine Haut", erwiderte Luise vergnügt.

Nachdem sie ihre Teller und Tassen geleert hatten, standen sie auf. Es war Zeit für einen langen Mittagsspaziergang. Am späten Nachmittag gingen sie gemeinsam zu ihrem Lieblingsitaliener und Jonas war ein ausgezeichneter Gesprächspartner. Selbst Luises Frage „Wollt ihr auch heiraten?" – brachte ihn nicht aus dem Konzept.

„Lieber heute als morgen, aber Hanna ist noch nicht bereit, mir das Ja Wort zu geben. Wir sind sehr glücklich. Wie ein Herz und eine Seele. Gemeinsam lebt es sich schöner. Ich möchte mit ihr eine kleine Familie mit Kind gründen. Ich bleibe am Ball und lasse nicht locker. Ich glaube, bei Hanna handelt es sich um einen leichten Fall vorehelicher Angst. Sie muss aber unbedingt vom Markt genommen werden, damit andere Männer sie mir nicht wegschnappen." Hanna lehnte sich zurück und witzelte: „Du kennst doch das Sprichwort, drum prüfe wer sich ewig bindet, ob sich nicht noch was Besseres findet." Jonas schaute sie entsetzt an. Hanna streichelte seine Hand.

„Jonas, die Ehe ist harte Arbeit und Kompromiss reich. Wir sollten also noch warten."

Nach einem gemeinsamen Spaziergang am Wasser suchten sie noch eine Gaststätte auf. Später fuhr Jonas die Frauen nach Hause. Sie mussten ihm versprechen, dass sie morgen ein zweites Frühstück bei ihm einnehmen würden. Man einigte sich auf elf Uhr! Hanna und Luise konnten einfach nicht einschlafen und redeten über alles Mögliche. Plötzlich richtete sich Luise auf.

„Was ist damals zwischen dir und Jonas vorgefallen?"

„Seine Ex-Freundin kam in die Buchhandlung und hat an Jonas kein gutes Haar gelassen. Er wäre ein Loser und ich nicht die einzige Frau an seiner Seite. Ich war total durcheinander und bin in Tränen ausgebrochen, aber nicht vor ihr. Jonas kam am nächsten Tag zu mir und hat dem ganzen Spuk ein Ende bereitet. Ich habe das Thema endgültig abgehakt."

„Mir gefällt dein Jonas. Er liebt dich über alles. Ihr seid ein Traumpaar. Schade, dass Max das nicht mehr erleben durfte."

„Ich weiß. Er ist einfach der beste Mann, den man sich vorstellen kann. Er ist mein Ruhepol. Er ist der starke Mann, bei dem ich mich fallen lassen kann und ich habe eine Schulter zum Anlehnen gefunden. Es ist alles genauso geworden, wie ich es mir ausgemalt habe. Nur seine Dienstreisen nerven. Wenn ich von ihm getrennt bin, ist das gut und schlecht zugleich. Gut ist, dass es uns davon abhält, uns gegenseitig für selbstverständlich zu halten, und dass es uns Platz zum Atmen gibt. Aber schlecht ist, dass ich Jonas immer ganz schrecklich vermisse."

„Du vertraust ihm, wenn er für längere Zeit weg ist? Immerhin ist er ein gutaussehender Mann. Man hört oft genug, dass man nie alles über einen anderen Menschen erfährt."

„Jonas flirtet schon mal, okay, er würde nie fremdgehen. Er ist wie ein Schaufensterbummler, der aber nie was kauft. Da ich das weiß, lass ich ihm diese Freiheit. Jonas kennt meine Denkweise und ich konnte mich bisher immer auf ihn verlassen. Warum sollte er sich nicht schöne Frauen ansehen? Er ist für mich die Geborgenheit und Treue in Person."

„Wie kommst du mit seiner Mutter klar? Akzeptiert sie dich an Jonas Seite? Ich habe unlängst gelesen, dass ca. dreißig Prozent aller Frauen angegeben haben, dass ihre Partnerschaft unter der schwierigen Beziehung zwischen ihnen und ihrer Schwiegermutter leidet. Männer haben dagegen kaum Probleme mit ihrer Schwiegermutter."

Hanna überlegte, wie sie ihre Antwort am besten formulieren sollte, aber ihre Mutter fragte nichts mehr. Sie war eingeschlafen und Hanna war froh, dass sie um diese Frage herumkam.

Jonas hatte am nächsten Morgen einen rustikalen Frühstückstisch gezaubert, der mit einem Fünf-Sterne-Hotel mithalten konnte. Er wusste genau, was von ihm erwartet wurde und zündete überall Kerzen an. Er sah sich noch mal um und dachte: Meine Damen, ihr könnt kommen. Ich bin vorbereitet. Dann klingelte es.

Er begrüßte die Frauen mit den Worten: „Schön, dass es euch gibt. Ihr seht bezaubernd aus."

Luise war so überwältigt, dass sie zunächst kein Wort hervorbrachte. Sie wusste gar nicht, was sie zuerst loben sollte, den Stil seiner Wohnung oder den Frühstückstisch. Alles war geschmackvoll und elegant. Ihr ging es wie Hanna und sie fragte sich im Stillen, wie er das bloß geschafft hatte. Einen Kredit aufgenommen? Oder bezieht er ein Gehalt, das ihm so einen Lebensstil ermöglicht? Unabhängig von Luises Überlegungen verbrachten sie herrliche Stunden. Ehe Luise wieder nach Hause fuhr, mussten Hanna und Jonas versprechen, auch bei ihr vorbeizukommen.

„Ob Betti und Georg auch so eine traumhafte Zeit verbracht haben, wie wir damals. Wird dir Betti es erzählen?" fragte Jonas abends, als sie eng umschlungen auf der Couch saßen.

„Ich denke ja, wenn es ein glückliches Beisammensein war." Jonas blickte erstaunt auf.

„Zweifelst du etwa daran? Es klingt nicht gerade überzeugt."

„Es kann sein, dass dort ihre kurze Beziehung zu Bruch geht und für Betti in Tränen endet." Sofort verstummte sie, als ob sie etwas Unerlaubtes ausgeplaudert hätte.

„Du sprichst in Rätseln. Georg ist auf keinen Flirt und schnellen Sex aus. Er möchte mit Betti unter allen Umständen eine Langzeitbeziehung aufbauen. Er hat sich ohnehin schwergetan, sie einzuladen. Er ist geradezu in Betti vernarrt."

„Jonas, Betti auch. Auf der einen Seite hat sie sich über die Einladung gefreut. Auf der anderen Seite ist es ihr nicht leichtgefallen, sie anzunehmen. Du weißt, dass Betti noch verheiratet ist, aber Georg nicht! Es sei denn, du hast es ihm gesagt."

„Nein, darüber haben wir nie gesprochen. Wenn ich ehrlich bin, dachte ich, dass Betti bereits geschieden ist. Immerhin lebt sie doch schon lange allein." Hannas Gesicht nahm einen bedrückten Ausdruck an.

„Das stimmt! Sie hat nur ein Problem und das ist ihr Mann. Betti hat keine Ahnung, wo er sich aufhält. Er hat seine Sachen gepackt und ist gegangen. Dass sie noch nicht geschieden ist, belastet sie sehr. Auch im Hinblick auf Georg. Und es gibt im Leben von Betti noch ein unerfreuliches Geheimnis."

„Entschuldige, wenn ich dich jetzt unterbreche, aber du sprichst in Rätseln, damit kann ich nichts anfangen." In seiner Stimme schwang Sarkasmus mit.

„Betti wird voraussichtlich Georg über ihr unglückseliges Vorleben berichten. Das A und O wird Georg sein. Es wird von seinem Einfühlungsvermögen und seiner Toleranz abhängen, ob sie ohne Einschränkungen zusammenbleiben oder ob es in einer tragischen Liebesgeschichte endet. Morgen werde ich Gewissheit haben. Wenn sie vor mir steht, kann ich es von ihrem Gesicht ablesen. Ich wünsche mir von ganzem Herzen, dass die beiden ihren Weg finden und so glücklich werden, wie wir es sind."

„Meine Güte, warum hast du nie etwas gesagt? Es gibt doch für alles eine Lösung. Vielleicht hätte ich im Vorfeld helfen können? Das klingt ja dramatisch!"

Hanna legte ihre Stirn in Falten. „Georg ist aus meiner Sicht ein sehr toleranter Mensch und ich vermute, dass alles gut gehen wird. Vielleicht feiern wir mal eine Doppelhochzeit."

„Wer weiß das schon?", erwiderte Hanna mit einem angedeuteten Lächeln.


**Samstagmorgen**


An diesem Morgen war Betti sehr zeitig aufgewacht. Es waren Sorgen, die sie so früh aufweckten. Ihr gingen Hannas Worte nicht aus dem Kopf. Auch wenn Harald sonst wo war und kein Kontakt mehr bestand, war sie nach wie vor eine verheiratete Frau. Das durfte sie nicht verheimlichen, das wäre Georg gegenüber unfair. Wie sollte sie ihm aber die Sache mit der Escort-Agentur beibringen? Dass sie durch Harald auf der Verliererstraße landete und sich die Schlinge immer enger um ihren Hals zog? Wie aber sollte sie Georg, den sie über alles liebte, ihre Lebensgeschichte darlegen? Sie überlegte krampfhaft, ob sie ihn anrufen sollte, um abzusagen. Noch wäre Zeit! Aber ändert das was? Was ist, wenn sie ihm sagt, dass sie ihn nicht liebt und der Sex mit ihm ein Ausrutscher war? Sie rannte mit ihrem Handy auf und ab, zögerte eine Weile und legte es dann beiseite. Sie war das reinste Nervenbündel. Dieses verfluchte Nachdenken. Nein, beschloss sie für sich, sie wird ihm reinen Tisch machen und ihm die Wahrheit sagen.

Betti gab sich alle Mühe, gut auszusehen und brauchte eine halbe Stunde, um sich zu entscheiden, was sie anziehen sollte. Sie hatte sich für ihr Lieblingskleid entschieden. Die Tasche war bereits gepackt. Sie trank nur einen Kaffee. Hunger hatte sie keinen, aber dafür einen unangenehmen Druck in der Magengegend. Nervös tigerte sie durch die Wohnung. Sie setzte sich hin. Doch sie war viel zu unruhig und stand wieder auf. Sie hörte die Hupe von Georgs Wagen, sah kurz aus dem Fenster, und schloss mit einem tiefen Seufzer die Wohnungstür zu.

Georg eilte ihr entgegen, nahm ihr die Tasche ab und öffnete gutgelaunt die Beifahrertür. Obwohl sie sich bemühte, ein Lächeln aufzusetzen, sah Georg ihr an, das was nicht stimmte.

„Betti, du siehst so ernst aus! Freust du dich nicht auf unser gemeinsames Wochenende?"

„Doch, natürlich!" Sie versuchte zu Lächeln, aber es wirkte kläglich und sie kam sich schäbig vor.

Georg plauderte die ganze Zeit. Ab und an beteiligte sie sich mit kurzen Äußerungen an dem Gespräch. Als sie das Ziel erreichten, war Betti überwältigt von der Umgebung, vom Haus und der Inneneinrichtung.

„Ich habe viel Zeit in den ersten Jahren meines Lebens hier verbracht und komme immer noch gerne hierher zurück. Mir fehlt es hier an nichts. Der Strand und das Meer – das ist für mich

Schönheit und Ruhe. Man läßt das unruhige Leben in der Stadt zurück. Ich schaue in die Weite, höre auf die Stille, die nur von den Geräuschen der Wellen unterbrochen wird und genieße den Wind auf meiner Haut. Am Wasser kann ich die Seele baumeln lassen, in Ruhe lesen oder einfach nur aufs Meer schauen, das wird mir nie langweilig. Das ist mein persönliches Entschleunigungsprogramm. Es ist ein Ort zum Bleiben, mein zweites Zuhause. Im Winter ist es allerdings eine wilde, raue Schönheit. Dann pfeift der Orkan ums Haus, rüttelt an den Fenstern und am Dach. Am Tag hat man viel Platz, um am Strand spazieren zu gehen und sich den kalten Wind um die Ohren wehen zu lassen. Meistens ist weit und breit kein Mensch zu sehen. Allzu viel Zeit bleibt aber nicht, denn um halb vier ist es stockdunkel. Und die Sonne geht in der Früh nicht vor halb neun auf. Wenn man durchgepustet ist, sorgt der Kamin für angenehme Wärme. Wie wäre es, hättest du nicht mal Lust das mit mir zu erleben?"

„Wenn du das möchtest, gerne. Ich liebe schöne Wintertage. Vermietest du dein Haus auch?"

„Vermieten ist nicht ganz richtig. Gute Freunde dürfen hier ein- und ausgehen, wie beispielsweise Hanna und Jonas. Hier muss man für Ferien am Wasser kein Vermögen zahlen. Es ist kostenlos. Warum fragst du? Willst du hier deinen Urlaub verbringen? Kein Problem, du kannst dich jederzeit hier aufhalten, wann immer du möchtest."

„Danke, für das Angebot. Ich weiß noch gar nicht, ob und wann ich ein paar Tage freinehmen kann. Das hängt auch von Hanna ab. Wir haben darüber noch nicht gesprochen."

„Ich hole uns einen kleinen Imbiss und was zum Trinken. Deine Tasche nehme ich gleich mit. Nimm auf der Terrasse Platz. Du bist mein Gast und lässt dich von mir verwöhnen."

„Ich kann dir doch helfen, wenn du …" Georg schloss sie in seine Arme und verschloss ihren Mund mit einem leidenschaftlichen Kuss.

„So, jetzt setzt du dich hier hin. Ich bin gleich wieder bei dir." Betti genoss es, unter freiem Himmel zu sitzen, in die Sonne zu blinzeln und verdrängte die unangenehmen Gedanken. Georg brachte belegte Brötchen, Tomaten mit Mozzarella und Kaffee und nahm ihr gegenüber Platz.

„Liebst du den Sommer genauso wie ich?", fragte er neugierig.

„Oh ja! Weißt du, was mich am Sommer so begeistert? Die langen, warmen Tage, das satte Blattgrün, die blühenden Felder, die bunten Farben überall."

„Betti, wir sollten jetzt Essen. Lass es dir schmecken. Es ist genügend vorhanden."

„Wie konntest du in dieser kurzen Zeit so appetitliche Brötchen zubereiten?"

„Das ist nicht mein Verdienst. Hier im Ort wohnt meine treue Seele, Frau Menzel. Sie passt seit Jahren auf das Haus auf, sieht öfter nach dem Rechten, und wenn ich was brauche, rufe ich sie an. Sie besorgt es und bereitet auch einiges vor, wie eben diese Brötchenplatte. Nur eines habe ich leider für heute vergessen, nämlich einen Rosenstrauß für dich zu bestellen. Deshalb stehen auch keine Blumen auf dem Tisch."

„Georg, das Wetter ist super, die Landschaft traumhaft, die Brötchen und der Kaffee lecker, mehr geht wirklich nicht. Ich bin sehr glücklich, nur ist es hier sehr warm geworden."

„Ja, stimmt! Wir sollten ans Wasser gehen. Ich hole die Badehandtücher. Du bringst derweil alles in die Küche."

Sie gingen zum Strand runter, über dem eine flirrende Hitze lag. Jetzt bemerkte Betti, als sie die ersten Nackten sah, dass es ein FKK-Strand war. Georg sah ihr erstauntes Gesicht und fing zu lachen an. „Habe ich dir das nicht erzählt?", fragte er scheinheilig.

„Das hast du mir ganz bestimmt nicht gesagt. Wenn ich es gewusst hätte, wären meine Badesachen zu Hause geblieben. Hanna hat es auch nicht verraten. Vielleicht hat sie es bewusst verheimlicht! Sie hat von dem Strand und dem feinen Sand geschwärmt, aber nicht von splitternackten Leuten. Was hilft es, dann werde ich meine Hüllen fallen lassen."

Sie saßen dicht beieinander und die warmen Sonnenstrahlen kitzelten ihre nackte Haut. Georg war wieder fasziniert von der Zartheit und den vollendeten Formen ihres Körpers. Er legte den Arm um sie.

„Ich bin in dich verliebt. Und zwar seit dem Tag, an dem ich dich zum ersten Mal in der Buchhandlung gesehen habe. Seither habe ich mir ausgemalt, wie es wäre, mit dir hier ein Wochenende zu verbringen. Ich träumte davon, mit dir hier zu übernachten, nur wir beide! Irgendwie ahnte ich damals schon, dass wir füreinander bestimmt sind. Und ich weiß, dass heute Abend noch wunderschöne Dinge passieren werden." Seine zärtlichen Streicheleinheiten lösten bei Betti ein aufregendes Gefühl aus. Genau wie damals, als sie beide zum ersten Mal miteinander Sex hatten. Sie tauschten zärtliche Küsse aus und als ihnen zu warm wurde, half nur ein kurzer Sprung ins kühle Nass. Betti versuchte, nicht mehr an das zu denken, was ihr noch bevorstand. Der Wind hatte leicht aufgefrischt und kräuselte das Wasser. Sie beobachteten die Möwen und sahen, wie eine im Sturzflug ins Wasser tauchte. Mit einem kleinen Fisch im Schnabel kam sie wieder hoch.

„Fütterst du die Möwen?", fragte Betti, weil es zwischen ihnen ruhig geworden war.

„Ja, am Anfang schon, aber seit dem Fütterungsverbot nicht mehr. Trotzdem verhungern sie nicht. Im Sommer haben sie sich auf Urlauber spezialisiert. Ich werde dir mal von einem lustigen Erlebnis erzählen. Es war ein warmer Frühsommertag vor über einem Jahr. Jonas und ich hatten Appetit auf Eis. Also sind wir zur Strandpromenade spaziert, wo es auch Fischbrötchen und was weiß ich noch alles gab. Der Fischbrötchenstand war von Urlaubern dicht umringt und dann passierte etwas Unglaubliches. Im Sturzflug kam eine Möwe angeflogen und klaute einer Urlauberin ihr gesamtes Fischbrötchen. Die Frau schrie vor Schreck auf, starrte entsetzt auf ihre leere Hand und fluchte. Dabei wollte sich die Möwe nur etwas Leckeres gönnen, allerdings auf Kosten der Frau. Wir standen etwas abseits und haben uns vor Lachen gebogen. Mittlerweile klauen die Möwen nicht nur Fischbrötchen, sondern machen auch Jagd auf Eis. Die Möwen wissen genau, was sie tun. In der Regionalzeitung war ein Foto abgebildet, das eine Möwe zeigte, die in ihrem Schnabel eine Eistüte transportierte. Ist das nicht zum Lachen?"

„Zumindest esse ich keinen Fisch, also kann mir sowas nicht passieren."

„Du bist an der Küste groß geworden, ein echtes Küstenmädchen, und magst keinen Fisch?"

„So ist es. Sage jetzt nicht, dass es heute Abend Fisch gibt."

Der ernste Ton in ihrer Stimme machte Georg stutzig. Er merkte sehr wohl, dass Betti irgendetwas bedrückte und das war sicher nicht das Essen. Gleichzeitig vermisste er ihr strahlendes Lächeln.

„Betti, du bist heute so anders. Offenbar belastet dich etwas? Willst du es mir nicht sagen?"

„Es stimmt, mir brennt was auf der Seele, deshalb muss ich mit dir reden." Sie vermied es, ihn anzusehen und schaute demonstrativ aufs Wasser. Kleine Wellenkämme rollten über das Meer und endeten am Strand.

„Ist es dir recht, wenn wir es noch hinauszögern und nach dem Abendessen reden? Komm, wir gehen noch ein Stück am Wasser lang", sagte Georg und zog sie hoch.

Wieder meldete sich ihr schlechtes Gewissen. Nie im Leben hätte sie mit Georg hierherfahren dürfen. So ein fantastischer Mann an ihrer Seite, den sie bald enttäuschen und vielleicht für immer verlieren würde. Mittlerweile war die Sonne untergegangen, aber die nächtliche Dunkelheit noch nicht hereingebrochen. Nach dem Abendessen, zu dem es leckeres Grillfleisch gegeben hatte, legte Georg behutsam seinen Arm um ihre Schulter. Es durchlief sie heiß und kalt. Sie schloss die Augen und küsste ihn voller Hingabe. Es war kurz nach zwanzig Uhr, als sie bei einem Glas Rotwein auf der Terrasse saßen. Betti beobachtete die Lichtspiele, die die Kerze auf den Verandatisch zauberte. Ihr Puls schlug schneller als sonst, ihr Herz auch. Sie senkte den Blick und starrte auf ihre Hände. Ihr Mund war trocken und ihre Stimme zitterte, als wäre ihr kalt.

„Ich würde sagen, es ist Zeit für ein Bekenntnis. Es wird eine lange Geschichte werden", sagte sie sehr leise.

„Wir haben den ganzen Abend Zeit. Willst du jetzt darüber sprechen? Oder möchtest du noch warten?" Er glitt mit der Hand über den Tisch und griff nach ihren Fingern.

„Ich weiß nicht so richtig …" Sie stockte. „Ich weiß gar nicht, wo ich anfangen soll. Mir geht es hundsmiserabel! Das Bild, das du von mir hast, entspricht nicht der Realität. Wenn man erneut verliebt ist, handelt man mitunter sehr unvernünftig und genau das habe ich getan. In meinem ganzen Leben gab es nur zwei Männer, in die ich mich je verliebt habe. Du und Harald, mein noch Ehemann, vor dem ich jegliche Achtung verloren habe. Aus einer glücklichen Ehe wurde im Laufe der Zeit ein furchtbarer Albtraum."

Er zog seine Hand zurück. Sie sah die tiefe Falte, die sich fragend auf seiner Stirn zeigte. Unwillkürlich zog sie die Beine hoch und umfasste sie mit ihren Armen. Dann löste sie sich, griff nach dem Rotweinglas, trank einen Schluck und vermied es, ihn anzuschauen. Sie umfasste das Glas mit beiden Händen, als bekäme sie dadurch zusätzlichen Halt. Ohne eine genaue Vorstellung davon zu haben, wie sie fortfahren sollte, stellte sie das Weinglas ab. Sie merkte, dass ihre Hände zu zittern begannen, deshalb schob sie ihren Korbstuhl so dicht wie möglich an den Tisch und legte die Hände auf ihre Oberschenkel. Er sollte nicht sehen, wie sie zitterte. Ihr Herz klopfte erneut bis in ihren Hals. Sie wusste, sie würde es durchstehen müssen, obwohl ihr der Gedanke nahezu unerträglich war. Georg würdigte sie keines Blickes mehr. Betti holte tief Luft. Sie achtete darauf, ruhig zu bleiben. Er stand unvermittelt auf und ging hin und her. Er nahm wieder Platz.

„Georg, ich möchte dir sagen, dass ich es bereue, in dir falsche Hoffnungen geweckt zu haben und dir ein dunkles Kapitel in meinem Leben verschwiegen habe. Es fällt mir schwer, darüber zu reden. Ich hätte so tun können, als sei nie was geschehen, aber das würde mich auf Dauer belasten. Durch bestimmte Lebensumstände erreichte ich einen Punkt, an dem ich fast zerbrochen wäre. Mein Mann, der auf Nimmer-Wiedersehen abtauchte, hat mich in eine tiefe Krise und in den finanziellen Ruin gestürzt. Er hatte eine Schwäche für Alkohol und konnte dem Glücksspiel nicht widerstehen. Beides hat ihn magisch angezogen. Überall ließ er ein Berg von Schulden zurück, sowohl bei seinen Freunden als auch bei unserer Bank. Einer drohte, Kumpels vorbeizuschicken, wenn ich das Geld nicht auftreiben könnte. Er sprach von Verletzungen im Gesicht. Ich musste für die gesamten Schulden aufkommen und dafür reichte mein Gehalt nicht aus. Ich brauchte unbedingt Geld, landete bei einem Escort-Service und habe eine problematische Zeit durchgemacht. Jede Nacht quälte ich mich mit Schuldgefühlen und mit der Frage nach dem Warum? Warum musste mir das alles passieren?"

Er blickte sie mit einer Mischung aus Traurigkeit und Abscheu an. Betti biss sich auf die Unterlippe und dachte: Du musst jetzt alles zu Ende bringen. Du darfst keine Schwäche zeigen. Sie holte tief Luft.

„Irgendwann, ganz, ganz langsam, begriff ich mithilfe von Hanna, dass ich Frieden schließen musste mit dem Unabänderlichen, wenn ich weiterleben wollte. Ich habe gelernt, mich wieder zu mögen, so wie ich bin. Hanna hat die Restschulden für mich bezahlt. Nicht aufzugeben und daran zu glauben, dass es einmal einen Menschen gibt, mit dem ich mein weiteres Leben teilen kann, hat mir Hanna mehr als einmal vermittelt. Das tat meinem Herzen gut. Ich weiß, dass ich dir jetzt mit alldem wehgetan habe. Es tut mir unsagbar leid. Auch wenn ich wollte, ich kann es nicht rückgängig machen." Würde Georg sie jetzt verurteilen?

Das Entsetzen, das ihm den Magen umdrehte, hatte nachgelassen.

„Ich wünschte, das wäre mir erspart geblieben. Dir ist doch klar, dass das was du getan hast, abscheulich ist. Wie viele gab es? Einen heute, den anderen morgen?" Seine Stimme klang gefühllos, voller Verachtung. Gedemütigt biss sie sich auf die Lippen.

„Warum fragst du das? Ob du die Gründe verstehst oder nicht, ich werde mich dafür nicht rechtfertigen. Verflucht, es war schon lange vorbei als wir uns trafen." Betti starrte geradeaus, die Hände verkrampft im Schoß gefaltet. Tränen verschleierten ihre Augen. Sie räusperte sich, wollte noch was sagen, aber ihre Stimme versagte. Sie putzte sich geräuschvoll die Nase, während die Tränen weiter über ihre Wangen rollten. Sie zögerte eine Weile. Sicher zu lange.

Georg erhob sich. Sie hörte, wie er tief atmete. Für einen Augenblick erschreckten sie seine Größe und die Wut, die sie in ihm spüren konnte. Wortlos wandte er sich ab und ging zum Strand runter. Sie wusste nicht, wann er wiederkommen würde. Die Kerze war mittlerweile runtergebrannt. Es gab keine weitere Lichtquelle und das Umfeld wirkte gespenstisch auf sie. Entschlossen, ihre Würde zu wahren und ihre verletzten Gefühle zu verbergen, blieb sie sitzen und wartete darauf, dass er zurückkam. Sie hörte das Rauschen der Wellen und vereinzelte Geräusche, die sie nicht einordnen konnte. Geräusche, die die Stille noch bedrückender machten. Eine leichte Brise brachte den Geruch vom Wasser herauf. Sie hatte plötzlich eine Heidenangst und traute sich nicht in der Dunkelheit, ebenfalls zum Strand runterzugehen. Sie hasste es, so viel Angst zu haben. Mein Gott, warum muss man hier so hilflos herumsitzen? Am liebsten wäre sie auf und davon gerannt. Aber wo sollte sie um diese Zeit hin? Im Moment hatte sie keinen anderen Ort, an den sie gehen konnte. Sie kannte sich hier nicht aus. Verzweifelt harrte sie aus. Ein beklommenes Frösteln kroch über ihre Haut. Erst jetzt nahm sie wahr, dass es nach Mitternacht war. Ein kalter Luftzug streifte ihre Wange, sodass sie sich in ihre Jacke hüllte. Sie fror. Sie war für diese späte Zeit viel zu dünn angezogen. Sie stand auf, ging im Dunkeln nach oben ins Gästezimmer und legte sich, so wie sie war, aufs Bett. Sie versuchte, an nichts zu denken und zwang sich, nicht zu weinen. Trotzdem heulte sie sich die Seele aus dem Leib. Sie lag lange wach – tränenlos – weil es keine mehr gab. Wäre doch jetzt Hanna da, um ihr ein bisschen Trost zu spenden. Irgendwann schlief sie endlich, zusammengerollt wie eine Katze, ein. Als der Morgen dämmerte, lag Betti wach. Sie lauschte und hörte Möwengeschrei. Im Haus selbst war es still. Unruhig setzte sie sich auf die Bettkante. Sie fühlte sich wie zerschlagen. Als im Haus Geräusche zu hören waren, stand sie auf, machte sich frisch, zog neue Sachen an und nahm ihre Tasche, mit der sie nach unten ging. Auf der Veranda war der Frühstückstisch gedeckt. Georg brachte gerade den Kaffee.

„Guten Morgen. Setzt dich, sonst wird der Kaffee kalt." Mehr sagte er nicht. Er hatte durch sie hindurchgesehen, als wäre sie Luft.

„Ich möchte nur nach Hause. Gibt es einen Bus, den ich benutzen kann?"

„Du bist mit mir hergefahren, also fahre ich dich nach dem Frühstück auch zurück."

Sie lief rot an, fuhr mit der Zunge über die Lippen und schluckte. Sie dachte, dass er ihr wenigstens Vorwürfe machen würde, aber nichts dergleichen geschah. Sein Gesicht wirkte abweisend und seine Haltung kühl. Essen konnte sie nicht, weil ihr Magen rebellierte. Sie nahm nur einen Kaffee zu sich. Er vermied jeglichen Blickkontakt mit ihr. Betti spürte die Totenstille und ahnte, dass sie Georg verloren hatte. Ihr war erneut sterbenselend zumute. Wäre sie doch bloß nicht mitgefahren. Während der Fahrt nach Hause sprach er kein einziges Wort. Es herrschte eisiges Schweigen. Sie saß wie gelähmt vor Schuldgefühlen neben ihm. Nur die Hände, die in ihrem Schoss lagen, zitterten. Sie konnte ihre Tränen kaum im Zaun halten. Vor ihrem Haus angekommen, reichte er ihr die Tasche.

„Danke, dass du mich nach Hause gefahren hast", sagte sie leise. Was würde er ihr jetzt zum Abschied sagen? Er gab ihr flüchtig die Hand. Seine Stimme war voller Bitterkeit.

„Das war es dann zwischen uns. Ich wünsche dir dennoch für deine weitere Zukunft alles Gute. Vor allem einen Mann, der dein Vorleben versteht und akzeptiert. Ich will und kann es leider nicht. Für mich war es eine schmutzige Sache."

Er sprach schnell, um seine verletzten Gefühle zu verbergen. Großer Gott, was war bloß in ihn gefahren? Nie, niemals in seinem Leben war er einer Frau gegenüber grausam gewesen. Wie hatte es, soweit kommen können, dass er solche Dinge zu ihr sagte. Er hatte sie doch geliebt. Im Grunde spielte es keine Rolle mehr.

Betti fragte leise: „Das ist dein letztes Wort?" Er nickte. „Georg, ich wünsche dir das Glück im Leben, das ich nie hatte", sagte sie traurig und spürte, wie ihr die Röte ins Gesicht schoss.

„Eine Beziehung, mit so einer Vorgeschichte, hat für mich keine Chance und auch keine Zukunft. Ich mache keine Kompromisse. Das ist mein allerletztes Wort."

Er sprach die inhaltsschweren Worte sehr langsam, damit sie sie richtig verstehen konnte. Betti verzichtete auf eine Antwort.. Das Blut rauschte in ihren Ohren. Gleichzeitig hatte sie das Gefühl, dass ein schwerer Stein ihr die Brust zerschmettert hatte. Georg stieg in seinen Wagen und sie starrte ihm nach, bis er aus ihrem Blickfeld verschwunden war. Jetzt wollte sie nur noch allein sein. Weinen! Nachdenken! Niedergeschlagen lief sie im Wohnzimmer ruhelos hin und her und versuchte, der aufkommenden Verzweiflung Herr zu werden. Sie konnte keinen Moment stillsitzen. Ihre Hände schwitzten und sie wischte sich den Schweiß von der Stirn. Sie versuchte, durchzuatmen und nachzudenken. Die ganze Zeit ging ihr nur ein Gedanke durch den Kopf: Wie wäre es verlaufen, wenn sie geschwiegen hätte. Dann fiel ihr wieder der Film „Pretty Woman" mit Julia Roberts ein, die eine Prostituierte war und trotzdem ein Happyend erlebte. Aber bei ihr? Ein Abschied auf Lebenszeit, keine Rückkehr mehr, und ihr Leben war nicht mehr lebenswert.

„Oh, verdammt! Verdammt!", schrie sie auf und warf sich auf die Couch. Sie weinte, weil sie verletzt war. Sie weinte, weil sie sich so unendlich einsam fühlte. Es war weit nach Mitternacht als sie aufstand und die Nase gegen die Fensterscheine presste. Sie biss die Zähne zusammen und wünschte sich, sie würde nicht noch ständig seine Worte hören, die sie wie ein Geist verfolgten. Sie nahm wieder auf der Couch Platz, senkte ihren Kopf, schloss die Augen und ließ ihre Stirn auf ihren Händen ruhen. Sie hatte sich so sehr nach Verständnis gesehnt. Irgendein Zeichen der Hoffnung. Aber Georg hatte sie fallengelassen. Mit welchem Recht durfte sie ihn dafür verurteilen? War es nicht sein Recht, von ihr enttäuscht zu sein. Dennoch war es ein unfassbarer Schlag. Erneut fragte sie sich, was denn eigentlich der Sinn des Lebens war? Leben! Die Tage, die Stunden, ja jede Minute mit Leben zu füllen. Sollte ihr Leben nach dieser schmerzhaften Enttäuschung so weitergehen? Jetzt, wo sie an ihrem emotionalen Tiefpunkt angekommen war, hatte sie den Glauben an sich selbst verloren. Betti ging in die Küche, holte sich ein Glas Wasser, setzte sich auf die Couch und starrte auf die, vor ihr liegenden, Schachteln.

„Das hat keinen Sinn. Das alles hat gar keinen Sinn", sagte sie mehrmals vor sich hin. Ihre Hände zitterten. Sie trank einen Schluck Wasser. Ihre Lider wurden schwer, sie schloss die Augen und stürzte in einen tiefen Abgrund.

Montagmorgen. Für Hanna ein Tag wie jeder andere, mit der Ausnahme, dass sie auf Betti gespannt war. Als sie vor der Buchhandlung stand, konnte sie Betti nicht durch die Schaufensterscheibe sehen. Sie fasste an die Türklinke, aber die Tür war noch verschlossen. Sie holte den Schlüssel raus, schloss auf und hinter sich wieder zu. Merkwürdig! Das war überhaupt nicht Bettis Art. Meistens war sie schon da. Gewöhnlich tranken sie eine Tasse Kaffee, bevor ihr Arbeitstag begann. Auf dem Verkaufstisch lag ein handgeschriebener Zettel.

Liebe Hanna, ich hatte alle Hände voll zu tun. Du weißt, so mag ich es am liebsten. Die Kunden waren mehr als heiter, das kann nur mit dem schönen Wetter zusammenhängen. Die Frauen wollten in der Mehrzahl leichte Lektüre und die meisten Männer entschieden sich für einen Krimi. Vielleicht können wir heute Abend wieder mal ein Gläschen Wein trinken, wenn dich dein Jonas nicht in Beschlag nimmt. Bis dann, Hilde!

Hanna ging ins Büro und bereitete den Kaffee vor. Sie blickte auf ihre Uhr. Acht Uhr dreißig. Betti war die zuverlässigste Person und kein einziges Mal zu spät erschienen. Warum ließ sie ausgerechnet heute auf sich warten? Was hatte das alles zu bedeuten? Hanna versuchte, positiv zu denken, dennoch kamen ihr die ersten Zweifel. Sie versuchte, Betti über das Handy zu erreichen. Ohne Erfolg! „Was zur Hölle ist los?", tippte sie ein. Und dann noch: „Wo bist du?" Sie erhielt keine Antwort. Dann versuchte sie es über das Festnetz, ließ das Telefon endlos lange klingeln, ohne Erfolg. Unglücklicherweise kannte sie Georgs Telefonnummer nicht. Sie rief Jonas an, konnte ihn aber auch nicht erreichen. Ein energisches Klopfen an der Fensterscheibe ließ sie aufhorchen. Eine ältere Dame zeigte auffällig auf ihre Armbanduhr. Hanna schloss auf und entschuldigte sich sofort für die Verspätung. Nachdem sie wieder allein war, ging sie unruhig auf und ab. Ob Georg und Betti noch nicht zurück waren? Quatsch, sagte sie zu sich selbst, weil Betti logischerweise angerufen hätte. Ihr sechster Sinn sagte ihr, da stimmt was nicht. Irgendetwas war passiert. Mit jeder Minute, die verging, stieg ihre Unruhe. Sie beschlich auf einmal eine dunkle Vorahnung und sie rief Hilde an. Gott sei Dank, war sie sofort erreichbar. Hanna schilderte ihr kurz die Situation.

„Kannst du gleich in der Buchhandlung vorbeikommen? Ich würde dich nicht um einen solchen Gefallen bitten, aber es ist ein Notfall."

„Ich schmeiß mich in meinen Wagen und bin sofort bei dir." Zehn Minuten später stand Hilde in der Buchhandlung und Hanna fuhr überstürzt los. Als sie um die Ecke bog, sah sie vor Bettis Haus einen Krankenwagen stehen. Ihr Herz schlug vor Aufregung wie verrückt. Vor Panik verkrampfte sich ihr Magen. Sie sprang aus dem Wagen und rannte auf den Eingang zu. In dem Augenblick kamen zwei Männer mit einer Trage, auf der Betti lag, aus dem Haus. Sie war kreidebleich und ihre Augen waren geschlossen.

„Was ist passiert?", fragte Hanna erschrocken.

„Sind Sie eine Angehörige?", fragte einer der Männer.

„Nein, das bin ich nicht. Sie ist aber meine beste Freundin."

„Tut mir leid, wir dürfen nur Angehörigen Auskunft geben. So lautet unsere Vorschrift." Er hatte dennoch Mitleid mit ihr.

„Was wann genau passiert ist, wissen wir noch nicht, nur dass es eine tragische Situation ist. Oben in der Wohnung hält sich noch jemand auf. Vielleicht sollten Sie ihn fragen." Hastig rannte Hanna die Treppen hinauf und nahm dabei zwei Stufen auf einmal. Ihr Atem und ihr Puls überschlugen sich förmlich. Die Wohnungstür stand offen. Georgs Gesichtsausdruck bestätigte all ihre Vermutungen. „Hanna, es tut mir alles furchtbar leid, das habe ich nicht gewollt", sagte er sofort.

„Verdammt noch mal, was ist das hier für eine gottverfluchte Scheiße! Was in drei Teufels Namen hast du mit Betti angestellt?", schnauzte sie Georg an.

„Betti hat zu viele Schlaftabletten genommen", erwiderte er kleinlaut.

„Wer hat sie gefunden? Du? Wie bist du in die Wohnung reingekommen? Hast du einen Schlüssel?" Sie zog sich einen Stuhl heran, weil ihre Beine anfingen zu zittern und sie das Gefühl hatte, das Gleichgewicht zu verlieren.

„Nein, ich habe keinen Schlüssel. Gestern Abend habe ich versucht, Betti telefonisch zu erreichen, aber sie hob nicht ab. Dann habe ich es zwei Stunden später erneut versucht und heute Morgen in aller Frühe wieder. Danach bin ich zu ihrer Wohnung gefahren und habe unten geklingelt. Sie hat nicht aufgemacht, aber in der Wohnstube brannte Licht. Was blieb mir anderes übrig, als wahllos bei einem der Nachbarn zu klingeln, der mich dann rein ließ. Ich läutete an ihrer Wohnungstür und bekam Panik, weil sie nicht reagierte. Also bin ich wieder runter zu dem Nachbarn, der mir die Telefonnummer vom Hausmeister gab. Nach fünfzehn Minuten schloss dann der Hausmeister die Wohnung auf. Aber auch erst, nachdem ich ihm klar gemacht hatte, dass mit Betti was passiert sein könnte. Sie lag angezogen auf der Couch. Ein Arm hing leblos herunter. Sie war nicht ansprechbar. Auf dem Tisch lagen leere Verpackungen und ein leeres Glas. So wie es aussah, muss sie Tabletten geschluckt haben. Ich habe den Rettungsdienst gerufen. Du musst mir glauben, das habe ich nicht gewollt."

„Was ist zwischen euch gelaufen? Hat sie dir ihre Lebensgeschichte gebeichtet? Wie hast du darauf reagiert? Abfällig? Hast du sie links liegen gelassen? Betti hat viel durchgemacht, trotzdem war sie nicht suizidgefährdet. Also liegt der Verdacht nahe, dass zwischen euch etwas ablief und sie damit absolut nicht fertig wurde. Das bekomme ich raus. Gnade Gott, wenn du der alleinige Verursacher warst." Er sah sie verunsichert an.

„Betti hat mir von dem Escort-Service erzählt. Ich war darüber geschockt. Wir haben keine Basis mehr, auf der wir eine Beziehung aufbauen könnten", sagte er leise.

„Georg, eines will ich dir sagen: Ich kenne Bettis tragische Geschichte von Anfang an. Du und Betti, ihr seid seit Wochen ineinander verliebt und eure Welt war bis vor drei Tagen in Ordnung. Nun erzählt sie dir, dass sie aufgrund ihres verfluchten Mannes etwas machte, was sie unter normalen Bedingungen niemals getan hätte. Damit ist sie für dich auf einmal nicht mehr liebenswert? Nicht bei allen läuft das Leben glatt. Was ist eigentlich mit den Männern, die diese Liebesdienste in Anspruch nehmen. Da ist es das normalste auf der Welt und über die fällt keiner her. Es sind immer nur die Frauen, über die man negativ redet. Nach dem Motto: Wie kann sie so was nur tun? Warum sagt keiner, wie kann er so was tun? Ich konnte ihr finanziell nicht helfen, weil sie es aus Scham verschwiegen hat. Ich habe die Restschulden bezahlt; nach dem ich alles von Betti erfahren habe und nie ein Wort darüber verloren. Ich habe sie in meine Buchhandlung geholt, und es ist mir vollkommen egal, ob mal einer von den Typen bei uns auftaucht. Diesen biederen Typen, die zu Hause den lieben, treusorgenden Ehemann spielen, kann ich eh nichts abgewinnen. Nachdem halbwegs Normalität in ihr Leben eingezogen war, hat sie keinen Mann mehr an sich herangelassen. Du warst der erste, der sie wieder an die Liebe glauben ließ. Du solltest dich mal fragen, was eine echte Liebe aushalten darf und kann? Bei aller Enttäuschung kannst du Betti nicht wie ein Stück Dreck oder ein Flittchen behandeln, weil sie das nicht ist und auch nie war. Ich vermute, dass du genau das getan hast. Ich kann es buchstäblich von deinem Gesicht ablesen. Das darf doch alles nicht wahr sein. Sie hat es nicht verdient, so behandelt zu werden. Hast du ihren Kummer, ihre Ratlosigkeit nicht gespürt? Was denkst du eigentlich, wer du bist? Wer bist du wirklich, Georg? Ein Richter? Gib mir die Schlüssel, damit ich abschließen kann." Sie verließen gemeinsam die Wohnung.

„Ich habe mich Betti gegenüber wie ein Riesenarschloch verhalten", sagte Georg zerknirscht, bevor Hanna in ihren Wagen einstieg. „Ich konnte einfach nicht …", verlegen brach er ab.

„Du willst doch nicht, dass ich dich jetzt bemitleide? Mir dreht sich der Magen um, wenn ich sowas im Nachhinein höre!

Ach Scheiße, lass mich in Ruhe und sei froh, dass ich dich nicht noch lauter anschreie." Bebend vor Empörung ließ sie Georg stehen und fuhr aufgewühlt mit dem Auto zurück Sie kämpfte gegen eine Vielzahl von Gefühlen an. Hilde sah sofort Hannas kummervolles Gesicht. Nachdem sie gehörte hatte, was passiert war, schlug sie Hanna vor, ins Krankenhaus zu fahren.

„Ich halte hier die Stellung und du erkundigst dich, wie es Betti geht. Sicher braucht sie noch ein paar persönliche Sachen wie Nachthemd und Waschzeug. Es wäre sinnvoller, erst in die Wohnung zu fahren, die Sachen zu holen und dann ins Krankenhaus. Hanna, fahr jetzt nicht wie eine Verrückte los und mach ein anderes Gesicht. Betti braucht nicht zu sehen, wie besorgt du bist. Das täte ihr bestimmt nicht gut. Falls dein Jonas anruft oder hier auftaucht, was soll ich ihm sagen?"

„Sag ihm, dass Betti im Krankenhaus liegt und ich bei ihr bin. Aber kein Wort über die Schlaftabletten. Ich sehe keinen Grund, ihn auch noch zu beunruhigen."

„Okay, pass auf dich auf und wegen mir brauchst du dir keine Sorgen zu machen."

„Danke, bis später." Hanna drückte Hilde kurz und fuhr dann zu Bettis Wohnung. Im Haus traf sie niemanden an, was ihr angenehmer war. Schweren Herzens schloss sie die Wohnung auf. In der Schlafstube holte sie aus dem Wäscheschrank zwei Nachthemden und war überrascht, wie akkurat Bettis Wäsche zusammengelegt war. Dann fiel ihr Blick aufs Bett, das unberührt war. Hatte sie etwa die ganze Nacht auf der Couch zugebracht? Wann kam sie auf die unglückselige Idee, Schlaftabletten zu schlucken? Im Bad packte sie die notwendigen Waschutensilien ein. In der Wohnstube sah sie auf dem Couchtisch die leeren Verpackungen und entsorgte sie voller Wut. Gerade als sie die Wohnungstür schließen wollte, stand ein Mann vor ihr.

„Darf ich fragen, wer Sie sind und was Sie in der Wohnung gesucht haben?"

„Mein Gott, Sie haben mich zu Tode erschreckt. Ich bin Bettis Freundin. Ich habe Sachen für sie eingepackt und fahre damit jetzt ins Krankenhaus. Wer sind Sie, wenn ich fragen darf?"

„Ich bin Karl, der Hausmeister und habe auch die Wohnung aufgeschlossen. Es ist furchtbar! So eine hübsche junge Frau, die nicht mehr leben will. Wie geht es ihr?"

„Das kann ich noch nicht sagen. Ich mag es mir kaum vorstellen."

„Bitte, bestellen Sie ihr ganz herzliche Grüße von mir." Er machte ein nachdenkliches Gesicht.

„Danke, ich werde es ihr ausrichten. Ich habe noch eine Bitte. Erzählen Sie den anderenen Bewohnern im Haus nichts von den Schlaftabletten."

„Sie können sich auf mich verlassen! Ich kann aber nicht garantieren, das keiner der Hausbewohner etwas mitbekommen hat. Hier im Haus wohnen viele Ältere. Man sieht sie nicht, aber die Scheiben haben viele Augen. Sie wissen bestimmt, was ich meine. Neugierige Leute hinter den Gardinen gibt es immer. Ich kenne mich damit aus und bin oft überrascht, was alles gesehen, gehört und gesagt wird. Ich halte nichts von Klatsch und Tratsch. Ganz unter uns gesagt, braucht man in diesem Haus keinen Wachhund."

Wenn es nicht so Ernst gewesen wäre, hätte seine Darstellung Hanna belustigt. Sie besorgte unterwegs noch Bettis Lieblingsblumen, dunkelrote Rosen, und kaufte etwas Obst und eine große Tafel Marzipanschokolade.

Als sie das Krankenhaus betrat, empfing sie dieser typische Geruch, den diese Gebäude ausströmten und den sie hasste. Dazu kam, dass die Frauen und Männer in den weißen Kitteln ihr immer ein wenig Angst einflößten. Nachdem sie sich durchgefragt hatte und auch die Genehmigung bekam, Betti zu besuchen, stand sie mit klopfendem Herzen vor der Tür mit der Nummer Sieben. Sie holte noch einmal tief Luft und drückte vorsichtig die Klinke herunter. Durch den Türspalt konnte sie direkt auf Bettis Bett sehen. Ihre Augen waren geschlossen. Es sah aus, als ob sie schlief. Irgendwie machte der Anblick Hanna unsagbar traurig. Ihr Magen zog sich vor Mitleid zusammen. Gerade als Hanna die Tür wieder leise schließen wollte, öffnete Betti die Augen. Ein unsicheres Lächeln huschte über ihr Gesicht. Hanna setzte ihre fröhlichste Miene auf und legte die Rosen, das Obst und die Schokolade auf das kleine Schränkchen neben Bettis Bett. Dann drückte sie ihr einen Kuss auf die Stirn und streichelte zart ihre Wange. Hanna zog sich einen Stuhl ans Bett und versuchte, ihrer Stimme einen gleichmäßigen Klang zu geben, obwohl sie innerlich aufgewühlt war.

„Ich habe aus deiner Wohnung ein paar Sachen geholt, Nachthemden und Waschzeug. Deinen Wohnungsschlüssel habe ich auch. Wie geht es dir? Entschuldige, meine Frage war blöd." Bettis Gesicht trug immer noch Spuren der seelischen Belastung. Um ihre Augen lagen dunkle Schatten.

„Das Leben verläuft eben nicht so, wie man es sich vorstellt. Hier zu liegen, zermürbt mich. In Anbetracht der Umstände geht es mir ganz gut. Sie haben mir den Magen ausgepumpt und viele Fragen gestellt. Der behandelnde Arzt meinte, ich wäre noch zu jung, um mich von der Welt zu verabschieden. Heute habe ich noch ein Gespräch mit einem Psychologen. Sie befürchten wohl, dass ich es wieder machen könnte und wollen Ursachenforschung betreiben. So direkt haben sie es nicht gesagt, aber es kommt auf dasselbe heraus." Hanna strich ihr behutsam eine feuchte Haarsträhne aus dem Gesicht.

„Es wird dir bestimmt guttun, mit einem Psychologen zu sprechen. Ich war außer mir vor Sorge. Möchtest du darüber reden?" Betti starrte zum Fenster, ihre Lippen fingen an zu zittern, und sie zuckte verlegen mit den Schultern.

„Immer, wenn dich etwas bedrückt, schweigst du. Wie soll ich dir da helfen? Du hast Georg alles erzählt, stimmst?" Betti wandte ihre Augen vom Fenster ab und warf Hanna einen hilflosen Blick zu. Sie presste ein tränenersticktes „Ja" hervor.

„Guck mich nicht so an? Wenn du nicht ehrlich mit mir sprechen kannst und dich so zurückziehst, funktioniert das nicht. Es wird Zeit, dass du endlich wieder du selbst wirst." Sie berührte Betti leicht am Arm. Betti schluchzte auf. Hanna zog ein Taschentuch aus ihrer Handtasche.

„Es begann so vielversprechend. Ich habe es vermasselt. Er war so nett zu mir, weißt du. Ich habe mich rundum wohlgefühlt. Das Schicksal lässt sich nicht beschummeln, verstehst du. Ich musste ihm die Wahrheit sagen. Georg und ich waren eben nicht füreinander bestimmt."

„Blödsinn! Du hast ihm also gesagt, dass du noch verheiratet bist. Du hast ihm vom Escort-Service erzählt? Oder irre ich mich? Was hat er gesagt?" Betti schluckte, krampfte ihre Hände zusammen.

„Ich möchte seine Worte nicht wiederholen. Er stand danach wortlos auf und ging zum Strand.

Ich fühlte mich abscheulich und wertlos. Nach endlosen Stunden, die ich voller Angst und mutterseelenallein auf der Veranda verbracht habe, bin ich aufgestanden. Was hätte ich in dieser Lage auch anderes tun sollen? Ich habe mich, so wie ich war, hingelegt und wie ein Schlosshund geheult. Irgendwann bin ich eingeschlafen und habe demzufolge nicht mitbekommen, wann Georg zurückkehrte und ob er nach mir gesehen hat. Außer guten Morgen und dass das Frühstück fertig wäre und er mich nach Hause fährt, hat er kein weiteres Wort mit mir gesprochen. Auch nicht auf der Rückfahrt. Er hüllte sich in Schweigen. Ich habe mich unglaublich verlassen gefühlt. Bei der Verabschiedung sagte er nur, dass es das dann war und er mit dieser Situation nicht leben kann. Der eisige Hass in seinem Blick ließ mich nicht mehr los. Ich fühlte mich danach, als hätte er mir einen Schlag in die Magengrube versetzt. In der Wohnung bekam ich Weinkrämpfe und hatte mich nicht mehr in den Griff. Meine innere Stimme sagte: Für das, was du getan hast, bist nur du verantwortlich, da gibt es nichts schönzureden. Das wird dich zeitlebens begleiten. Hanna, ich war so verzweifelt! Ich war so traurig und es tat weh."

„Du darfst dich nicht so aufregen, und mach kein so betrübtes Gesicht. Und wage es ja nicht, dich für alles verantwortlich zu fühlen. Du setzt dich selbst unter enormen Druck."

„Ich weiß, ich versuche ja, ruhig zu bleiben, aber durch Georgs Verhalten bekam ich das Gefühl, nicht mehr liebenswert zu sein. Ich bin die ganze Nacht in der Wohnung umhergewandert, spürte ein Brennen in der Magengrube, Schmerzen im Kopf und war todunglücklich. Irgendwann ist alles aus dem Ruder gelaufen. Ich hatte nichts mehr zu verlieren. Mein Lebenswille war nahezu erloschen. Ich war müde vom ganzen Drumherum. Ich habe Georg wirklich geliebt, aber sah keinen Sinn mehr ..." Sie stockte. „Ich habe überlegt, ob ich mir die Pulsadern aufschneiden oder Tabletten nehmen sollte. Dann habe ich alle Tabletten zusammengesucht und geschluckt. Ich wollte nur noch schlafen und alles um mich herum vergessen. Nein, das stimmt so nicht. Ich wollte nicht mehr leben. " Hanna spürte, wie sich ihr Hals zuschnürte und nahm erneut Bettis Hand und streichelte sie.

„Das ist schrecklich. Ob er nun sauer auf dich war, sei einmal dahingestellt. Zumindest hätte er mit dir reden müssen. Schließlich bist du ein Mensch aus Fleisch und Blut. Einfach abzuhauen und dich da stundenlang in der Dunkelheit zurückzulassen, ist mehr als infam. Du hast dein ganzes Leben vor dir. Das darf man wegen eines Mannes nicht einfach wegschmeißen. Warum hast du denn nicht bei mir angerufen? Weißt du eigentlich, dass dein Schutzengel noch in letzter Sekunde seine Flügel über dir ausgebreitet hat?"

„Ja, ich weiß!"

Die Tür öffnete sich und eine ältere Krankenschwester kam herein.

„Ist alles in Ordnung? Brauchen Sie noch etwas? Oh, so schöne Rosen, ich hole sofort eine Vase. Außerdem wollte ich Ihnen sagen, dass ihr Freund Georg Sie besuchen möchte. Er wartet draußen bereits voller Ungeduld."

„Haben Sie eben gesagt, mein Freund Georg will mich besuchen?" Betti richtete sich auf, hob trotzig den Kopf. Auf ihrem Gesicht zeichneten sich beunruhigte rote Flecken ab. Die Krankenschwester nickte.

„Ja, er wartet draußen mit einem riesigen Blumenstrauß."

„Ich kenne keinen Georg, somit kann er auch nicht mein Freund sein", sagte Betti leise.

„Aha, verstehe! Sie wollen ihn nicht sehen. Die Blumen? Blumen wollen Sie demnach auch nicht." Betti schloss kurz die Augen, schüttelte den Kopf und gab ihrem Unmut Ausdruck.

„Die kann er wieder mitnehmen und sagen Sie ihm …" Sie schluchzte erneut auf. „Er soll hier verschwinden, sofort." Betti nahm ein Papiertaschentuch und drückte es an ihre Augen. Die Krankenschwester schaute Hanna verwundert an. Ein Aufblitzen in ihren Augen verriet, was sie in dem Moment dachte: Bei den beiden sind die zwischenmenschlichen Beziehungen gestört und verließ kopfschüttelnd das Zimmer.

„Hanna, war das richtig? Die Genugtuung, mich hier zu sehen, wollte ich ihm nicht geben. Ich hasse ihn. Ich hasse Georg, weil ich ihm nie was bedeutet habe. Schluss! Aus! Das war's!"

„In deiner gegenwärtigen Verfassung wäre es nicht gut. Ich sag's mal so: Beste Freunde seid ihr im Moment nicht. Kommt Zeit, kommt Rat! Aber jetzt ist es noch zu früh dafür. Du musst jetzt nur an dich denken und wieder auf die Beine kommen. Ohne dich macht es in der Buchhandlung nur halb so viel Spaß. Beinahe hätte ich es vergessen, ich habe dein Handy mitgebracht." Betti richtete sich auf.

„Danke. Ich muss noch was fragen. Jonas weiß nicht Bescheid über das was passiert ist, oder?"

„Er weiß nur, dass du hier bist. Ich fahre jetzt wieder zurück und löse Hilde ab. Versprich mir, dass du ab sofort nur noch positiv denkst und vor allem nicht mehr weinst. Du darfst dich nicht in negativen Gedanken ertränken. Wenn du noch irgendetwas brauchst, rufe mich an."

„Danke, dass du hier warst." Betti kämpfte erneut mit den Tränen. Hanna versuchte, ihr Mut zu zusprechen.

„Wenn jetzt oder später zu viel auf dich einströmt, besinn dich ganz auf dich selbst. Nur du bist wichtig! Sei stark, du schaffst das. Und tu es nie, nie wieder, verstanden! Ich komme heute Abend wieder."

„Tapfer zu sein ist sehr anstrengend", erwiderte Betti leise und drückte Hannas Hand zum Abschied.

Während Hanna zum Krankenhausparkplatz ging, kreisten ihre Gedanken noch immer um Betti. Sie schniefte und schluckte ihre Tränen hinunter. Dann sah sie Georg. Er wartete an ihrem Wagen. Sie spürte, wie eine Welle von Zorn in ihr aufstieg, versuchte aber, sich nichts anmerken zu lassen.

„Wie geht es Betti? Sie wollte mich nicht sehen, sagte mir die Krankenschwester. Darauf war ich nicht vorbereitet. Deswegen habe ich auf dich gewartet." Hanna schlang die Arme um ihren Körper.

„Wie soll es ihr nach so einem Drama gehen? Den Umständen entsprechend. Aus verschiedenen Gründen will sie dich nicht sehen. Ich glaube, dass sie Zeit braucht, um alles zu verarbeiten. Du warst eine bittere Lektion für Betti", erwiderte Hanna wütend.

„Kann ich wenigstens mit dir sprechen und dir die Situation erklären?"

„Ich bin so wütend, dass mir fast der Kopf platzt. Ich glaube kaum, dass ich im Moment dazu in der geistigen Verfassung bin, mich damit auseinander zu setzen. Ferner bin ich dafür nicht die Richtige. Zudem bin ich bereits informiert. Eines möchte ich noch loswerden. Man kann die Liebe nicht einfach ein- und ausschalten und schon gar nicht ohne Erklärung. Du hast Betti zerstört zurückgelassen und bist einfach nach Hause gefahren. Du warst nicht nur herzlos und egoistisch, du warst vor allem feige. Überleg einmal in Ruhe, was dir wirklich in den letzten Monaten etwas bedeutet hat. Wenn du mich jetzt entschuldigen möchtest. Ich habe keine Lust und keine Zeit, mich darüber zu unterhalten. Für mich zählt gegenwärtig nur eins und das ist Betti und nicht du!"

„Ich … ich wollte das nicht." Hanna wandte sich zu Georg um. Nie hätte sie geglaubt, einmal Tränen in den Augen dieses Mannes zu sehen, doch da waren eindeutig welche. Er hob die Schultern und ließ sie wieder fallen.

„Es ist zu spät. Geh endlich. Es ist alles gesagt. Lass mich in Ruhe." Hanna betrachtete ihn mit einem vernichtenden Blick und stieß ihn beiseite. Er merkte, dass jede Erklärung unpassend schien, also schwieg er und dachte: Gott im Himmel, was hätte ich bloß gemacht, wenn ich sie verloren hätte.

Hilde musste die ganze Zeit an Betti denken und machte sich ihre eigenen Gedanken. Sie atmete auf, als Hanna die Buchhandlung betrat. Zum Glück waren sie allein und so konnte Hanna erzählen, was vorgefallen war. Hilde schüttelte ungläubig dem Kopf.

„Ich kann das alles gar nicht glauben. Es läuft mir noch immer eiskalt den Rücken runter. Wie kann das Mädchen, nur wegen einem Mann, zu so einer Kurzschlussreaktion kommen? Wie einsam, wie unglücklich muss sie wohl in dieser Nacht gewesen sein?"

Am späten Nachmittag rief Jonas an. „Ich habe gerade erfahren, was passiert ist. Warst du schon im Krankenhaus? Wie geht es Betti?"

„Ja, war ich. Sie sieht schrecklich aus. Heute Abend fahre ich auch noch mal zu ihr. Im Prinzip verdankt sie Georg ihr Leben, obwohl er auch der Verursacher war. Ich weiß nicht, wie es ausgegangen wäre, wenn man sie später gefunden hätte. Ich habe keine Ahnung, was sie alles geschluckt hat. Auch, ob sie weiter suizidgefährdet ist, muss erst noch abgeklärt werden. Wer hat dich eigentlich informiert?"

„Georg! Der arme Kerl ist total erledigt, am Boden zerstört."

„Georg ist am Boden zerstört, das ist ja nicht zu fassen! Das ist wohl das Mindeste, was man von ihm erwarten kann. Betti war auch am Boden zerstört. Ich bin über sein eiskaltes Benehmen sehr enttäuscht. Er hat sich in keiner Weise tolerant verhalten. Falls du ihn siehst oder mit ihm sprichst, mach ihm klar, dass er mich in den nächsten Tagen nicht in der Buchhandlung aufsuchen soll. So viel Anstand kann ich wohl von ihm erwarten. Ich habe momentan nicht das Bedürfnis mit ihm zu reden. Alles andere besprechen wir, wenn ich wieder zu Hause bin."

Betti, die nicht als suizidgefährdet eingestuft wurde, konnte drei Tage später das Krankenhaus verlassen. Sie erholte sich schnell und machte das, was sie am besten konnte: Kunden beraten und Bücher verkaufen. Georg kam nicht mehr in die Buchhandlung. Er versuchte mehrmals Betti telefonisch zu einem klärenden Gespräch zu bewegen. Sie war für keinen Austausch bereit. Der Schmerz über die Art und Weise, wie Georg sie in der Nacht zurückgelassen hatte, saß zu tief.

Zwei Monate später probierte Georg über Jonas an Betti heranzukommen.

„Unmöglich", sagte Jonas, bemüht mit fester Stimme zu sprechen. „Selbst wenn ich wollte, könnte ich das nicht tun.

Ich würde dir gerne helfen, aber das ist eine Sache zwischen dir und Betti, auch wenn ich dein Freund bin." Georg lachte bitter auf.

„Ich hätte gedacht, dass wenigstens du auf meiner Seite wärst. Du kannst mir doch zumindest einen Rat geben. Ich habe mich wie ein Idiot verhalten, das weiß ich. Wie soll ich was in Ordnung bringen, wenn ich dazu keine Chance bekomme. Hanna will mir nicht helfen und du auch nicht. Betti legt sofort den Hörer auf, wenn sie auch nur meine Stimme hört. Ich bin mit meinem Latein am Ende. So wahr mir Gott helfe, ich habe sie bis zu jenem verhängnisvollen Abend über alles geliebt, und in meinem Innersten liebe ich sie noch immer. Während Betti mir alles erzählte, bemühte ich mich, ruhig zu bleiben. Für mich war sie plötzlich eine Frau mit zwei Gesichtern. Man glaubt jemanden zu kennen und fällt urplötzlich in ein tiefes Loch. Allein die Vorstellung, dass sie mit anderen Männern zusammen war, ließ meinen Frust von Null auf Hundert hochsteigen. Ich bin von Natur aus ein geduldiger Mensch, aber wenn ich wütend werde, dann bin ich wie ein Druckkessel, irgendwann gibt es innerlich eine Explosion. Das wollte ich vermeiden. Nachdem ich den ersten Schock verdaut hatte, habe ich sie einfach allein gelassen, obwohl es stockfinster war. Ich hätte nicht weggehen dürfen. Es kann doch keine lebenslange Strafe geben für jemanden, der etwas falsch gemacht hat."

„Georg, entscheidend für die Chance auf Vergebung ist in erster Linie die Frage, wie schwer die Schuld ist. Entschuldige, wenn ich das Thema wechsele. Hast du nicht auch vor Betti mit anderen Frauen geschlafen?"

„Na ja, das kann man nicht miteinander vergleichen", sagte er heiser.

„Das denkst du. Ich habe eine andere Auffassung. Wie viele Sexpartnerinnen hattest du denn? Und war der Sex immer kostenfrei?"

„Scheiße, was soll die Frage? Glaubst du, ich habe eine Strichliste geführt. Manchmal war es nur für eine Nacht. Alles ohne Emotionen."

„Aha! Was glaubst du wohl wie es bei Betti war? Du brauchst darauf nicht zu antworten."

„Danke, Jonas! Mein Leben ist völlig aus den Fugen geraten. Ich mache mir bittere Vorwürfe und kann nachts nicht mehr ruhig schlafen."

„Georg, wenn du an diesem Abend bewusst gesagt hättest, dass du damit nicht umgehen kannst, dann wäre es so. Jeder sollte doch wissen, woran er ist. Auch nach so einer Beichte! Bettis innerliche Verletzung bestand darin, dass sie sich erniedrigt fühlte, als sie dir ihr Leben schweren Herzens offenbarte. Sie bekam durch dich das Gefühl, ein schlechter Mensch zu sein, und dass es ihr Leben lang so bleiben wird. Sie stand an einem Abgrund und musste nur noch einen winzigen Schritt machen, nur einen winzigen Schritt, um ins Verderben zu stürzen. Deine Abschiedsworte vor ihrer Haustür hat sie nicht verkraftet und führten letztendlich zu dieser unglaublichen Fehlentscheidung!"

„Wie hättest du dich denn in diesem Moment verhalten? Es ist wohl menschlich verständlich, dass ich Zweifel hatte und dass diese Zweifel zu Vorwürfen führten. Wie wäre denn deine Reaktion ausgefallen, wenn es dich und Hanna betroffen hätte?"

„Diese Frage habe ich mir auch gestellt, das kannst du mir getrost glauben. Wahrscheinlich hätte ich das eine von dem anderen abgekoppelt. Dass Betti noch verheiratet ist, liegt nicht an ihr. Ihr Mann ist in meinen Augen ein Mensch ohne Gewissen, ein Dreckskerl ohne Anstand. Bei Nacht und Nebel abzuhauen und sie mit einem Berg von Schulden, die er verursacht hat, sitzenzulassen, ist das allerletzte. Und was die andere Sache betrifft, hatte sie nicht irgendwelche heißen Affären. Sie hat nach einer Geldquelle gesucht und keine andere Lösung gefunden. Hanna hat sie deswegen nicht verachtet und bezeichnet Betti nach wie vor als ihre beste Freundin. Sie zeigt sich ganz bewusst mit ihr in der Öffentlichkeit, damit Betti ihr Selbstbewusstsein und Selbstvertrauen zurückgewinnt. Betti ist ein wunderbarer Mensch. Es bringt dich nicht voran, wenn du immer bloß beleidigt reagierst."

„Bist du jetzt fertig? Willst du auf meine Frage nicht antworten? Lass die Katze aus dem Sack."

„Ich habe damit kein Problem, dir deine Frage zu beantworten. Wenn ich einen Menschen von ganzem Herzen liebe und alles vor meiner Zeit war, dann gebe ich ihn nicht von heute auf morgen auf. Ich denke, das war eindeutig genug! Ohne dein Zutun wird sich zwischen euch nichts verändern. Betrachte deine gegenwärtige Lage nicht als Katastrophe, sondern als Chance. Der größte Fehler wäre, die Gründe für den Misserfolg ausschließlich bei Betti zu suchen. Betti ist ohne Selbstverschulden ..., die Gründe sind dir ja bekannt. Warum versuchst du nicht ganz einfach, mit Betti in Ruhe darüber zu reden? Ihr müsst euch beide gründlich aussprechen. Sie war aufrichtig zu dir, sei auch aufrichtig zu ihr! Egal, wie deine Entscheidung ausfällt. Warte vor der Buchhandlung auf sie, wenn sie herauskommt, fang sie ab. Lade sie zum Essen ein. Das ist deine einzige Möglichkeit!"

## Zwei Wochen später

Jonas Worte hatten ihre Wirkung nicht verfehlt. Georg Woche wartete er in der Nähe der Buchhandlung. Er hatte sich extra für den Sonnabend entschieden, weil Betti da allein war. Es war kühl, der Himmel bewölkt, und Regen lag in der Luft. Zu seiner Enttäuschung schloss nicht Betti die Buchhandlung ab, sondern eine ihm unbekannte Frau, die er zuvor noch nie gesehen hatte. Unsicher ging er auf sie zu.

„Guten Tag, war Betti heute nicht hier? Ich muss unbedingt mit ihr sprechen."

„Wer sind Sie?", fragte Hilde erstaunt und musterte ihn von oben bis unten.

„Entschuldigung, mein Name ist Georg."

„Na sowas, dann sind Sie also der Mensch, der Betti bald auf dem Gewissen gehabt hätte."

Georg lief rot an und nickte. Für einen Moment tat er Hilde leid, weil er einen niedergeschlagenen Eindruck machte. Sie überlegte krampfhaft, wie sie reagieren sollte. Hatte sie das Recht, ihm zu sagen, wo Betti sich heute aufhielt? Eigentlich nicht!

„Junger Mann, ich kann Ihnen leider nicht helfen.“

„Bitte, ich will doch nur alles wieder in Ordnung bringen. Ich liebe Betti immer noch. Ich will ihr das persönlich sagen und mich für mein Verhalten entschuldigen. Warum in drei Teufelsnamen will denn keiner helfen?“, sagte er mit schmerzerfüllter Stimme. Hilde schickte einen Blick zum Himmel.

„Sieht nach Regen aus. Nun ja“, lenkte sie ein, „ich schließe die Buchhandlung noch einmal auf. Wir reden drinnen weiter. So, am besten Sie nehmen in der Leseecke Platz und hören mir gut zu und unterbrechen mich nicht. Ihnen nur zu sagen, wo Betti heute ist, bringt gar nichts.“ Eine Pause entstand.

„Ich bin die Nachbarin von Hanna und kenne auch Betti. Ihr Schicksal hat mich sehr betroffen gemacht. Ich will nicht um den heißen Brei herumreden, aber versuchen, etwas aus meiner Sicht klarzustellen. Es geht um das Thema, was dürfen Männer aber Frauen auf gar keinen Fall. Also, wenn Männer das Eros-Center aufsuchen oder Frauen über die Escort-Agentur buchen, würde niemand jemals ein schlechtes Wort darüber verlieren, geschweige denn die Männer schief ansehen, weil sie Männer sind! Männer dürfen das! Und sie können mir glauben, es sind keinesfalls nur alleinstehende Männer, die das eine oder andere in Anspruch nehmen. Sondern auch verheiratete Männer, die anschließend wieder zu ihren Frauen nach Hause gehen, als wäre nichts gewesen. Sie haben kein schlechtes Gewissen! Nur Frauen sollen Schuldgefühle haben, Männer nie! Es wird eben immer mit zweierlei Maß gemessen. Darf nur das männliche Geschlecht sich in Bezug auf Sex so verhalten? In welchem Zeitalter leben wir eigentlich? Wird bei den Frauen die Gleichberechtigung außer Kraft gesetzt? Wenn eine Frau aus der Not heraus für Sex Geld nimmt, wird sie verachtet und abgestempelt. Genau das haben Sie bei Betti gemacht. Wer hat dieses arme Ding in so eine Situation gebracht? Diese Frage muss ich Ihnen wohl nicht beantworten. Und noch einmal zur Erinnerung: Das war alles lange vor Ihrer Zeit! Ach, eines habe ich noch vergessen. Es gibt nicht nur Frauen, sondern auch Männer, die man für Geld buchen kann. Ich kannte mal einen, der hat sich zum Teil damit sein Studium finanziert. Denken Sie ja nicht, dass ich ihn deswegen verachtet habe! Vielleicht lassen Sie sich das Gesagte mal in aller Ruhe durch den Kopf gehen. Für mich ist Betti eine attraktive, intelligente, liebenswerte Frau, aber auch sehr verwundbar! Erst verletzte sie ihr Mann und nun Sie auch noch. Es fällt Ihnen offenbar schwer, sich in emotionale Situationen hineinzuversetzen. Was wäre gewesen, wenn Betti geschwiegen hätte? Wären Sie dann noch mit ihr zusammen? Das Mädchen war Ihnen gegenüber ehrlich und wurde dafür bestraft. Entschuldigen Sie, wenn ich alles so offen angesprochen habe. Glauben Sie, dass Sie vollkommen und unfehlbar sind? Hat nicht jeder von uns in irgendeiner Weise eine dunkle Seite? Auch sie?" Georg schwieg. In seinem Kopf überschlugen sich mögliche Antworten auf das Gesagte, aber er konnte keine finden, die angemessen gewesen wäre.

„Das mit der dunklen Seite trifft leider auch auf mich zu. Ich habe Betti was verschwiegen. Geben Sie mir bitte eine Chance, damit ich mit Betti sprechen kann", sagte er mit belegter Stimme. Georg saß wie ein Unglücksrabe vor ihr. Hilde sah seine traurigen Augen und erneut verspürte sie Mitleid.

„Junger Mann, ich sage es Ihnen, aber nur, wenn Sie mir versprechen, dass keiner etwas davon erfährt. Sonst komme ich in Teufelsküche!" Er war so überrascht, dass er aufsprang, weil er nicht mehr stillsitzen konnte.

„Ich schwöre bei meinem Leben, dass niemand etwas erfährt."

„Nun übertreiben Sie mal nicht. Betti hat heute Geburtstag. Hanna und Jonas sind bei ihr."

„Wissen Sie zufällig, wer noch?", fragte Georg.

„Keine Ahnung. Spielt das eine Rolle für Ihr Vorhaben? Ich denke eher nicht." Hilde wurde ernst. „Ehe wir uns verabschieden, möchte ich zwei Lebensweisheiten loswerden. Die erste ist: Nimm nicht das, was du kriegen kannst, sondern kämpfe um das, was du haben willst. Die zweite: Wer nicht um Vergebung bitten kann, vergiftet sich selbst. Sie müssen das Gefühl haben, dass Ihnen etwas auf der Welt fehlt. Sie sind eigentlich nur die Hälfte eines Ganzen, dessen andere Hälfte Betti ist. Verstehen Sie? In der Literatur nennt man das Liebe. Und ein Mensch, der liebt, entschließt sich nicht nur, sondern vermag sogar Hindernisse zu überwinden, wenn er hartnäckig sein Ziel, nämlich Betti, verfolgt. Ergreifen Sie jede Chance beim Schopf, die sich Ihnen bietet. Zweifeln Sie nicht an Ihren Fähigkeiten, sondern glauben Sie an sich."

„Nochmals vielen, vielen Dank. Sie haben mir sehr geholfen", sagte Georg erleichtert.

Es war fünfzehn Uhr, als Hilde und Georg die Buchhandlung verließen. Georg machte sich auf den Weg und suchte als erstes ein Schokoladengeschäft auf.

„Haben Sie Schokoladenherzen?", fragte er die nicht mehr ganz junge Verkäuferin.

„Ja, haben wir. Wie groß darf's denn sein?" Aha, dachte sie im Stillen, auch einer, der was gutzumachen hat. Sie zeigte ihm das größte Herz. Georg antwortete spontan: „Einverstanden."

„Soll ich es in durchsichtiger Folie einwickeln und mit einer roten Schleife versehen? Es ist doch bestimmt für eine Frau oder liege ich mit meiner Vermutung verkehrt?", fragte sie und schmunzelte.

Als nächstes ging er ins Blumengeschäft. „Ich möchte sechsunddreißig langstielige rote Rosen", sagte Georg.

„Oh, einen Augenblick bitte." Sie verschwand durch die Hintertür ihres Ladens und tauchte mit den Rosen wieder auf. „Heute frisch geliefert, sind aber nicht ganz billig." Sie band die Rosen zusammen und steckte den Strauß in eine verzierte Tragetasche.

„Geht in Ordnung, ich habe genügend Geld dabei."

Am Haus von Betti angekommen, klingelte Georg und die Haustür ging auf. Er stieg die Treppen hoch, wo Jonas bereits vor der Wohnungstür stand und vor Überraschung grinste.

„Alter Schwede! Na, dann versuch dein Glück!"

Bettis Geburtstag war keine rauschende Ballnacht. Sie hatte, außer Hanna und Jonas, nur noch zwei Schulfreundinnen samt Partner eingeladen. Aus dem Wohnzimmer drangen Stimmen an Georgs Ohren. Als er die Tür öffnete, verstummten die Gespräche und er fühlte die Blicke der Gäste, wie Nadelstiche auf seiner Haut. Das war ihm aber egal! Das Händeschütteln hörte auf und er legte sich theatralisch seine Hand auf Herz.

„Betti, ich kann dir nicht die Welt zu Füßen legen und dir keine Sterne vom Himmel holen, aber ich kann dir mein Herz schenken. Gib mir bitte noch eine Chance." Betti saß kerzengerade da und blickte Georg mit verschlossener Miene an.

„Nun gibt ihr schon dein Schokoladenherz und die Rosen oder wie willst du sie sonst umarmen", rief eine Frau. Betti stand auf und ließ sich umarmen. Als ihr das Haar ins Gesicht fiel, warf sie es mit einer anmutigen Kopfbewegung nach hinten. Dabei entstand ein kleiner Luftzug, der nach Tausendundeiner Nacht duftete. Georg kannte diesen Parfümduft von früher. Oh, wie er diesen Geruch liebte.

„Betti, verzeih mir. Ich liebe dich so sehr, dass es weh tut", flüsterte er ihr ins Ohr. Ein kleines Lächeln huschte über ihr Gesicht.

„Danke, für die wundervollen Rosen und das schöne Herz." Die Rosen hatten einen Platz auf einem Beistelltisch gefunden. In der Wärme des Zimmers begannen sie sich langsam zu öffnen, und ihr süßer Duft erfüllte das Zimmer. Zu fortgeschrittener Stunde verabschiedeten sich die Gäste und mit ihnen auch Georg. Länger als gewöhnlich hielt er Bettis Hand fest.

„Darf ich wieder zu dir in die Buchhandlung kommen? So wie früher?"

„Ich kann dich nicht daran hindern. Die Buchhandlung ist ein öffentliches Geschäft." Als er ihr einen Kuss geben wollte, drehte sie ihren Kopf zur Seite.

„Das solltest du bleiben lassen", meinte Betti und schloss die Wohnungstür hinter ihm. Sie öffnete die Balkontür, lehnte sich gegen die Brüstung und richtete den Blick auf den Sternenhimmel. Die Nachtluft ernüchterte sie. Liebte sie Georg noch? Ein Teil ihrer inneren Stimme behauptete, dass sie es tat! Während der andere Teil sagte, nie im Leben! Er kann dir gestohlen bleiben. Für immer? Wirklich für immer?

## Montagmorgen

Es gab es nur ein Thema zwischen Hanna und Betti! Woher wusste Georg von ihrem Geburtstag?

„Von mir und Jonas nicht", sagte Hanna überzeugend.

„Einer muss es ihm doch geflüstert haben. Wenn nicht ihr wer dann?" So sehr sie auch grübelten, sie kamen nicht dahinter.

„Frag doch einfach Georg", schlug Hanna vor. „Bist du bereit, wieder mit ihm zu sprechen. Hast du ihm im Innersten deines Herzens verziehen? Oder anders gefragt, liebst du ihn noch?"

„Ich weiß nicht, was ich will. Ich weiß nur, was ich nicht will. Wahrscheinlich gibt es keine Alternative", gab sie eisig zurück.

„Du kannst jetzt die Buchhandlung aufschließen. Schau mal, wer unser erster Kunde ist und dann auch noch mit Rosen."

„Jetzt wird er sich erneut entschuldigen", sagte Betti, aber sie hatte sich geirrt.

„Guten Morgen, Betti, ich möchte dich heute zum Essen einladen und mit dir reden. Ist dir das recht? "

„Es gibt nichts, worüber wir uns unterhalten müssen. Ich habe nichts mehr zu sagen," entgegnete sie schroff. Die Wirkung ihrer Antwort war sofort an seinem Blick zu erkennen. Sie entfernte sich einen Schritt von ihm.

„Wann hast du mal Zeit für mich?", fragte er mit heiserer Stimme. Betti ließ ihn stehen und ging kerzengerade an Hanna vorbei, als hätte sie einen Stock verschluckt.

Georg verließ geknickt die Buchhandlung. Drei Tage später kam er wieder mit rote Rosen.

„Können wir nicht in Ruhe noch einmal über alles reden? Bitte …" Betti fiel ihm ins Wort: „Reden? Reden wird überschätzt. Manches sollte man besser für sich behalten. Worte, die man mal ausgesprochen hat, kann man nicht mehr zurücknehmen." Er schwieg einen Moment und versuchte, ihre Aussage einzuordnen.

„Weißt du, wie schwer mir ums Herz ist. Mich bedrückt der Gedanke, dass du nicht …" Er vollführte eine hilflose Geste und rang nach Worten. „Bitte, lass uns noch einmal von vorne beginnen."

„Wie bereits gesagt, es gibt nichts, worüber wir reden müssen. Das kannst du dir alles schenken", antwortete sie auf seine Erklärungsversuche. „Du kannst es mir nicht verübeln, dass ich momentan noch keinen klaren Gedanken fassen kann. Entschuldige mich, ich habe zu tun." Sie ließ ihn stehen und ging zu den Bücheregalen. Wieder hatte er verloren. Hanna sagte kein Wort.

Am fünften Tag kam er mittags, wieder mit rote Rosen.

„Soll ich dich auf Knien anflehen zurückzukommen?", fragte er erstaunlich ruhig. „Du bist mehr als nur wütend auf mich. Ich kann es spüren. Wie lange noch?"

„Ich bin nicht mehr wütend auf dich, aber ich kann es nicht vergessen. Ich möchte sowas nicht nochmal durchmachen", entgegnete sie frustriert. „Ich muss erst einmal für mich entscheiden, was gegenwärtig richtig oder falsch ist."

Die Erinnerungen an Georg, von dem sie geglaubt hatte, dass er sie beim ersten Mal geliebt hatte; diese Erinnerungen konnte sie nicht mehr ertragen. Sie hatte versucht, alle Gedanken, die sie an jenen schrecklichen Abend erinnerten, aus ihrem Kopf zu verbannen, aber jedes Mal, wenn er kam, rüttelte er die fürchterlichen Zweifel wieder wach.

„Betti, in jeder Verletzung, in jeder Krise liegt auch ein Neuanfang." Er hielt inne und legte die Blumen auf den Verkaufstisch. Er räusperte sich, als wollte er noch was sagen, aber schwieg dann.

„Krise hin, Krise her! Zwischen uns ist gibt es keine Zurück", gab sie eisig zurück. Um ihre Nervosität zu überspielen, begann sie, Bücher auf einem Regal hin und her zu schieben. Sie hatte seinen enttäuschten Blick bemerkt und war dennoch nicht in der Lage, das Gespräch in eine positive Richtung zu lenken.

Hanna stand die ganze Zeit im Hintergrund und musste wohl oder übel alles mit anhören.

Wie tief müssen die Wunden von Betti sein, dass sie ihm auch nach so vielen Tagen und Monaten nicht verzeihen kann? Das bisherige Wortgefecht war jenseits von Gut und Böse und Hanna reichte es jetzt!

„Hört mal ihr zwei, bitte keine weiteren Wortspielereien zwischen euch! Davon kriege ich Ohrenschmerzen und einen stechenden Schmerz in meiner Magengegend. Was ihr beide euch auch zukünftig antun wollt, tut es ohne mich," sagte Hanna leise. Betti schaute Hanna vorwurfsvoll an.

„Hanna, du hattest doch für meine damalige Sachlage auch Verständnis und hast mir geholfen. Warum Georg nicht? Weil er ein Mann ist? Du kannst mir glauben, ich weiß, wie ich mit der jetzigen Situation umgehen muss. Ich habe zwischenzeitlich gelernt, mein Leben so zu akzeptieren, wie es gegenwärtig ist", erwiderte Betti und drehte sich um und ließ Hanna und Georg stehen.

Als Georg wieder draußen stand, zerrte er an seinem Hemdkragen und öffnete den obersten Hemdknopf. Hätte es ihm jemand anderer so schwer gemacht, hätte er viel eher aufgegeben. Aber er hatte Betti gedemütigt, erniedrigt und bloßgestellt. Durfte er sich beschweren?

„Mein Gott", stöhnte er laut auf. „Ich möchte es doch wieder gutmachen. Was soll ich nur tun? Wann ist sie bereit, zu vergeben? Wer hilft mir?"

Hanna wartete, bis die Tür sich hinter Georg geschlossen hatte. Sie drehte sich zu Betti um.

„Der Mann, den du mal geliebt hast, ist gerade gegangen. Was soll das zwischen euch werden?", fragte Hanna. „Willst du die Gespräche mit ihm so fortsetzen? Du gehst immer wieder auf Distanz. Nach Versöhnung sieht das nicht gerade aus. Wäre es nicht an der Zeit, einen Schlussstrich zu ziehen? Er ist doch schon ein Nervenbündel! Wie lange willst du dieses Spielchen noch treiben? Du solltest einlenken. Warum zögerst du? Eines Tages wird er aufgeben. Willst du ihn nie mehr wiedersehen?" Betti wirbelte überrascht herum.

„Jetzt hör aber auf. Ich weiß selbst, was für mich gut ist. Schließlich bin ich kein Kind und glaube nicht mehr, nur dann zufrieden leben zu können, wenn jemand bei mir ist. Der Richtige wird noch kommen, das sehe ich gelassen. Ich bin jetzt frei von Druck und Erwartungen. Das Schlimmste wäre für mich eine weitere komplizierte Beziehung mit einem emotionalen Hin und Her", sagte sie wütend.

„Lass deine schlechte Laune nicht an mir aus. Sag mal, was wäre, wenn jetzt dein Traumprinz daherkäme?" Hanna versuchte, fröhlich zu klingen.

„Ich habe darüber noch nicht nachgedacht, und ich habe neue Regeln: Ich lasse mich nie wieder verletzen. Und wenn die Liebe erst mit siebzig kommt, meinetwegen." Hanna konnte sich ein Kommentar nicht verkneifen.

„Ach ja? Du willst zukünftig ohne Liebe und ohne Georg leben? Obwohl du das Alleinsein hasst?"

„Zurzeit ja! Statistisch gesehen, lebe ich noch mindestens vierzig Jahre. In dieser Zeit kann ich herausfinden, ob nicht der eine oder andere Mann noch frei herumläuft und mich so nimmt, wie ich bin, auch mit meiner Vergangenheit. Ich mache keine Pläne mehr in Bezug auf die Liebe. Das Leben folgt ja doch seinen eigenen Regeln. Außerdem ist mein Verhältnis zu Georg im Augenblick eine Mischung aus Liebe und Hass. Ein Sammelsurium an Gefühlen und das pure Chaos", sagte sie widerwillig.

Hanna platzte der Kragen.

„Na toll! Was für eine Verwirrung? Du solltest mal kritisch hinterfragen, was du eigentlich willst? Machst du nicht den gleichen Fehler, wie damals Georg bei dir? Jeder sollte wissen, woran er ist. Vor ein paar Minuten hast du noch gesagt, du liebst ihn. Jetzt lässt du Georg eiskalt im Regen stehen. Du musst deine Selbstheilungskräfte wieder aufbauen, um deinen Weg in ein unbelastetes Leben zu finden. Georg will dir dabei helfen, das spüre ich. Ich war auch stinksauer auf ihn und habe ihm das ziemlich deutlich gesagt und es ihn spüren lassen. Zwischen euch ist seitdem viel Zeit vergangen. Zum Kuckuck damit, weil es Geschichte ist! Sei stärker als deine verfluchten, albernen Ausreden. Fass Mut und lass die Vergangenheit endlich ruhen. Denn am Ende des vielleicht steinigen Weges wartet bestimmt das Glück. Was auch immer du machen willst, tu es jetzt.

Du neigst dazu, nur das Negative zu sehen, dabei überwiegt doch mehr das Positive. Ich bin kein Moralapostel und ein bisschen Abstand zwischen euch kann nicht schaden, aber warte nicht zu lange. Permanent ziehst du eine Schnute und verbreitest schlechte Stimmung. Wenn das weiter anhält, bekomme ich selbst irgendwann miese Laune."

„Vielen Dank! Danke für die Belehrung und das Streitgespräch. Hast du noch was auf Lager oder bist du nun endlich fertig?"

„Hier geht es nicht um einen Streit zwischen uns, sondern um dein Verhalten. Ja, ich bin fertig. Nein, halt, noch ein Tipp von mir! Wenn du weiter so verbittert reagierst, dann brauchst du bald eine Botox Behandlung." Es klang nicht belustigt und Betti schaute Hanna ernst an.

„Ich werde über deine Worte, besser gesagt deine Strafpredigt, ernsthaft nachdenken, weil du meine Freundin bist."

„Na, da bin ich aber froh. Das war keine Strafpredigt, sondern eine Standpauke! Außerdem ist vergeben wichtig und man muss Frieden schließen, auch mit sich selbst, daran solltest du öfter denken! Georg hat einen Fehler gemacht, und du bist jetzt nicht gewillt, ihm zu verzeihen. Manchmal kann aber eine falsche Entscheidung das weitere Leben verändern. Man sollte sein Glück auf keinen Fall davonfliegen lassen."

„Ist ja gut, du kannst deine Krallen wieder einfahren. Mach dir keine Gedanken wegen mir." Betti zog die Schultern hoch und ließ sie mit einem Seufzen wieder sinken. Sie wusste, dass Hanna Recht hatte. Aber zu wissen, was richtig ist, war eine, es dann auch zu tun, eine andere Seite. Sie trug noch ständig ein Päckchen an Verletzungen mit sich herum, aber sie wollte auch nicht allein sein. Alleinsein war das Letzte, was sie brauchte. Sie wollte ja, dass zwischen Georg und ihr alles wieder in Ordnung war, aber irgendetwas in ihrem Inneren stellte sich noch quer. Was Betti nicht ahnte, war, dass Georg nicht wiederkommen würde.

# Kapitel 18

Finja meldete sich nur noch sporadisch und war wie ausgewechselt. Sie mischte sich nicht mehr in Jonas und Hannas Leben ein. Es ging sogar so weit, dass sie Hanna anrief, um mit ihr im Vorfeld den nächsten Besuch zu planen. Sie wollte unbedingt Luise kennenlernen und machte den Vorschlag, sich in vierzehn Tagen bei ihr zu treffen.

„Ihr könnt bei mir übernachten. Das ist kein Problem für mich. Mein Haus ist groß genug. Ich würde mich sehr freuen und Umstände macht es auch keine. Es wäre doch schade, wenn wir am nächsten Morgen nicht alle gemeinsam am Frühstückstisch sitzen."

„Finja, ich weiß nicht, ob Luise das will. Vielleicht möchte sie lieber bei mir schlafen. Ich muss das mit ihr absprechen. Wenn sie einwilligen sollte, rufe ich dich umgehend an und helfe bei den Vorbereitungen."

„Ach, wo denkst du hin. Das schaffe ich noch in meinem Alter. Außerdem habe ich Frank an meiner Seite. Da kann der Gute gleich mal beweisen, ob er häusliche Fähigkeiten besitzt. Ihr braucht euch um nichts kümmern, lasst euch einfach überraschen." Hanna wollte das Telefonat beenden, aber Finja noch nicht.

„Ich wollte dich noch was fragen. Was ist eigentlich mit deiner Freundin los? Stimmt es, dass deine rechte Hand sich das Leben nehmen wollte?"

„Gütiger Gott, woher weißt du davon? Hast du etwa mit dem Hausmeister gesprochen?"

„Nicht vom Hausmeister, zumal ich den Kerl gar nicht kenne und auch nicht von Jonas und Georg! Eine Kundin von mir hat es erzählt. Dir ist doch klar, dass ich mit niemandem darüber rede. Das gehört in meinem Beruf dazu. Ich war nur erschüttert, da ich sie ja bei dir gesehen habe."

„Ich möchte nicht lügen. Was Betti gemacht hat, war ein Deal auf Leben und Tod. Sie ist wieder okay und wird ihr Leben nie wieder infrage stellen. Solltest du in die Buchhandlung kommen, lass dir nichts anmerken. Kann ich mich darauf verlassen?"

„Das ist doch selbstverständlich. Es gibt ein markantes Sprichwort, das Männer gerne benutzen: Wenn im Leben eines Mannes etwas schief geht, steckt immer ein Weiberarsch dahinter. Bloß war es diesmal sicher umgekehrt oder irre ich mich?"

„Du irrst dich nicht. Das Sprichwort ist nicht von der Hand zu weisen. Ich staune, was du so draufhast."

Abends erzählte sie Jonas von dem Telefonat.

„Ich kann es kaum erwarten, beide Schwiegermütter an einem Tisch zu sehen. Es ist immer lustig, wenn zwei unterschiedliche Charaktere aufeinandertreffen", sagte er schmunzelnd.

„Jonas, sie möchte, dass wir und Luise bei ihr übernachten. Möchtest du es auch?"

„Ich bin noch unschlüssig. Einerseits möchte ich sie nicht vor den Kopf stoßen, aber andererseits liegt die Entscheidung bei Luise. Dass Finja über Betti Bescheid weiß, wundert mich nicht. Wenn irgendwo Turbulenzen zu verzeichnen sind, dann kennt Finja diese auch. Sagenhaft, was sie alles so von ihren Kunden erfährt. Aber eines muss ich ihr hoch anrechnen, sie ist menschlich und verschwiegen."

„Kennst du eigentlich Finjas Sprichwort „Weiberarsch?"

„Ja, obwohl sie es lange nicht mehr benutzt hat. Ich finde es nicht schlecht. Was ist eigentlich der Stand zwischen Betti und Georg? Ist bereits eine Versöhnung in Aussicht?"

„Aha! Du magst das mit dem Weiberarsch. Man kann es auch umdrehen. Dann heißt es eben Männerarsch. Nun zu Georg. Er bemüht sich ernsthaft, Bettis Vertrauen zurückzugewinnen, aber sie blockt noch ab."

„Wie erbärmlich! Soll Georg auf allen vieren angekrochen kommen? Er begehrt sie unglaublich und sie weist ihn zurück. Entweder sie hat jetzt Vertrauen zu Georg oder sie lässt es bleiben."

„Das siehst du verkehrt. Du musst versuchen, dich in sie hineinzuversetzen. Es geht nicht mehr um das unglückselige Wochenende. Sie liebt Georg. Es geht um ihr Seelenheil und um ihre Psyche. Sie denkt zu oft daran, dass sie mal einem der Männer von damals begegnen könnte und das gerade dann, wenn sie mit Georg zusammen ist."

„Das verstehe ich nicht. Damals trug sie doch eine Perücke und anderes Make-up."

„Stimmt, dennoch bleibt ihre Angst! Ich habe ihr gesagt, wenn sie nicht aufpasst, bekommt sie noch Depressionen. Ihre Stimmungswechsel sind mitunter kaum zu ertragen. Ich wollte ihr schon mal vorschlagen, einen Psychiater aufzusuchen. Die kennen sich doch mit sowas aus."

„Meinst du ein Seelendoktor kann ihr helfen? Was sollen wir bloß mit den beiden machen?"

„Die beiden wieder zusammenbringen, ist doch klar. Betti liebt Georg und Georg liebt Betti."

„Hanna, ich habe eine Idee. Nach Konflikten kann eine Funkstille allen Beteiligten helfen runterzukommen. Sie sollte aber nicht zu lange dauern, schon gar nicht Monate. Jemand muss das Problem so lange ansprechen, bis es endgültig gelöst ist. Wenn einer das Blatt wenden kann, ist es Georg. Er war zwar der Verursacher, dass in Betti alles wieder hochkam, aber eines Tages wäre das ohnehin passiert. Wenn jemand glaubt, er hat Schuld auf sich geladen, kann er es für eine gewisse Zeit mit sich rumschleppen, aber dann kommt irgendwann der Zeitpunkt, an dem das nicht mehr funktioniert. Insofern war es gut, dass Betti alles aus sich herausgelassen hat. Nur ihre Schlaftabletten, das war echt Mist. Ich würde sagen, dass Betti Hilfe gebrauchen könnte. Ich spreche mit Georg. Am Sonnabend, wenn Betti Feierabend hat, soll er sie unter einem Vorwand in sein Auto verfrachten und mit ihr genau dorthin fahren, wo alles begann. Ins Ferienhaus! Er sollte über Nacht mit ihr dortbleiben! Entweder es klappt oder es klappt nicht! Betti leidet, Georg leidet. Das ist ein untragbarer Zustand. Zum Schluss bekommen beide noch einen Knacks weg."

„Jonas, du bist der reinste Seelensorger. Sie hat die notwendigen Utensilien nicht mit dabei."

„Was braucht Betti? Ein Nachthemdchen? Nein! Du hast auch keins getragen. Unterwäsche zum Wechseln? Kein Problem, dann kaufst du ihr welche. Zahnbürste? Georg hat ungenutzte im Badschrank liegen. Lippenstift? Wimperntusche? Wir spendieren alles. Du packst es ein und Georg kann es vorher im Wagen verstauen. Manchmal muss man dem Glück auf die Sprünge helfen. Georg machen wir das am besten sofort klar. Das ist der nächste logische Schritt."

„Dennoch ist es ein gefährliches Experiment, ein gewagtes Risiko. Gnade uns Gott, wenn es schiefläuft", sagte Hanna leise.

Georg war von Jonas Vorschlag zunächst nicht begeistert. „Sie möchte doch von mir keine Erklärungen mehr hören und ich kann ihr das auch nicht verübeln", sagte er wehmütig.

Jonas seufzte. „Ich glaube trotzdem, dass ihr noch eine Chance habt. Ich wünsche mir, du würdest sie ergreifen, anstatt dich selbst zu bemitleiden. Ihr seid Hanna und mir wichtig. Wir möchten euch nicht mehr leiden sehen. Verdammt noch mal! Ist das so schwer zu verstehen? Komm schon, Georg, du schaffst das. Enttäusch uns nicht."

Hanna überlegte, wie sie das mit Betti hinkriegen sollte, ohne dass diese Verdacht schöpfte.

„Betti, was liegt am Wochenende an? Laut Wetterbericht soll es sehr schön werden. Sonne pur! Schließ die Buchhandlung am Sonnabend pünktlich zu. Nicht, dass du noch auf die Idee kommst, Überstunden zu machen. Soll ich Hilde als Aufpasserin vorbeischicken?"

„Blödsinn! Punkt vierzehn Uhr schließe ich ab. Vielleicht unternehme ich einen Stadtbummel. Anschließend eventuell Wäschewaschen, die Wohnung aufräumen und dann leg ich die Beine hoch. Am Sonntag schlafe ich aus. Und du und Jonas? Habt ihr etwas Bestimmtes vor oder wollen wir abends was gemeinsam unternehmen? Vielleicht einen geselligen Abend bei mir verbringen? Ich bereite für uns auch ein schmackhaftes Essen vor."

„Oh, es ist nur … Jonas bekommt Besuch und kann nicht mehr absagen. Es tut mir wahnsinnig leid."

„Vielleicht Georg?" Betti zuckte nervös mit den Schultern und starrte Hanna schmollend an.

„Quatsch, wie kommst du denn auf diesen Schwachsinn?" Hanna schüttelte den Kopf und fühlte sich sehr unwohl in ihrer Haut. Trotz alledem hielt sie Bettis neugierigem Blick stand.

„Ach, nur so. Ist mir gerade eingefallen. Er war ewig nicht mehr in der Buchhandlung."

„Du kannst kaum erwarten, dass er vor Freude aus dem Häuschen ist, wenn du ihn stets abblitzen lässt. Stolz, Eigensinn, das Bedürfnis, es sich zu beweisen. Das war deine Strategie. Ich hätte erwartet, dass du wenigstens ein einziges Mal nicht nur an dich denkst."

„Ich und nur an mich selbst denken? Wie kannst du sowas sagen. Ach, Hanna, ich weiß nicht, was ich will. Ich weiß nur, was ich nicht will, und zwar Georg ein für alle Mal zu verlieren. Mir liegt noch was an ihm, ja. Aber gleichzeitig war ich noch nie so wütend auf jemanden, und ich glaube nicht, dass diese Wut verfliegen wird. Höchstwahrscheinlich habe ich ihn sowieso unwiderruflich vergrault."

Hanna war nicht bereit, darauf zu antworten! Sie hatte Angst, dass sie sich verraten könnte. Am liebsten hätte sie gesagt: Wenn du dich da mal nicht täuschst. Um achtzehn Uhr, nach dem Hanna und Betti die Buchhandlung verließen, wünschten sie sich ein schönes Wochenende. Kurz bevor Hanna in ihren Wagen stieg, drehte sie sich noch einmal zu Betti herum. Hanna überlegte, ob das, was sie, Jonas und Georg geplant hatten, richtig war. Sie flehte innerlich den lieben Herrgott an, dass er doch bitte dafür sorgen möge, dass zwischen Betti und Georg alles gut ging.

Georg telefonierte vorsichtshalber mit Frau Menzel. Sie versicherte ihm, dass sie Samstagfrüh das Grillfleisch vom Schlachter abholen würde. Nur mit dem Wetter äußerte sie so ihre Bedenken.

„Ja", meinte Georg, „ich habe die Vorhersage gehört. Es soll einen Mix aus Sonne und Wolken geben und die Temperatur bei ca. zweiundzwanzig Grad liegen." Er blieb dennoch optimistisch, weil die Wetterfrösche, gerade wenn es um eine Wettervorhersage ging, sich schon mal irrten. Bloß keinen Regen sollte es geben, und danach sah es nicht aus. Jonas hatte ihm bereits die Sachen für Betti vorbeigebracht. Bei der Übergabe blitzten seine Augen vor Schalk. „Ein Hemdchen für die Nacht ist aber nicht dabei. Zeig Betti, wie es um dein Herz steht, dann braucht sie keins."

„Typisch! Du hast gut reden, steckst ja nicht in meiner Haut! Mir flattern sämtliche Nerven."

„Du, ein Kerl wie ein Baum, wird das doch wohl hinkriegen. Zögere nicht, pack an, was du dir vorgenommen hast. Vertraue deinem Können und denke positiv, das wirkt Wunder. Hanna und ich drücken dir ganz fest die Daumen. Gnade Gott, wenn du alles hoffnungslos vermasselst. Denk daran, ich kann dir immer noch nachträglich einen ordentlichen Kinnhaken verpassen, wenn du es verdient hast oder vielleicht sehe ich mich gezwungen, dir mit bloßen Händen den Hals umzudrehen. Du hast die Wahl." Jonas machte eine ausholende Armbewegung.

„Ja, das habe ich befürchtet. Danke für die Warnung! Ich habe nur einen Wunsch: Ich will, dass Betti mir wieder vertraut. Ich will sie wiederhaben."

„Georg, wenn man etwas unbedingt will, bekommt man es auch. Ach, was ich noch sagen wollte: du solltest die heißen Tipps anwenden, die du mir damals bei Hanna gegeben hast. Es hat funktioniert. Ich wünsche euch eine wilde und stürmische Nacht! Er gab Georg zum Schluss einen freundschaftlichen Schlag auf die Schulter.

„Ha, ha, danke für den Wink mit dem Zaunpfahl!" Georg lächelte so schief, als hätte er Zahnschmerzen.

Georg stand am Sonnabend kurz nach dreizehn Uhr in der Nähe der Buchhandlung. Er war viel zu früh da, weil er auf Nummer sicher gehen wollte. Er sah Betti, wie sie von draußen die Fensterscheibe putzte. Sie sah fantastisch aus. Eine weitgeschnittene, dunkelblaue Hose, dazu eine weiße Bluse und an den Füßen High Heels. Sie strich sich ein paar Strähnchen aus dem Gesicht und ging wieder in die Buchhandlung rein. Ihm war bewusst, dass heute sehr viel auf dem Spiel stand. Letztlich war alles eine Frage der Strategie. Er holte aus seiner Jackentasche eine tiefrote Schachtel heraus, öffnete sie behutsam und strich fast zärtlich über den Ring, in dessen Mitte sich ein kleiner, echter Amethyst befand. Sein nachträgliches Geburtstagsgeschenk für Betti. Er schob die Schachtel wieder in seine Jackentasche zurück und schaute auf die Uhr. Noch fünf Minuten, dann kam alles darauf an, dass Betti im Wagen Platz nahm. Er sah, wie Betti die Tür abschloss, stieg aus dem Wagen aus und ging auf sie zu.

„Hallo, Betti, ich wollte dich überraschen und hoffe, du bist mir doch nicht böse." Instinktiv wich sie zurück.

„Böse? Nein. Überrascht? Ja." Sie fuhr sich mit der Hand durchs Haar. Georg fragte sich, was gerade in ihrem Kopf vor sich ging. Auf ihren Wangen zeichnete sich eine Röte ab und mit einem Mal wirkte sie beinahe schüchtern.

„Darf ich dich zu einer Spritztour einladen. Ich war mit dem Wagen extra in der Wäsche."

„Doch nicht etwa meinetwegen?" Sie spielte verlegen mit dem Schlüsselbund in ihrer Hand.

„Es ist die Wahrheit. Du könntest es versuchen. Ich meine … einzusteigen." Er versuchte seine Anspannung zu unterdrücken. Er hätte sie gern in den Arm genommen, wagte es aber nicht.

„Du … du machst Scherze?" Sie war sich nicht sicher, aber ihr Gesicht fühlte sich hochrot an.

„Gütiger Himmel, nein", stammelte er verlegen. Er wollte schon ihren Arm nehmen, ließ es aber bleiben, als er feststellte, dass er feuchte Hände bekommen hatte. Noch niemals war ihm das passiert. Betti musterte ihn und nickte, obwohl ihre Begeisterung sich in Grenzen hielt. Georg riss schwungvoll die Beifahrertür auf und sein Herz hüpfte vor Freude. Als sie neben ihm saß, streifte Georgs Hand wie zufällig ihren Arm. Er ließ den Motor an und gab sofort Gas, so als wollte er damit zum Ausdruck bringen, dass Aussteigen nicht mehr möglich war. Sein erste Ziel hatte er erreicht.

Er sah Bettis besorgten Gesichtsausdruck und fragte: „Geht es dir nicht gut?"

„Es ging mir schon mal besser. Wo fahren wir hin?" Sie blickte dabei aus dem Fenster.

„Ich könnte jetzt sagen, lass dich überraschen, aber das mache ich nicht. Ich möchte noch einmal an den Ort zurück, wo ich die größte Dummheit meines Lebens begangen habe, weil zwischen uns noch viel Unausgesprochenes in der Luft liegt. Lass uns dort überlegen, wie wir zukünftig miteinander umgehen wollen."

Betti war nicht bereit, irgendeine eine Äußerung zu tätigen. Sie wollte auch nicht weiter fragen. Ihre Gedanken überschlugen sich. Ins Ferienhaus? Was passiert dort? Will er mit ihr schlafen? Sie spürte, wie ihr Nacken feucht wurde und blies sich eine Strähne aus dem Gesicht. Er schaute Betti an. Ihre Augen waren feucht. Er wurde unruhig und saß wie auf glühenden Kohlen.

„Was ist los, Betti? Weinst du etwa?"

„Nichts, gar nichts", erwiderte sie und schüttelte die quälenden Fragen ab.

„Du warst mit deinen Gedanken meilenweit weg. War dir nicht klar, dass unsere Wege sich nicht trennen würden? Ich werde dich nicht enttäuschen. Es wird dir nichts geschehen. Ich bin so froh, dass du mitgekommen bist. Alles wird gut", sagte Georg leise.

Noch konnte sich Betti nicht vorstellen, dass alles wieder gut werden würde Als er vor dem Ferienhaus hielt und genau die Tasche aus dem Auto herausholte, die er auch beim letzten Mal dabeihatte, verspürte sie für den Bruchteil einer Sekunde Panik. Sie fragte sich, was er vorhatte? Wollte er wieder mit ihr hier übernachten? Sie erinnerte sich noch genau daran, wie furchtbar Angst einflößend es gewesen war, eine Nacht allein an einem fremden Ort zu verbringen. Wie sollte sie sich jetzt verhalten? Georg stellte die Tasche ab. Betti spürte die seltsame Spannung, die entstand, als er zu ihrer Verwunderung einen Arm um ihre Schulter legte. Sie befreite sich aus der Umarmung und wich instinktiv zurück. Er nahm ihr Gesicht in seine Hände und sah ihr in die Augen. Sie versuchte zu lächeln.

„Hast du Angst, dass ich verlange, dass du mit mir schläfst? Du weißt, dass ich dich begehre, aber ich schlafe nur mit dir, wenn du es auch willst. Ich hatte solche Angst, dich für immer zu verlieren." Er ließ sie los.

Sie rang nach Worten, fuchtelte mit den Händen und wusste nun, was sie sagen wollte.

„Ich habe keine Angst. Verdammt noch mal, Georg, du bist mir noch eine Erklärung schuldig."

„Du hast Recht, ich bin dir eine Erklärung schuldig. Wollen wir nicht erst einmal auf der Veranda Platz nehmen? Ich koche uns erst ganz fix Kaffee und dazu gibt es fruchtigen Kuchen und jede Menge Windbeutel, die du so gerne magst."

Während Betti über die Dünen hinweg auf das spiegelglatte Wasser schaute, ging Georg in die Küche. Die Sonnenstrahlen fielen auf ihr Gesicht, sie fühlte die angenehme Wärme und schloss die Augen. Sie musste nachdenken und sich einen Überblick über die neue Situation verschaffen. Ihre Gedanken wirbelten durcheinander und unweigerlich musste sie erneut an die verhängnisvolle Nacht denken. Es kam kein Groll mehr in ihr auf, weil seitdem viel Zeit vergangen war. Aber was würde als Nächstes passieren? Sie wurde jäh aus ihren Gedanken gerissen, weil sie das Klappern von Tellern und Tassen hörte und öffnete wieder ihre Augen. Der Kaffeetisch war fertig gedeckt. Er goss den Kaffee ein und schob den Kuchenteller zu ihr rüber.

„Bitte, bediene dich und lass es dir schmecken. Oder soll ich den Kuchen auf deinen Teller legen?" Dabei blickte er sie an und sie hielt seinem Blick stand. Sie nahm einen Windbeutel, hob den oberen Teil ab und begann langsam die Schlagsahne zu löffeln. Als sie damit fertig war, ließ sie sich den Rest schmecken. Danach schob sie ihren Teller lächelnd beiseite.

„War das etwa schon alles? Wirklich nur ein Windbeutel? Das war eben ein nettes Lächeln. Hat das der Windbeutel oder meine Gegenwart bewirkt?" Er legte seine Hand auf ihre und drückte sie sanft.

„ Betti schob seine Hand beiseite und rückte mit ihrem Korbsessel ein Stück vom Tisch weg. Sie schwieg und wartete auf seine Erklärung. Als er nicht reagierte, blinzelte sie Georg irritiert an. Er bemerkte es. Sein Instinkt sagte ihm, dass es höchste Zeit war, Betti reinen Wein einzuschenken. Er sollte ihr erzählen, dass die Trennung von ihr sehr schmerzhaft war und dass er seitdem mit keiner Frau geflirtet hatte. Als sein Blick auf Bettis leere Tasse fiel, stand er auf, brachte den Restkuchen und das Geschirr in die Küche und schloss überraschend das Haus ab. Betti stand einige Minuten lang regungslos da.

„Ich würde gerne mit dir runter zum Strand gehen, wenn du einverstanden bist?" Sie nickte und entledigte sich am Strand ihrer Schuhe. Dabei verlor sie den Halt und Georg fing sie auf. Ihr Herz schlug ihr bis in den Hals, vor allem als sie seinen Blick sah, indem sich Verlegenheit mit Zärtlichkeit mischte. Schweigend schlenderten sie am Wasser entlang. Nach einer Weile ergriff Georg vorsichtig ihre Hand, die sie ihm erneut entzog. So leicht wollte sie es ihm nicht machen.

„Wie wäre es? Wollen wir uns oben an den Dünen hinsetzen? Du kannst dich hundertprozentig auf mich verlassen. Ich habe nicht die Absicht, zwischen uns was zu zerstören", sagte Georg.

Betti sagte kein Wort. Dann riss sie sich zusammen.

„Wenn ich das glaubte, würde ich hier nicht spazieren", erwiderte sie leise und folgte Georg zu den Dünen. Betti setzte sich und legte den Kopf zurück. Georg malte unterdessen kleine Figuren in den Sand. Mit einer einzigen Handbewegung zerstörte er alles wieder.

„Georg, nach einer schmerzhaften Trennung ist es schwierig, direkt weiterzumachen. Wichtig ist es, die alte Beziehung aufzuarbeiten, bevor man eine neue beginnt. Ich möchte nicht wieder verletzt oder gekränkt werden. Du kannst mir glauben, ich weiß heute ganz genau, was mir guttut und was nicht und welche Menschen ich um mich haben möchte."

„Betti, man kann Geschehenes im Nachhinein nicht wiedergutmachen. Wenn ich dazu imstande wäre, würde ich alles rückgängig machen, Ich bereue die Worte, die ich bei unserer Verabschiedung gesagt habe, zutiefst. Mein Verhalten dir gegenüber war der größte Fehler meines bisherigen Lebens. Meine Schuldgefühle lagen mir wochenlang wie ein Klumpen im Magen." Sein Blick war aufs Wasser gerichtet und sein Gesichtsausdruck ernst.

„Zwei Frauen haben mir regelrecht den Kopf gewaschen und unmissverständlich gesagt, dass ich der größte Idiot auf dieser Erde bin. Hanna und ihre Nachbarin Hilde. Als wäre das nicht genug, haute mir auch noch Jonas regelrecht die Beine weg." Er schwieg und wandte sich Betti zu, die ihn, auf einen Ellbogen gestützt, ansah. „Was ist?", fragte er leise.

„Nichts." Sie konnte nicht anders, sie musste über seine Worte lächeln. „Georg, wenn jetzt die Stunde der Wahrheit schlägt, solltest du ruhig fortfahren." Er lachte verlegen.

„Nach diesen drei Attacken war ich flach wie eine Flunder und konnte mich selbst nicht mehr leiden. So wahr ich hier sitze, ich liebe dich und Gott ist mein Zeuge. Ich werde dich nie wieder verletzten. Bitte, du musst mir glauben und mir verzeihen." Er fuhr sich mit der Hand über die Augen, als blendete ihn die Sonne. Seine Stimme klang heiser. „Jeder hat Fehler und Schwächen, ich inbegriffen. Man lernt nie aus, egal wie alt man ist. Ich habe in meinem ganzen Leben noch nie eine Frau wie dich an meiner Seite gehabt. Das wollte ich dir unbedingt sagen und deswegen bin ich auch mit dir hierhergefahren. Du hast so viel Herz, bist humorvoll, intelligent und du tust meiner Seele unendlich gut. Außerdem muss ich dir heute noch unbedingt etwas beichten. Ich hoffe inbrünstig, dass du dich nicht so verhältst, wie ich es damals getan habe und mich links liegen lässt, obwohl ich es verdient hätte."

„Danke, für deine Erklärung und Entschuldigung. Verlang jetzt nicht von mir, dass ich mich sofort dazu äußere." Was erwartete Georg jetzt von ihr? Sie war völlig durcheinander, dabei wollte sie nur eins: Georgs Liebe! Hatte er ihr nicht gerade dieses Angebot unterbreitet?

Georg malte wieder kleine Kunstwerke in den Sand. Diesmal sahen sie wie Herzen aus. Betti unterbrach sein Werk, als sie Georg sanft zu sich heranzog. Er spürte ihren warmen Körper und wie das Adrenalin in seinen Adern tobte. Sie legte die Arme um seinen Hals und küsste ihn. Damit hatte er nicht gerechnet. Sie machte ihm keine Vorwürfe und fragte nicht nach seiner Beichte.

„Möchtest du nachher wieder nach Haus fahren oder wollen wir hierbleiben?"

„Willst du denn, dass ich bleibe? Ich habe nichts eingepackt! Darauf war ich nicht vorbereitet." Georg streichelte zärtlich ihren Arm.

„Es ist alles da, dafür hat Hanna gesorgt. Sie hat alles eingepackt, was man als Frau so benötigt, wenn man außer Haus schläft."

„Oh, ihr seid wahre Heimlichtuer und das alles hinter meinem Rücken. Ja, ich bleibe hier."

Betti, bist du verrückt? Warum sagst du so voreilig zu? Ein „Ich überlege es mir noch" hätte dir besser zu Gesicht gestanden. Und die angekündigte Beichte? Welche Strategie wirst du anwenden? So wie es Georg mit dir gemacht hat? Oder willst du wissen, was diese neue Situation für dich bereithält?

„Betti, du wirkst so nachdenklich. Bereust du deine Entscheidung?" Er kannte diesen Blick. Er kannte ihn nur allzu gut. Was würde sie erwidern?

„Ich gebe ja zu, dass ich während der Fahrt Vorbehalte hatte, aber bis jetzt ist alles in Ordnung."

Georg überlegte, wie er am besten fortfahren sollte. Jetzt bloß keinen Fehler machen.

„Betti, ich will mich nicht rausreden, aber ich bereue mein Verhalten wirklich. Und ich hatte große Angst, dich zu verlieren."

„Georg, ich möchte gerne noch eine Weile mit dir am Wasser sitzen", sagte Betti nach dem Abendessen. Mit einer Flasche Wein, zwei Gläsern und einer Decke gingen sie zum Strand.

Gedankenverloren sahen sie den Wellen zu, die ihre weißen Schaumkronen ans Ufer spülten. Nur vereinzelt sahen sie noch einige Strandläufer, ansonsten war der Strand menschenleer.

„Was für ein milder Abend", sagte Betti und ließ ihren Blick bis zum Horizont schweifen. Eine Zeit lang saßen sie schweigend da. Blitzartig zog Georg sie an sich heran. Betti spürte seine Wärme und seinen Atem, der ihr Gesicht streifte. Dann küsste er sie. Erst zart, dann immer fester. In ihrem Bauch breitete sich ein prickelndes Gefühl der Wärme aus.

„Wenn man hier sitzt, scheint die Zeit stillzustehen", sagte sie leise.

„Ich weiß nicht genau, wie viele Stunden ich hier zugebracht habe. Gerade abends, wenn die Sonne am Horizont untergeht und man denkt, sie taucht in das Meer ein, ist es für mich jedes Mal ein überwältigendes Ereignis; auch morgens, wenn die Sonne aufgeht und das Wasser mit der Sonne auf einer Achse liegt. Selbst der Winter hat viel zu bieten. Das Szenario ist überwältigend. Eine verschneite Küste, eine stürmische See, eine steife Brise und meterhohe Wellen wälzen sich schwer über den Strand. Ein kräftiger Wind jagt weiße Wolkenfetzen über den Himmel und man kann sich einmal richtig durchpusten lassen." Betti schaute ihn fragend an.

„Warst du damals allein oder zu zweit hier?"

„Mitunter zu zweit, zu dritt, wenn es schlimm kam, auch zu fünft. Aber nur im Sommer."

„Aber hallo, das klingt nach Vielweiberei!" Sanft strich sie über sein kurzes Haar.

„Für Außenstehende schon, aber so war es nicht. Natürlich gab es Frauen, wenige, sehr wenige, aber keine von ihnen war die Richtige. Keine war die, die ich wirklich wollte. Wie kommst du eigentlich auf Vielweiberei? Was denkst du von mir?" Er streichelte zärtlich ihren Rücken. Er wollte noch was fragen, aber ein Blick in ihr Gesicht sagte, dass es besser wäre, noch zu warten.

„Georg, wenn du mit Frauen Sex hattest, bevor du mich getroffen hast, dann ist das so. Ich akzeptiere es, egal ob es kostenloser oder bezahlter Sex war. Es ist ein Teil deiner Vergangenheit. Mehr möchte ich dazu nicht sagen. Aber ich habe eine Frage an dich. Stimmt es, dass du auch als Buchautor tätig warst oder noch bist?"

„Woher weißt du das?", fragte er überrascht und legte den Kopf etwas schief.

„Von Hanna, aber sie konnte mir weder den Titel deines Buchs noch dein Pseudonym sagen."

„Ja, es wurde unter einem Pseudonym veröffentlicht. Das machen viele Autoren."

„Entschuldige, ich wollte nicht indiskret sein. Ich weiß so wenig von dir und dachte, du könntest etwas über dein Buch erzählen. Jetzt beschleicht mich ein ungutes Gefühl, so, als ob ich bei dir eben eine Wunde aufgerissen hätte." Betti ließ den Sand durch ihre Finger gleiten, und es entstand ein kleines Türmchen.

„Nicht ganz! Eines meiner Bücher beinhaltet ein Stück Familiengeschichte und ist meinen Eltern gewidmet." Georg setzte sich aufrecht hin und trank sein Weinglas aus. Er erzählte mit gedämpfter Stimme, ohne seinen Blick vom Wasser abzuwenden.

„Ich hatte eine wohlbehütete Kindheit. Wie in vielen Familien gab es auch die eine oder andere Auseinandersetzung. Ganz leicht hatten es meine Eltern nicht mit mir. Mein Freund Jonas und ich haben etliche Streiche ausgeheckt. Vor uns war nichts sicher. An Halloween steckten wir zum Beispiel Knallkörper in die Briefkästen, aber davon möchte ich lieber nicht mehr erzählen. Während meiner Schulzeit war ich, dank dem Einfluss meiner Eltern, nicht der schlechteste Schüler. Ich habe meine berufliche Ausbildung erfolgreich beendet. Bei der Damenwelt war ich nicht der große Durchreißer. Nicht ausgesprochen schüchtern, aber eher zurückhaltend. Ich baute mir meine Existenz auf, zog in eine eigene Wohnung und die Welt war für mich und meine Eltern in Ordnung. Zwischendurch gab es schon die eine oder andere Frau, nie was Ernstes. Bis auf eine, die ich, nachdem die Zeit reif war, meinen Eltern vorgestellt habe. Sie wunderte sich sofort über unsere unterschiedlichen Augenfarben. Meine Eltern haben beide braune Augen, ich hingegen blaue. Meine Augenfarbe warf bei ihr die Frage nach meiner tatsächlichen Herkunft auf. Sie meinte, dass da was nicht stimmen könnte. Ich sollte mal Nachforschungen anstellen und ich blöder Hund habe es getan. Das Ergebnis war: Ich habe mich mit meinem biologischen Vater heimlich getroffen. Erfreut waren er und seine Frau nicht. Er war abweisend und zog über meine Mutter her. Er zweifelte sogar an, dass ich sein Sohn wäre, obwohl die Ähnlichkeit zwischen uns, trotz seines Alters, auffallend war. Meine blauen Augen habe ich von ihm geerbt. Das Zusammentreffen war eine große Enttäuschung für mich! Danach fragte ich mich, was ich

wohl nach so langer Zeit erwartet hatte. Glaubte ich allen Ern-
stes, dass bei ihm Vatergefühle auftreten könnten? Warum hat-
te er in all den Jahren nie mit mir Kontakt aufgenommen? Ich
kürze das jetzt ab. Zunächst war ich stinksauer auf meine Eltern.
Das Ganze war für mich ein absoluter Vertrauensbruch. Bei ei-
nem Zusammentreffen mit meinen Eltern haute ich heraus, dass
ich meinen echten Vater getroffen hatte und präsentierte mich
ihnen mit einer gewissen Überheblichkeit. Nach dem Motto
Ich-weiß-jetzt-alles-über–euch. Ich ging sogar so weit, über die
damalige Trennung meiner Mutter zu urteilen. Als wäre sie die
einzige Frau auf der Welt gewesen, die sich für so einen Schritt
entschieden hatte, und zusätzlich ich, der gar nicht wusste, wa-
rum sie es getan hatte. Dann war mein Vater an der Reihe. Es
war unterhalb der Gürtellinie, ihm plötzlich nach zig Jahren un-
ter anderem an den Kopf zuwerfen, dass er nicht mein biologi-
scher Vater wäre, was er selbst auch wusste. Dabei hat er mich
immer wie einen Sohn behandelt und mich niemals spüren las-
sen, dass ich nicht sein eigenes Fleisch und Blut war. Dass mei-
ne Eltern darunter sehr gelitten haben, kam mir nicht in den
Sinn und auch nicht, dass sie mir nie bewusst wehtun wollten.
Sie wollten einfach nicht, dass ich mit dem Gefühl aufwach-
se, das mein leiblicher Vater mich nicht wollte. Danach konnte
ich ihnen, weil ich mich geschämt habe, nicht mehr in die Au-
gen sehen. Mit dem idyllischen Familienleben war es zunächst
vorbei. Später habe ich mich gefragt, wann sie es mir hätten sa-
gen sollen. Wann wäre der richtige Zeitpunkt gewesen? Als ich
noch ein Kind war? Wäre das für meine Entwicklung gut ge-
wesen? Während der Pubertät, in der man mit sich selbst zu tun
hat? Ich glaube, dass es für meine Eltern nicht leicht war, damit
zu leben. Jonas ist zum Beispiel ohne Vater aufgewachsen. Als
ich ihm alles erzählte, hat er gesagt: Mich interessiert mein Er-
zeuger nicht. Was man nicht kennt, kann man eigentlich nicht
vermissen. Da ist was Wahres dran. Oder siehst du das anders?"
Betti nickte ihm zu.

„Wir sollten zum Haus zurückkehren", sagte Betti zaghaft
und fasste nach seiner Hand. Die Sonne warf ihre letzten tief-

stehenden Strahlen auf die Veranda. Georg holte eine neue Flasche Wein aus der Küche und zündete den Terrassenheizstrahler und die Tischkerze an.

„Hast du das alles in deinem Buch so geschildert und möchtest du weiter darüber reden?" Aufgrund der Dunkelheit konnte sie den Ausdruck in seinen Augen nicht erkennen.

„Ja, von Anfang an und bis zum bitteren Ende. Natürlich wird immer gesagt, dass Kinder ein Recht darauf haben zu erfahren, wer ihre leiblichen Eltern sind, was sich dann aber dahinter verbirgt, wissen die wenigsten. Plötzlich stehen sie zwischen zwei Fronten. Was bringt es, wenn man erfährt, da lebt jemand, der von dir all die Jahren nichts wissen wollte. Der dich nicht erzogen hat, nicht an deinem Bett saß, wenn du krank warst, der weder Freude noch Leid mit dir teilte. Mir kann keiner erzählen, dass nach so langer Zeit auf der einen Seite Vatergefühle und auf der anderen Art Zugehörigkeitsgefühle entstehen. Natürlich gibt es Ausnahmen, aber ich spreche aus eigener Erfahrung."

„Besteht ein Zusammenhang zwischen der Geschichte und dem Auswandern deiner Eltern?"

„Nein, das hatten sie schon immer vor. Meine Eltern lieben das warme Klima. Wir telefonieren regelmäßig. Ich muss wissen, wie es ihnen geht. Das ist für mich eine Herzensangelegenheit! Außerdem haben wir miteinander Frieden geschlossen."

„Kennen deine Eltern das Buch, das ja letztendlich auch sie betrifft?"

„Ja, und sie sehen auf der ersten Seite auch die persönliche Widmung, die einer Entschuldigung gleichkommt. Wenn du wieder zu mir kommst, gebe ich dir das Buch. Es steht weitaus mehr drin, als ich erzählt habe."

„Weißt du, warum sich deine Mutter, als du noch ein Baby warst, getrennt hat?"

„Ja. Für die Trennung war ausschlaggebend, dass er sie alkoholisiert im Beisein anderer ins Gesicht schlug. Es war nicht das erste Mal."

„Du sagtest vorhin, dass du unter anderem den Sonnenuntergang mit mehreren Leuten hier erlebt hast." Ein wachsamer Ausdruck erschien in seinen Augen und er fuhr sich mit der Hand über das Haar. Oh, dachte sie sofort, er mag es nicht, wenn sie nach Vorgängerinnen fragte.

„Bist du über meine Frage verärgert?"

„Natürlich nicht. Wie nanntest du es vorhin? Vielweiberei? Es war viel harmloser, als du glaubst. Mal war ich mit meinen Eltern hier, mal waren auch ihre Freunde mit, ab und an mit Jonas und später mit unseren Kumpels. Frauen haben hier nicht geschlafen. Klingt vielleicht komisch. Komm jetzt nicht auf die Idee zu fragen, warum das so war?" In seinen Augen leuchtete der altbekannte Charme auf.

„Okay, ich frage nicht, aber ich würde es dessen ungeachtet schon gerne wissen!"

„Gut, dann sage ich es dir. Meine Eltern haben mir, bevor sie nach Spanien gezogen sind, das Ferienhaus vermacht. Das war vor zwei Jahren. In dieser Zeit gab es keine Frau, mit der ich hierher hätte fahren wollen. Dieses Haus ist mein Rückzugsort, das ist das ganze Geheimnis! Wobei Jonas und ich uns oft hier aufhalten. Uns verbindet eine echte Männerfreundschaft und das seit Jahren.

Aber auch ich habe eine Frage. Du erzählst nie was von deiner Familie."

Betti betrachtete aufmerksam ihre Hände. Georg berührte sie sacht am Arm.

„Komm schon, ich habe dir auch einiges über meine Eltern erzählt. Oder willst du es für dich behalten?" Betti fragte sich, ob er auch nur im Entferntesten ahnte, wie ihr zumute war. Sie holte tief Luft. Ihre Anspannung fiel von ihr ab. Sie verspürte plötzlich den Mut, ihm von sich zu erzählen.

„Ich tue mir noch etwas schwer damit anderen gegenüber, und das betrifft auch dich, mein Herz zu öffnen. Die Ehe meiner Eltern war nicht gut. Es gab oft Streit, der fast immer von meiner Mutter ausging. Meine Mutter war an manchen Tagen wie eine tickende Zeitbombe, die jederzeit explodieren könnte. Dann kamen Wutausbrüche und bittere Worte. Selbst die Freunde meines Vaters vergraulte sie. Ich weiß bis heute nicht, ob sie meinen Vater je geliebt hat. Er war ein wunderbarer Vater und hätte sie bestimmt verlassen, wenn ich nicht gewesen wäre. Ich liebte meinen Vater. Nur er war mein Zuhause gewesen. Als ich zwölf Jahre alt war, ist er an einer Lungenembolie gestorben. Das sagte zumindest der Arzt, aber ich weiß, dass er einfach zerbrochen ist. Danach war nichts mehr so, wie es sein sollte. Was soll ich zu meiner Mutter sagen. Eigentlich habe ich keine richtige Mutter, die sich um mich kümmert und mich umsorgt, gehabt. Das Zusammenleben mit ihr war nicht einfach. Liebe war für sie ein Fremdwort. Sie gab mir kein Zuhause, keine Sicherheit, keine Geborgenheit, keine Liebe. Ich hatte nie viele Freundinnen, aber die wenigen, die ich hatte, passten ihr nicht. Sie vergraulte alle, außer Hanna. Nachts, wenn die Einsamkeit über mich hereinbrach, stellte ich mir vor, dass mein Vater eines Tages wiederkommen würde, um mich zu holen. Ich habe oft abends im Bett geweint. Sie hatte danach viele Männerbekanntschaften. Und sie vermittelte mir das Gefühl, dass sie gerne ohne mich gewesen wäre." Bettis Lippen bebten leicht. Sie zögerte kurz, ehe sie weiterredete.

„Wenn man als Kind im Glauben heranwächst, nicht gut genug zu sein, dann glaubt man das auch. Ich bin froh, dass ich das überstanden habe. Die Einzigen, die später konstant in meinem Leben waren, sind Hanna und ihre Eltern. Hannas Zuhause wurde mein Ruhepol. Das half mir, nicht irgendwann vom rechten Weg abzukommen. Hannas Eltern haben mich rechtzeitig aufgefangen. Sie haben mir die Wärme gegeben, die jede Jugendliche auf der Suche nach Geborgenheit braucht. Meine Mutter lebt noch und hat mich in meiner größten Not, das verzeihe ich ihr niemals, im Stich gelassen. Meinen Hilferuf ignorierte sie! Sie gab mir sogar die Schuld am Scheitern meiner Ehe. Das hat mich tief getroffen. Seit über zwei Jahren habe ich mit ihr kein Wort mehr gewechselt und will es auch in Zukunft nicht anders machen. Ich freue mich ganz einfach auf Normalität. Ich will gar nichts ändern. Im Gegenteil, ich möchte die guten Sachen aus meinem alten Leben in mein neues mitnehmen und die schlechten einfach loslassen. Dazu zählen meine

Mutter und Harald. Solange wir uns nicht sehen und sprechen, ist alles in Ordnung.

„Das heißt, dein Ex-Mann ist nicht mehr aufgetaucht?"

„Richtig! Es gab bei mir ja nichts mehr zu holen. Es ist eine Ewigkeit her, dass ich ihn gesehen habe, und ich habe keine Ahnung, wo er ist oder was er macht. Auf Anraten von Hanna habe ich ein neues Wohnungsschloss einbauen lassen. Innerlich bin ich bereits von ihm geschieden, nun muss ich es noch amtlich hinbekommen! Ich weiß nicht, wie es abläuft, weil ich seinen Aufenthaltsort nicht kenne, aber ich werde mich sachkundig machen und will es ein für alle Mal beenden."

Er erkannte an Bettis zitteriger Stimme, dass es ihr nicht leicht fiel über ihre Vergangenheit zu sprechen. Das was sie erzählte, war schlimm genug. Es war nicht nur ihre Mutter, die versagt hatte, sondern auch ihr Ex-Mann. Wieviel Leid kann oder muss ein Mensch ertragen?

„Georg, jetzt bist du an der Reihe. Du wolltest mir doch noch was beichten oder irre ich mich?"

Georg stand auf und ging ein paar Schritte hin und her, bis er wieder Platz nahm. Er erhob sich erneut auf und holte eine Kerze aus dem Haus, weil die andere bereits lange erloschen war. Nachdem die neue Kerze brannte, trank er ein Schluck Wein und starrte die Flamme an, die unruhig flackerte. Der Wind nahm leicht zu. Auf dem Wasser bildeten sich Schaumkämme. Ein faszinierendes Schauspiel.

„Gut, ich sage es unverblümt. Ich führte eine langjährige Beziehung, aus der fast eine Ehe geworden wäre. Aus dieser Beziehung stammt meine fünfjährige Tochter, Emma. Trotz Trennung habe ich meine Vaterrolle stets wahrgenommen. Ich liebe Emma über alles und danke dem Himmel für so viel Glück", erklärte er kurz und knapp. Betti presste ihre Lippen zusammen und versuchte, seine Worte schweigend zu begreifen. Sie legte eine Hand an ihr Glas und holte tief Luft.

„Was für eine Neuigkeit! Damit habe ich nicht gerechnet."

„Wirst du mich nun Hals über Kopf verlassen? Bist du sehr enttäuscht von mir?", fragte er.

„Sollte ich es denn sein? Hast du gedacht, dass ich jetzt Knall auf Fall hier einen Anfall bekomme? In Ohnmacht falle? Findest du, ich sollte in Tränen aufgelöst sein? So verzweifelt bin ich nun doch nicht." Aus ihrer Stimme klang Missbilligung. Er zuckte mit den Schultern.

„Ich habe nicht geahnt, dass du so verständnisvoll reagieren würdest. Mir hat letztendlich der Mut gefehlt, es dir früher zu sagen."

„Herrgott noch mal, das hat doch nichts mit Mut zu tun", widersprach Betti ihm. „Ich bin nicht im Geringsten enttäuscht, eher verblüfft. Und so dramatisch ist es nun auch wieder nicht. Hast du ein Bild von deiner Tochter? Wie oft seht ihr euch?"

„Nicht sehr oft, weil die beiden nicht hier leben. Emma weiß, dass ich ihr Papa bin. Erst im letzten Jahr durfte ich sie für ein paar Tage zu mir holen. Die Jahre davor nicht. Meine Ex wollte es unter keinen Umständen. Sie ließ mich regelrecht abblitzen. Jetzt ist sie Regionalleiterin in einem Versicherungsunternehmen, eine Karrierefrau und viel unterwegs. Wichtig ist mir nur, dass sie Emma dabei nicht vergisst. In letzter Zeit ist sie umgänglicher geworden. Sie ruft öfter an und fragt, ob Emma für ein paar Tage bei mir bleiben kann. Ich hole Emma dann ab und bringe sie auch danach wieder nach Hause. Eine Stunde Autofahrt ist für mich kein Problem. Sie ist ein sehr aufgewecktes Mädchen und erzählt so manches unter anderem, dass sie abends viel allein ist. Das macht mir Sorgen und auch wenn sie von fremden Männern spricht. Ich werde das im Auge behalten! Dieses Jahr darf sie zum ersten Mal die Weihnachtstage bei mir verbringen, weil meine Ex etwas vorhat. Ich würde mich freuen, wenn ihr euch kennenlernt. Ein Bild habe ich auch von ihr."

Georg stand auf, ging ins Haus und kam nach einigen Minuten mit einem Silberrahmen zurück.

„Das ist mein kleines Goldlöckchen. Sie ist mein Ein und Alles."

„Ich bin überrascht. Mein Gott, sie ist wunderschön und hat dazu deine strahlenden Augen. Mit ihren blonden Locken ein echter Hingucker. Von wem hat sie diese Lockenpracht?"

„Da fragst du noch? Von mir, obwohl ich als Kind nicht glücklich damit war. Vor meine Einschulung wurden die Locken abgeschnitten. Seitdem trage ich diese Stoppelfrisur, damit sich bloß keine Locken mehr auf meinen Kopf bilden."

„Georg, deine Frisur steht dir fantastisch! Darf ich Emma auch kennenlernen?"

„Aber ja, gerne! Möchtest du das Weihnachtsfest mit uns verbringen? Es würde mir eine Menge bedeuten, wenn du ein paar Tage mit zu mir kämst." Gerührt trat er vor sie und streckte die Hände nach ihr aus.

„Ich nehme deine Einladung an und freue mich darauf. Wer weiß eigentlich noch von Emma?"

„Meine Eltern, Jonas, Frau Menzel und jetzt du." Georg wirkte zum ersten Mal entspannt.

„Darf ich Hanna davon erzählen? Nur, wenn du es möchtest. Wenn nicht, kein Problem."

„Warum nicht. Ich bin überrascht, dass du es so positiv aufgenommen hast! Gerechnet habe ich nicht damit. Als du das erste Mal bei mir in der Wohnung warst, habe ich Emmas Bild entfernt. Ich hatte ein bisschen Angst, dass du mich fallen lässt, wenn du heraus findest, dass ich ein Mann mit Kind bin."

„Rede doch nicht so einen Quatsch. Nenn mir einen Grund dafür? Emma ist doch ein Teil von dir und gehört zu deinem Leben. Bei unserer letzten Begegnung, hattest du da vor, mir von Emma zu erzählen?"

Er nickte. „Das wollte ich. Vielleicht hätte ich das vor deiner Beichte tun sollen. Vermutlich wäre es zwischen uns dann anders verlaufen. Du, die mit viel Wärme meine Tochter anerkennt und ich, der dir keinen Schritt entgegenkam und sich wie ein Idiot benahm."

Betti stand auf und setze sich auf Georgs Schoß. Lachend schlang sie ihre Arme um seinen Hals.

„Ich möchte, dass wir uns nie wieder darüber unterhalten, dass wir das ein für alle Mal abhaken. Mich würde aber interessieren, warum eure langjährige Beziehung gescheitert ist?"

Er zog eine Augenbraue hoch. „Sie eröffnete mir eines Tages, dass sie gerne eine offene Beziehung mit mir führen würde. Ich fiel aus allen Wolken. Sie meinte, ich solle sie nicht missverstehen, sie wolle weiter mit mir zusammenleben, aber ich solle ihr die Freiheit geben, ab und zu auch mit anderen Männern Sex zu haben. Das habe mit Liebe nichts zu tun, nur mit purer Lust. Ich war total schockiert und bin ganz und gar nicht der Typ für eine offene Beziehung. Das war der Anfang vom Ende. Ich konnte sie nicht mehr ertragen. Sie war beleidigt, enttäuscht und hielt mich für herzlos. Betti, wir werden alles besser machen", flüsterte er ihr ins Ohr, bevor er sie küsste. „Und das meine ich ganz im Ernst."

Das ganze Gespräch mit Georg hatte etwas Versöhnliches. Als würde er eine Mauer einreißen, die sich vor Monaten zwischen ihnen aufgetan hatte. Betti stellte ihr leeres Weinglas ab.

„Georg, ich glaube dir. Ich bin mir sicher, dass es funktionieren wird", sagte sie lachend. „Wenn du nichts dagegen hast, möchte ich gerne schlafen gehen." Sie schaute ihn an und er nickte ihr zu.

„Okay, und wo möchtest du schlafen? Ich habe zwei Zimmer zur Auswahl. Du kannst wählen."

„Nach Möglichkeit nicht im Gästezimmer! Du weißt, warum ich dort nicht schlafen möchte."

Er nickte nur und legte seine Hand über Bettis Finger, die noch auf seinem Arm ruhten. Ihm entging nicht, dass ihre Hände zitterten.

„Das kann ich nachvollziehen. Ich werde dort schlafen." Georgs Gedanken gingen kreuz und quer und gaben einfach keine Ruhe. Warum sagt Betti nicht, dass sie bei mir schlafen will? Ich sehne mich nach ihrer Liebe! Soll ich ihr sagen, ich möchte wieder Sex mit ihr haben, wie damals in meiner Wohnung. Georg, steigere dich jetzt bloß nicht in was hinein. Du darfst sie nicht bedrängen! Wahrscheinlich braucht sie noch ein bisschen mehr Zeit für sich?

Als Betti in dem großen Bett lag, fühlte sie sich auf einmal sehr einsam. Sie legte ihre Hände unter ihren Kopf und blickte zum Fenster. Sie sah den Sternenhimmel und ihr war warm. Sie stand leise auf, öffnete das Fenster und hörte das gleichmäßige Wellenrauschen. Erneut schaute sie zu den Sternen hoch. In ihr tobte ein bitterer Kampf. Eine innere Stimme sagte: Du liebst ihn doch, also geh zu ihm. Er wartet auf dich! Eine andere Stimme sagte: Bist du verrückt. Das ist viel zu früh. Er wartet nicht auf dich! Sie schloss das Fenster, nahm ihr Kopfkissen und stand an der Tür, die Klinke bereits in der Hand. Sie zögerte kurz und eilte dann zurück zum Bett. Sie lag regungslos unter ihrer Decke, die Arme um den Körper geschlungen und zählte langsam bis zehn. Sie warf die Bettdecke von sich und setzte sich auf die Bettkante, dann erhob sie sich. Sie nahm erneut ihr Kopfkissen, schlich auf nackten Sohlen aus dem Zimmer und zog leise die Tür hinter sich zu. Ihr Herz schlug schneller, als sie vor seiner Tür stand und diese lautlos öffnete.

„Georg, schläfst du schon?" Ihre Stimme war kaum mehr als ein Flüstern.

„Jetzt nicht mehr!" Er hielt die Bettdecke hoch. Betti schlüpfte neben ihm ins Bett und Georg deckte sie zu. Während sie sich wohlig an seine breite, warme Brust kuschelte, fühlte sie sich so unfassbar glücklich. Georgs Gefühle kamen sofort auf Hochtouren als er ihren nackten Körper spürte und berührte. Betti fühlte einen sinnlichen Rausch und merkte, dass sie den Kopf verlor und sämtliche Schaltzentralen in ihrem Gehirn jubelten. Die Sinnlichkeit seiner Liebkosungen erregte sie und ließ sie alles um sich herum vergessen. Sie gab sich ganz den Gefühlen hin, die er körperlich und emotional in ihr auslöste. Sie verspürte nur noch das Bedürfnis, sich mit ihm zu vereinigen. Er rollte sich auf sie und stützte sein Gewicht mit den Ellenbögen neben ihrer Brust ab, bevor er in ihr war. Leidenschaftlichkeit und Begierde vereinten sich. Betti seufzte seinen Namen als sie ihren ersten Höhepunkt erreichte. Georg brauchte etliche Atemzüge, bis sein Herz wieder normal schlug. Sie legte ihren Kopf auf seine breite Brust.

„Du fühlst dich so gut an. Es gibt nur eine Frau, die zu mir passt und das bist du. Ich liebe dich. Ich bewundere deinen schlanken Körper, deine festen Brüste, ach was, ich bewundere alles an dir. Nur deine langen Haare vermisse ich." Er richtete sich auf, nahm ihren Kopf zwischen die Hände, hob ihr Gesicht zu seinem und küsste sie leidenschaftlich. In Betti stieg ein unbeschreibliches Gefühl von Liebe auf.

„Das erste Mal in deiner Wohnung war schon aufregend. Heute war es unfassbar. Meine Nervenenden klingelten wie kleine Glöckchen. Ich hatte das Gefühl, das Himmel und Erde miteinander tanzen," raunte sie ihm zu. Sanft ließ sie ihre Hand über seine Brust kreisen.

„Ich weiß. Das liegt daran, dass wir uns über alle Maßen lieben. Viele denken, dass eine Beziehung hauptsächlich aus Sex besteht, aber diese Denkweise ist ein großer Irrtum."

„Du hast eine charmante Art, die Dinge beim Namen zu nennen. Ich brauche keinen Mann, der sexuell unermüdlich ist und nur daran denkt. Für mich zählt die wahre Liebe und dann natürlich der Sex. Es ist alles so gekommen, wie ich es mir erträumt habe", flüsterte sie.

„Betti, ich glaube, ich werde nie genug von dir bekommen. Ich bin wahnsinnig glücklich."

„Du findest mich nur schön, weil du mich liebst. Ich bin eine normale Frau, nichts Besonderes."

„Das kann man so nicht sagen. Wenn ich dich so ansehe, bist du schon was Besonderes für mich und so wird es immer bleiben", erwiderte Georg. „Wir denken nicht mehr daran, was vorher war. Das Gestern ist Geschichte, das Morgen ist ein Rätsel, das Heute ist ein Geschenk."

Jetzt schnappte Betti nach Luft und zitterte vor Aufregung. Georg schien mit Händen und Mund überall auf ihrer nackten Haut gleichzeitig zu sein. Nachdem sie sich erneut geliebt hatten, lagen sie nebeneinander in der Dunkelheit. Betti dachte: Ich möchte für immer bei Georg bleiben. Später kuschelte sie sich eng an ihn und legte erneut den Kopf auf seine Brust. Georg traute sich nicht, sich zu bewegen. Viel später, als Betti eingeschlafen war, starrte Georg mit weit offenen Augen an die Decke. Er lauschte der Natur, dem Spiel aus Wind und Wasser und überdachte den Tag und die Nacht und wusste: Glück ist Liebe, nichts anderes. Wer lieben kann, ist glücklich. Und sie waren beide glücklich. Irgendwann schlief er tief und traumlos ein. Als Betti am nächsten Morgen erwachte, war ihr, als hätte sie viel länger als eine Nacht geschlafen. Durch den Spalt zwischen den Vorhängen fiel bereits helles Sonnenlicht ins Zimmer. Sie hörte Georg lautstark im Bad ein ihr unbekanntes Lied singen.

Nach dem Frühstück sagte Georg geheimnisvoll: „Betti, bleib bitte noch einen Augenblick sitzen." Er zog eine Schachtel mit einer roten Schleife aus der Hosentasche.

„Noch nachträglich zum Geburtstag eine kleine Aufmerksamkeit. Wenn ich dir damit ein Lächeln ins Gesicht zaubere, dann würde mich das freuen.."

„Und was ist mit dir? Soll ich das nächste Mal auch ein Geschenk mitbringen?" fragte sie.

„Du bist mein größtes Geschenk", erwiderte Georg. In seinen Augen funkelte es wie früher. Vergeblich versuchte sie, das Zittern ihrer Hände zu unterdrücken, als sie die Schleife aufzog.

Betti machte vor Aufregung große Augen. „Was für ein traumhafter Ring. Das ist das großzügigste Geschenk, das ich je bekommen habe." Sofort verschleierten Tränen ihre Augen und dann kullerten die ersten über ihr Gesicht. Er holte ein Päckchen Tempotaschentüchern.

„Ich wollte dich nicht zum Weinen bringen." Betti zog umständlich ein Tuch heraus, schnäuzte sich die Nase und wischte sich anschließend mit ihrer Hand verlegen über die Augen.

„Es ist nur so, dass ich damit nicht gerechnet habe, es sind Freudentränen. Man bekommt nicht einfach so einen Ring geschenkt."

„Er soll dir nur beweisen, dass ich dich unsagbar Liebe. Ich möchte nicht weiter als Single durchs Leben gehen. Meine Sehnsucht nach einem sicheren Hafen ist gestillt, aber nur mit dir an meiner Seite. Ich wünsche mir, dass du die Mutter meiner Kinder wirst. Du kannst mir glauben, ich liebe Kinder und kann mit ihnen gut umgehen, weil ich ja eins habe." Georgs Gesicht strahlte. Betti fing an zu lachen.

„Das war die reinste Liebeserklärung. Du hast mein Herz bewegt. Danke, für diesen auserlesenen Ring. Es ist für mich eine völlig neue Situation, in Zukunft ein Leben ohne Angst zu führen, mit einem erfüllenden Job und einem Mann, der mich liebt. Nun bin ich mir sicher, dass das Glück wieder zu mir zurückgekehrt ist!"

„Das Glück ist zu uns beiden zurückgekehrt. Das darfst du nie vergessen. Was hältst du davon, wenn wir uns jetzt noch für ein Weilchen am Strand aufhalten?", fragte er fröhlich.

„Oh, denkst du dabei an was Bestimmtes?"

„Doch nicht am helllichten Tag. Dafür braucht man eine laue Sommernacht und einen romantischen Sternenhimmel."

Am Strand beobachteten sie die Möwen, die auf dem Wasser schaukelten, und andere, die wie Strandläufer auf und ab spazierten und sich durch laute Schreie bemerkbar machten. Betti fasste in den warmen Sand und ließ ihn durch ihre Finger gleiten.

„Es ist himmlisch hier. Die warmen Sonnenstrahlen auf der Haut, der Blick über das Wasser und du neben mir, all das tut meiner Seele unendlich gut. Schade, dass wir wieder aufbrechen müssen! Ich möchte gar nicht wieder wegfahren", sagte Betti traurig. „Ich würde gerne hierbleiben und möchte, dass der heutige Tag niemals endet." Georg flüsterte ihr liebevolle Worte ins Ohr: „Nicht traurig sein. Der Sommer ist noch lang und das war nicht unser letztes gemeinsames Wochenende." Während der Heimfahrt hatte Georg eine Idee. „Was meinst du, wollen wir nicht mit Hanna und Jonas unser nächstes gemeinsames Wochenende verbringen? Das wird bestimmt lustig. Ich weiß, die beiden wären nicht abgeneigt. Nur mit dem Schlafen gibt es ein klitzekleines Problem. Wobei, wenn ich es mir so recht überlege, eigentlich nicht. Wir losen aus, wer im Schlafzimmer und wer im Gästezimmer schläft."

„Das ist nicht das eigentliche Problem. Beide Zimmer sind sehr schön. Aber wir vier alle nackt am Strand?" Betti hatte Mühe, ernst zu bleiben.

„Hm, meinst du? Niemand kann vorhersehen, wie es ausgehen wird. Mal sehen, was Hanna und Jonas dazu sagt?" Es war bereits zwanzig Uhr, als sie wieder vor Bettis Haus standen und Georg sich verabschiedete.

„Danke, für die schöne Zweisamkeit. Mir ist eine Zentnerlast vom Herzen gefallen. Am Montag werde ich Jonas anrufen und fragen, was er von einem gemeinsamen Wochenende hält. Dieses Wetter muss man einfach ausnutzen und in der Natur verbringen. Ich kann mich nicht erinnern, dass wir jemals so einen Traumsommer hatten. Jedenfalls nicht in den letzten Jahren."

„Das Dankeschön für die traumhaften Stunden gebe ich gerne zurück. Ich kann ja mit Hanna abklären, ob sie damit ein Problem hat, wenn wir alle, wie Adam und Eva am Strand umherspringen." Georg musste über diese Bemerkung grinsen.

„Gute Idee, ich kläre das auch mit Jonas ab und sage dir Bescheid." Er sah ihr nach, als sie die Eingangsstufen hinauflief und die Haustür aufschloss. Sie winkte kurz und war dann verschwunden. Georg legte den ersten Gang ein, wendete den Wagen und fuhr nach Hause.

# Kapitel 19

Jonas fiel beim Frühstück auf, dass Hanna nervös und aufgeregt wirkte.

„Was ist denn los? Warum bist du so unruhig? Wegen unserem Treffen bei Finja? Lass uns das ganz ruhig angehen, es wird alles wunschgemäß verlaufen. Ich bin immerhin an deiner Seite."

„Es macht mich nervös, wenn ich an Finja und Luise zusammen denke. Sie sind charakterlich so was von gegensätzlich und da habe ich so meine Bedenken, ob es eine gute Idee war, auch dort zu übernachten? Ich bin sowieso erstaunt, dass Luise dem zugestimmt hat. Außerdem habe ich auch an Betti und Georg gedacht. Hoffentlich versöhnen sie sich wieder." Sie wollte noch was sagen, als es klingelte. Hanna ging ins Bad und Jonas öffnete die Tür.

„Hallo, Luise, du siehst bezaubernd aus", sagte er spontan. „Nimm schon mal im Wohnzimmer Platz. Hanna ist noch zur Verschönerung im Bad. Frauen brauchen halt immer etwas länger."

„Jonas", sagte Hanna lachend, „da irrst du dich aber gewaltig. Ich bin schon fertig." Sie tranken noch gemeinsam Kaffee, bevor sie aufbrachen. Finja wartete bereits vor dem Haus.

„Ich möchte dir Luise, Hannas Mutter, vorstellen", sagte Jonas in einer charmanten Art.

„Danke für die nette Einladung", sagte Luise freundlich. Sie begrüßte Finja mit einem starken Händedruck, überreichte ihr ein Präsent und schenkte Finja ein herzliches Lächeln, das diese erwiderte. Nie würde man bei ihrem selbstsicheren Auftreten auf die Idee kommen, dass sie innerlich sehr aufgeregt war.

„Ich freue mich sehr, Sie zu sehen", erwiderte Finja und bedankte sich für das Geschenk, Jonas atmete erleichtert auf. Die Begrüßung war nett und man einigte sich auf das Du-Wort. Unabhängig davon, beäugten sich Finja und Luise gleichzeitig.

Finja dachte: Eine elegante Erscheinung. Man könnte annehmen, sie ist gerade aus einem Modejournal entsprungen. Was für ein Kleid. Sie sah sofort, dass es aus Seide war und luxuriös schimmerte. Ihre Figur und ihr dunkelblondes Haar gaben ihr eine Aura eleganter Schönheit.

Luise dachte: Alle Achtung! Tolle Figur, dezentes Make-up, traumhaftes Kleid. Eine unglaublich schöne Frau. Ihre Blicke kreuzten sich und die Vorstellungsrunde zwischen ihnen war beendet. Jonas feixte innerlich, weil die Blicke der Frauen mehr aussagten als tausend Worte.

„Du siehst wie immer umwerfend aus", sagte Jonas zu Finja, nachdem das Abtasten der beiden Frauen erledigt war.

„Du Schmeichler. Wem hast du das noch gesagt?", fragte sie gutgelaunt.

„Luise und natürlich Hanna. Du weißt doch, von manchen Dingen können Frauen nicht genug bekommen. Komplimente und Schuhe gehören dazu", erwiderte Jonas ganz trocken.

„Jonas, nicht, dass du da was in den falschen Hals bekommst. Es gibt Komplimente, die ich gerne höre, und welche, die ich nicht gerne höre", erwiderte Finja fröhlich. „Wir sollten auf die Terrasse gehen." Zwei Männer erhoben sich von ihren Plätzen. Einer von ihnen umarmte Hanna und Jonas und dann streckte er Luise schmunzelnd die Hand hin und sie erwiderte seinen festen Händedruck.

„Ich bin Finjas Freund Frank und freue mich, sie endlich persönlich kennenzulernen."

Ganz meinerseits", antworte Luise freundlich. Aus den Augenwinkeln konnte sie sehen, das der andere bereits Hanna und Jonas begrüßt hatte.

Nachdem Luise die erste Begrüßung hinter sich hatte, kam er auf sie zu. Mit dem Anflug eines Lächelns sagte er: „Jetzt bin ich an der Reihe. Ich bin Manfred, ein langjähriger Nachbar von Finja. Schön, Sie kennenzulernen" und reichte ihr die Hand, die er ungewöhnlich lange festhielt. Zu ihrer Überraschung fand sie ihn auf Anhieb sympathisch.

Finja hatte die zwei genau beobachtet und und merkte sofort, dass zwischen Manfred und Luise alles zum Besten stand. Dass es so schnell anläuft, hätte sie nicht gedacht. Sie musste über Manfred staunen. Gott sei Dank, hatte er sich nicht wie ein Elefant im Porzellanladen benommen. Mal sehen, ob die beiden viele Gemeinsamkeiten haben. Nach dem Begrüßungssekt rief Finja allen zu: „Ich hoffe, dass ihr euch jetzt entspannt und das Wochenende genießt." Sie warf einen Blick in die Runde und erntete nur zustimmendes Nicken. Sie hatte eine Festtafel gezaubert, die sogar Jonas in Staunen versetzte, obwohl er wusste, dass sie eine kreative Ader besaß. Das anschließende Essen war ausgezeichnet, die Stimmung prima und die Gespräche vielseitig. Finja und Luise tauschten sich über Mode und Kosmetik aus. Hanna war zufrieden, weil die beiden Frauen miteinander klarkamen. Ihre anfänglichen Bedenken lösten sich in Luft auf. Manfred und Frank waren begeisterte Fußballfans und lobten ihre jeweilige Lieblingsmannschaft. Es ging turbulent zu.

„Nun ist genug. Männer und Fußball, eine Garantie für Langeweile, zumindest für uns Frauen. Gibt es nichts anderes, über das ihr reden könnt?", fragte Finja. Jonas schaute verdutzt hoch und erwiderte:

„Na gut, dann Autos?"

„Männer und Autos, ebenfalls eine Garantie für Langeweile", erwiderte Finja.

„Wir können uns auch über Kochrezepte unterhalten. Manfred, was ist mit dir, versorgst du dich selbst? Kannst du kochen?", fragte Jonas lachend.

„Oh nein, ich bin aber ein hervorragender Esser", erwiderte er schmunzelnd. Er hatte sich so hingesetzt, dass er Luise ins Gesicht sehen konnte.

„Ehe du mich fragst, Jonas, antworte ich freiwillig", sagte Frank lachend und strich sich dabei genussvoll über seinen Bauch. „Früher lebte ich von Fertiggerichten und nun profitiere ich von Finjas Kochkünsten." Er lehnte sich genüsslich zurück.

Die Zeit verging wie im Fluge. Abends heizte Frank den Grill an. Hanna bereitete den Tisch vor. Finja winkte Luise zu sich und gemeinsam gingen sie in die Küche, um das Fleisch zu holen.

„Wie gefällt dir Manfred?", fragte Finja neugierig. „Er ist Wittwer, fünfundsechzig Jahre alt."

„Ja, er ist nicht übel. Mehr kann ich nicht sagen. So gut kennen wir uns noch nicht", erwiderte Luise verlegen.

Finja hob fragend eine Augenbraue. „Nicht übel? Ich sehe das anders. Er bekommt das freudige Strahlen kaum aus dem Gesicht, wenn er dich anschaut. Könnte das nicht ein guter Freund für dich sein? Bei mir und Frank hat es doch auch geklappt. Habt ihr euch schon ausgetauscht?"

„Nein. Wir stehen uns nicht nahe genug, um über persönliche Dinge zu sprechen. Eine neue Anbahnung, gerade in meinem Alter, braucht Mut." Sie wusste, dass das keine echten Gründe waren. Sie dachte an ihren geregelten Tagesablauf, in dem sich nichts Unvorhergesehenes ereignete. Ihre innere Stimme flüsterte: Und dein Einsamkeitssyndrom? Abends, wenn Hanna oder Hilde nicht mehr bei dir sind und du die Tür hinter ihnen schließt, was überkommt dich dann? Die Einsamkeit! Und immer öfter auch deine Neugier auf das, was noch vor dir liegt.

„Was heißt hier in deinem Alter? Machst du dir etwa Gedanken über das Älterwerden?", fragte Finja und schaute Luise belustigt an.

„Natürlich denke ich manchmal darüber nach, wie viele Jahre mir noch bleiben."

„Also, darüber solltest du nicht nachdenken. Das ist eine reine Zeitverschwendung. Das Heute ist das Wichtigste. In unserem Alter können wir nicht mehr wie dreißig aussehen und sind auch nicht mehr taufrisch, dennoch sind wir noch lichttauglich oder besser ausgedrückt vorzeigebar! Außerdem ist unser Haltbarkeitsdatum noch lange nicht abgelaufen." Finja zögerte. „Aber es kommt der Zeitpunkt, an dem man plötzlich weiß, dass eine Veränderung zu spät sein könnte", sagte sie gelassen. „In unserem Alter ist man reifer und zuversichtlicher und man weiß, was man von einer Beziehung erwartet. Aber man ist auch zu vernünftig, um sich nur wegen Sex für jemanden zu begeistern. Ich könnte mir vorstellen, mit Frank zusammen zu ziehen. Glaubst du, dass du irgendwann wieder einen Mann kennenlernst? Oder bist du der Meinung, dass man dem Partner für die große Liebe nur einmal begegnet?"

Luise wurde rot. „Im Moment erscheint es mir undenkbar. Eigentlich weiß ich nicht so genau, was ich zukünftig will. Ich habe eine Tochter großgezogen und einen Mann beerdigt. Nun soll ich wieder einen Mann an meiner Seite haben. Ich kann das noch nicht so recht einordnen. Die Vergangenheit ist noch allgegenwärtig."

„Das ist nicht gut. Das ist Gift für die Seele. Jeder neue Tag ist ein Geschenk des Glücks. Sei offen für Zufälle, Ideen und Überraschungen. Das Leben findet nicht in der Vergangenheit und auch nicht in der Zukunft statt. Lass dich auf den jetzigen Augenblick ein. In allen Lebenssituationen gibt es Risiken, also auch wenn es um eine neue Partnerschaft geht. Du kannst meinem Urteil vertrauen. Du musst positiv denken, dich freimachen. Du merkst bereits im ersten Moment, ob du jemanden magst oder nicht. Wissen tut man es schnell, aber es auszusprechen dauert etwas länger. Er ist häuslich, ordentlich und alles andere als ein Macho, eher ein alltagstauglicher Mann, ein Kavalier der alten Schule. Er hilft gerne einer Frau in den Mantel und hält die Tür auf. Wo findet man heute noch sowas? Nichts macht glücklicher als eine vertrauensvolle, harmonische Partnerschaft. Ich finde, ein neuer Partner nimmt deinem verstorbenen Mann nichts weg. Eine neue und späte Liebe ist sowieso anders. Du sollst ja nicht mit ihm ins Bett springen, wobei man auch in unserem Alter noch Sex haben darf. Alter? Was ist das eigentlich, Alter? Wann sind wir wirklich alt, wenn wir eine Besichtigungstour durch diverse Altersheime unternehmen? Oder wenn wir uns Seniorenteller im Restaurant bestellen?"

Luise verzog das Gesicht. „Finja, möchtest du uns etwa miteinander verkuppeln? Natürlich habe ich meine Lebensfreude wiedergewonnen." Luise hatte keine Gelegenheit mehr, sich weiter zu äußern, da Finja sie unterbrach. Sie sprach so leise, dass Luise sie kaum verstand.

„Ich habe eine indiskrete Frage. Hat Hanna jemals über mich gesprochen? Ich meine, über unsere Kennenlernphase? Sei ehrlich, egal wie deine Antwort ausfällt."

„Nein! Sie sagte mal sinngemäß, dass du deinen Jungen zu einem tollen Mann erzogen hast. Du hast ihn mit so viel Lebenslust und Lebensfreude ins Leben geschickt."

„Das hört sich gut an und ich bin gerührt. Was meinst du, werden Hanna und Jonas jemals heiraten? Hat sich Hanna dazu schon einmal geäußert?"

„Nein. Bisher in keiner Weise. Jonas hat nur einmal erwähnt, er würde Hanna sofort vom Fleck weg heiraten, wenn sie denn endlich dazu bereit wäre."

„Sie sind doch füreinander geschaffen und passen hervorragend zusammen. Wir sollten Hanna und Jonas nachher vorsichtig auf den Zahn fühlen. Was kann uns beiden schon groß passieren? Komm wir gehen wieder raus."

„So meine Lieben", rief Finja, „nehmt alle wieder Platz, Frank ist mit dem Grillen fertig. Männer was haltet ihr von einem kühlen Bier?" Frank, Manfred und Jonas begrüßten sofort lautstark Finjas Vorschlag.

„Mein Favorit für uns Frauen ist ein erfrischender Fruchtcocktail, den kann man lässig wegschlürfen. Was gibt es schöneres als köstliches Essen, gute Getränke, gute Stimmung und jede Menge Spaß", sagte Finja gutgelaunt.

Es war ein milder Sommerabend und mit der einsetzenden Abenddämmerung verwandelten sich Terrasse und Garten in einen zutiefst romantischen Ort. Überall brannten Lampions und Kerzen und von den Blumenrabatten wehte ein betörender Duft herüber. Alle waren locker und Finja eine hervorragende Gastgeberin und Unterhalterin. Sie verstand es, die Aufmerksamkeit aller auf sich zu lenken. Ihr Redeschwall war kaum zu stoppen. Ihre Lieblingsthemen: das Alter und das wahre Leben.

„Stellt euch bloß mal vor, was mir unlängst passiert ist. Ich bin nach langer Zeit zum ersten Mal mit den öffentlichen Verkehrsmittels in die Stadt gefahren. Wie ich so im Bus stehe und mich schaukelnd an der Stange festhalte, trete ich versehentlich auf einen männlichen Fuß. Ich wollte mich gerade entschuldigen, als dieser Typ laut verlauten ließ: Hey, Oma, pass doch besser auf! Das musste ich mir wirklich nicht bieten lassen. Mit einem koketten Lächeln habe ich darauf geantwortet: Junger Mann, was heißt hier Oma? Bei ihnen gilt wohl das Alter als Makel und die Jugend als Ideal. Ich bin kein Auslaufmodell und mein Verfallsdatum ist noch lange nicht gekommen. Alle, die um mich herumstanden, haben gelacht und der junge Mann wurde rot wie eine ausgereifte Tomate. Mal ehrlich, so eine Äußerung ist doch frauenfeindlich!"

Die Männer bogen sich vor Lachen und Luise hatte zu tun, Finja zuliebe, ernst zu bleiben.

„Haha, sehr komisch. Ihr solltet euch schämen", sagte Finja. „Was fällt euch ein, über mich zu lachen? Macht mal halblang! Das ist nicht witzig." Sie reagierte dennoch mit einem Schmunzeln.

„Du bist heute besonders gut drauf. Es ist fast schon beängstigend. Außerdem haben wir uns dein Gesicht bildlich vorgestellt, als der Flegel zu dir Oma sagte. Was hast du noch so erlebt?", fragte Jonas und legte liebevoll den Arm um Finja.

„Ach, wenn ihr wüsstet. Neulich war ich mit einer Bekannten zusammen. Nach drei Stunden kannte ich jedes Zipperlein von ihr. Dann war ihr Mann an der Reihe. Er hatte es mit dem Rücken und der Prostata. Ich erfuhr im Detail vom Arztbericht. Euch erspare ich die Einzelheiten. Nach dieser detailverliebten Ich-Darstellung war ich froh, als wir uns trennten. Als ich nach Hause fuhr, winkte mich plötzlich ein Mann raus und ich sah zwei weitere mit einem Blitzgerät. Er sagte: Autobahnpolizei, wir führen eine Verkehrskontrolle durch. Ich war ein wenig verdutzt, denn ich war ja gar nicht auf der Autobahn. Er meinte, dass sie manchmal auch hier kontrollieren und dann ging es los: Führerschein, Fahrzeugschein, Personalausweis, Warnweste, Warndreieck, Erste-Hilfe-Kasten. Ich war ganz stolz, alles parat zu haben. Beim Ersten-Hilfe-Kasten fragte ich noch, ob er auch sehen will, dass noch alles haltbar ist. Und jetzt haltet euch fest, was er darauf erwiderte: Die laufen nicht ab, ich soll mir nichts anderes einreden lassen.

Anschließend fragte ich, ob ich was verkehrt gemacht hatte. Er bejahte! Ich wäre zu schnell gefahren. Mit einem Augenaufschlag entschuldigte ich mich und sagte, dass ich das gar nicht bemerkt hätte. Darauf antwortete der Mensch seelenruhig: Dafür haben sie ja mich. Dazu bin ich schließlich da." Leicht erstaunt über das Schweigen, warf sie einen Blick in die Runde und bemerkte, dass jeder sie anschaute. Mehr nicht! Komisch! Jonas fing als erster an zu lachen, so schallend und ansteckend, dass alle einstimmten. Das war typisch Finja. Man wusste nie, was sie als nächstes erzählen würde. Hanna, die sich das Lachen auch nicht verkneifen konnte, befürchtete eine Niesattacke zu bekommen, weil ihre Nase zu kitzeln anfing. Sie stand etwas abrupt auf. Ihr wurde schwindelig und sie musste sich sofort wieder hinsetzten. Auf einmal war es mucksmäuschenstill. Sie spürte sofort, wie Finja sie mit hellwachen Augen anstarrte.

Finja glaubte, einen zarten rosigen Hauch auf Hannas Wangen zu erkennen.

„Was war das denn jetzt? Gibt es dafür einen freudigen Grund?", fragte Finja aufgeregt.

Hanna schaute Finja an. „Finja, sag du es mir?" Finja warf darauf einen Blick in Jonas Richtung.

Jonas nickte Finja und Luise zu. „Wie es scheint, bekommen wir ein Baby?"sagte Jonas. Finja und Luise wechselten einen erfreuten Blick.

„Was für eine Überraschung? Wann ist es so weit? Wann läuten die Hochzeitsglocken?", fragte Finja aufgeregt.

„Bleib ganz ruhig", erwiderte Jonas. „Du weißt, ich würde Hanna vom Fleck weg heiraten. Aber mit dem Nachwuchs können wir leider noch nicht dienen. Es ist beeindruckend, wie schnell man dich aufs Glatteis führen kann." Nur mit Mühe konnte Finja ihr Missfallen verhehlen.

„Herr im Himmel, nur weil ich Enkelkinder haben will, solange ich noch agil genug bin, mich an ihnen zu erfreuen. Ich hätte dich als Kind nicht ermutigen sollen, Sprechen zu lernen. Dann wäre mir das eben erspart geblieben. Ich halte jetzt den Mund und überlasse euch das Reden", sagte sie zur Belustigung aller.

Hanna blies ihre Wangen auf und sah Finja und Luise schockiert an. Oh mein Gott! Beide hatten schon den typischen Oma-Blick.

„Hanna, hast du Angst vor einer Heirat? Glaubst du, dass dir mal das Familienleben um die Ohren fliegen könnte? Nun mal ganz im Ernst, wann wollt ihr heiraten? Meinen Segen habt ihr bereits", ließ Finja verlauten. „Meinen auch", rief Luise und ihr Gesicht hellte sich auf. Hanna holte vielsagend Luft und schaute bedeutungsvoll in die Runde.

„Ich verstehe nicht, warum ihr euch so aufregt? Warum seht ihr mich so verheißungsvoll an? Kann man nicht auch ohne Trauschein glücklich sein? Wir müssen unsere Liebe nicht mit einem Gang zum Standesamt absichern. Mal ehrlich, was bedeutet eine Ehe? Erst ein Brautkleid, ein Ring, eine Unterschrift, eine große Feier, nicht zu vergessen, die Flitterwochen. Alles super, alles Happy! Was danach kommt, sagt keiner. Die Ehe verspricht nicht unbedingt das absolute Glück."

Jonas schaute Hanna in die Augen. „Wenn du nicht heiratest, wirst du es nie erfahren." Frank applaudierte Jonas zu!

„Verstehst du Frank?", fragte Finja verdutzt Luise.

„Ich denke schon! Er spielt wohl auch mit Heiratsgedanken. Sieh dir bloß sein Gesicht an!"

Jonas haute auch noch in die Kerbe. „Das wäre der Hammer! Zwei Hochzeiten an einem Tag." „Warum nicht", meinte Frank. „Aber für die Fortpflanzung seid ihr verantwortlich. Wir nicht mehr! Hanna und Jonas, habt ihr das eben Gesagte auch verstanden?"

„Da bei Männern keine biologische Uhr tickt, können sie es sich leisten, erst später ihren Vatergefühlen nachzugehen. Leider trifft das nicht auf uns Frauen zu", ließ Finja verlauten. Jonas grinste und verschränkte die Arme vor der Brust.

„Okay! Da hilft nur eins: Üben und nochmals üben. Ich gebe mein bestes und laufe zur Höchstform auf!", erwiderte er. Hanna lief leicht rot an. Jonas hielt die Hände hoch als Zeichen, seiner Kapitulation. Finja übernahm wieder die Gesprächsführung.

„Tja, das Leben ist eine Herausforderung, egal ob man jung oder alt ist. Jeder will alt werden, aber niemand will alt sein. Wobei das Altern keine Krankheit ist, nur mal nebenbei bemerkt. Je älter man wird, desto dankbarer wird man dafür, dass der Körper noch seinen Dienst tut. Deshalb schiebe ich die Umsetzung meiner Wünsche nicht mehr vor mir her. Das Leben ist zu kurz, um es nicht zu genießen", sagte Finja ein bisschen verschmitzt und ihre Stimme war auffallend leise geworden.

Frank räusperte sich. „Ich stimme Finja zu. Auch wenn der Hintern langsam in die Kniekehlen sackt, hat man in der zweiten Lebenshälfte noch Wünsche, Pläne und Träume. Bei einer neuen Beziehung müssen Mann und Frau ihre festgefahrenen Verhaltensmuster ablegen. Ich glaube, unter Umständen könnte es schwierig für den Mann werden, weil bisher kein Mann eine Frau komplett verstanden hat. Es müsste eine Bedienungsanleitung für Männer über Frauen geben, dann wäre alles einfacher. Da es sowas aber bisher nicht gibt, wäre ich dafür, dass der Mann die Hosen anhat, und die Frau sagt, welche er tragen soll."

„Mein Lieber, du hast noch etwas vergessen. Männer dürfen auch mal das letzte Wort haben, solange es ein Kompliment ist." Wieder sorgte Finja mit ihrer Aussage für fröhliches, dröhnendes Gelächter. Nachdem sich alle beruhigt hatten, schlug Finja mit der Gabel gegen ihr Glas und hob es an.

„Ich möchte keine Rede halten, aber wir sollten das Tanzbein schwingen. Was haltet ihr davon?" Der Vorschlag wurde mit Begeisterung angenommen. Die Männer schoben den Tisch und die Stühle beiseite, um ausreichend Platz zu schaffen. Je länger der Abend wurde umso lustiger wurde es. Weit nach Mitternacht, als Hanna und Jonas im Bett lagen, kuschelte sich Hanna in Jonas Arme. „Hanna, war das nicht ein toller Abend? Geht's dir gut?" Dann verstummte Jonas! Er war eingeschlafen und kurze Zeit später fielen auch Hanna die Augen zu.

## Montagmorgen

Hanna war bereits in der Buchhandlung und wartete sehnsüchtig auf Betti.

Kurz nach sieben Uhr betrat Betti mit einem strahlenden Lächeln auf dem Gesicht die Buchhandlung. Der verliebte Frischestatus war ihr deutlich anzusehen. So aufgekratzt wie an diesem

Morgen, hatte Hanna ihre Freundin selten erlebt. Betti stürzte sich förmlich auf Hanna und drückte sie überschwänglich.

„Alles okay? Wie war das Wochenende?" Nur mit Mühe konnte sich Hanna von ihr losmachen.

„Unser Beisammensein war etwas Besonderes. Wir hatten tolle Stunden, die in einer leidenschaftlichen Nacht endeten. Ich bin so glücklich, weil wieder Harmonie in meinem Leben herrscht. Außerdem hattest du Recht, mein Leben geht weiter. In meinem Körper wohnt ab sofort die Glückseligkeit! Ich habe mein altes Leben hinter mir gelassen und nun beginnt für mich ein neues Leben. Georg hat es so ausgedrückt: Man soll lernen, sich anzunehmen und im Reinen mit sich zu sein. Denn was gibt es Schöneres, als aus tiefstem Herzen glücklich zu sein. Wir haben ein Kapitel zugeschlagen und ein neues geöffnet. Vielen Dank für deine Unterstützung."

Hanna, die dabei war ihr Brötchen zu essen, legte es beiseite.

„Was ist los? Du isst ja nicht weiter. Macht dein Kiefer Pause? Ich weiß doch, wer Georg auf diese Idee gebracht hat. Ach, wer auch immer zuerst auf diese grandiose Idee kam, sie war goldrichtig."

„Betti, du kannst mir glauben, manchmal muss man das Glück zwingen, das Richtige zu tun."

„Hanna, das hört sich gut an. Was genau ist aber Glück? Wo fängt es an und wo hört es auf? Woran erkennt man es? Ist es Zufall oder Schicksal?" Hanna suchte verzweifelt nach einer überzeugenden Begründung.

„Betti, es ist verrückt, solche Fragen zu stellen. Wir sollten bei Google nachfragen. Halt, mir fällt dazu ein Zitat von Hermann Hesse ein", sagte Hanna und straffte die Schultern. „Er hat gesagt: Glück ist Liebe, nichts anderes. Wer lieben kann, ist glücklich."

„Soll ich dir jetzt mal was verraten? Es betrifft nicht mich, sondern Georg."

„Will er dich heiraten? Wann soll das Ereignis denn stattfinden?"

Hanna! Ich bin doch noch nicht geschieden."

„Ihr wollt zusammenziehen? Welche Wohnung wird es? Deine oder die von Georg?"

Betti amüsierte sich köstlich. „Alles falsch geraten."

„Nun spuck es endlich aus? Wir wollen doch keine Quizrunde abhalten. Los, raus damit!"

„Am besten du setzt dich hin. Georg hat eine fünfjährige Tochter, namens Emma." Hannas Augen weiteten sich und ihr Mund stand vor Überraschung offen.

„Heiliger Strohsack, wie das denn? Was für eine Neuigkeit."

„Du bist lustig. Wie kommt man zu einem Kind? Die kleine Emma stammt aus seiner letzten Beziehung. Jonas wusste davon. Du nicht?"

„Woher denn? Jonas hat nie etwas gesagt. Siehst du, es bewahrheitet sich immer wieder, auch Männer können schweigen. Wie ist deine Einstellung zu Georgs Tochter?"

„Positiv! Georg hat mir ein Bild von ihr gezeigt. Ein süßes Geschöpf. Weihnachten verbringt sie diesmal bei Georg und ich bin dabei. Hoffentlich mag mich die Kleine."

„Da bin ich mir ganz sicher. Ich weiß, dass du kinderlieb bist, und das wird die Kleine spüren."

„Hanna, ich habe noch etwas auf dem Herzen. Georg möchte, dass wir alle vier ein Wochenende gemeinsame verbringen. Dagegen gibt es sicher keine Einwände, aber was machen wir am FKK-Strand? Die Einheimischen mögen es nicht, wenn wir dort im Bikini herumspringen. Georg will auch mit Jonas darüber sprechen."

„Tja! Was soll ich jetzt dazu sagen? Ich weiß es nicht", erwiderte Hanna ehrlich. „Wir alle vier ganz nackt? Was sagt denn Georg dazu?"

„Er hätte kein Problem damit. Man guckt einmal, vielleicht auch zweimal, dann war es das. Außerdem wären wir nicht die einzigen Frauen, die sich da im Eva-Kostüm aufhalten."

„Stimmt auch wieder! Und du? Würdest du es machen?"

„Na ja, am Anfang werde ich mich bestimmt etwas zieren."

„Ich auch! Nicht vor dir, aber vor Georg. Habt ihr schon einen genauen Zeitplan?"

„Wo denkst du hin! Wir müssen das doch mit euch absprechen. Es sollte aber noch in diesem Sommer passieren. Auf keinen Fall im Winter."

„Du und deine Späße. Aber das ist gerade das, was ich so an dir mag." Hannas Blick fiel auf den Ring. „Alle Achtung, das ist ein fantastischer Ring. Ist der von Georg?"

„Ja, und stell dir mal vor, am Sonntag wollen wir unsere erste Radtour unternehmen."

„Betti, ich freue mich für dich, aber ich muss leider das Thema wechseln. Gestern, wie wir gerade von Finja zurückkamen, erhielt ich einen Anruf aus dem Krankenhaus. Es ging um Hilde. Ich fahre heute Nachmittag zu ihr und komme anschließend wieder zurück."

„Hilde liegt im Krankenhaus? Ist es was Ernsthaftes? Hast du schon Luise informiert?" Hanna schüttelte den Kopf.

„Am Telefon wollte mir der zuständige Arzt keine Auskunft geben. Luise habe ich nicht informiert. Sie regt sich zu schnell auf. Ich muss erst Mal sehen, was mich da erwartet. Hilde hat in letzter Zeit abgenommen. Wenn ich sie darauf ansprach, hat sie immer gesagt, es sei alles in Ordnung. Jetzt mache ich mir Vorwürfe, dass ich sie nicht zum Arzt geschleppt habe. Die letzten Wochen haben wir uns kaum gesehen."

„Vielleicht ist es nicht so schlimm. Du weißt ja, die Hoffnung stirbt zuletzt. Wie war es bei Finja? Haben sich Luise und Finja angefreundet? Oder magst du jetzt nicht darüber sprechen?"

„Es verlief alles sehr harmonisch. Die beiden verstehen sich bestens. Finja hatte einen weiteren Gast eingeladen, ihren Nachbar. Ein Wittwer, der seine Augen nicht von Luise lassen konnte. Ich glaube, die beiden haben sich zu einem Spaziergang verabredet. So genau weiß ich es aber nicht. Wenn es so kommen sollte, freue ich mich für Luise. Das Alleinsein bekommt ihr nicht so gut. Da Hilde nun im Krankenhaus liegt, wird Hilde Luise fehlen. Es ist verrückt. Gestern war ich noch sorglos und nun das. Du ahnst nicht, wie groß meine Sorge um Hilde ist und welche Schuldgefühle ich habe. Ihre gesundheitlichen Probleme waren nicht zu übersehen. Sie hatte versprochen, ihren Arzt aufzusuchen. Ob sie es auch getan hat, weiß ich nicht." Hanna rieb sich mit beiden Händen die Schläfen, wie immer, wenn sie innerlich erregt war.

Betti bereitete gerade ihr Abendessen zu, als das Telefon klingelte. Es war Georg. Seine Stimme klang aufgeregt.

„Ich wollte Bescheid sagen, dass es am Sonntag leider nicht klappt. Es tut mir so leid, aber …"

Betti fiel ihm ins Wort. „Warum nicht? Hängt es wieder mit mir zusammen."

Georg schluckte. „Betti, sag so was nie wieder! Emmas Mutter hatte einen schweren Autounfall. Ich wurde gerade informiert."

„Oh mein Gott, das ist ja furchtbar. Ist es sehr schlimm?"

„Ja, trotz Reanimierung ist sie gestorben. Mein Ex-Schwiegervater hat mich angerufen. Emma ist bei ihm und seiner Frau. Ich war so aufgeregt, dass ich nicht mal gefragt habe, wann der Unfall eigentlich passiert ist. Ich habe ihn nur gebeten, Emma nichts zu erzählen. Ich setze mich jetzt sofort ins Auto und fahre hin. Sie wollen Emma bei sich behalten. Bei aller Tragik, das werde ich nicht zulassen. Ich bin fassungslos! Sie gehört zu mir, weil ich ihr Papa bin."

„Kann ich irgendetwas für dich tun?"

„Das ist lieb, aber im Moment nicht. Ich hole jetzt Emma und fahre heute noch zurück."

Betti wischte sich eine Tränen weg. „Fahr bitte vorsichtig, Georg. Nicht dass dir unterwegs auch noch was passiert. Rufst du mich an, wenn du wieder zurück bist, egal wie spät es ist? Versprichst du es mir?"

„Ja, versprochen! Mach dir um mich keine Sorgen. Bis dann."

Schweren Herzens legte sie den Hörer auf und holte die Whiskyflasche aus dem Schrank, die sie eigentlich für Georg gekauft hatte und goss etwas in ein Glas. Sie sagte zu sich: Auf Georg und Emma und dass alles gut wird. Sie musste sich danach schütteln, weil sie im Normalfall so was nicht trank. Nach Mitternacht klingelte das Telefon. Sie schreckte aus einem Albtraum hoch.

„Betti, ich habe Emma gerade ins Bett gebracht. Sie haben ihr, Gott sei Dank, nicht erzählt, dass ihre Mama nicht mehr da ist. Dann kam der Hammer! Die Ex-Schwiegereltern wollten mich daran hindern, Emma mitzunehmen. Sie drohten mit dem Gericht und sagten, dass sie um das Sorgerecht kämpfen würden. Angeblich wäre ich nicht in der Lage, für meine Tochter zu sorgen und das wollen sie beweisen. Es hätte nicht viel gefehlt und ich wäre ausgeflippt. Sie waren voller Gehässigkeit und ich musste kein Gedankenleser sein, um zu verstehen, was sie über mich dachten. Sie können mir bis heute nicht verzeihen, dass ich mich von ihrer Tochter getrennt habe, obwohl es dafür einen handfesten Grund gab. Ich habe Emma ins Auto gesetzt und wollte anschließend ihre Sachen holen. Sie haben sich geweigert und mir die Tür vor der Nase zugeschlagen. Vorher sagten sie noch, es wäre besser gewesen, wenn sie mich nicht informiert hätten. Das muss man sich mal vorstellen. Übrigens war der Unfall bereits vor drei Tagen. Wenn du möchtest, können wir uns morgen treffen. Holst du uns am Nachmittag ab? Emma braucht etwas zum Anziehen und zum Spielen. Würdest du uns dabei beraten?"

„Natürlich, das ist doch gar keine Frage. Du solltest aber daran denken, dass Mädchen in diesem Alter bereits eigene Vorstellungen davon haben, was sie gerne anziehen möchten."

„Schau an, das wusste ich nicht. Ich bin gespannt, was meine Kleine sich aussuchen wird. So, nun werde ich mich auch schlafen legen und du bestimmt auch. Schlaf schön."

„Du auch, bis morgen Nachmittag." Sie konnte nicht einschlafen, zu viele Gedanken gingen ihr im Kopf herum. Wie würde das kleine Mädchen auf sie reagieren? Mit diesem Gedanken im Kopf, fielen ihr irgendwann doch die Augen zu.

Betti klingelte und Georgs Wohnungstür öffnete sich. Vor ihr stand Emma.

„Willst du zu Papa?" Ehe sie antworten konnte, nahm Emma sie bei der Hand. „Papa hat mir schon von dir erzählt. Willst du bei uns wohnen?"

Sofort war eine rührende Verbindung zwischen Betti und Emma entstanden und Georg strahlte.

„Wie lange willst du bei mir bleiben?", fragte Georg leise. Betti stammelte verlegen: „Vielleicht für immer." Sie sah das Leuchten in seinen Augen und seinem Lächeln und das tat ihr gut.

# Kapitel 20

Hanna parkte den Wagen auf dem Gelände des Krankenhauses, in dem damals auch Betti gelegen hatte. Vorher hatte sie für Hilde einen riesigen Blumenstrauß gekauft. Sie fuhr mit dem Aufzug in die dritte Etage und schauderte, als sie den langen Flur mit den weißen Wänden entlang ging. Rechts und links waren weißgestrichene Türen. Dann stand sie vor Hildes Zimmer. Sie zog die Schultern hoch und ließ sie wieder sinken. Leise öffnete Hanna die Tür.

„Komm, setzt dich zu mir", forderte Hilde sie auf, unmittelbar nachdem Hanna eingetreten war. Ihr Gesicht war eingefallen und blass. Wie betäubt saß Hanna an Hildes Bett, unfähig, auch nur einen klaren Gedanken zu fassen. Sie nahm Hildes Hände. Es herrschte eine beklemmende Stille.

„Seit wann liegst ..." Hanna hielt kurz den Atem an. „Seit wann bist du im Krankenhaus?"

Ein unglückliches Lächeln huschte über Hildes Gesicht.

„Seit letzter Woche Freitag. Ich durfte noch mal nach Hause, um ein paar Sachen einzupacken. Waschzeug, Nachthemden, das Übliche halt. Ich hatte wochenlang Husten, Fieber und Schmerzen im Bauchbereich, aber ich bin kein wehleidiger Typ, der gleich zum Arzt rennt. Mein Motto war bisher: Was von allein kommt, geht auch allein weg. Ich dachte, was kann es Schlimmes sein. Es blieb nur ein Gefühl, ein diffuses Unbehagen. Es mischte sich mit der Sorge, dass hier was aus dem Ruder gelaufen war. Tabletten aus der Apotheke schlugen nicht mehr an und mir ging es von Tag zu Tag schlechter. Ich war gezwungen, meinen Hausarzt aufzusuchen. Er vereinbarte sofort einen Termin beim Internisten und nun bin ich hier."

„Du hast mir nicht mal Bescheid gesagt. Wirst du gut betreut? Hast du noch Schmerzen?"

„Die Betreuung ist sehr gut. Schmerzen habe ich nicht mehr. Die Onkologen tun was sie können, aber …" Sie verstummte und heftete ihren Blick auf Hanna.

„Ein Eingestehen der Krankheit bedeutete für mich Schwäche. Aber ich wollte keine Schwäche zeigen. Dass mein Körper plötzlich nicht mehr mitmachen wollte, hat mich erschüttert. Es ist definitiv schwer, sich von der Person zu verabschieden, die man einmal war. Ich bin keine, die wegläuft, wenn es schwierig wird. Bis jetzt war ich eine Kämpferin, und ich habe schon so viel ausgehalten. Ich habe so manchen Schicksalsschlag überstanden." Dann sagte sie, das Gesicht zur Zimmerdecke erhoben, mit gedämpfter Stimme: „Ich dachte, dass mein Schicksal noch ein Ass im Ärmel hat, aber leider nicht. Ich habe immer im Hier und Jetzt gelebt und mir nie Gedanken über meinen Tod gemacht. Nun habe ich den Kampf um mein Leben verloren. Als ich die Diagnose erhielt, war ich nicht sicher, ob ich Monate oder nur noch wenige Wochen zu leben habe. Die Wahrscheinlichkeit, dass ich die nächsten zwei Monate noch erlebe, so Gott will, liegen weit unter fünfzig Prozent. Im Stillen hatte ich gehofft, es würde nicht so schnell gehen. Das Krankenzimmer ist jetzt mein neues Zuhause. Mein letztes Zuhause." Erschöpft faltete sie die Hände auf der Bettdecke. „Ich habe Krebs. Der Arzt hat von mir die Erlaubnis bekommen, dir zu sagen, wie es um mich steht. Ich habe keine Angst vor dem Tod. Warum soll ich mich vor etwas fürchten, das ich nicht ändern kann. Aber ich will noch nicht die Welt verlassen. Ich möchte deine Hochzeit mit Jonas erleben. Euer erstes Baby im Arm halten und so gerne Großmutter spielen. Aber ich merke, wie das Leben von mir weicht."

Hanna hörte die Hoffnungslosigkeit aus Hildes Stimme heraus. Oh Gott, das war zu viel für Hanna. Sie fragte sich, wie sie angemessen darauf reagieren sollte. Was sollte sie sagen? Es hatte keinen Zweck so zu tun, als würde man sich keine Sorgen machen. Es war sinnlos, Aufmunterung vorzuspielen. Sie war sich der Aussichtslosigkeit der Situation bewusst.

„Wie kann ich dich unterstützen? Hat dich schon jemand besucht? Verwandte?" Hanna zwang sich, ruhig zu bleiben.

„Ich habe niemanden. Keinen Ehemann, keinen Ex-Mann, keinen Freund, keine Kinder. Ich habe nur dich und Luise. Mit achtzehn erfuhr ich, dass ich keine Kinder bekommen kann, obwohl es mein größter Wunsch war. Aus gesundheitlichen Gründen wurde meine Gebärmutter entfernt. Der Traum vom eigenen Kind zerplatzte dadurch wie eine Seifenblase. So bin ich ungewollt kinderlos geblieben. Ich habe die Kinderlosigkeit nie als gesellschaftliche Abwertung erlebt. Ich liebte es, junge Mütter mit ihren Babys zu beobachten. Mitunter schaute ich in die Kinderwagen rein und genoss diesen wunderbaren Babyduft. Ich wollte dir noch von meinem Leben erzählen, bevor es zu spät ist. Du hast ja das aufgeschlagene Fotobuch und das Bild gesehen. Jetzt schaffe ich es nicht mehr, ich bin müde. Das kommt von diesem verdammten Morphin, das sie mir verabreichen." Schweiß perlte über ihr blasses Gesicht.

„Ich hasse es, so nutzlos im Bett zu liegen und dann morgens die Visite. Da stehen die Ärzte und Schwestern vor deinem Bett. Sie sind frisch geduscht, haben die Zähne geputzt und ihre Haare liegen exakt. Und selbst hat man nicht Zähne geputzt, ist ungewaschen, die Haare stehen nach allen Seiten ab und man sieht vom Schlafen im Gesicht zerknautscht aus. Einfach furchtbar und ich schäme mich jedes Mal. Warum kommen sie immer so früh?"

„Ach, Hilde! Das muss du nicht. Andere Patienten haben bestimmt das gleiche Problem. Soll ich irgendetwas für dich besorgen? Vielleicht ein Buch? Hast du auf etwas Appetit? Obst? Schokolade? Saft? Ich erfülle dir jeden Wunsch."

Hilde schüttelte den Kopf. „Ich weiß, dass du das tust. Aber Lesen strengt mich zu sehr an. Denkst du an meine Blumen? Kommst du morgen wieder?"

„Ja, ich komme morgen wieder und natürlich pflege ich deine Blumen." Sie küsste Hilde auf die Stirn, verließ das Zimmer und zog die Tür leise hinter sich zu. Draußen übermannte sie der Schmerz. Sie war völlig verzweifelt und hatte keine Ahnung, was sie tun sollte. In ihrem Kopf begann sich alles zu drehen und ihre Beine knickten ein. Sie sank auf eine Bank, fühlte sich wie gelähmt und ließ ihren Tränen freien Lauf. Ein Arzt mittleren Alters trat an sie heran.

„Sind Sie Frau Mories?" Hanna nickte. „Kommen Sie, ich helfe Ihnen hoch und wir gehen in mein Zimmer." Er reichte ihr ein Glas Wasser.

„Trinken Sie, das wird Ihnen guttun." Hannas Hände zitterten, als sie das Glas nahm und ihre Stimme klang aufgewühlt. „Können Sie denn überhaupt nichts tun? Ich habe große Angst, um meine Freundin. Es wird nicht mehr besser werden, nicht wahr?" Hanna sah sein sorgenvolles Gesicht.

„Sie müssen den Mut aufbringen, den Dingen ins Auge zu sehen. Es ist Krebs im Endstadium. Operation, Chemotherapie oder Bestrahlung würden nicht mehr helfen, weil bereits lebenswichtige Organe betroffen sind. Sie hat Metastasen im ganzen Körper und nicht mehr viel Zeit. Ich weiß, was das für eine unglaubliche Belastung ist zu sehen, wie die Krankheit Ihre Freundin verändert, innerlich und äußerlich." Hanna fiel es schwer, sich auf die Worte des Arztes zu konzentrieren.

„Sie wirkte immer so hoffnungsvoll, sprühte vor Leben und nun der schnelle körperliche Verfall." Hanna brach in Schluchzen aus und fing hemmungslos an zu weinen. Der Arzt sprach beruhigend auf sie ein.

„Entschuldigen Sie meinen Gefühlsausbruch", sagte Hanna verlegen.

Es war kurz vor siebzehn Uhr als Hanna wieder erschöpft die Buchhandlung betrat. Ohne Vorwarnung ging sie auf Betti zu.

„Hilde hat Krebs. Das Schlimmste ist, dass sie den Kampf gegen den Krebs verliert. Ich werde jeden Nachmittag ins Krankenhaus fahren. Ich will für sie da sein, und zwar so, wie sie das möchte. Das bin ich Hilde schuldig. Du musst den Laden hier allein schmeißen."

Bettis Augen wurden feucht und sie sank auf einen Stuhl. Für einen Moment blieb sie aufgelöst sitzen, dann richtete sie sich unbeholfen wieder auf.

„Wie entsetzlich! Das habe ich nicht erwartet. Willst du Luise auch informieren?"

„Noch nicht. Eventuell am Wochenende und wir fahren dann gemeinsam ins Krankenhaus."

Am darauffolgenden Nachmittag brachte Hanna Hilde Süßigkeiten und Obst mit. Sie setze sich wieder auf den Rand des Bettes, hielt ihre schmale Hand und streichelte ihre Finger. Eine blaue Ader pulsierte an Hildes Schläfe. Ihre Augen waren matt und hatten jeglichen Glanz verloren. Hilde sah müde aus und schaute zum Fenster. Das Sonnenlicht glitzerte in den Fensterscheiben. Sie schniefte, langte hastig nach ihrem Taschentuch und putzte sich die Nase.

„Es ist so schön, dass du hier bei mir bist. Früher war meine größte Angst, an Demenz zu erkranken. Ich wusste, dass eine Demenzheilung nicht möglich ist. In meinem Berufsumfeld glaubten die Mitarbeiter, dass Demenz ein normaler Teil des Alterns wäre. Was Schwachsinn ist. An Krebs habe ich nie gedacht. Ich möchte noch einmal ans Meer und die Sonne auf meiner Haut spüren. Es klingt lächerlich, oder?" Hanna streichelte ihre Wange. Hildes Haut war so dünn wie Pergamentpapier.

„Hanna, ich habe nie von meinem Leben erzählt und ich war dir dankbar, dass du nie danach gefragt hast. Jetzt möchte ich darüber reden. Aber nur, wenn es dir nichts ausmacht."

„Hilde, ich bin für dich da und werde dir zuhören." Hanna schluckte ihre Tränen runter. Hilde erzählte ihre Lebensgeschichte im Zeitraffer. Sie erzählte vom Autounfall ihrer Eltern, von ihren Männern, ihrer großen Liebe und ihrer Leidenschaft, den Büchern.

„Es gab Tage, da suchte ich nach den Antworten auf die großen Fragen des Lebens. Es gab aber auch Tage, da begegneten mir die Fragen des Lebens unangemeldet. Ich musste schwere Schicksalsschläge verkraften. Aber dank meiner positiven Lebenseinstellung habe ich nie den Mut verloren. Meine Eltern sind bei einem Autounfall ums Leben gekommen, als ich neunzehn Jahre alt war. Sie waren abends auf dem Weg nach Hause. Es war ein Horror-Unfall. Ein Lebensmittellaster fuhr direkt auf sie zu und ihr Auto krachte in den Sattelzug. Das Autodach wurde abgerissen, der vordere Teil des Wagens zerquetscht, er blieb unter dem Laster stecken. Der Fahrer übersah eine rote Ampel. Über Nacht wurde ich zur Vollwaise. Niemand hätte das vorhersehen können. Meine Eltern waren für mich etwas ganz Besonderes. Ich wusste, mein Leben würde niemals wieder wie vorher werden und durchlebte eine schwere Zeit. Es gab niemanden, bei dem ich Rat und Zuspruch suchen konnte. Ich war auf mich selbst angewiesen. Ich habe trotz dem Verlust meiner Eltern später viele schöne Dinge erlebt, aber auch Abstürze. Im Liebesleben ging es nicht immer geradeaus. Ich habe mich oft im Leben meines jeweiligen Partners verloren, seine Bedürfnisse und Interessen vor meine eigenen gestellt. Nach dem Motto: Welche Art von Frau hättest du gerne?" Hilde machte eine Pause und trank Wasser aus der Schnabeltasse.

„Meine erste Liebe, Paul, lernte ich in der Stadtbibliothek kennen, wo ich arbeitete. Ich war damals noch sehr unerfahren. Seine Aufmerksamkeit war tröstend und wohltuend. Es dauerte nicht lange, bis ich mich ihm hingab. Er wusste, dass meine Eltern sehr wohlhabend waren und ich keine finanziellen Sorgen kannte, da ich die Alleinerbin war", sagte Hilde leise.

„Wir waren bereits ein Jahr zusammen, als mich eine ältere Kollegin beiseite nahm, nachdem sie uns zusammen gesehen hatte. Sie öffnete mir ziemlich brutal die Augen. Paul umgarnte mit Vorliebe einsame Frauen, egal wie alt sie waren, und sobald diese eine Menge Geld für ihn geopfert hatten, erlosch automatisch sein Interesse. Ich bin auch darauf reingefallen. Der Scheißkerl hat mich nur geliebt, weil ich ihm viel Geld in den Rachen geworfen habe. Wir trennten uns und ich stand total neben mir. Es gab Momente, in denen ich glaubte, das Leben würde für immer stillstehen Aber so war es nicht, es ging weiter. Hanna, entschuldige, ich muss erneut was trinken."

Hanna reichte ihr die Schnabeltasse und Hilde trank in kleinen Schlückchen ihr Wasser. Die Tür ging auf und eine stramm gebaute Krankenschwester kam rein.

„Alles in Ordnung? Brauchen Sie etwas?"

„Danke, es ist alles in Ordnung. Sie haben mich bestens versorgt", flüsterte Hilde ihr zu.

Die Krankenschwester warf Hanna einen vorwurfsvollen Blick zu, bevor sie sagte: „Nicht zu lange bleiben. In einer halben Stunde komme ich wieder, um das Kopfkissen aufzuschütteln."

„Keine Sorge, ich bin dann weg." Hanna wandte sich wieder Hilde zu. „Möchtest du dich etwas ausruhen? Das Sprechen strengt dich zu sehr an."

„Du musst nicht gehen, wenn du nicht willst und noch Zeit hast. Bitte, bleib noch ein bisschen bei mir sitzen."

Hanna zögerte, weil sie nicht wollte, dass Hilde sich überanstrengte. „Natürlich, ich bleibe."

Hilde richtete sich auf und Hanna stopfte ihr das Kopfkissen leicht in den Rücken.

„Ja, nach dieser Enttäuschung ging nichts mehr, und ich blieb lange allein. Mehr als eine lockere Beziehung wollte ich sowieso nicht und schon gar keine enge Bindung. So konnte ich sicher sein, dass mir nicht erneut das Herz gebrochen wurde. Manchmal braucht es im Leben ein klein wenig Glück.

Er war ein Romantiker, ein einfühlsamer Mann und wir saßen am Strand. Er nahm meine Hand und ich habe seine Worte noch im Ohr. Er sagte: Eine halbe Stunde nach Einbruch der Dunkelheit sind nur noch die Träumer am Strand, die, die im Stillen im warmen Sand sitzen, auf den hellen Mond schauen und auf die Sterne warten. Spät in der Nacht ist es so still, dass man nur das Rauschen des Meeres hören kann. Gegen Morgen vernimmt man den einen oder anderen Schrei eines Seevogels. Er fragte, ob ich das gemeinsam mit ihm erleben möchte? Ich wollte und es war das Allerschönste, was ich je erlebt habe." Hildes Augen bekamen ihren Glanz zurück und sie konnte sogar lächeln.

„Wir hatten Zeit für lange Spaziergänge und gute Gespräche. Als wir uns wieder verabschieden mussten, war mir schwer ums Herz. Zunächst führten wir eine Fernbeziehung. Gerhard musste beruflich für ein Jahr nach Schweden. Ich habe mich tapfer dieser neuen Herausforderung gestellt. Später haben wir geheiratet und kauften im sechsten Jahr unserer Ehe ein Haus. Es kam ein warmer und zeitiger Frühling und Gerhard erkrankte mit fünfzig Jahren an Darmkrebs. Ich habe ihn gepflegt. Kurz vor seinem Tod, bevor die Krankheit ihm das Denken nahm, machte er ein Geständnis. Er sagte, dass er aus einer Beziehung mit einer Kollegin ein Sohn hat. Ich fühlte mich verraten und war geschockt und verletzt. Ich wollte die Scheidung, aber dazu kam es nicht mehr. Immer wieder habe ich mich gefragt: Warum habe ich nichts gemerkt? Gerhard lag noch nicht einmal richtig unter der Erde, als sein Sohn auftauchte. Er brauchte Geld, viel Geld. Ein Testament hatten wir nicht und er bestand auf seinen Pflichtanteil. Nach dem ersten Schock und der Sprachlosigkeit musste ich das Haus verkaufen. Es war ein schwerer Verlust. Mir fehlte mein Garten, meine Blumen, meine grüne Oase. Ich schaffte es, mich aus dieser Fassungslosigkeit, der Starre zu lösen und fand wieder in das normale Leben zurück. Mir wurde klar, dass es nichts brachte, Gerhard weiterhin zu verurteilen. Was geschehen war, war geschehen." Hilde schluckte und richtete sich etwas auf.

„Man kann unter Umständen verzeihen, aber nicht vergessen. Es gehört zum Leben und dessen Erfahrungswerten, dass man nachher klüger ist und viele Dinge in der rückwärtigen Betrachtung einen anderen Stellenwert bekommen. Ich entwickelte ein neues Selbstwertgefühl und war mir sicher, dass mich nie wieder ein anderer Mann interessieren würde. Hanna, ich bin zu erschöpft, wir reden morgen weiter. Danke, dass du mir zugehört hast. Du kommst doch wieder?" Sie schloss die Augen. Hanna blieb auf der Bettkannte sitzen und hielt ihre Hand, als Hilde einschlief.

Später stand Hanna lautlos auf und machte leise die Tür hinter sich zu. Draußen atmete sie einmal tief ein und hielt die Luft an, bevor sie wieder ausatmete. Das war das Traurigste, das sie je gehört hatte.

Am nächsten Tag war Hilde hellwach. Ihre Hände fühlten sich kalt an und ihr ganzes Gesicht war feucht. Hanna tupfte Stirn und Wangen vorsichtig mit einem Tuch ab. Nichts erinnerte mehr an die lebenslustige Frau.

„Dort, auf dem Fensterbrett sitzt morgens immer eine Amsel." Hilde hob ihren Kopf leicht hoch, zeigte auf das Fenster und ein winziges Strahlen überflog ihr Gesicht. Dann begann sie wieder zu erzählen.

„Es ist wichtig, einer neuen Liebe eine Chance zu geben. Ich bekam eine neue und letzte Chance, trotz meiner Bindungsangst. Viele Jahre später lernte ich Heinz kennen. Er war Dermatologe und hatte mir ein Muttermal entfernt. Von seinem äußeren Erscheinungsbild war er ein Mann wie ein Fels, groß, stark, männlich. Gleichzeitig wirkte er warmherzig, sanft und nachdenklich, sogar ein bisschen zurückhaltend. Aus einem Flirt wurde Liebe. Ich habe in ihm meinen Seelenverwandten gefunden. Wenn man sich so spät trifft, dann weiß man, dass es ein großes Glück ist. Es gibt keine Versicherung für das Glück, aber es gibt eine Chance auf Glück. Trotz meiner Bindungsangst zogen wir neun Monate später zusammen. Er war der unglaublichste Mann, der mir je begegnet war. Ich hatte eine so starke Bindung zu ihm und wollte mit ihm alt werden. Bei uns passte es einfach, unsere Gemeinschaft hatte eine besondere Leichtigkeit. Besonders toll war, dass ich mich niemals verstellen musste. Er nahm mich so, wie ich war. Ein Happy End war uns aber nicht vergönnt. Mein glückliches Leben wurde von einer Tragödie überschattet. Sein Herz hörte einfach auf zu schlagen, mitten in der Nacht, ganz plötzlich. Er hatte mir verschwiegen, dass er herzkrank war, aus Angst, mich zu verlieren. Abends haben wir noch zusammen gesessen, gelacht und ein Glas Wein getrunken. Wir haben uns eine gute Nacht gewünscht und einander geküsst. Er sagte noch, schlaf gut und das waren seine letzten Worte. Fast zehn Jahre waren wir verheiratet. Ich habe einen der wichtigsten Menschen in meinem Leben verloren. Alles war so selbstverständlich: seine Liebe, sein Vertrauen, seine Sorge um mich. Dann war es still und leer, auch wenn er in meinem Herzen weiterlebt. Ich bin voller Dankbarkeit für all die Zeit, die ich mit ihm verbringen durfte. Er taucht oft in meinen Träumen auf. Ich wusste nicht, wie ich das allein durchstehen würde, wie ich danach weiterleben sollte. Der Tod hat mir das Liebste genommen. Ich fand das Leben wieder einmal sehr ungerecht. Seitdem traue ich der Liebe nicht mehr über den Weg. Ich habe mich nie wieder verliebt." Hilde setzte sich ruckartig auf, und ihre Augen waren in die Ferne gerichtet.

„Du hast nie wieder jemanden gefunden, der seinen Platz hätte einnehmen können?", fragte Hanna leise.

Sie sah Hanna mit feuchten Augen an und lächelte versonnen. „Er war der perfekte Mann. Niemand konnte ihm je das Wasser reichen. Ich wollte nicht noch Mal einen geliebten Menschen verlieren. Er war die Geborgenheit und Treue in Person. Ich war nicht mehr bereit, meine Wohnung mit jemandem zu Teilen, dafür war ich zu alt. Kannst du das verstehen?"

Hanna nickte ihr zu und der Schmerz in Hildes Augen war nicht zu übersehen. Ihre seelischen Wunden über den Verlust des geliebten Mannes waren noch immer nicht verheilt. Ihre Hände lagen ruhig auf der Bettdecke.

„Schicksalsschläge gehören zum Leben dazu. Das weiß ich. Und doch nimmt der Schmerz einem den Atem, wenn es einen persönlich trifft, und das Leben scheint sinnlos. Weißt du, Hanna, ich glaube nicht, dass es eine Gesetzmäßigkeit gibt, die dafür sorgt, dass auf den Höhenflug der freie Fall folgt. Im richtigen Leben kann man auch aus geringer Höhe stürzen und hart aufschlagen. Ich bin der beste Beweis. Irgendwann habe ich die dunkle Seite des Lebens akzeptiert. Mich aufgerappelt und die Tiefschläge, die ich in meinem Leben erfahren habe, haben mich stärker gemacht. Sie haben in mir Kräfte geweckt, aber ich bin durch den Verlust, die Trauer und den Schmerz leider auch älter geworden. Nicht, dass ich darüber traurig bin. Älterwerden hat auch unglaublich schöne Seiten. Man wird gelassener und souveräner. Nur nützt es mir nicht mehr viel. Und es ist gut, dass wir nicht wissen, wann wir für immer gehen. Weißt du, Hanna, man lebt eigentlich zweimal. Das erste Mal in der Wirklichkeit und das zweite Mal in der Erinnerung." Sie richtete sich auf und sank zurück ins Kissen. „Jetzt weißt du ein wenig besser über mich Bescheid. Kannst du dich noch daran erinnern, wie ich dir gesagt habe, dass Luise meine beste Freundin ist? Du aber auch und sogar noch ein bisschen mehr. Du bist in all der Zeit für mich immer mehr wie eine Tochter geworden und weniger wie eine Nachbarin."

Hanna, der unwillkürlich die Tränen in die Augen stiegen, war tief betroffen. Sie tastete nach Hildes Hand und drückte sie sanft. Hilde schloss kurz die Augen. „Der Tod macht mir keine Angst mehr. Aber ich will ..." Sie brach ab. „Bitte, bring mich nach Hause. Ich möchte in meinen eigenen vier Wänden sterben." Sie versuchte Hanna anzulächeln, aber es gelang ihr nicht. Sie wurde zunehmend schläfriger. Wenige Minuten später war sie vor Erschöpfung eingeschlafen. Hanna erhob sich vom Bettrand und trat ans Fenster. Etwas später verließ sie das Krankenzimmer. Sie fühlte sich schuldig, weil sie Hildes Bitte nicht sofort erfüllen konnte. Abends rief sie Luise an und erzählte von Hildes Wunsch. Bisher hatten sich Luise und Hanna immer abgewechselt, damit Hilde keinen Tag ohne Besuch im Krankenhaus war.

„Wir sollten mit dem Arzt sprechen, ob Hilde nicht nach Hause kann, wenn wir uns um sie kümmern", schlug Luise vor. „Sie hat mir damals sehr geholfen und ich möchte ihr etwas zurückgeben."

„Du hast Recht. Sie hat auch für mich viel getan. Sie soll jegliche Zuwendung und Aufmerksamkeit bekommen."

Nach Rücksprache mit dem Arzt konnte Hanna Hilde nach Hause holen.

„Ich hätte nicht gedacht, dass es klappt", sagte Hilde leise, „dass ihr mir diesen Herzenswunsch erfüllt."

„Hanna, ich habe eine Bitte. Wenn die Zeit gekommen ist, möchte ich eingeäschert werden."

Hanna lief es eiskalt über den Rücken. „Wie kommst du denn ausgerechnet jetzt darauf? Warum das denn? Du bleibst noch bei uns."

„Ich ertrage es nicht, in einem Sarg zu liegen. Da ist es kalt und dunkel. Das macht mir Angst, und ich fürchte mich davor, im Dunkeln wieder aufzuwachen."

Es war schneller gegangen als befürchtet. Drei Monate später, zwei Tage vor ihrem Geburtstag, starb Hilde. Ihr Körper hatte beschlossen, dass es genug war. Bis zuletzt waren Hanna und Luise an ihrer Seite. Mit Tränen in den Augen küsste Hanna sie ein letztes Mal auf die Stirn. Hilde starb, wie sie es sich gewünscht hatte – Zuhause, im Schlaf. Hanna und Luise wussten zwar, dass sich Hilde nie wieder erholen würde, dennoch traf sie der grausame Schmerz völlig unerwartet, auch wenn der Tod für Hilde eine Erlösung war.

Hanna erfüllte ein stiller, ohnmächtiger Schmerz, den sie als Trauer erkannte. Ihr war klar, dass sie lange damit würde leben müssen, wie bei ihrem Vater. Sie wusste, dass das Leben weiterläuft. Natürlich tut es das. Aber es tut dadurch nicht weniger weh. Seit dem Morgen nach Hildes Tod hatte sie nicht mehr geweint, nicht mal, als sie sich mit Luise zur Beerdigung traf und Luise ihren Tränen freien Lauf ließ.

„Ich kann einfach nicht glauben, dass sie nicht mehr da sein soll. Sie war eine wundervolle Freundin. Warum müssen die Menschen, die man liebt, so früh gehen?", schluchzte Luise. „Nun hat der Himmel einen neuen Engel bekommen."

„Es ist egal zu welchem Zeitpunkt man einen lieben Menschen verliert, es ist immer zu früh und es tut immer weh", erwiderte Hanna. Ihre Trauer bestand aus Wut, Ohnmacht und Schmerz, aber auch aus den Erinnerungen an schöne Momente. Sie hatte die gesamte Gefühlspalette durchlebt.

Hanna erhielt später vom Amtsgericht ein Schreiben. Hilde hatte in einem notariellen Testament verfügt, das sie und Luise die Alleinerbinnen waren. Hanna kamen vor Rührung die Tränen.

# Epilog

**Ein Jahr später**

Hanna und Jonas waren zusammengezogen und lebten in Jonas Wohnung.

Eines Tages sagte er todernst: „Hanna, das ist deine letzte Chance. Ich habe immer gewusst, dass du die Frau bist, die ich heiraten will. Heirate mich oder ich heirate dich."

Sie sagte: „Ja." Die Vorbereitungen für ihre Hochzeit liefen auf Hochtouren. Hanna und Jonas erhielten aber kaum eine Gelegenheit, sich daran zu beteiligen. Finja und Luise hatten fast alles im Alleingang arrangiert. Nur bei der Auswahl ihres Hochzeitkleides bestand Hanna auf ihr Mitspracherecht. Sie hatte sich für ein weißes langes Spitzenkleid entschieden. Die Hochzeit wurde ein unvergessliches Erlebnis. Im ersten Jahr ihrer Ehe überraschte Hanna eines Tages Jonas mit einem freudigen Ereignis. Sie hatten bewusst nicht verhütet. Hanna befand sich im siebenunddreißigsten Lebensjahr und sie wussten, dass mit jedem weiteren Jahr das Risiko einer Schwangerschaftskomplikation stieg.

„Ich habe einen Schwangerschaftstest gemacht. Es war ein Volltreffer. Natürlich muss ich erst noch zum Arzt gehen, um eine hundertprozentige Bestätigung zu bekommen." Jonas war vor Freude ganz aus dem Häuschen. Er hob sie mit einer stürmischen Umarmung in die Luft, wirbelte sie herum und küsste sie auf beide Wangen, bevor er sie wieder absetzte. Hanna war immer noch schwindelig.

„Schenk mir eine Tochter, die genauso aussieht wie du. Ich begleite dich auch zum Arzt. Das macht mir nichts aus. Ich muss ja nicht auf diesen ominösen Stuhl."

„Oh, nein, das schaffe ich schon. Noch kein Wort zu Luise und Finja. Erst wenn ich hundertprozentige Gewissheit habe."

Die Augen von Luise und Finja leuchteten vor Stolz, als sie erfuhren, dass sie bald zu den Großmüttern zählen würden.

„Das haben unsere Kinder hervorragend gemacht. Wir erwarten unser erstes Enkelkind", rief Finja mit einem Jubelschrei und fiel Luise um den Hals. Neun Monate voller Freude, Spannung und Warten auf diesen einen Moment.

Für Hanna verlief die Schwangerschaft problemlos. Nur ganz am Anfang verspürte sie morgendliche Übelkeit. Das Einzige, das sie hin und wieder nervte, waren Luise und Finja. Sie tauchten zu den unterschiedlichsten Zeiten in der Buchhandlung auf, Luise meistens morgens und Finja am späten Nachmittag. Wie Glucken überwachten sie Hannas Schwangerschaft und sorgten für ein Überangebot an Obst. So wie es aussah, entstand zwischen den beiden ein regelrechter Konkurrenzkampf.

Wenn eine der Damen anrückte, verdrehte Betti ausnahmslos die Augen und rief: „Achtung, Großmutter Luise!" oder „Achtung, Großmutter Finja im Anmarsch!" Hanna musste jedes Mal lachen. Am liebsten hätten beide eine komplette Babyausstattung gekauft. Rosa oder Blau? Hanna und Jonas hatten es nicht verraten, obwohl sie wussten, dass es ein Junge wird. Jonas war nicht enttäuscht.

„Unser nächstes Kind wird bestimmt ein Mädchen. Wenn nicht, üben wir bis es klappt." Hanna blickte ihn belustigt an und strich zärtlich über ihren Babybauch.

„Dann bekommst du aber die Kinder." Sie waren sich einig, dass ihr Sohn Max heißen sollte. Zur Erinnerung an Hannas verstorbenen Vater. Luise war gerührt. Selbst Finja hatte keine Einwände. Mit Jonas an ihrer Seite überstand Hanna die Geburt. Nach acht nicht ganz schmerzfreien Stunden war der Wonneproppen da. Sechseinhalb Pfund schwer. Zweiundfünfzig Zentimeter groß und kerngesund. Danach fühlte sich Hanna erschöpft und dennoch glücklich. Als Jonas seinen Sohn das erste Mal in die Arme nahm und zärtlich an sich drückte, dankte er Hanna und seine Augen wurden feucht.

„Hallo mein Kleiner! Ich bin dein Papa!", sagte er zärtlich.

Luise und Finja hatten die ganze Zeit draußen ausgeharrt, bis Jonas die freudige Nachricht überbrachte. „Ich bin überglücklich.

Es war einer der schönsten und emotionalsten Momente meines bisherigen Lebens. Er ist eine Schönheit. Sieht genau wie Hanna aus", sagte er voller Stolz. Da gab es auf beiden Seiten kein Halten mehr, schon gar nicht bei den Tränen. Jonas entwickelte sich im Laufe der Zeit zum Weltmeister im Verschenken von Blumen. Nicht nur zu Pflichtanlässen. Nein – einfach so zwischendurch. Er wollte Hanna zeigen, wie nahe er ihr und Max stand. Das sagte er nicht ausdrücklich, aber Hanna wusste ja mittlerweile, wie er tickte.

Betti und Georg heirateten das Jahr darauf. Betti hatte das Zuhause gefunden, das sie vorher nie hatte. Georg und Emma waren der Mittelpunkt ihres Lebens. Zwei Jahre später freute sich Emma auf einen Spielgefährten. So oft sie konnte, streichelte sie sanft Bettis Kugelbauch. Sie hatte auch schon einen Namen ausgesucht. Er sollte unbedingt Paul heißen. Ihr Wunsch ging in Erfüllung.

Hanna hatte zwischenzeitlich eine weitere Mitarbeiterin eingestellt, damit sie und Betti nicht mehr am Samstag arbeiten mussten. So hatten sie mehr Zeit für die Kinder und ihre Männer. Am beliebtesten waren die gemeinsamen Wochenenden im Ferienhaus am Meer. Man sah ihnen an, wie glücklich sie das Familienleben machte. Für Jonas, Hanna, Betti und Georg begann ein neuer Lebensabschnitt. Damit ist die Geschichte aber nicht zu Ende, denn es geht weiter!

# Die Autorin

Die Autorin, die unter dem Pseudonym Christa-
Brigitte Wendel schreibt, wurde 1944 in Aschers-
leben geboren. Nach ihrem Schulabschluss studier-
te sie Staat und Recht und war in der freien Wirt-
schaft und im öffentlichen Dienst tätig. Mit dem
Eintritt in das Rentenalter machte sie ihr Hobby –
das Schreiben – zum Beruf. „Vertraue nicht dem
Augenblick" ist der erste Roman der Autorin, die
gemeinsam mit ihrem Mann in Rostock lebt. Abge-
sehen vom Schreiben, genießt sie es auch zu reisen
und selbst in einem guten Buch zu schmökern.

**novum** VERLAG FÜR NEUAUTOREN

# Der Verlag

## Wer aufhört
## besser zu werden,
## hat aufgehört
## gut zu sein!

Basierend auf diesem Motto ist es dem novum Verlag ein Anliegen neue Manuskripte aufzuspüren, zu veröffentlichen und deren Autoren langfristig zu fördern. Mittlerweile gilt der 1997 gegründete und mehrfach prämierte Verlag als Spezialist für Neuautoren in Deutschland, Österreich und der Schweiz.

**Für jedes neue Manuskript wird innerhalb weniger Wochen eine kostenfreie, unverbindliche Lektorats-Prüfung erstellt.**

Weitere Informationen zum Verlag und seinen Büchern finden Sie im Internet unter:

w w w . n o v u m v e r l a g . c o m